郭继承人生课

中华文化复兴十二讲

郭继承 著

当代世界出版社
THE CONTEMPORARY WORLD PRESS

图书在版编目（CIP）数据

中华文化复兴十二讲 / 郭继承著. -- 北京：当代世界出版社，2024.7

ISBN 978-7-5090-1773-9

Ⅰ．①中… Ⅱ．①郭… Ⅲ．①中华文化－文集 Ⅳ．① K203-53

中国国家版本馆 CIP 数据核字（2023）第 188198 号

书　　名：	中华文化复兴十二讲
作　　者：	郭继承
出 品 人：	李双伍
监　　制：	吕　辉
责任编辑：	孙　真
出版发行：	当代世界出版社有限公司
地　　址：	北京市东城区地安门东大街 70-9 号
邮　　编：	100009
邮　　箱：	ddsjchubanshe@163.com
编务电话：	（010）83908377
发行电话：	（010）83908410 转 806
传　　真：	（010）83908410 转 812
经　　销：	新华书店
印　　刷：	艺通印刷（天津）有限公司
开　　本：	710 毫米 ×1000 毫米　 1/16
印　　张：	23.5
字　　数：	337 千字
版　　次：	2024 年 7 月第 1 版
印　　次：	2024 年 7 月第 1 次
书　　号：	ISBN 978-7-5090-1773-9
定　　价：	78.00 元

法律顾问：北京市东卫律师事务所　钱汪龙律师团队（010）65542827
版权所有，翻印必究；未经许可，不得转载。

序一　"两个结合"是必由之路

思想文化如同一把"刀"，时代挑战如同"柴"。当新的时代挑战出现的时候，文化能不能加以回应和解决，也就是说文化这把"刀"能不能很好地砍"柴"，关系着一个国家的前途命运，也折射着一个文化体系的兴衰成败。

近代中国，面对西方列强的凌辱和掠夺，面对社会转型的重大历史任务，中华传统文化这把"刀"，没有能够很好地砍时代挑战这个"柴"，结果国家蒙辱、人民蒙难、文明蒙尘。一直到马克思列宁主义传入中国，中华传统文化这把"刀"，经过淬火加钢，才变得锋利无比。这就是习近平总书记所强调的："在近代中国最危急的时刻，中国共产党人找到了马克思列宁主义，并坚持把马克思列宁主义同中国实际相结合，用马克思主义真理的力量激活了中华民族历经几千年创造的伟大文明，使中华文明再次迸发出强大精神力量。"中华民族的志士仁人，正是在"两个结合"的历史进程中，一改近代中国的羸弱、怯懦、退让之风，敢于斗争，善于斗争，开拓进取，百折不挠，坚定维护国家主权、安全和发展利益，坚定维护人民尊严和福祉，开创了中华民族伟大复兴的新征程。

回顾近代以来的中国历史、中国思想史，正是"两个结合"让中国焕发了生机，开创了发展的崭新局面。讲授中华优秀传统文化的同仁，应该学习、研究、领会好马克思主义的精神内核；研究马克思主义的同志，也应该自觉深入学习、领会、求证中华优秀传统文化的真精神与大智慧。同时，要将二者有机结合起来，立足中国实践，直面时代挑战，面向人类未来，为人类社会更好的发展提供中国智慧和中国方案。

中华文化从来不是一个僵化的概念，从三皇五帝、尧舜禹汤，一直到今天，海纳百川、融汇天下为我所用一直是中华文化的特质。可以说，

"两个结合"是推进中国式现代化的必由之路，在"两个结合"中铸就的中华文化新形态，也一定会以蓬勃生机推动中华民族走向更加辉煌的未来。

郭继承

2024 年 6 月 17 日

序二　向着人类文明的高峰攀登

　　这部书稿，从 2020 年初稿完成，经过反复修改完善，到今天能够和读者朋友见面，是一件很不容易的事。中华文化特别强调"文以载道"，如果更具象一些说，就是传播中华文化的出版物，一定要对世道人心负责，能够传递积极向上的力量，催人奋发，引导人走人生正道，做有利于国家和人民的人；同时也能够让人坚定文化自信，增强做中国人的底气和骨气。

　　近代以来的中国思想史、文化史，如果超越对具体问题的种种回应和解决，从哲学的意义上说，其实质就是中华民族、中华文化在回应时代挑战的过程中，不仅走出中华民族的复兴之路，而且为创造人类更高层次的文明形态作出中国贡献的历史进程。在这"三千年未有之大变局"的时代大考面前，中国人既有僵化保守、固步自封的遗憾，也有邯郸学步、照搬模仿的迷思。但实践是最好的老师，亿万人民的实践给了中国人最好的回答：近代中国的出路，中华民族的未来，必须在坚守中华文化主体性的基础上走出重生之路，在这个过程中，不仅要实现中华民族的伟大复兴，而且要为人类回应如何超越文艺复兴以来人类社会的种种积弊和困境贡献中国智慧和中国思考。

　　所谓中华文化的主体性，是指中华民族在可持续发展的过程中，奠基于中华文化的底蕴，在中国实践的基础上，以中国精神、中国智慧、中国价值回应世界大势，并在以我为主、融汇天下的基础上走出中华民族的自强自立之路。人类的文明史证明了这样一个基本的事实：没有所谓抽象悬空的共性，共性无不通过具象、个性的方式表现出来。人类文明的进步，从来不是靠一个僵化的模式包打天下，而是靠每一个民族以自己的个性和深刻思考为人类文明作出自己的贡献；而整个人类文明恰恰因为不同文化体系的碰撞、交流、融汇而生生不息。

遗憾的是，近代以来西方率先开启现代性生成与展开的历史进程，在这个进程中，西方依托于强大的军事、经济等实力，将自己的文化体系强势推广到全世界，而相当多的人在接受西方的学术体系、理论体系、话语体系、规则体系、评价体系、价值体系等时，不知不觉地将带有浓厚西方色彩的认知框架、价值体系、学术体系等视为真理的化身，这是我们应该反思和超越的地方。如何真正在精神上自强自立，全面建构中国自身的学术体系、理论体系、话语体系、规则体系、评价体系、价值体系等，也是今后相当长时间内中国文化界的使命和担当。

中国的未来，不是靠模仿、移植、照搬任何现有的既定社会模式，而是靠我们坚守中华文化的主体性，正视人类社会的问题和挑战，立足中国的实践，预见未来，创造出反映人类发展趋势的人类文明新形态。如此，才是中国人的志气、格局、胸怀、责任和使命。

天地不仁，以万物为刍狗。真理、规律、世界大势，没有任何主观的偏好。谁认识到并顺应真理和世界大势、中国的大势，谁就会被大势托起；反之，谁违背了中国发展的大势，违背了人类文明进步的真理，谁就会被淘汰和淹没。在真理面前，人人平等，所差别的是每一个人觉悟真理、追求真理的程度。

书中表述若有不恰当的地方，请读者朋友指教和帮助。鱼不可脱于渊，国家的强大、安稳、繁荣、富庶、文明，是护佑每一个中华儿女福祉的根本力量，祈愿国家永续繁荣，人民幸福安康。

序三 创造更高层次的文明形态，是人类的大考

近代以来，中华文化，乃至世界文明，都面临着一个历史的大考，那就是人类更高层次的文明形态应该如何建构？

从全世界的发展历程看，自文艺复兴以来，欧美率先实现突破，成为先发国家，创建了以个人为中心、以私有财产权保护为基础的社会形态。加上工业革命、军事强权、文化入侵和市场经济等力量的推动，欧美的社会体系和文化体系，在一定历史时期取得了世界上的绝对优势，也引发了人类社会一系列内在的严重问题。

客观地看，欧美三百年以来创造的社会体系和文化体系，极大地释放了人们的活力，推动了人类社会的前行，但同时也存在根源性、系统性、全局性的问题和缺陷——无论是社会内部的公正问题、人与人的关系问题、人类与自然的关系问题、人类社会如何应对瘟疫等重大挑战的问题，还是国家与国家、民族与民族之间关系的问题，以及人类自身的精神如何安顿等问题。人类如果希望更好地前行，必须在更高的层次上建构和创造文明新形态，以此作为人类继续发展的指南和典范。

人类文化的发展是不均衡的，呈现出多元化的特点。创造更高层次文明形态的历史责任和时代命题，谁来承担？除了时代提供的可能和舍我其谁的担当之外，更要看哪个民族、国家和文明体有这样的能力和条件。对此，中华民族应该有敢于承担的文化自觉。

从中国的发展历程看，17世纪前后的中国未能实现自身文明的突破，在明清之际的历史变局中，又一次跌入王朝轮回的历史周期率。当资本的力量席卷全世界的时候，中国开启了一百多年积贫积弱、灾难深重的近代历史。从那个时代起，探索如何实现中华民族的伟大复兴和创建更高层次的文明形态，就成了中华文化发展的历史责任。

当然，很多人容易陷入一个一个具体的问题中去，不太容易从人类文明发展进程的角度思考问题。更需要提及的是，由于近代中国的落后挨打，很多国人错置了中国的奋斗目标。未来中国的发展方向，是在对整个人类文明进行梳理和反思的基础上，奠基于中华文化自身的智慧，创造出更高层次的文明形态，彻底摆脱近代中国的困境。这才是中国人该有的气度和高远理想！但实际上，近代以来相当长的时间里，中国都把模仿、学习、追赶西方作为自己的奋斗目标。放在人类社会的长河中看，欧美的社会形态既不是真理的化身，更不是人类文明的终极形态，而只是人类社会发展中一个阶段的形态而已。中国的发展不是做欧美的复制品和复读机，而是在学习融会之后的再创造和升华。近代以来出现的以简单地模仿欧美作为奋斗目标的文化现象，必须引起我们的反思，并在这个基础上明晰未来中华文化的历史责任和使命担当。

也就是说，中华文化的责任，是双重使命的结合：一方面是实现中华民族生命力的再造，使中华民族彻底摆脱落后被动的局面，走到世界舞台的中心，屹立于世界民族之林；另一方面，是直面人类近代以来的各种问题，透视人类现代社会的内在困境和文化缺陷，从而全面创建更高层次的文明形态，为人类社会向更高层次发展提供启迪和参照。

之所以能够这样定位中华文化的历史责任，有着现实的依据。尽管现实中存在着诸多需要我们正视并下大决心解决的问题，但问题的存在并不能也不应该成为我们追求真理的障碍。

今天人类社会出现的重大问题，很大程度上在于欧美社会自身的文明缺陷。以自我为中心的价值观念、原子式个人的绝对自由、私有财产权的绝对保护等欧美的社会文化根基，必然引发人与自然、国家与国家、民族与民族、不同文化体系之间的严重冲突。而且原子式的以自我为中心的欧美价值观，必然导致社会无法凝聚力量应对重大挑战，从而陷入无休止的消耗和冲突之中。而中华文化的价值观根基，中华文化所倡导的生存方式、思维方式和实践方式，均包含了应对当今人类内在困境和冲突的智慧与文化因子。在深刻分析人类现实困境的基础上创建更高层次的文明形态，既是中华民族的历史责任，也是中华文化经受现代性冲击和洗礼之后的发展逻辑。

这一本书，就是将对近代以来中华文化的思考和探索放在人类文明的大视野中，不仅要回应新时代中华文化如何建构的问题，而且也要对人类社会向何处去作出思考和创建。当然，这是一个巨大的历史课题，需要无数人为之努力。每一个人的探索和思考，都是建构未来人类文明大厦的一部分。

走出近代史的悲情，直面创造人类文明新形态的大考，作出我们的回答，这是中国知识分子的使命担当。愿与同志者共同努力。

寄　语

　　一代人有一代人的使命担当，一代人有一代人的历史责任。每一个人都应该爱惜自己国家的历史，写好自己的人生传记，不负时代所托，不负青春韶华。

　　历史的苦难，很大程度上源于人们没有认清时代大潮，没有很好地承担自身的责任，导致社会衰败、文化凋零、国家蒙难。

　　文艺复兴、启蒙运动、工业革命，等等，近代深刻影响全球的大事件，中华民族一次又一次错过，要么是因为盲目自大，要么是因为妄自菲薄，最终导致近代一百多年前所未有的民族苦难。

　　这一本书，是我对近几百年以来中国近代史、思想史乃至人类历史发展的一个思考和总结，目的是总结经验教训，走好未来的路！

　　我博士后的研究方向是专门史（中国思想史）。我国有五千多年的文明史，学历史的人看问题也容易有一个很长的时间跨度。我的看法是：要用历史的眼光看问题，决不可目光短浅，不可被眼前的现象迷惑。历史研究要在几百年甚至更长的时间跨度里边，对历史现象作出描述、洞察、分析和总结。这样，才具有深度和远见，才能有"不畏浮云遮望眼，只缘身在最高层"的历史智慧。

　　如果放在人类几千年历史的长河中来看今天的中国，便可知我们今天生活在一个伟大的时代。为什么如此说呢？在中华民族几千年的历史长河里，实现中华民族的伟大复兴这样一个时空节点，可谓千载难逢。有的朋友说：中国历史上不乏盛世，诸如文景之治、贞观之治等，为什么只说当今时代是千载难逢的时代呢？一个时代的伟大，很大程度上与整体环境，尤其是遇到什么样的对手有关。历史上无论是大汉，还是大唐，中原王朝遇到的对手多半是游牧民族，他们的文明程度和社会治理水平整体上比中原王朝要低一些。那种情况下，中原王朝战胜对手、建立盛世的辉煌虽然很伟大，但和今天的时代环境绝不可同日而语。近代以来，中华民族所遭遇的环境之恶劣、遇到的对手之强大，在人类的历史上和中华民族的历史上，都是绝无仅有的。三百多年以来，欧美的发展在世界范围内遥遥领先，在这样的历史境遇下，我们中华民族能否自强不息，能否融汇人类一切优秀文明成果为我所用，能否在学习、吸纳、融汇、反思、超越欧美文化体系的基础上，升华、创造出人类更高层次的文明形态，决定了中华民族能否真正实现复兴，能否走到世界舞台中心，成为人类文明的引领者和塑造者。这个历史进程，前所未有，所以才说千载难逢。

可以说，我们每一个人正在经历伟大的时代，正在创造伟大的时代；我们既是历史的见证者，又是历史的创造者。

生活在这样一个伟大的时代，我们一定要懂得珍惜。当然，任何一个时代都存在各种各样的问题，有些人只盯着问题，不免牢骚满腹，怨天尤人；有些人却看到时代的闪光点，满怀信心，积极向上，带着建设性的态度不断前行。

伟大的时代不是天上掉的馅饼，而是源自亿万人民群众的奉献和创造。以担当者的心态去看这个时代，我们会看到更多的阳光、希望、力量和奔腾不息的进取精神，这个时代会是我们昂扬奋进的一部伟大史诗。

生活在这样的时空节点，我们决不可辜负这样的时代，务必冷然警醒，承担起我们的责任。尤其是每一位青年朋友，一定要在这个时代里刻下属于青年一代的痕迹。时代的机遇属于每一个人，但是，我们能不能在这样的时代里做出成就，就看我们如何去奋斗。

很多人抱怨自己缺少足够好的外部条件，但是我要说，一个人的成长固然需要外力，但更根本的是自己的努力。此所谓："自助者天助，自助者人助。"比如，在一个高温的环境里有很多煤块，有的煤块，因为它自身的能量很大，在高温的环境里燃烧得非常充分，那它闪耀的光芒自然最强烈。我们每一个人就像煤块一样，能不能燃烧自己的生命，让自己的生命给这个时代作出最好的创造，取决于我们每一个人的努力。

本书从中国近代史的角度对中华文化史和人类思想史进行梳理，希望在照亮历史的同时，发现历史背后的逻辑，以史为镜，照鉴未来的路。一个有生活阅历的人会知道，历史这门课，无论怎样强调它的重要性都不为过。我们在学习历史的过程中会发现，阳光下几乎没有什么新鲜事，现实中的很多事情，某种程度上都是历史的再现。当然，这不是什么历史循环论，而是说历史的背后是人性，是人类的活动。尽管时代在发展、在演化，但历史上所有治理国家的经验教训，在今天都是鲜活的，都有可以借鉴的地方。社会上各行各业的人，无论是商界的管理者，还是在政界纵横捭阖、取得成就的大人物，都一定要熟读历史。只有熟读历史，我们才可以更清醒地看当下，更自信地看未来。把历史这堂课学好后，我们才能拥有历史的自觉和时代的远见。通过学习历史，一个人才能拥有"会当凌绝顶，一览众山小"的境界，才能在经历无数考验时，站稳脚跟，笃定前行。

如果放眼五千年历史长河，再面对未来，我们的目标应是创造千秋伟业。为何这样说？因为大的历史分期是以千年计的。夏商周时期，中国历史上有史记载的第一套制度体系历经了一千多年。春秋战国时期，夏商周的治理制度体系礼崩乐坏。从秦始皇、汉武帝，到清朝帝制的覆灭，大一统的帝制帝国又历经了两千年。我们伟大的中华人民共和国成立后，开启的又是一个千秋伟业。充分总结历史、反思历史、吸纳历史的经验教训，创造千秋伟业，是我们必须承担的责任。

因此，面对千秋伟业这样一个历史试卷，我希望我们一代又一代的同胞要思考：我们如何跳出历史的周期率？如何让中华民族万古长青、永葆生机？如何以中华民族卓越的发展和成就造福人类？

我坚信：我们中华民族一定能够给出无愧于时代、无愧于历史的答案。

同仁们，同胞们，努力！

目 录

第一章 中国近代史：每一个中国人的必修课 /001

第一节 问题的缘起 /002

第二节 中国近代史是"古和今"的连接点 /002

第三节 中国近代史是"中和西"的交汇点 /003

第四节 重建中华文化主体性：
近代中国文化史的内在逻辑 /004

第五节 "内部生成"是对人类文化史的总结 /006

第六节 继承和超越新文化运动 /006

第七节 在大历史跨度中明晰使命和担当 /008

第八节 历史不只是曾经的故事：当下是历史的延续 /009

第九节 在历史长河中看历史 /012

第二章 认识世界大势 /013

第一节 落日余晖——传统帝制中国的最后晚霞 /014

第二节 从文艺复兴到启蒙运动：
西方率先突破的历史节点 /014

第三节 西方社会全方位的崛起 /020

第四节 无法把握的机会之窗：马戛尔尼使团访华 /025

第五节 惶恐与沉思：三千年未有之大变局 /030

第三章 错失历史机遇的巨大代价 /035

第一节　从"天朝大国"的自傲到近代的凄风苦雨 /036
第二节　鸦片战争的苦果 /036
第三节　领土的大片丧失 /040
第四节　甲午海战：近代中国人普遍觉醒的起点 /041
第五节　《辛丑条约》：半殖民地半封建社会正式形成 /045
第六节　背离时代大潮的恶果 /047
第七节　心灵世界的迷失与崩塌 /048
第八节　否定中国文字的意义与价值 /051
第九节　对中国文化整体价值的抹杀 /053
第十节　历史自信的动摇 /054
第十一节　膜拜欧美与对民族文化自信的肢解 /056
第十二节　山穷水尽与柳暗花明 /058

第四章 思想层面的艰难反思与突破 /061

第一节　悬空的说教：晚清的保守思潮 /062
第二节　林则徐、魏源的睁眼看世界：师夷长技以制夷 /068
第三节　郑观应的盛世危言：对经济与制度的洞见 /073
第四节　张之洞：中学为体，西学为用 /079
第五节　梁漱溟的独树一帜：新儒家的返本开新 /087
第六节　太虚大师的佛学现代性探索 /095
第七节　梁启超欧游归来：从迷信西方到反思西方 /102
第八节　思想文化层面的自我批判：从新文化运动到五四运动 /109
第九节　马克思主义传入中国：中国近代思想史发展的必然 /118

第五章 实践层面的抗争与求索 /125

第一节　太平天国与义和团：
　　　　没有现代文明视野的悲歌 /126
第二节　自强新政与洋务运动的破灭 /138
第三节　戊戌六君子：知识分子的慷慨悲歌 /144
第四节　孙中山的宏伟蓝图：振兴中华与三民主义 /150
第五节　从帝国到民国的历史转折：辛亥革命 /160
第六节　城头变幻大王旗：民国初年乱象 /169
第七节　大时代变革中的历史回流：袁世凯复辟 /175

第六章 中国历史的新局面 /183

第一节　从山穷水尽到柳暗花明：中国共产党的成立 /184
第二节　三个视角看中国共产党 /192
第三节　对三千年未有之大变局的文化回应 /199
第四节　走上井冈山：近代中国文化主体性觉醒的萌发 /205
第五节　中国文化内在精神的生动展现：
　　　　对中国革命的文化解读 /209
第六节　文化主体性的觉悟与照搬俄国经验的反思 /214
第七节　文化主体性视角下的红色根据地发展 /220
第八节　生死攸关的转折点：
　　　　遵义会议与文化主体性的进一步觉醒 /225
第九节　中国文化主体性觉醒的里程碑：
　　　　马克思主义中国化 /229
第十节　延安整风：文化主体性的普遍"启蒙" /235

第七章 新中国成立后文化主体性重建的曲折 /243

第一节　从伤痕文学到反思文学 /244

第二节　"河殇"及其引起的争议 /248

第三节　奇妙的共存：文化自负感与文化自卑感 /251

第八章 对中国近代文化史的回顾与总结 /255

第一节　两条参考道路：

　　　　欧美社会与俄国十月革命的不同模式 /256

第二节　贯穿近代的课题：

　　　　认识时代大潮，赶超世界潮流 /261

第三节　从现代化到现代性：

　　　　认清近代以来世界大潮的本质 /264

第四节　永远守护中华民族的精神根脉 /267

第九章 新时代中国文化的重建之路 /273

第一节　千年未竟的历史大考 /274
第二节　"人心"与"道心"：
　　　　中国新文化建构必须回应的人性问题 /275
第三节　培根铸魂：中国文化建设的"立本"之举 /277
第四节　中国文化建设的五重视野 /280
第五节　学术自觉：中国学术体系的建构 /283
第六节　中国智慧：社会治理与国际秩序的重构 /289
第七节　中国文化能否走出历史的怪圈？
　　　　——对历史兴衰成败的思考 /294
第八节　回应时代挑战：如何认识所谓的"普世价值" /298
第九节　中国价值观何以走向世界 /307
第十节　中国文化如何赢得未来 /315

第十章 中国新文化建构的基本框架 /321

第一节　建设文化强国，
　　　　须创建与新时代相适应的新文化形态 /322
第二节　创造、建构新时代新文化形态的基本原则 /323
第三节　创建新时代新文化形态是一个系统工程 /325
第四节　多管齐下，协调推进 /329

第十一章　马克思主义与中华优秀传统文化 /331

第一节　从习近平总书记的三次讲话说起 /332

第二节　思考、探索、研究和推进"第二个结合"的前提 /333

第三节　已有研究的特点与不足 /334

第四节　马克思主义与中华优秀传统文化的互相成就 /336

第五节　创新理论与人类文明新形态创建 /339

第六节　实践无止境，理论创新无止境 /341

第十二章　中国文化主体性与中国式现代化 /343

第一节　深刻理解中国式现代化的世界意义 /344

第二节　文化主体性与经济独立、
　　　　政治独立等要素紧密相连 /346

第三节　没有伟大高远的精神世界，
　　　　就没有中华民族的伟大复兴 /348

第四节　中国文化的主体性对中国式现代化的全面支撑 /349

第五节　文化走进人民、服务人民，
　　　　才能赢得人民、赢得未来 /353

后　记 /355

第一章

中国近代史：
每一个中国人的必修课

中国近代史，是中华民族的精神之殇，更是中华民族凤凰涅槃、生命力再创的历史契机！中国近代史，应该成为每一个中国人的必修课：通过这一堂必修课，我们既要避免唯我独尊的偏执和狭隘，也要避免自我肢解和否定的虚无，更要避免丧失民族自信之后对其他民族的膜拜。我们只有下大功夫从近代史的必修课中汲取历史给予我们的经验、教训，才能不辜负近代无数先烈的牺牲和仁人志士的抗争，才能告慰无数知道和不知道姓名的中华儿女的苦难和血泪，才能看清自己，看清世界，走好未来的路。

第一节　问题的缘起

我们为什么要对中国近代以来的文化做一番梳理和思考？这其实有着内在的缘由。

中国近代文化，在整个人类的文明史中，有这样几个连接：它是古和今的连接，是中和西的连接，同时也是当下和未来的连接。在整个中国文化史上，如果要找一个能够把古今的连接、中西的连接、当下和未来的连接都兼顾的文化主题，除了中国近代文化，我们是找不到第二个的。所以，我们选择这个主题，力争做到以点带面，就可以对整个中国的文化乃至人类的文明做一个回顾、反思和前瞻。

第二节　中国近代史是"古和今"的连接点

首先，如何在古和今的连接中解读中国近代文化？很多人在读中国近代史时，总是不免泪水涟涟、悲悲切切，甚至丧失对自身民族和文化的自信。究其原因，是只抓住了近代史这一个片段，没有从整个中国历史文化长河的视野看待这一段历史。在阅读的过程中，他们只看到近代中国的落后，就对自己的文化产生不认同感甚至完全否定。不光是普通的读者，就连近代比较知名的学者，诸如钱玄同、吴虞、胡适、陈序经等人，因为身处近代特定的积贫积弱的环境中，一定程度上都存在这种倾向。怀抱这种悲观之心的人不仅没有从大的历史视野来看待本民族的文化，更没有从中华文脉与中华民族存续的关系这一角度来理解近代史。

如果我们将中国古代史和中国近代史衔接起来，借此打通古和今，从整体上看待中国的历史和文化，就不会因为一段时间的落后而丧失民族自信心和进取心。如果我们能够冷静地审视中华文化的智慧，就能发现，尽管近代积贫积弱，中华民族几千年最有活力的文化智慧和内在精神仍然存在。

如果我们能够贯穿古今，就不会因为近代特定的历史境遇而完全否定本民族的文化。中国近代历史，是我们反思自己的一面镜子。近代中国遭遇的所有苦难，绝不可让它白白划过，我们一定要从中吸取教训，务必自我革命，自我超越，海纳百川，让中华民族旧邦维新，让中华文化重新成为人类文化的典范。而且在中华文化的肌体中，有非常精彩的内容需要我们去挖掘、去传承，去发扬光大，去创造新的辉煌。

可是如果一个人没有贯穿古今的历史视野和逻辑，沉陷在近代落后挨打的特定历史境遇里面，可能就会因为近代的落后而丧失对民族的自信。这也是近些年一直有不少学者提倡在整个中国历史的框架里面学近代史的原因。只有如此，我们才能"不畏浮云遮望眼，只缘身在最高层"。近代中国的苦难告诉我们，要痛下决心自我反省，要把我们民族文化肌体上所附着的令我们民族活力和创造力窒息的污垢给清理掉，也要把中华文明中最生机勃勃、最有创造力的精神内核拯救出来，以作为我们民族永远的精神营养。所以我们梳理中国近代史，一方面是不忘本来，另一方面也是开创未来。反思和检讨不是简单地认为自己不行、欧美多好多好，也不是认为自己的文化什么都好，而是通过近代社会剧烈的震荡和洗礼，让我们中华民族重新焕发勃勃生机。

第三节　中国近代史是"中和西"的交汇点

近代中国历史，是封闭僵化的中国真正走向世界的开端。15世纪以来，随着大航海的拓展和经济全球化的发展，人类社会相互影响、相互渗透，整个世界都不可逆地被拖进了现代性生成与展开的历史进程中。因此，近代中国的问题已经不能只从中国自身找原因，还要放在整个人类文明的视野里来看。

近代以来，不断有人追问：近代中国的发展突破是内因重要，还是外因重要？因为在某些人看来，如果不是西方列强的入侵，中国自身无法突破近乎停滞的传统社会的框架，他们甚至在这一认识的基础上提出了侵略有理的荒谬论调。实际上，任何一个民族的历史，其演化都依循着内因主导、内外因素交织互动的发展逻辑。当然，在特定的历史时期，会有某一些因素起着格外重要的作用，但不能从整体上否定内因主导、内外因素交织互动的基本状态。

近代以来，中华民族在生命力逐渐衰微的时候，恰逢欧美列强船坚炮利的入侵，使得清政府不得不打开国门，也由此引起了中国社会各方面的变化。而马克思主义的传入，对于激活中国社会内在的活力以及唤醒中华民族的生机起到了无比重要的作用。所以，中华民族近代以来的历史进程，从某种程度上来说，也是我们有胸怀、有格局、有能力融汇其他文明优势为我所用的过程。我们在吸收融汇世界上不同优秀文明为我所用的时候，不是照搬文本和教条来解决中国问题，而是在实践中坚持外来思想必须和中国具体实际相结合、和中华优秀传统文化相结合。这个历史过程，展现了中华文化主体性精神的自我创造和阐释能力，体现了中华民族学习融汇天下不同文化优势为我所用的能力。

中西问题，既是近代中国必须面对的问题，也是与中华民族自身生命力的激发息息相关的问题。中华民族的历史，尤其是近代以来的历史证明，只有海纳百川，开放包容，既坚定文化自信，又善于学习他人，才能永葆生机。

面向未来，不论我们中华民族走过的历程多么壮阔、多么辉煌，我们都要永远清醒认识自己，永远有融汇人类其他文明优势为我所用的自觉和能力，这对中华民族永葆生机至关重要。

第四节　重建中华文化主体性：近代中国文化史的内在逻辑

总结历史，是为了更好地创造未来。我们学中国近代史的时候，要能够提取出贯穿整个近代史的内在逻辑。什么逻辑呢？就是任何一个民族、一个国家，一定要有自己的主体性，也就是用自己的文化、智慧、价值观、理论根基以及思维方式等来面对自我、面对世界、面对挑战、面对未来的能力。

一个民族的文化一旦被湮没、被肢解掉了，丧失了主体性，这个民族就没有能力成为世界大国，只能成为其他文化体系的附庸。所以，无论是马克思主义中国化，还是近代新儒学提出的返本开新等，实际上都是我们中华民族重建中华文化主体性的外在表现。当然，在这个重建的过程中，我们既要把古今的问题、中西的问题解决好，还要立足于中国当下的社会发展，面向未来。

本书在叙述中国近代历史的时候，始终将中华文化主体性的重构和建构贯穿其中。尽管中国近代以来遭受了无数的凌辱、践踏和危难，也经受了国外各种思想的强烈冲击，但中华民族是一个有着五千年文化底蕴的民族，它一定有自己文化的主体性。中华民族一直努力用自己的智慧、理论去分析历史和当下，并在认知世界格局的基础上，思考中华民族自己的振兴之路。这是我们解读中国近代思想史的一个主要线索。

比如说，近代史上很多次革新、革命为什么会失败？大家总结历史后会发现：所有丧失文化主体性而模仿和移植其他国家做法的行为，最后没有不失败的。中国共产党早期也有过沉痛的教训，以王明、博古为代表的教条主义者，把苏联的经验、共产国际的指示神圣化，以为照搬苏联的做法就可以赢得中国革命的胜利，导致中国共产党早期的革命遭遇了十分惨痛的损失和挫折。后来，毛泽东在《反对本本主义》等文中强调，"中国革命斗争的胜利要靠中国同志了解中国情况"。[①] 也就是说，中国的未来掌握在中国人手里，要用自己文化的主体性去分析、判断，而不是盲目地膜拜推崇或简单地照抄照搬。有了这样的认知，再看中国的近代史，凡是符合中华文化主体性重建的路，就是中华民族走向复兴的正确的路；凡是膜拜其他任何国家的模式，从而丧失了自身文化主体性的做法，或者企图照搬别人的做法以解决中国问题的理论，无一不遭到惨痛的失败。这就是我们解读中国近代史的一个内在逻辑。

---

① 《毛泽东选集》第一卷，人民出版社1991年版，第115页。

在《中共中央关于党的百年奋斗重大成就和历史经验的决议》中，中共中央在总结百年奋斗十大经验时所强调的"坚持理论创新""坚持独立自主""坚持中国道路"①等历史结论，无不闪耀着文化主体性的光辉。

第五节 "内部生成"② 是对人类文化史的总结

坚持文化的主体性也是对整个人类文明史的一个总结：一个真正的大国或伟大的文明，它在振兴和复兴的时候，绝不是简单地去移植、模仿别人的道路，而是走"内部生成"的道路。

以欧洲的文艺复兴为例。在宗教控制欧洲一千多年后，西方的崛起道路也是先沉潜到古希腊理性、质疑、批判的那种精神，沉潜到古罗马对现实生活关注的文化传统里边，再重新生发出来。中华民族拥有五千多年的伟大历史，尤其是春秋战国时期的儒家、道家、墨家等，他们的那些思考，实际上提供了中国两千多年历史演进的文化资源。

也就是说，任何一个伟大民族的振兴，都不是靠简单地移植和模仿别人，而是从自身文脉中重新生发出新的文化形态。中华民族的伟大复兴，绝不可能仅靠简单移植西方或者简单继承传统就能实现。所以说，中华民族的主体性的重建，实际上是对整个人类历史的一种考察和总结。

第六节 继承和超越新文化运动

读中国近代史，新文化运动是我们绕不开的历史节点。

新文化运动在中国近代史上起着不可替代的作用，它是中国大规模接

---

① 《中共中央关于党的百年奋斗重大成就和历史经验的决议》，载《人民日报》，2021年11月17日。
② 参见拙著：《中国文化的未来——近代儒学对"中国文化出路"的探索与中国文化建设的再思考》，中国政法大学出版社2013年版，233—239页。所谓"内部生成"，是指中国文化发展的道路既不是以外来的文化取代中国的文化，也不是单纯的传统文化的复兴，而是以中国文化为根基，以追求现代性、超越现代性为目标，经过中国文化自身生命力的生发与创造，从而实现中国文化的内在提升并生成中国新的文化形态。

受和传播新思想的开端,而且也在相当程度上塑造了后来中国思想文化史的基本面貌。

新文化运动的实质,是在近代中国旧的道路通向死胡同、旧的制度和观念成为中国发展桎梏和障碍的历史时刻发生的求新、求生的文化运动。在这种情况下,吴虞、钱玄同、陈序经、胡适等人,有一个共同的特点,那就是否定中国旧文化的正当性和价值,主张向西方学习,一些人甚至认为中国只能走照搬欧美、模仿欧美的道路。这种文化观念上的极端和偏执,直到今天仍有影响,需要关注和回应。

客观地说,在当时中国极端落后的特定历史境遇里,强调我们需要向别国学习,当然有其合理性。但有些人的观点却走向了另一个极端,那就是完全否定自己,丧失了一个民族起码的自信,甚至可以说是肢解了我们民族文化的正当性。因此,对于新文化运动,我们既要继承其精神,开放包容,善于学习,同时一定要超越其历史局限,高度重视中华文化主体性重构的价值和意义,真正做到以我为主、包容天下。

新中国成立以后,中国人开始清醒地意识到要想真正创建伟大的国家,不光要在政治上、经济上、军事上自强自立,而且要建设伟大民族精神的家园。如果带着膜拜与仰视欧美的心态,那我们这个民族永远立不起来。所以新中国成立以后国家开展了一些思想改造运动,在某种程度上清理了那种跪拜西方、自我矮化的自卑心理和文化思想。

很多参与到新文化运动当中的知识分子,都说过一些很极端的话,有人说要废除汉字,有人说要将线装书扔到茅坑里去。当然,他们有"爱之也深、责之也切"的爱国情怀,但我们必须超越那个时代的特定环境和偏执的认识。一个民族如果作践自己,肢解自己的精神支柱和文化根基,跪拜其他民族的文化,这个民族永远不可能实现复兴。从这个意义上讲,我们对民国时期的很多知识分子都应该重新去认识。一个真正的大知识分子,他的观点一定是圆融、中正、深刻、睿智的,这反映了一个大知识分子应该具备的气量。但是由于民国时期内外交困、军阀割据、人民苦难,缺少培养大气磅礴、圆融中道文化气象的社会环境,知识分子生活在一个偏激的环境里，虽有片面的深刻，但禁不起历史的检验，今人不得不重新进行审视。这些偏激的观点，在解决特定历史问题时有它的价值，但是放在整个历史长河里边看，对一个民族重建历史文化自信、实现民族复兴，存在非常消极的影响。

所以说，新文化运动时期乃至民国时期很多人的观点，都需要今天的我们重新审视。我们不仅要继承新文化运动的遗产，还要超越新文化运动在特定环境下的认知，更深刻、更全面、更系统地审视近代中国和人类社会面临的挑战与冲击。

第七节　在大历史跨度中明晰使命和担当

有些事只有放在几千年的历史跨度中，才能看得更清楚。

如果我们纵观中国的历史，就会发现有这样几个大的分期：一是夏商周三朝，我们可以称之为先秦时期；二是从秦皇汉武到晚清末年，这是帝制时期；三是从辛亥革命开始一直到当下的时间跨度。

考察文献记录，我们认为，夏商周三朝最早采用以分封为特点的社会治理模式。这一模式在西周末年以后逐渐不适应时代和人心的变化，渐次退出历史舞台。所谓的春秋战国，就是从夏商周社会治理模式向新的社会治理模式转型的历史时期。"百家争鸣"其实就是在大转型时期，各家各派、不同的思想家在以不同的方式回答时代之问，探索未来中国社会走向和治理模式的文化表现。从孟子提出"定于一"，到秦始皇统一六国，中国社会经历了第一次重大转型的关键时期。进入统一阶段后，在社会治理模式方面，还经历了一段探索期。从秦始皇开始，经过汉高祖、惠帝、文帝、景帝，直到汉武帝时期，大一统政治局面下的中央集权的各项制度才逐渐定型。

从秦皇到汉武的制度探索，形成了一个政治制度、经济制度、思想形态等有机结合的基本制度架构。这一架构经过两千多年的延续，一直到了近代，开始面临"三千年未有之大变局"的巨大挑战和冲击。如何认识和回应历史上从来未曾出现的西方列强的挑战？如何认识肇端于欧美的现代性生成的冲击与挑战？如何走出近代中国近乎停滞的积贫积弱困境？如何在融汇人类文明的基础上真正实现自强，从而重新走到世界舞台中心、引领人类文明进程？这些是近代以来中华民族必须回答的重大历史课题。

中华民族是人类文明史上绵延不息，历经五千多年的变革发展而历久弥新的民族；中华文明是世界上文明河流未曾中断的硕果仅存的伟大文明。尽管我们经历了无数的挑战、风险、挫折和屈辱，但在人类文明史上的绝大多数时间里，中华民族和中华文化一直走在世界的前列。近代以来，欧美率先走上了人类发展的快车道，虽然很大程度上促进了人类社会的发展，但其带来的严重问题，甚至关系人类生死存亡的危机问题也逐渐显露。人类的未来走向何方？如何在深刻反思近代以来人类发展模式的基础上，创造更高层次的文明形态，真正实现人类社会的可持续发展？对此，中华民族和中华文化责无旁贷。

本书希望将对中国近代文化的梳理放置在人类现代文明的视野中，通过全面地总结、分析中国和人类社会近代以来的发展历程，来回答中华民族新时代的新文化建构问题，并对整个人类社会如何创造更高层次文明形态有所回应和阐发。这是一个巨大的历史课题，需要无数人不懈的奋斗，但作为中国的知识分子，应该有这样的自觉和担当，"士不可以不弘毅，任重而道远"，直面问题，一肩担起，追求真理，义当所为。

第八节　历史不只是曾经的故事：当下是历史的延续

梳理和总结中国近代文化史，不仅仅涉及宏大的历史课题，也关乎当下每一个人精神家园的归属和安顿，关乎当今种种文化现象的探究归源。

一旦谈及历史，人们普遍的错觉就是历史是曾经的故事，我们过好当下的生活，与历史何关？这是对历史所独有的价值和意义的漠视与无知。历史从来不只是曾经的故事，无论是贯穿其中的历史逻辑，还是历史上的重大问题，在当代都在以这样或那样的方式存在着，与我们的生活有着密切的关联。

尤其是中国近代文化史，如果我们梳理出历史内在的因果链和逻辑链，就会发现，我们当下的生活实际上是整个近代文化基因在当代的展开。人们当下的纠结、困顿、迷失、挣扎、痛苦以及很多内在的心灵感受，都是近代文化不断演化、延伸和展现出来的结果。我们有了这样的逻辑认知，就能作出这样一个判断：我们当下的很多问题，大到文明走向、社会治理的问题，小到饮食起居、心灵安顿等问题，实际上都应该在梳理近代文化史的过程中寻找问题的根源，这样我们才能更好地对症下药。

意大利著名的哲学家、历史学家克罗齐说过："一切真历史都是当代史。"[①] 当下的人类生活，其实是历史发展的凝结与延伸。我们借用学界的一个词语叫"在场"，这意味着近代史并不是消亡的存在，而是一直在历史中延续，一直在社会治理体系、人的思维方式和生存境遇以及当下我们所遇到的很多问题中发挥作用。所以我们对近代文化的重视和研究，实际上也是直面当下并开创未来的举措。

当今社会上充斥着各种引起我们心神不安的事情，比如年轻人面对各种选择、各种困难时的纠结、困惑、患得患失、躺平、内卷等心态。可如果追问他们为什么会纠结、会挣扎、会困顿、会迷失、会有无意义感和无价值感呢？通过对近代中国社会转型进行梳理和思考，我们就会发现：在传统社会里面，当一个人的一切都被安排好的时候，他对生命意义的追问、对生命价值的思考，包括那种困顿和迷失，都有现成的答案。但自新文化运动以来，每一个人的境遇都发生了巨变，一个曾经被各种枷锁束缚的人，变成了一个自主、自觉、自我管理、自我负责的人。在一个主体性觉醒的时代境遇里，人活在天地中间，就变成了自己要追问生命的答案，自己要思考生命的意义，自己要寻找支撑自己不断前行的那个点。一句话，主体性的觉醒成为近代以来中国社会发展的必然趋势。

主体性觉醒给整个人类的精神领域带来极大的冲击：我是谁？我怎

---

① ［意］克罗齐：《历史学的理论和实际》，傅任敢译，商务印书馆1982年版，第2页。

安排我自己？我存在的意义和价值在什么地方？诸如此类的问题，弥漫在当今整个人类社会各个角落。一个人只要成长到一定程度以后，他一定会叩问心灵这些问题。当然，近代以来中国社会发展的历史进程，深刻地受到西方文艺复兴以来的历史进程的影响。文艺复兴的实质，是人的解放，是主体性的觉醒、主体性原则的确立和主体性诉求得到全面的表达。

而就中国历史而言，自从新文化运动以后，中国实际上也走上了一个人性释放和主体性觉醒的道路。中国近代的这种文化演变，与我们当下人的关系，应该说极为密切，而我们当下人的很多精神纠结也都与此有关。我们今天面对的很多社会问题，只是一种现象和结果。如果追根溯源，应该到近代文化形成的逻辑起点和文化基因里边去分析它的来龙去脉。

比如，改革开放以来，曾经出现"月亮都是西方的圆"的媚外之风，甚至有一些人在孩子两三岁、四五岁或者上中小学的时候，就把孩子送到国外去；也有一些人赚钱以后，就把财产转移到西方国家去。诸如此类的情况，在当今社会中仍一定程度上存在。实际上，如果放在整个近代史中去看，这种现象很容易得到理解。中华民族在近代被迫打开国门，面对的是经历了工业革命并业已在工业化基础上发展了两百多年的西方国家，而中国自17世纪起发展几乎停滞。近代中国和欧美的比较，是不同时代和不同社会治理模式的比较。中国在鸦片中面对一个生机勃勃、野蛮生长的西方国家，不仅在军事上被打得落花流水，而且整个民族的自信也受到极大的挫败。新文化运动前后，一大批知识分子开始对自己民族本身的文化充满了不信任、不认同，转而开始崇尚西方，甚至脱离事实，片面地去膜拜、夸大欧美。膜拜与仰视欧美的这种文化现象，在整个近代的文化中一直存在。改革开放以后的"移民热"等现象，实际上都是中西方的这种差别、差距在国人心灵层面上的折射，某种程度上是丢失民族自信后的必然表现。

第九节　在历史长河中看历史

看历史需要大的视野，需要用几百年甚至上千年的时间看待不同民族、国家和文化形态的兴衰沉浮。

如果不用大的历史视野看问题，一叶障目不见泰山，被支流、回流迷失方向，难免会犯错误。从17世纪以来的三百年跨度看，欧美率先发展和突破，走到了中国的前面。可当我们用全人类历史的视野看，完全没有必要因为某一段时期的落后而丧失民族的自信心和进取心。回望历史，在人类历史上的绝大多数时间内，中华民族都处在第一梯队，在相当长的时间内处于遥遥领先的地位。17世纪以来的中国社会衰败只是历史长河中的一个环节。尤其是近代以来，经过孙中山、毛泽东等一代又一代的中国人不断发愤图强、励精图治，中华民族已经逐渐强盛起来，这是有目共睹的事实。

展望未来，当今我们正处在中华民族伟大复兴，叠加百年未有之大变局的历史节点。在这一历史进程中，中华文明的创新性发展与欧美社会优势释放之后的保守和僵化，形成了鲜明的对比。尤其是经历新冠肺炎疫情的冲击后，很多人发现：今天的中国蒸蒸日上的态势已经不言而明，而西方的全局性、根本性、系统性的问题却日益凸显。文艺复兴以来欧美的发展，也不过是人类社会发展的一个阶段，我们没有理由膜拜欧美，人类社会也必将超越这个阶段而走向更高层次的文明形态。

中国今天所面临的重大时代课题，从逻辑上看是近代中国历史境遇的延续。当下人的很多困惑和纠结，一定要放在整个近代历史文化的语境中去理解。学好中国近代史，深刻领会把握近代以来中国社会和人类文明的走向，从而掌握主动，顺应大势，真正成为人类文明的引领者，这应该成为中国人的使命和抱负。

第二章

认识世界大势

一个民族能否保持生机与活力,很大程度上在于如何认知世界大势,如何顺应世界大势并成为世界潮流的引导者。

第一节　落日余晖——传统帝制中国的最后晚霞

从整个人类历史看，15世纪到18世纪，中国和欧洲都面临着如何突破的问题。西方从资本主义萌芽、大航海与新大陆的发现到文艺复兴、启蒙运动、工业革命等，历史一环紧扣一环，开启了自我突破的历史进程。明朝中后期，中国社会中也萌动着自我突破的力量。商品经济、资本主义生产方式在一定程度上得到发展，思想层面某种程度上也开启了自我主体性的张扬，黄宗羲、顾炎武、王夫之、方以智等人从各个方面反思中国两千多年的帝国体制。但这些力量都过于孱弱，最终中国错失了自我突破的历史契机。

晚明时，中国存在三大政治力量的争斗，除了以崇祯为代表的大明政府，以努尔哈赤为代表的后金集团，以李自成为代表的农民起义军，都对中国未来的走向产生了重大影响。在各种力量的较量中，最终明朝覆灭，农民起义被剿杀，后金入主中原，建立清王朝。这就使得中国的历史并没有沿着明朝中后期的历史逻辑前行，而是回到了两千多年的历史轮回中。

清王朝建立后，采取了一些积极发展生产、促进社会繁荣的措施，加上康熙、雍正、乾隆三位帝王的勤政，出现了一定程度的繁荣局面。但这个繁荣局面，如果放在人类社会的视野中，无非是传统帝制的回光返照，这一制度已经被西方新型社会形态远远甩开，毫无前途可言。如果放置在中国历史长河中来看，在传统帝制江河日下需要实现根本突破的时候，所谓的"康乾盛世"，无非是帝国覆灭前的落日余晖而已。

夕阳的晚霞，不管多么灿烂，终归是转瞬即逝的短暂风景。晚霞过后，等待中华民族的便是漫长的黑夜和无数的凄风苦雨。

第二节　从文艺复兴到启蒙运动：西方率先突破的历史节点

近代中国遭遇了很多的苦难和波折，面临着内忧外患、积贫积弱的困境，可谓"人为刀俎、我为鱼肉"。但是为什么会出现这样的局面？这是我们必须思考的问题。想全面了解这个问题，我们一定要知道当时整个世界发生了什么，中国在哪一个历史节点错失机遇而导致了落后。这是我们认识近代中国落后原因的一个前提。

为了更好地回答这个问题，我们要对近代中国所处的整个世界背景、文化背景做一个梳理和剖析。

文艺复兴和启蒙运动开启了欧洲近代社会的转型是历史学界的公论。正是通过文艺复兴和启蒙运动的推动，西方社会成为人类社会发展的"引擎"，进而成为近代世界格局和人类文化的主导者和塑造者。可以这样说，文艺复兴和启蒙运动构成了今天欧美社会的文化基因，我们如果想更好地认识近代以来欧美三百多年的历史，就要好好地从考察其文化基因下手。

首先，我们来看看文艺复兴是怎么发生的。在欧洲历史中，从公元5世纪到15世纪这1000年左右的时间，被称作"黑暗的中世纪"。这主要是因为在宗教控制之下，整个西方的思想界、人们的理性精神与人文精神等都被压抑着。宗教机构和《圣经》成为解释一切的绝对权威，任何一个人如果违背了教会、违背了《圣经》的说法，就会被当成异教徒进行惩罚，轻则终身监禁，重则以骇人听闻的方式处死。

经历长期的压抑、酝酿和反抗，西方社会在逐渐积聚反思和批判宗教的力量，以突破神权控制下的蒙昧状态，实现由传统到现代的社会转型。在15至18世纪的时候，这个突破口出现了，即文艺复兴和启蒙运动。首先是在地中海沿岸的一些城市，经济得到了快速发展，当老百姓的生活富足起来后，宗教的很多禁忌和市民生活的需求产生矛盾。也就是说，经济上的发展、市民生活的多样化，为人们冲破宗教思想的束缚准备了条件。

其次，整个欧洲在近代暴发了几次大的流行病，尤其是黑死病，夺走了很多人的生命。当时宗教把整个社会控制得如铁桶一般，并许诺如果人们按照宗教的要求去做，就会得到神的护佑和幸福。可是当黑死病等流行疾病致使人们大量死亡时，那些笃信宗教的人开始怀疑：我信的这一套对不对？为什么会遭遇这样的惩罚？这时很多人对宗教产生怀疑，宗教大厦的根基开始松动。此时，正值东罗马帝国灭亡，东罗马的文物、雕塑、文学、绘画等艺术散播到了其他地方，其中就包括地中海沿岸地区。人们对世俗生活的向往和追求，找到了一个迸发点。

所以，什么叫"文艺复兴"？这个"复兴"表面上是对古希腊、古罗马艺术的一种追求，而背后所揭示的是一个新时代的兴起。其实质是人的发现和人的觉醒，或者称为人性的解放。当时，但丁、薄伽丘和彼特拉克，也就是"文坛三杰"，用文字作品开拓着文艺复兴的道路。文艺复兴进入鼎盛时期后，出现了"美术三杰"，即达·芬奇、米开朗基罗和拉斐尔。他们把中世纪的旧社会撕开了一道口，从而走上一条有人类个性曙光的新道路。彼特拉克有句名言：我是凡人，我只要凡人的幸福。其背后深刻的含义是，宗教对人性的种种束缚，我受够了，我就是个凡人，我只要平凡人的生活。彼特拉克的话很有代表性，很形象地说明文艺复兴的实质就是把人的诉求、人的觉醒、人性的解放大声地呼喊了出来。

达·芬奇有一幅名画叫《蒙娜丽莎》，几乎每一个接受过教育的人都知道这幅画，并且很多人都称赞蒙娜丽莎的微笑是多么的漂亮。客观地说，蒙娜丽莎与今天社会上打扮入时的青年男女相比，不算特别漂亮。但蒙娜丽莎的微笑，在人类的思想史上具有标志性的意义。在达·芬奇之前，欧洲几乎所有的画，内容大都与诸如圣母、天使等宗教题材有关。以达·芬奇的《蒙娜丽莎》为标志，艺术家的绘画主题和精神世界从遥远的天国开始转向世俗的生活，这就是人的发现、人的觉醒、人性的解放。也就是说，经过多种条件聚合之后，人开始觉醒了，人性开始解放了，人的主体性开始释放出来了。此时，无论是薄伽丘、彼特拉克，还是达·芬奇等一大批文艺复兴的思想家、艺术家、文学家，一起努力的方向就是为平凡的人去张目，为人性的需求去呐喊。所以说，文艺复兴绝对不是简单的古罗马艺术的复兴，而是"人"开始觉醒了，由原来的受神和宗教控制，变成了"我"（个体的人）要说话、"我"要思考、"我"要决定自己的生活。简言之，人性解放构成了文艺复兴的核心主题。

那么，文艺复兴带来的结果是什么？原来的时候都是宗教控制人：人能想什么、不能想什么，能做什么、不能做什么等，都是宗教说了算。而当人性解放之后，人类可以自己决定自己的生活，我要做什么，我要思考什么，我说了算。这时我们不禁要问：原来都是以宗教教会和《圣经》的说法为依据，当欧洲人力争摆脱这些之后，人有做主的能力吗？于是，启蒙运动随之而来了。什么是启蒙？康德有一篇专门写启蒙的文章[①]，他在其中指出，启蒙就是启蒙昧之蒙，就是人要培养自主思考的能力。自己决定自己生命的那种力量，人们称之为启蒙。

在启蒙运动的过程中，启蒙思想家提出了"理性"的概念。他们认为，理性是人类天生的一种能力，这种能力，能够使人们自己决定自己的命运。奥古斯特·孔德等人认为，人类不需要宗教的控制和蒙蔽，通过人类自己理性的力量，就可以认识社会规律，决定自己的生活。启蒙思想家不仅这么说，而且还这么做。所以在启蒙运动过程中，很多思想家都是用理性的力量来建构整个社会的制度架构，如德尼·狄德罗、约翰·洛克、孟德斯鸠、阿历克西·德·托克维尔、托马斯·潘恩等。他们依靠人的理性建构的社会制度，不是停留在纸面和理论的空谈上，而是付诸实践。美国的独立战争、法国的大革命等，某种程度上都是启蒙运动从理论到实践的一种转化。在这个过程中出现的标志性政治文件如《权利法案》《人权宣言》《独立宣言》等，对西方历史社会产生了重大影响。

与此相对的是，当西方大呼"人的觉醒""人的解放"，并且这种思想已经成为西方社会的主流时，我们还在传统社会的结构里边踽踽独行。当西方已经出现《权利法案》和《人权宣言》等划时代的新理念和价值观时，清朝的官员还在传统社会体系中匍匐在皇权之下以奴才自居。中西方由此逐渐产生巨大的差别，而这种差别正是我们为什么承受那么多屈辱的一个大背景。

实际上，中国社会一直有人类自我主体性的文明之光。在人的主体性

[①] [德]康德：《答复这个问题："什么是启蒙运动？"》，选自《历史理性批判文集》，何兆武译，商务印书馆1996年版，第22页。

问题上有两个维度：一个是人与神的关系，一个是人与王权的关系。在人与神的关系上，中华民族是开化最早，或者说最早具有主体性精神的伟大民族。无论是"盘古开天""女娲补天"，还是"钻木取火""大禹治水"等等，都显示出：我们中国人自古就不主张跪倒在"神"的脚下，不主张将人世间幸福的获得寄托在神明上，而是主张"自强不息""敬鬼神而远之"，主张通过人类自己的努力创造幸福生活。对于外部力量的作用，中国人主张"自助者天助，自助者人助"。正因为如此，中国社会没有滋生神权控制人们生活的文化基因，也不会产生被史学界称为"黑暗中世纪"的神学垄断时期。由此，大家也就不难理解，很多反对神权的启蒙运动思想家，诸如卢梭、伏尔泰等，为什么曾一度对中国文化充满了敬意和好感。

我们总结一下从文艺复兴到启蒙运动，西方社会获得了什么？文艺复兴以后，个人的解放和自由就成了西方社会的核心理念。文艺复兴主张人的发现、人的自由，呼唤的是个人的自由，是自我为中心的自由，极大地激发了人们被压抑一千多年的创造力和活力。而且西方社会从古希腊到今天，一直有一个"原子论"的传统。比如大家读德谟克利特、伊壁鸠鲁、莱布尼茨等思想家的著作，会发现他们都有一个基本的看法：宇宙或者社会的基本结构是原子或单子。在社会学领域，欧美学者也有着这样一种认知：社会由一个个原子式的个体组成。社会原子论催生了个人至上、个人本位的价值观。"至上"意味着什么？就是在价值体系中是最高的，是建构整个社会大厦的根基。那么，原子式的个体至上理念，其核心就是个人的自由至上。

欧美强调"原子式的个体至上""个人的自由至上"，其内涵跟中国文化的价值观很不一样。中国文化认为，人生活在天地宇宙之间，离开了人与人、人与家庭、人与社会、人与国家、人与天地自然等联结就无法生存，人们与整个世界是一体的关系。也就是说，中国文化认为，世界上没有完全意义上的所谓"原子式的个体"，世间万物共生共荣、相生相克。

应该说，中国人的这种认识是对人类生存状态的真实反映。在此基础上，中国文化产生的价值观念是不主张"以自我为中心"，不主张孤立地看待个人的价值和意义，而主张小我和大我的有机统一，既强调个人的价值和尊严，也不忽视整体、集体和国家的利益。

西方社会流传有这样一句谚语："风能进，雨能进，国王不能进。"为什么风能进、雨能进，国王进去避雨就不行呢？因为国王代表着公权力，也就是国家的权力，它是不能对私权进行任何打压、干涉和侵犯的。大家看西方的法学、经济学、政治学等社会科学，都在论证个体的价值和私有财产神圣不可侵犯。一句话，文艺复兴和启蒙运动所开启的西方社会价值观，就是人性解放、个人至上，在此价值观基础之上，产生了西方社会的治理体系，体系中的政治、法律、文化等方方面面，都是为个人至上、人性解放服务。

再看新冠肺炎疫情期间西方社会的表现。为什么很多人不戴口罩？为什么有的西方国家在疫情初期病死率很高的情况下，放弃抗疫而采取躺平的方式？因为欧美从文艺复兴以来，所开启的整个社会的价值观，都建立在个体至上、个人自由至上的基础上。而戴口罩等简单的抗疫措施则被视为对个人权利的束缚，比如不让我社交，是对我行动自由的束缚；不让我聚集，是对我社会活动自由的侵犯：这是西方人坚决不允许的。至于中国社会通用的二维码和手机绑定的技术，可以很好地进行流行病调查，在西方看来更是侵犯了个人的权利。所以西方社会提出群体免疫的思路，某种程度上也是不得已。

总之，当中国人还在传统社会里挣扎沉陷时，西方的文艺复兴已经打破旧时代的束缚，人们迈向"主体性觉醒"的新时代。启蒙运动不仅提出了人类有自己决定自己命运的能力，也就是思想家称之为"理性"的能力，还将其付诸实践。欧美一系列资产阶级共和国的建立，就是从理念到现实的一种具体体现。

那么在一个强调个人价值至上，在一个大呼"我有我的欲望、我要追求我的欲望"的环境里，就会产生一个很现实的问题，即，如何遏制人性的恶呢？近代西方的社会治理体系中，除了法治，还有宗教。这就是西方社会从文艺复兴以来到今天，社会的一个基本结构。

17世纪之前，中国在世界格局中整体上处在第一梯队。大家读欧洲启蒙运动时期的著作时，会发现很多西方启蒙思想家、哲学家、文学家，包括卢梭、伏尔泰、亚当·斯密等，对中国有不少的认可和推崇之处。但为什么17世纪之后中国就落后了呢？为什么我们会被西方甩得那么远？文艺复兴所开启的人的发现、人的觉醒和人的解放，一下子使一千多年被压抑和控制的人性的力量，得以释放、展开，汇集成排山倒海的社会发展的推动力量。而此时，中国还在一口一个"奴才"、一口一个"嗻"的帝制社会状态下踽踽独行。清朝建立后，中国社会没有实现真正的突破，相反却重新回到帝制轨道中，越发陈旧和压抑。由此，中国和西方迅速拉开距离，并被这个时代所抛弃，就成为不可避免的现实，中华民族也必将承受被时代抛弃所带来的苦难和血泪。

第三节　西方社会全方位的崛起

当我们了解到西方现代社会的文化基因来自文艺复兴和启蒙运动，并且对文艺复兴和启蒙运动给整个西方社会带来了什么、开启了什么做了一些分析后，我们还需要继续展开，探究在文艺复兴和启蒙运动的基础上，西方社会是怎样实现全方位的社会变革并突飞猛进、一日千里的。

"人性解放"这个口号一经提出，就把西方社会压抑了一千多年的创造力和活力给释放出来了，并对整个西方社会造成了全方面的影响。如果我们只盯住"鸦片战争"这一件具体的事，就很难明白我们为什么失败。我们要了解整个近代中国所面临的国际环境，尤其是给我们带来那么多痛苦和苦难的西方社会到底发生了什么，它是一个什么样的状态，这就是《孙子兵法》里讲的"知彼知己，百战不殆"[1]。我们无论曾经受过多少苦难，都不能总是活在情绪里，应该从苦难的经历中，读懂那个时代，更清楚地知道我们为什么落后，并在认识时代的基础上，赶超世界的潮流。

---

[1] 《孙子兵法》，陈曦译注，中华书局2011年版，第53页。

西方的文艺复兴和启蒙运动提出的人性解放、个人自由至上，释放了人的活力和创造力，从而引起了社会全方位的变革，表现在哪几个方面呢？

首先来看自然科学与工程技术日新月异的革新。文艺复兴之前，在欧洲严酷的宗教氛围中，人要节制自己的欲望，人的世界观等被宗教严格禁锢，自然谈不上什么科学技术的重大发明创新。当人性解放，人的发现、人的觉醒成为潮流之后，人要追求快乐的生活、幸福的生活和富裕的生活，欲望的满足就具有了合法性，必然对人们追求新的科学技术产生强大的推动力。为什么会有大航海运动？为什么麦哲伦要全球航行？为什么哥伦布能发现新大陆？这都是文艺复兴之后，人要追求新的市场、追求个人富裕的生活所必然导向的结果。在这种情势下，人们热衷于各种发明创造，提升技术，发展生产力，开拓市场，增加利润。创新就成为时代的必需。

工业革命从18世纪开始，主要从英国发起，具体是以机器生产来代替手工工具，其结果是英国率先成为世界上最强大的帝国。机器生产和手工生产相比，生产力能提高几十倍、上百倍甚至成千上万倍。我们以挖煤为例，一个人去挖煤一天的产煤量是多少？可是如果我们用机器来挖煤的话，大家想想，生产力会是多少倍的提升？从19世纪最后的30年一直到20世纪初的第二次工业革命，主要表现是电的广泛应用，电力在这一时期成为推动社会进步的巨大力量。自20世纪四五十年代以来，第三次工业革命兴起，原子能、电子计算机、微电子、航天以及分子生物学和遗传工程等领域取得重大突破。每一次工业革命，都会催生一些新的富强国家。第一次工业革命以后，英国的发展突飞猛进。第二次工业革命后，美、德、英、法、日等主要资本主义国家相继进入帝国主义阶段。而第三次工业革命以后，电子计算机技术、微电子技术、航天技术等技术的发展使美国成为超级大国。科技革命一次接着一次，急速推进着人类生产力的发展。可是对比来看，在18、19世纪，中国的生产力几乎静止在手工作坊的时期。当然我们也有能工巧匠，可是这种只能依赖能工巧匠的手工工业与机器大工业相比，可谓天壤之别。

工业革命不仅使生产力得以飞速发展，而且使军事技术也得到了突破性的变革。西方社会大步迈入热兵器时代，枪支、大炮等各种武器层出不穷。而当时的中国基本上还处于冷兵器时代。一个拿着大刀长矛的国家，和一个开始使用炸药、炮弹、机关枪的国家，根本不在同一个时代。所以，有学者就提出"代差"的概念，认为近代中国和英国进行的鸦片战争，是两个时代的战争，是手工业和机器工业之间的较量。这种"代差"的结果是什么？不论鸦片战争多么不正义、多么罪恶，英国的船坚炮利都可以碾压大清王朝。鸦片战争爆发的时候，虽然英国人的部队只有几千人，却能在我们的国土上如入无人之境，有些县城，仅几分钟的时间即被攻陷。为什么英国的部队能够从广州一直往北攻打到南京？最重要的原因就是其军事技术的变革带来了绝对优势。

诸如 1991 年的海湾战争，为什么伊拉克溃败得那么迅速？其实这与刚才讲的鸦片战争有些类似，也是因为代差。美国当时已经不再靠大规模地面兵力的冲锋来获取胜利了，而是首先依靠先进的导航，使用大量的导弹对敌对目标进行轰炸、摧毁。掌握了信息战的主导权与制空权后，美国几乎只靠地面的坦克部队，就可以碾压伊拉克。这是科技革命给西方社会带来的巨大变化，也给中国带来了极大的震撼。

工业革命使西方国家的综合实力得到了极大的提升。据有关统计，1840 年时中国的经济总量还非常大，占到世界经济总量的 20% 左右[1]。只不过当时中国的经济总量，是在手工业自给自足的自然经济的业态下取得的。但由于西方实现了工业革命，经济突飞猛进，英国首先发展成为日不落帝国。后来法国、德国、美国等迅速崛起，成为世界上不可忽视的力量。新中国成立后，毛主席曾经说，现在我们能造什么？能造桌子椅子，能造茶碗茶壶，但是，一辆汽车、一架飞机、一辆坦克、一辆拖拉机都不能造。所以，新中国成立后，工业化的任务刻不容缓。

除工业革命外，在人性解放的大背景下，西方社会的政治领域也发生了根本性的变化。在中世纪，控制在西方人身上的绳索有两个：一个是宗

---

[1] 参照刘遒在 2009 年第 10 期《经济研究》中提供的数据。

教，凡是不符合教会、《圣经》说法的，不具有合法性；另外一个就是王权，各种苛捐杂税、人身限制也使得整个西方社会喘不过气来。文艺复兴之后，西方社会就在思想上打破了宗教神权和封建王权的禁锢，而旨在保护人的解放、人的自由的政治制度的建立就成为历史的必然。这套制度包括分权与制衡的原则，其中多党制、普选制等具体的制度设计，背后仍然是为了保护个人自由至上这一理念。后来，英国光荣革命、美国独立战争、法国大革命等相继爆发，整个西方社会陆续建立了资产阶级共和国，建立了旨在保护资本权力和个人自由的政治制度。

在文化上，西方社会从宗教控制思想的蒙昧状态里走出来之后，必然迎来文化的多元化。西方社会各种思潮竞相迸发，激发了人们思想创造的活力，包括后来马克思主义的出现，都与当时文化的多元化有关。文化的多元化某种程度上保证了人思考的权利，这对西方文化的繁荣起到了不可替代的作用。一个社会如果没有了"一"，就没有向心力和凝聚力；如果没有了"多"，势必万马齐喑，生机凋零。

文艺复兴以后，西方的社会结构也发生了重大变化。以"私有财产神圣不可侵犯"为基础建构的社会结构，不免出现了集团化、利益固化和碎片化的倾向。在这一点上，马克思、恩格斯和列宁等都看得非常清楚。关于西方的多党制，如果我们不了解整个西方社会结构的话，可能会对其做出错误的判断：表面看起来老百姓有投票权，每个人都可以表达自己的政治主张。但这都是表象，实际上，在以"私有财产神圣不可侵犯"为基础的社会结构里，每一个政党以及它所表达的政治主张，都代表了某一个集团或某一类组织的利益。也就是说，欧美社会以私有制为基础，就必然导向社会结构的集团化和利益固化。所谓的政党，其背后实际上代表了不同集团的利益。那么我们不禁要问：在一个合理的社会治理结构中，掌握权力的人应该是什么样的人？从道理上讲，掌握权力的人应该是全体人民的代表，应该为绝大多数人的权利和尊严去奋斗、打拼。但由于西方的社会结构以私有制为基础，使得所谓的政党并不是全体人民的政党，而是某一个或某几个利益集团的政党。他们一旦掌握政权以后，不可能代表全体人民的利益。正因为这样，马克思和列宁才说，西方社会选举和多党制看起来热热闹闹，其背后不过是资本家选择哪一个政党、哪一个领导人为自己的利益去代言。这是社会结构的集团化、利益固化和碎片化所带来的一个弊端。而且，所谓的一人一票看起来热热闹闹，实际上推选什么人参加大选，老百姓并没有什么权利作出决定。候选人是大资本集团经过各种权衡和博弈推选出来的，然后选民热热闹闹地参加投票，可以说是资本家控制的社会的虚假狂欢。

总体来说，文艺复兴和启蒙运动以后，西方社会开始全方位崛起，包括科技层面的工业革命以及由此而带来的军事技术的变革、政治领域的变革、文化多元化的发展等。如果从推动社会进步的层面来讲，西方社会这种变革所带来的经济发展、物质财富的积聚等，都是人类社会的正资产。但是由此也产生了很多问题，包括生产力发展过程中对环境的破坏、两极分化、社会被资本深度绑架、利益侵蚀人们的精神家园等。这些也都是当今人类社会必须正视和解决的大问题。当然，后来的西方社会也希望解决这些问题。但从根源上看，当代人类社会的积弊和问题是西方文化和社会发展的产物。如果西方文化和社会不能真正地自我超越，就没有真正解决这些问题的能力。西方社会的经济结构、政治结构决定了其面对两极分化等社会难题，更是无解。

与此对比，我们再看每当中国出现重大自然灾害的时候，我们国家民众总能众志成城、团结一致、共同奋斗。全世界只有中国才具备这种调动能力。为什么会这样呢？因为我们国家是社会主义国家，以公有制为基础；我们的文化和价值观，不是以自我为中心，而是强调"我为人人，人人为我""一方有难，八方支援"——所以我们才能取得那样的效果。

通过对文艺复兴、启蒙运动所开启的西方社会变革的梳理，我们就可以更好地从经济、科技、政治、文化、社会结构等各个方面进行分析。由此，我们更加清楚地了解近代西方社会是个什么样子，它们的优势在哪里，问题在哪里。在实事求是的基础上，我们可以看得更全面、更清楚。只有我们更好地认识世界，才能知道我们过去为什么输，以及我们如何赢得未来。

第四节　无法把握的机会之窗：马戛尔尼使团访华

文艺复兴、启蒙运动以后的西方和中国，可以说是完全不同的两个世界。当西方率先启动、快速发展，中国逐渐被甩开巨大差距的时候，在18世纪末曾经出现过稍纵即逝的中国认识欧美的机会之窗。可惜，当时的清朝完全没有能力把握这个稍纵即逝的认识西方并改变自己的机会，最终在斜阳日暮的晚景中走向灾难深重的半殖民地半封建社会。这个机会之窗就是1793年的英国马戛尔尼使团访华事件。当时清朝处理马戛尔尼访华事件的细节，为我们洞察近代中国的落后挨打提供了一个视角。

英国在工业革命之后，工商业的发展速度很快超过了荷兰，一跃成为整个西方资本主义世界最强大的国家。资本，就其本性而言是要寻求利润的最大化。那么，更多的市场、更广泛的世界贸易、更高的利润，就成为整个英国社会上下共同的追求。在17、18世纪的欧洲，很多人对中国充满着美好的想象，开拓中国的市场，是当时欧洲很多国家的强烈愿望。需要注意的是，这个时候欧洲人眼里的中国，并不是真实的清朝社会，而是《论语》《大学》《道德经》等中国元典里的中国。经典里所渗透的智慧、深邃、理性、宽容等美好的文化品格，让深受宗教控制的西方人感受到中国文明之光的照耀。在当时，欧洲有不少的"中国迷"，也有不少欧洲人崇拜中国，就连欧洲最有代表性的知识分子，如伏尔泰、莱布尼茨等人，都对中国充满了好感。伏尔泰曾经说过，在道德上，欧洲人应当成为中国人的徒弟。当欧洲人普遍都匍匐在宗教的脚下，某种程度上还处在一个蒙昧状态中时，孔子的"敬鬼神而远之""仁者爱人""己所不欲，勿施于人"等闪耀着主体性光辉的词句，在中国已经存在了2000多年。据说，莱布尼茨曾经专门写信给康熙皇帝，要求加入中国国籍，并把它当作无上的荣耀。当时，在部分欧洲人的文化认知里，中国是世界上最文明的国家，统治者充满了仁慈、怜悯和慈爱。尤其是13世纪《马可·波罗游记》中有关中国的描绘，令很多西方人向往。在这样的背景下，18世纪打败荷兰和西班牙而一跃成为西方资本主义最发达国家的英国，强烈希望和中国打交道、经商，从而撬开中国的市场，来实现英国的商业利益。

1792年，马戛尔尼使团从英国本土出发，以祝乾隆皇帝八十寿辰的名义出使中国。他们乘坐装置64门炮位的"狮子号"炮舰，带着经过精心挑选的礼物，包括蒸汽机、纺织机、织布机、榴弹炮、迫击炮、卡宾枪、步枪、连发手枪、天体运行仪、望远镜，以及一个配有110门大口径火炮的"君主号"战舰模型，等等。可以说，马戛尔尼带来的礼品，基本上反映了当时西方最先进的科学技术。如果当时的清朝皇帝和大臣们足够清醒、足够敏锐的话，就可以从这些礼单中感受到中国和西方的差距，进而产生极大的危机感。

这个使团于1793年到达了中国。马戛尔尼使团在拜见乾隆皇帝的时候，曾因礼节问题和清政府发生很大的争执。按照中国当时的规定，马戛尔尼觐见乾隆必须三拜九叩。但在经历过资产阶级革命的英国，人权、平等理念已经深入人心，马戛尔尼不能接受用清朝的礼节来拜见皇帝，最终采用单膝跪地的方式拜见乾隆。马戛尔尼代表英国政府向清政府提出了六项请求：允许英商到宁波、舟山、天津进行贸易；准许英国的商人在北京设立商馆；规划舟山附近的某一个海岛给英国商人居住和收存货物；在广州附近划出一块地方，让英国人可以自由往来，不要加太多的限制；让英国的货商自澳门到广州可以享受免税或者减税；确定税率之后不要额外加征税款。总体上来看，英国最核心的目的实际上是通商和获取利润。客观地说，当时令马戛尔尼访华，实际上是英国出于对中国的仰慕，希望打开中国的大门之后，能够通过和中国正常的商品贸易往来获得商业利益。可惜，当时乾隆皇帝看到这个要求以后，全部驳回，其中一个理由是："天朝大国，物产丰饶，无所不包。"言外之意就是没必要跟英国进行大规模的商品贸易，中国可以自给自足。但清政府特别准许英国通过广州十三行进行一定数量的中英商品贸易。

当时，西方资本主义社会的市场存在各种需求，而处在自然经济的中国外贸需求特别少，基本上处于自给自足的状态。所以，英国商品运到中国以后，几乎没有大的销路。而中国本土所产的商品运到欧洲以后，却是欧洲上层社会的奢侈品。瓷器、茶叶、丝绸等物品，在英国等欧洲国家非常畅销。马戛尔尼这次访华应该说没有达到预期目的。一个自给自足的中国社会，当时根本不具备打开国门的条件和环境，当时的清朝不会也没有能力和冉冉升起的资本主义社会打交道。

英国使团离开承德的时候，需要雇用一些中国的劳力。但英国使团看到的是地方政府直接派士兵到街上抓老百姓、打老百姓，一片哀号。加上沿途所见，马戛尔尼使团的人感觉到中国老百姓的贫穷、落后，感受到清政府的缺乏人道。所以从某种程度上，马戛尔尼使团的访华成了欧洲人对中国人看法的一个转折点。

马戛尔尼在1793年访华以后，曾经这样评价清政府："中华帝国只是一艘破败不堪的旧船，只是幸运地有了几位谨慎的船长才使它在近150年期间没有沉没。它那巨大的躯壳使周围的邻国见了害怕。假如来了个无能之辈掌舵，那船上的纪律与安全就都完了。"[1] 也就是说，在马戛尔尼看来，当时所谓的康乾盛世，已经是金玉其外、败絮其中。

随马戛尔尼访华的一个随行人员叫安德逊，他描写说："我们像要饭的一样进入北京，像囚犯一样被监禁在那里，而离开时简直像是盗贼。"[2] 他的描述某种程度上折射了当时僵化的帝国体制，在和一个开放的、生机勃勃的资本主义国家打交道的时候，所表现出的种种不适应。黑格尔在读了斯当东的《英使谒见乾隆纪实》这本书以后，对中国形成一个简明的看法。黑格尔说："中华帝国是一个神权专制统治的帝国……个人从道德上来说没有自己的个性。中国的历史从本质上来看仍然是非历史的：它翻来覆去只是一个雄伟的废墟而已……任何进步在那里都无法实现。"[3] 黑格尔称中国是"神权专制"的帝国，这是他对中国当时社会的误判与错解。早在

---

[1] ［法］佩雷菲特：《停滞的帝国——两个世界的撞击》，王国卿等译，生活·读书·新知三联书店1995年版，第532页。

[2] 同上，第567页。

[3] 同上，第563页。

商周之际，中国就已经萌生了文化的主体性，在人与神的关系上摆脱了神权控制人权的局面。但当时的中国，僵化、保守、沉闷、压抑，却是客观事实。

黑格尔是西方哲学史上的一个集大成者，在黑格尔之后，几乎所有的西方大哲学家，都无法绕过黑格尔。黑格尔对中国的评价，某种程度上影响了整个西方的文化界、学术界，尤其是哲学界对中国的认知。乃至于学习哲学的学者，尤其是学习西哲的人，在阅读黑格尔的书之后，如果对中国的历史和文化没有深入的了解，也会因黑格尔的这个判断受到负面影响。但是黑格尔的这个话，某种程度上源自马戛尔尼访华后对中国的描述，因为黑格尔自己并没有真正来到中国，黑格尔也没有真正读懂中国的书。但是马戛尔尼访华之后，这种见闻和描述对黑格尔产生了很大的影响。

当时的中国表面上正值"康乾盛世"，其实不过是"落日的余晖"。中华民族两千多年以来，多半时间都走在人类社会的第一梯队，尽管17世纪后逐渐落后了，但马戛尔尼访华时中国还有一些"家底儿"，或者有些"老底儿"还没有被挥霍干净。看起来满天灿烂的晚霞，其实黑夜就要来临。而同时代西方资本主义社会，已经实现了人的解放，束缚在西方人身上的各种枷锁，包括王权、神权，都已经被打破。人的力量被激发出来，整个西方社会在经济、文化、科技、教育、社会结构、军事等方面突飞猛进。东方沉默的大国已经被时代所抛弃。

马戛尔尼的访华，某种程度上可以说是给中国打开了一扇希望之窗，如果当时以乾隆皇帝为代表的清王朝能够不虚骄、不自大、不傲慢，抛开对西方的偏见，客观冷静地去认识别人的优点，那么马戛尔尼访华所带来的那些礼物，应该会对乾隆产生巨大的冲击。尤其是火器，这直接关系到后来的军事力量对比，乾隆皇帝竟然当面错过。

这次错过的一个结果，就是英国后来找到了一个改变西方贸易逆差的武器——鸦片。鸦片在中国是一种药材，使用得当，在止疼等方面有比较好的疗效。同时它也是一种毒品，会让人产生幻觉，甚至成瘾。当英国人找到鸦片这样一个工具打入中国市场之后，不仅迅速改变了西方和中国贸易的逆差，而且进一步撬开了中国的大门，引发了近代的鸦片战争。

马戛尔尼访华这段历史，值得我们认真去反思。近些年以来，我们发现历史似乎在重演。中国在改革开放以来经济社会发展所取得的成就，在促进人们美好生活方面的种种创新，西方很多人却选择了视而不见。历史仿佛置换了位置，西方人恰恰像我们当年的乾隆皇帝，对中国充满了傲慢和偏见。傲慢和偏见最大的害处是什么？就是使得一个国家、一个民族丧失了认识真理的能力，丧失了认识先进、学习先进以及自我纠错的能力，而这对一个国家的发展来说是致命性的漏洞。

有比较，才能更好地认识自己。我们有必要说一下日本在同时期的表现。相对于马戛尔尼访华，中国错失了一次打开国门、向世界先进潮流追赶的机会，日本的一些做法值得我们学习和反思。

1891年，中国筹建的北洋海军访问日本。当时北洋海军从英国和德国购买了巡洋舰、铁甲舰等战舰，从排水量等数字来看，实力居亚洲第一、全世界排第八。所以，当北洋军舰访问日本到达马关的时候，可谓一下子震惊了日本朝野。据说有些日本人看了以后痛哭流涕。他们觉得邻国的海军已经如此发达，有如此强大的海军，那日本的国土如何安全？所以，在北洋军舰访问日本之后，以伊藤博文为代表的日本政治家立即决定，要集全国之力建造一支排水量10万吨的海军舰队。当时的日本天皇还决定，从1893年开始后的6年，每年从自己的私房钱里抽出30万日元，并且还要求日本所有的文武官员捐献薪金的十分之一，集全国之力来建造最强大的海军。于是，从1891年北洋军舰访问日本马关，到1894年中日甲午海战，日本只用了3年的时间，其海军不仅迎头赶上，而且让清朝北洋舰队全军覆没。

当时的日本从最高领导人到执政官员，在这一方面都有极强的警觉能力、反思能力和危机意识。1895年《马关条约》签订之后，日本不仅是亚洲最强大的国家，而且是全世界不容小觑的强国。后来，日本穷兵黩武，走上对外扩张之路，从1931年发动"九一八事变"到1945年战败，某种程度上可以说是日本咎由自取，是其错误的国策导致。但是客观地说，日本人在面对本国和其他国家的差距时，所表现的洞悉能力、观察能力、反思能力，以及迎头赶上的自觉，这是值得我们学习的地方。

对比近代中国和日本面临国内外差距时的不同表现，我们应该有所反思：中华民族永远要有居安思危的意识，永远要有认识真实世界的自觉，永远要有忧患意识，永远要敏锐地洞察世界潮流，从而客观冷静地观察世界，并在这个基础上，善于学习，勇于超越，制定好本国的发展战略。任何其他国家比我们先进的地方，我们不仅要看到、要承认，更要通过反省和努力迎头赶上。

第五节　惶恐与沉思：三千年未有之大变局

考察和检视任何一个民族的生命力，一个重要的依据就是这个民族对历史大势的认知与回应。能够主动认识潮流、顺应大潮，并成为时代弄潮儿的国家，才能掌握主动，赢得发展机遇。否则，封闭僵化，自绝于时代大潮，只能承受苦难挫折，并有可能亡国灭种。

面对近代以来人类社会发生的翻天覆地的变革，当时的中国人对整个世界格局的变化也逐渐有了深刻的感受。比如李鸿章，他在1872年5月写的奏折《筹议制造轮船未可裁撤折》里面说道："臣窃维欧洲诸国百十年来，由印度而南洋由南洋而中国，闯入中国边界腹地，凡前史之所未载，亘古之所未通，无不款关而求互市。我皇上如天之度，概与立约通商以牢笼之，合地球东西南朔九万里之遥，胥聚于中国，此三千馀年一大变局也。"[①] 其中，"三千余年一大变局也"就是以李鸿章为代表的某些实务官僚对中国所处的国际环境的一个判断。李鸿章不可能从现代性、主体性的角度深刻地把握总结当时中国所面临的时代挑战，但也明显感受到近代中国所面临的危机和挑战，与中国历史上的任何时期的危机和挑战都不一样。

---

① 《李鸿章全集》第5册，奏议（五），安徽教育出版社2008年版，第107页。

几千年来，以中国为核心形成了一个藩国体系：中国是宗主国，周边的小国依附于中国这个宗主国，形成一个协和万邦的国际治理体系。可是近代以来，中国所遭遇的西方国家，完全不是中国历史上所遇到的相对落后政权。相反，西方国家当时拥有整个世界上最先进的生产力，某种程度上也是当时先进治理体系的代表。这个时候，包括李鸿章在内的很多人一下子意识到，这次所遇到的对手是中国历史上亘古未有的，所以把它总结为"三千年未有之大变局"。

那么，"三千年未有之大变局"究竟是个什么样的变局呢？其实李鸿章只是做了这个判断，但并没有能够说清楚。那么，我们不免追问：到底什么是"三千年未有之大变局"？

首先，西方社会自文艺复兴和启蒙运动之后到底发生了什么变化呢？这里我们作一点总结。从社会主体也就是"人"的角度看，西方社会在文艺复兴、启蒙运动之后，人的力量被激发出来了，由被压抑、被控制、被束缚、被禁锢的状态，转向了释放自己、追求自己、实现自己的状态。那么，从哲学的角度如何总结文艺复兴、启蒙运动以来的历史潮流呢？吉登斯、哈贝马斯、多尔迈等西方哲学大家，把整个西方社会发生的惊天巨变概括为现代性生成与展开的过程，"按照哲学的术语说，现代性的后果就是主体性原则的确立"。[1]

与此同时，中国社会是个什么状况呢？毛泽东在1927年写了一篇文章，叫《湖南农民运动考察报告》。毛泽东在这篇文章里面指出，当时的中国社会之所以落后挨打，是因为有"束缚中国人民特别是农民的四条极大的绳索"[2]。哪"四大绳索"呢？

第一个是政权。政权就是封建的专制独裁的政权。那些官僚们对老百姓横征暴敛，用各种权力控制老百姓、盘剥老百姓，正所谓"苛政猛于虎"。

第二个是神权。神权主要是讲当时的封建迷信。封建迷信经过统治者

---

[1] 韩震：《现代性、全球化及其认同问题》，载《新视野》，2005年第5期，第53页。
[2] 《毛泽东选集》第一卷，人民出版社1991年版，第31页。

的改造之后，就成了控制老百姓的一种精神力量。鲁迅有一篇文章叫《祝福》，其中有个人物叫祥林嫂。祥林嫂作为一个妇女，结过两次婚，有人这样吓唬她："你和你的第二个男人过活不到两年，倒落了一件大罪名。你想，你将来到阴司去，那两个死鬼的男人还要争，你给了谁好呢？阎罗大王只好把你锯开来，分给他们。"祥林嫂吓得神情慌张。但是别人又告诉她说："你到土地庙里去捐一条门槛，当作你的替身，给千人踏，万人跨，赎了这一世的罪名，免得死了去受苦。"①祥林嫂是一个非常苦难的农村妇女，她听信了那些人的话，真的去了土地庙里求捐门槛。由此我们就能看出来，封建迷信，也就是毛泽东所说的神权，对一个人能够造成多大的压力。

第三个是族权。农业文明几千年以来，人们居住环境相对固定，子又生孙，孙又生子，子子孙孙，自然形成家族社会。这使得每个人都身处一个大家族之中。而在这个族里面，一般都是德高望重的长者说了算。年轻人有什么想法，一般不容易受到重视。这就使得整个族里的每个人的行为、言语都紧紧地被这个宗族的一些所谓的规章、规约控制着，这是族权。

第四个是夫权，指的是男权对人的压抑。自西汉以来，丈夫和妻子之间的关系就被凝固化了，就是三纲五常里的"夫为妻纲"。基本而言，在家里边真正说了算的实际上是丈夫，由此不仅压抑了妇女的生命力和活力，而且导致了大量的人生悲剧。陆游和他的表妹唐婉，青梅竹马，感情非常深厚。但是结婚以后，由于唐婉没有怀孕生孩子，陆游的母亲就要求陆游休掉唐婉，结果唐婉就被休掉了。后来，两个人在游玩时又遇见了，触景生情，唐婉忧思成疾，不久就香消玉殒。据记载，陆游和唐婉游的是沈园，陆游看到唐婉以后，心里感慨万千，写了一首词，词牌名为《钗头凤》。其中写道：

红酥手，黄縢酒。满城春色宫墙柳。东风恶，欢情薄，一杯愁绪，几

---

① 《鲁迅全集》第二卷，人民文学出版社2005年版，第19—20页。

年离索，错、错、错。①

唐婉在看到她曾经的丈夫陆游之后，心里就想起了曾经的恩爱，也留下了一首词，词牌名也是《钗头凤》：

世情薄，人情恶，雨送黄昏花易落。晓风干，泪痕残，欲笺心事，独语斜阑。难！难！难！

可见，夫权在整个中国几千年历史中的影响极大，是压抑女性的一个沉重负担。夫权、族权、神权、政权，就是压在中国人身上的"四道绳索"。

当然，这些压抑中国人的绳索，与当时的中国旧制度、旧文化密切相关。所以，中国共产党的伟大之处在于，不仅限于对旧文化、旧道德提出批判，而是致力于从根本上拔除滋生束缚人们绳索的旧制度，从而实现对旧中国的根本改造。

当时中国社会的状态和文艺复兴后的整个西方相比，几乎是天壤之别。西方在打破了各种束缚以后，寻求人的解放、人的觉醒，社会发生了翻天覆地的变化，而中国人却还生活在夫权、族权、神权、政权等各种束缚之下。所以近代以来，从孙中山一直到毛泽东等领导人，他们所努力追求的也是民族的解放和人民的解放，这也是中国共产党的军队被称为解放军的原因。要实现民族的解放，就要推翻所有西方列强对中华民族的压迫。要实现人民的解放，实际上就是要打破中国人民头上一道一道的绳索；打破之后，不仅能让人民获得人权和自由，而且可以极大释放民族的活力、创造力。

可能有人要问：放在人类社会的视野中，中华民族为什么没有率先挣脱束缚而实现自我突破呢？这需要我们作出全面的分析。

中华文化从本质上讲，不是束缚人的文化；从最深层的本意看，是要实现人的解放。无论是儒家、道家还是佛家，都有一个很内层的东西，就是主张把人性之中的弱点克服掉，不做人性弱点的奴隶，彰显人性之中积极向上的力量，然后用这个积极向上的力量去做主人翁。所以大家读孔子

---

① 《陆游诗词选》，邹志方选注，中华书局2005年版，第205页。

的话，"我欲仁斯仁至矣""从心所欲不逾矩"等，描述的都是孔子超越人性弱点后实现的人生自觉和自在自由。佛经也讲，一个人的修行，是指打破各种束缚以后的"大自在"。也就是说，我们强调的主体性和西方文化的主体性，有着根本的不同。

西方的主体性是什么？文艺复兴和启蒙运动所开启的人性弱点和理性交杂的主体性，既包含了人类的各种欲望，也包含了人类所拥有的理性智慧等，可以说是个潘多拉的盒子。但是中国固有文化对主体性的理解，强调的是发挥出人性之中积极向上的力量，同时要克制、超越并束缚人性中的弱点。也就是说，中国近两千多年的文化，其实有两条线：一个是把人性之中积极向上的力量开启出来，创造文明的辉煌；一个是把人性之中，那些引人堕落的力量加以束缚和控制，减少人类的悲剧和灾难。可是在两千多年历史发展的过程中，我们是把越来越多的力量用在控制人性之恶上，而在开启人性积极向上的力量方面，关注得非常不够。尤其是宋明理学产生以后，更是千条规矩、万条绳索，导致中国社会的活力进一步萎缩。无数看得见、看不见的绳索，形成了对中国人形形色色的束缚、禁锢，结果把原有的创造力、活力，乃至于生命力等，都给禁锢住了。所以当西方社会蒸蒸日上的时候，我们近代的中国还处在一个沉闷的、活力被压抑的状态里面。

处在禁锢压抑中的中华民族，在近代与开启了人的创造活力的欧美人相遇，必然遭遇血泪、屈辱和苦难。同时，中华民族为了追求自己的尊严、为了实现生命力的再造所进行的抗争和奋起，也成为整个近代中国所必须经历的一个历史过程。

所以说，近代中国遭遇的所有苦难是一杯苦酒。我们虽然不愿意品尝，但必须直面它，从中吸取教训。中华民族从1840年鸦片战争一直到1949年新中国成立，经历了太多的屈辱，付出了太多惨痛的代价。我们只有对中国近代史好好地进行反思、总结、梳理，才可以知道我们今天生活的很多困惑、纠结、问题的来龙去脉，也才能在这个基础上，连接古今，胸怀世界，找到解析当下困惑和走向未来的道路。

第三章

错失历史机遇的巨大代价

　　任何一个国家的历史,都会在一个民族的心灵里留下痕迹。

　　近代中国,从所谓的康乾盛世,到列强入侵、积贫积弱,几近亡国灭种的险境,给中华民族的心灵世界带来极大的影响。这种影响,不仅一直延续到今天,而且也必然深刻地影响未来,成为重建中华民族精神家园必须直面的历史课题。

第一节　从"天朝大国"的自傲到近代的凄风苦雨

　　文艺复兴以后,西方人率先打破神权和王权的禁锢,进而产生了工业革命以及一系列制度体系革新等,极大地促进了欧美社会的变革和进步。而古老沉寂的中华文明,此时并没有做好迎接"三千年未有之大变局"的准备,结果是一步一步地沉沦。在整个近代历史变局之中,丧权辱国,割地赔款,人民灾难深重、流离失所,国权沦丧,人权遭践踏,可谓暗无天日。但哪里有压迫,哪里就会有思考、有反抗。近代中国伴随着灾难和耻辱,也逐渐开始走向觉醒与巨变。

　　近代中国的苦难经历是一杯苦酒,而这杯苦酒是每一个中国人必须承受、体会的。我们经常说铭记历史,内涵之一就是要把历史上我们失败与遭受苦难的原因看清楚,吸取教训,引以为戒,从而避免今后出现类似的苦难和波折,使我们这个民族永葆生机。可是要达到这样一个目的很不容易,前提是我们对中国的近代史不仅要了解,还要有深刻地反思总结和梳理。下面我们尝试梳理近代中国是怎么样逐步沦丧为半殖民地半封建社会,怎么样一步一步被西方列强凌辱和巧取豪夺的。这个痛苦的过程,既是我们不堪回首的回忆,也是我们必须正视的历史。

第二节　鸦片战争的苦果

　　我们先看第一次鸦片战争前后的中国和西方。

　　在中英贸易的初期,中国处于顺差的地位。由于资本主义社会的逐利性和嗜血性,西方资本对金钱的膜拜、对利润的渴望,让英国找到了一个打开中国市场的东西——鸦片。鸦片是毒品,具有成瘾性,所以它很快在中国的市场上流行起来。鸦片贸易盛行时,林则徐曾经专门上书给道光皇帝,指出如果不禁烟的话,20年左右国家就没有御敌之兵、没有充饷之银,情况已经非常严重了。当时的清政府就下定决心戒烟。这本是正常不过的事，可是在强权大于公理的西方列强面前，如何讲道理？

我们学英语单词时，有一个词叫 gentleman，是指"绅士"。人们在读西方文学时，会发现书本上的那些所谓绅士们通常会手拿文明棍，头戴大礼帽，穿着燕尾服，有的人还会戴上一副眼镜，看起来多么文明。其实大家想一想：一个卖给别人鸦片的国家——英国，当受害国中国要戒烟了，就决定对中国进行军事打击，gentleman 在何处？所谓的"绅士精神"在何处？所以，每个人都应该好好读历史。只有认真读历史，我们才能够看穿眼前的表面文章，了解事情的来龙去脉，才可以对西方国家了解得更多。当然，西方国家有很多优势值得学习，但是了解历史，我们可以更清楚地看到一些表面所看不到的东西。

鸦片战争爆发时，清朝总共有八十万左右的兵力。当时英国军队来了多少人呢？不同材料提供的数据并不一致，有说一万多的，有说两万左右，还有说四千人。我查了相关资料以后做了一个比较，英国真正的战斗人数大概一万人，基本上就是这么一个情况。可是，清朝有 4.1 亿的人口、80 万的清军，结果是什么？当时的清政府一败涂地。尽管偶尔有小胜，但是当英国的军队从广州一直打到南京，兵临城下，最终被迫签订丧权辱国的《南京条约》。

1842 年，《南京条约》签订，给中国带来什么影响呢？第一，割让香港岛给英国，这意味着中国丧失了领土的主权。第二，开放广州、厦门、福州、宁波、上海五处为通商口岸，而且允许英国人在通商口岸派驻领事。在 1843 年签订的《虎门条约》中又规定了一项权力——领事裁判权，即英国人在中国土地上犯了法，中国的政府没有资格管辖，只能交给英国驻广州、厦门、福州等地的领事进行裁判。这就意味着中国司法主权的独立性丧失了。

自《南京条约》以后，西方列强闻风而动，与清政府签订了包括 1844 年中美《望厦条约》、1844 年中法《黄埔条约》等在内的一系列不平等条约，中华民族走上了国权沦丧的屈辱之路，中国也逐渐沦为世界资本主义商品市场和原料供给地。在这个过程中，中华民族所遭受的苦难可谓是不胜枚举。

第一次鸦片战争结束以后,西方列强攫取了巨大的利益。就像马克思评价的那样,"资本来到世间,从头到脚,每个毛孔都滴着血和肮脏的东西"。资本主义国家闻到血腥味之后产生的贪婪,是永不满足的。

1854年,《南京条约》期满12年,英国故意曲解中美《望厦条约》关于12年后贸易及其海面各款可以变更的规定,援引"最惠国"待遇条款,向清政府提出全面修改《南京条约》的无理要求。

这里,我为大家补充解释一下。《南京条约》签订后,美国趁火打劫,逼迫清政府签订《望厦条约》。其中有一条规定:《望厦条约》12年之后,有些条款可以变更。英国有最惠国待遇,于是要求享有清政府对美国做出的那些让步。例如全境开放通商,进出口的货物免交关口税,外国的公使可以常驻北京,等等,甚至要求政府宣布鸦片贸易完全合法。法国、美国两国听闻后也要求修改条约。当时的清政府拒绝了。为什么拒绝?因为这是严重不平等的条约,当时清政府处于弱势地位,如果一旦开放全境,鸦片贸易合法化,不仅会使整个国家走向衰败,国家的稳定也会遭到极大的冲击。之后,英国和法国等就开始和清政府交涉,在这个过程中,西方列强联合起来胁迫清政府,意图使上面的这些合法化。

英法两国磨刀霍霍的时候,借口"亚罗号事件""马神甫事件",悍然发动第二次鸦片战争。

1856年,广东水师在广州黄埔逮捕了"亚罗号"上的一个海盗。由于这条船挂了英国的国旗,英国借口清政府侵犯了英国的利益派兵进攻广州。大家知道这叫"欲加之罪,何患无辞"。

法国借口是什么?是天主教的神父马赖。当时他违反了中法《黄埔条约》,非法潜入中国广西西林县,披着宗教外衣,进行侵略活动,被广西西林县的知县给处死了。最终英法两国一个以"亚罗号事件"为借口,一个以"马神甫事件"为借口,发动了第二次鸦片战争。

战争的结果是清政府惨败。第一个阶段就签订了中英《天津条约》。中英《天津条约》内容非常多,其中特别值得注意的内容是外籍传教士可以在中国自由传教，外国人可以到处游历和通商。这给西方展开文化侵略提供了极大方便。

基督教早在唐朝的时候就传到中国，但是由于当时中国国力充实、文化繁荣，儒家、道家、佛家竞相辉映，所以，基督教只影响了极少的人，并没有迅速地传开。到了近代，中国和外国的实力对比发生了变化，中国的国力衰败，而文化的发展是以综合实力为依托的。当国家的综合国力不能支撑文化发展的时候，一旦传教士来到中国自由传教，在西方列强军事强权的庇护下，中国文化的根基就会遭到极大的侵蚀。宗教对一个国家的政治和文化有着非常深远的影响，因此，传教士在中国自由传教绝不只是简单的宗教问题。一个人接受什么宗教，往往会潜移默化地认同和支持与某种宗教相契合的文化理念与政治制度，这是值得我们警惕的现象。

中国人之所以是中国人的根本在于中国几千年文化所养育出的精神世界和心灵归宿。可以说，中华文化是中华民族独特的精神标识，中华文化的养育和塑造是中国人之所以是中国人的内在原因。中华民族几千年以来之所以能够自强不息、在无数的磨难中历久弥新，其中很重要的一股力量就是中华文化。被中华文化所浸润的中国人，都有一种奋起、复兴、抗争的强大力量。

在人类历史上，肢解一个民族最内核的做法就是抹去一个民族的文化，而摧毁一个民族的文化、控制民众思想的最强的力量就是宗教。西方宗教是一神教，它有极强的排外性。但中国文化本质上是非常博大和宽容的文化，比如说，中国人对孔子特别敬重，但对老子也敬重，对佛陀也敬重，对西方文化中的优秀部分一样敬重。因为我们文化的胸怀，就是孔子讲的"君子和而不同"以及《庄子》里讲的"海纳百川"。可是一神教不是这样的状态，一神教认为所有真理最终的掌握者属于它所认可的那个神，所有与神相违背的都会被排斥，由此还引发了各种冲突。一旦西方宗教侵蚀了中国人的信仰世界，就会使我们中华民族几千年以来多元一体的文化生态被破坏。所以外籍传教士来到中国以后，对中华文化的传承与发展，产生了不可忽视的负面影响。

再加上外国人可以到内地任何地方游历和通商，就使得中华民族的腹地出现不少国外的间谍，严重影响中国的国家安全。所以，中英《天津条约》的这几条，对中国的文化和国家安全有非常大的破坏力量。

尽管如此，中英《天津条约》还远远不能满足列强的胃口，于是第二次鸦片战争继续扩大。其中，一个需要提及的事件就是在1860年10月，英法联军侵占了北京，火烧了圆明园。当时的圆明园集东方园林传统和西方园林精华于一身，可谓是人类园林设计的典范。但在1860年，被英法联军一把火给烧了。当时英法联军在北京城郊区抢掠烧杀近50天，除了圆明园之外，清漪园、静明园、静宜园、畅春园等也被付之一炬。

在中西方军事实力严重不对等的情况下，攻陷北京对于西方列强来说就如同探囊取物一般容易。当时的咸丰皇帝逃到了热河，后来在恭亲王奕䜣的主持下，又签订了中英和中法《北京条约》，作为《天津条约》的补充。《北京条约》的内容包括：增开天津为商埠，割让九龙半岛给英国。法国还单独加了一条，就是法国的传教士可以在各省租买田地，建造自便。如此，西方宗教思想的传播有了固定的附着点，即不动产。也就是说，在大量的教堂建立之后，老百姓不仅将在精神上受到影响，还将被鼓励前往所谓按照一套宗教仪式进行活动的场所。于是，西方宗教在中国国力衰败的时候，趁势在中国抢占了扩大影响的阵地。

第三节　领土的大片丧失

在中国和西方列强签订的所有不平等条约中，对中国的领土主权影响最深远的是清政府和俄国签订的一系列不平等条约。

俄国本来是一个内陆国家，它对领土的需求和渴望特别强烈，趁着中国衰败的时候，俄国也加紧了对中国的侵蚀。在康熙年间，中国的领土面积是1400万平方公里左右，版图的形状类似一个海棠叶。可是签订一系列丧权辱国的条约之后，中国的领土失去了几百万平方公里。在这个过程中，中国的版图就由海棠叶变成了大公鸡的形状。其中，侵占中国领土最多的就是俄国,在英法发动第二次鸦片战争期间,俄国趁火打劫,签订有中俄《瑷珲条约》《北京条约》《中俄勘分西北界约记》等。凭借这些条约,俄国从中国手中拿走的领土有150多万平方公里。再加上外蒙古独立的领土也有150多万平方公里,近代中国总共失去的领土达300多万平方公里。

大家如果去俄罗斯的远东旅游,会走到一个城市叫"符拉迪沃斯托克",俄文意为"占领东方",其实那个地方原来是中国的领土,原名叫"海参崴"。还有一个地方,从黑龙江往北走,非常广袤深远的土地上有个城市叫"哈巴罗夫斯克",其实原来也是中国的领土,原名叫"伯力"。

从与中国签订的众多不平等条约中获益的大多是英国、法国、俄国等西方列强。可是在中国近代史上,有一个东亚国家给中国带来的屈辱格外强烈。因为这个国家在几千年的历史中,总体来说一直以中国为榜样。但这个国家在近代开始崛起,成为近代亚洲第一强国,而且它在崛起过程中发动了甲午战争。

第四节　甲午海战:近代中国人普遍觉醒的起点

中日甲午战争为什么在中国近代史上影响如此深远?战争以前,在中国人看来,日本不过是蕞尔小国,但它在甲午海战中,竟然让清朝军队败得如此惨烈,这在中国人心中可谓是奇耻大辱。

梁启超有一个说法,"吾国四千余年大梦之唤醒,实自甲午战败割台湾偿二百兆以后始也"。[①] 历史上长期的发展优势,使得中华民族在近代滋生了天朝大国的自大,直至被日本的沉痛一击给打醒,才知道自己已经如此衰败了。

当时的日本何以有这么大的能量能够击败中国呢?

日本近代也遭遇了西方列强的侵略和不公的对待,如美国入侵后和日本签订《江户条约》等。但是日本的优点是国内体量比较小,在面对强大

---

① 梁启超:《戊戌政变记》,中华书局1954年版,第1页。

的外部冲击时反应非常敏锐。日本人这种面对危机时的反应迅速，与其独特的地理条件与民族心理有关。大家翻开世界地图就会发现，日本主要是由四个岛组成的一个国家。本土资源相对比较贫乏，耕地面积很少，而且经常突发地震、海啸等自然灾害。于是，大多日本人内心深处都有隐隐的不安全感。这使得日本民族经常处在戒惧谨慎之中，一旦有了外部刺激，就反应非常剧烈。所以，当日本遭受西方列强侵略时，马上就振作起来进行改革。19世纪60年代，日本兴起了明治维新改革，木户孝允、大久保利通等思想家、实干家参与到推动日本国力变革的运动中。与此同时，中国也开始自救运动，也就是洋务运动。可是中国体量巨大，再加上几千年形成的历史包袱和积弊，很难在短时间内打败惯性，产生改变。就像生活中一个小珠子，一弹就飞了，飞得很远。但如果是几万斤的一个大铁球，就很难推动。但是，它一旦被推动以后，再让它停下来也很难。所以我们这个民族启动的时候很不容易，多少仁人志士流血牺牲，想实现中国近代社会的转型，却饮恨而终，可谓可歌可泣。但是一旦启动以后，中国社会的这种体量和历史的厚重就使得它的发展态势不会被哪个国家、哪个人轻易遏制住。

日本明治维新以后，国力飞速提升。北洋海军访问日本马关时，带给日本的冲击也非常大。日本上至天皇下至社会各界，下定决心要发展军事武力以超过中国。所以甲午海战时，日本做好了准备。与此同时，清朝表现得麻痹大意。内忧外患的困境下，慈禧却要挪用军费过六十大寿。本来遭遇西方列强的打击后，清政府应该是痛定思痛、励精图治，但事实是，每当遭受西方列强侵略之后，清政府就赔钱割地，始终没有举国上下众志成城、发愤图强进行变革。

日本国力充实之后就开始蠢蠢欲动。为什么选择清政府作为打击对象呢？第一，清政府体量大，腐败堕落，打击之后可以获得很多利益。第二，打击清政府，可以树立日本的国威。第三，通过这个战争，日本在西方列强面前能够真正站起来。日本做好准备以后，恰好遇到朝鲜国内起义动乱，朝鲜请求清政府帮助清除国内叛乱。日本看准机会，强行登陆入侵朝鲜，并在这个过程中与清政府发生了正面冲突。

为了打好这一仗，日本上下一心、众志成城。而当时的清朝不仅政治腐败、社会糜烂，统治者慈禧太后还一心想过自己的六十大寿，根本没有战争的决心。清朝的北洋海军表面上有一些军舰，但是长期缺少维修，缺乏弹药和训练，士气低落，结果是一败涂地。

战败之后，清政府急于求和。其实就整个战争的真实情况看，日本国力消耗得非常厉害，尽管它在战争上有优势，但由于日本国家很小，不可能长期支持战争。但是日本很聪明，就在清朝求和的时候，几次拒绝清政府签订条约的请求，给了清政府极大的压力。后来，李鸿章东渡日本到马关，代表清政府求和。日本不仅羞辱李鸿章，还提出了非常苛刻的协议条款：中国向日本赔偿军费2亿两白银；割让台湾、澎湖列岛、辽东半岛给日本；向日本开放北京、沙市、重庆、苏州、杭州、湘潭、梧州等为通商口岸等。李鸿章面对日本的狮子大开口，非常震惊，没敢签字，而且签订如此丧权辱国条约的后果也不是李鸿章一个人可以承受的。于是他只能上报朝廷，采用拖延战术。

在这个过程中，日本所表现出的态度可谓骄横至极。当时日本的伊藤博文曾经对李鸿章说："岂止台湾而已！不论贵国版图内之何地，我倘欲割取之，何国能出面拒绝？"表现得非常张狂。伊藤博文甚至明确地告诉李鸿章：我给你的这个条款，你只有点头说是的权利，没有资格说一个不字。日本经过明治维新国力膨胀后的嚣张与跋扈，可见一斑。但是在当时，李鸿章却只能忍气吞声，毫无办法。

在这个时候，发生了一件事。1895年3月，第三轮谈判结束后，李鸿章在回住处的路中，突然遭到了日本浪人小山丰太郎的枪击，被打伤了左脸。李鸿章非常害怕，立即就给清政府汇报，说他在日本有危险，要求给他签字的权力。刺杀事件在国际上产生了有利于清政府的效果，其他列强并不愿日本独大，也不愿看到日本狮子大开口，于是借机纷纷批评日本政府极端的做法，日本政府因此在国际上陷入了被动和狼狈的局面，签订条约的速度开始加快。

最终，李鸿章代表清政府于 1895 年 4 月在马关签订条约，条约的内容大致如下：

第一，割让台湾岛、澎湖列岛与辽东半岛给日本。这就大大破坏了中国主权的完整性，强烈刺激了列强瓜分中国的野心，使民族危机进一步加深。几千年来日本一直匍匐在中国的脚下，而这次却能够给清政府如此沉重的一击，更是刺激了其他的列强，纷纷张开血盆大口吞食中国。第二，给日本巨额赔款。总共是多少呢？开始是 2 亿两白银，后来辽东半岛被割让给日本之后，俄国感受到其中的威胁，出面联合法、德对日本施压，要求日本放弃辽东半岛，于是日本又借口给中国增加了 3000 万两白银的"赎辽费"，所以共计 2.3 亿两白银。这个巨额赔款大大加速了日本军国主义的发展。通过战争在中国得到如此大的甜头之后，日本侵占中国的野心迅速滋长。这也造成了中日关系今天的一个结：近代以来，日本对中国起初是有些心理优势的，但随着中华民族的伟大复兴，中国不仅会远超日本，而且一定会成为世界舞台中心的伟大国家。对此，日本心里五味杂陈。第三就是开放通商口岸。包括日本在内的列强，打击中国的一个很重要的目的就是通商获利，所以开放通商口岸，几乎是每一个不平等条约的主要内容之一。第四，允许日本在华投资办厂。这大大加深了日本对中国的侵略，从此以后列强对中国的经济侵略，由商品的输出变为资本的输出。

《马关条约》不仅让中国付出了沉重的代价，还使中国出现了空前的民族危机。《马关条约》的签订极大地刺激了日本军国主义的野心和所谓的民族自信。今天我们都知道一个词，叫"爱国主义教育基地"。在中国，爱国主义教育基地就是用来激励我们无数的中华民族儿女，凝聚民族力量、共同建设国家的文化教育基地。在日本，也有他们所谓的"爱国主义教育基地"，其中一个叫春帆楼。这个春帆楼的位置是哪里呢？就是《马关条约》签订的地方。参观的主体人群是日本的中小学生，每年都有络绎不绝的中小学生踩着李鸿章道到春帆楼去参观。院子的大门，是甲午海战中的一块布满了弹孔的清军舰船的甲板。楼内所陈列的就是日本当年签订《马关条约》时会议室的摆设。甲午海战和《马关条约》，被日本称作"永久的胜利"。

日本这么做，就是想让日本的孩子们感受到所谓的大和民族崛起的那种荣耀、光荣和自信。一方面是中华民族沉痛的记忆，一方面是日本人在此过程中感受到的满满的自信。他们把自己的侵略、把强加给其他民族的屈辱，当作自己的荣耀，这不是一个真正让人尊敬的民族的做派，从长远看，对日本国民精神的健康发展并无益处。中华民族也要从中日甲午海战和签订《马关条约》的屈辱历史事实中吸取教训。

《马关条约》的签订，对中国人造成了一个很大的心理上的影响，很多中国人一下子被打醒了，开始意识到我们真的是非常落后了。所以说，近代以来中国人真正普遍的觉醒，就是从甲午海战和《马关条约》开始的。

《马关条约》签订以后，西方列强入侵中国的企图更盛。自此之后，中国社会半殖民地化程度进一步加深。

第五节　《辛丑条约》：半殖民地半封建社会正式形成

随着西方列强的入侵，侵略者慢慢地把自己的触角伸向中国社会的基层和广大的农村，包括农民在内的广大中国老百姓也开始反对列强的侵略。同时我们要看到，虽然农民阶级有朴素的反对西方列强侵略的愿望，可他们并没有一个先进的理论指导，也没办法看清楚西方列强在整个人类历史的发展过程中居于什么样的地位。我们也不能苛求当时的农民阶级有这么高的历史视野和格局。后来，中国基层民众组织起了义和团，然后在全国各地，尤其是在华北地区，出现了此起彼伏的反对西方列强的农民运动，它们都以"扶清灭洋"为口号。在今天来看，"扶清灭洋"无疑是落后愚昧的政治主张，因为清政府江河日下，与历史的潮流相违背，其实没有"扶"的必要和可能。当然，至于灭洋或者打击侵略者，无论从当时看还是今天看，应该说都具有合理性、正当性，但在坚定反抗侵略的同时，也要理性地看到欧美的先进，并勇敢地学习西方、超越西方。

一个伟大的民族或者国家，要有超越主观情绪的能力和智慧，海纳百川，吸纳一切其他民族的优势为我所用。可当时参加义和团的朴素劳动人民，并没有能力对这些作出理性和辩证的分析，难免就会出现笼统的排外现象，而且带有很强的迷信色彩。同时，义和团运动又被统治者利用反抗列强，结果引发八国联军侵华的历史灾难。

1900年5月，俄、英、法、德、美、意、奥、日八国联合组织军队，借口保护侨民，大量在天津集结。6月中旬，八国联军以清政府围剿义和团不利为借口攻占大沽炮台，进而全面向北京进军。八国联军和清政府、义和团之间的战争是隔代战争。中国人带着大刀长矛面对大炮和机关枪的时候，毫无抵抗之力。抢占北京后，八国联军把中国的很多国宝洗劫一空。八国联军所犯下的罪行、带给我们民族的伤害，永远定格在中华民族的历史记忆中。

八国联军侵占北京之后，于1901年逼迫清政府签订《辛丑条约》。《辛丑条约》的内容主要有两点：

第一，外国军队可以驻扎北京。从北京到山海关沿线的12个重要地区都可以驻扎部队。这就相当于列强开始控制中国最核心的地区。第二，清政府需交纳巨额赔款。《辛丑条约》总共赔款4.5亿两白银，当时西方列强为什么定这个数目呢？背后有一个让中国人感到非常屈辱的假定：当时的中国总人口有4.5亿，在西方人看来，中国每一个人都欠西方列强一两银子，那合在一起就是4.5亿两白银。当时清政府没有能力交付这些赔款，于是与列强约定分39年还清，赔款本金加上利息合计9.8亿两白银。

当时美国的国务卿海约翰在计算《辛丑条约》赔款的时候，一不小心说漏了一句大实话：这个赔款着实有些多。言外之意就是赔款数额远远超出美国的预期。当时的中国驻美公使梁诚敏锐地抓住这个机会，要求美国政府减去赔款中不属实的、额外多要的部分。可大家知道，这些钱一旦被美国政府拿到手里，想退回来，再无可能。于是在几番交涉以后，他们答应把这些钱用在学生留学的款项上。1911年，依托于多出的一部分款项，在中国建立了留学美国的一个预备部，就是清华大学的前身。由于这个地方建在北京西郊的清华园，因此就起名叫清华学堂。

第六节　背离时代大潮的恶果

通过简单地梳理近代史，我们会发现一个民族，一定要有顺应历史大潮的自觉，才能不被时代抛弃。《道德经》说："天地不仁，以万物为刍狗，圣人不仁，以百姓为刍狗。"[1]世界大潮没有主观的感情和偏好，任何一个人、一个民族、一个国家，只有追求真理、遵循真理、顺应大潮，才能赢得主动，才能焕发生机、永葆活力。反之，如果违背世界大潮，只能是落后挨打，甚至会永远淹没于历史的尘埃之中。五千多年以来，在人类有记录的历史中，中华民族在绝大多数的时间里都是人类文明史上第一流的国家，一直走在世界的前列。但自南宋以后，中国文化逐渐走向僵化保守，中国社会逐渐走向停滞和衰败，最终在现代性生成与展开的时代潮流中，落后挨打，从而遭遇了中国历史上从来没有过的苦难和血泪，这是我们永远需要铭记的历史教训。

比落后挨打影响更加深远的则是无数中国人自信心的丧失。曾经，中国人一直有位于世界舞台中心的自豪感，始终有文明优于其他民族的自信心，但是近代以来一次又一次的挨打，签订的一份又一份丧权辱国的条约，使得很多中国人开始进退失据，失去了对自身文明的信心，开始从灵魂深处膜拜欧美的文化，这是对中华民族更深层次的打击。没有一个民族、国家可以永远立于不败之地，没有一个民族、国家会永远处于落后的境地。一时的先进，不要盲目自大；一时的落后，也不要自卑气馁。这才是伟大民族该有的气魄。遗憾的是，中华民族在以往历史上从来没有遇到过类似欧美的对手。因此，面对西方从军事、科技到社会治理体系的全方位挑战，很多中国人开始迷失自己的文化认同，开始丧失对自己伟大民族的自信，从而在心灵和精神领域遇到更大的历史挑战。

---

[1]　《老子今注今译》，陈鼓应注译，商务印书馆2016年版，第93页。

第七节　心灵世界的迷失与崩塌

任何一个伟大的民族，一定有自己的心灵家园。在几千年绵延不息的历史进程中，中国人形成了儒释道互补的心灵世界。开启道心而积极进取、自强不息，这是儒家的精神底色；看破名缰利锁和对世间的超越，注重人与自然天地的相融，这是道家的思想意境；超越世间，世出世间圆融无碍、追求人生的究竟和圆满，这是佛家的智慧。千百年来中华民族的心灵家园，在近代丧权辱国的历史中，也遭遇了巨大的冲击。

在近代中国所遭遇的惊天巨变中，中国人从"天朝大国"的盲目自信，转向了"事事不如人"的妄自菲薄。这种对自身文化甚至民族的自我肢解和不自信，直到今天都在影响着国人。我们需要更深层次地解读近代以来中国人的精神和心灵层面的变化，这是我们重建中华民族精神世界的前提。

任何一个民族的伟大，必然有两个层面：一个层面是看得见的制度运作、经济发展、科技发达、军事力量壮大等；另一个层面是心灵层面的厚重、高远、壮阔、博大和自信。一个在精神和心灵层面缺少自信、看不起自己的民族，永远不会有复兴和强大的可能。我们在实现民族伟大复兴、实现中华民族可持续发展的历史征程中，务必要正视近代以来出现的膜拜欧美、丧失民族自信的文化现象。我们只有认真地梳理、研究这种现象的来龙去脉，才能真正创建我们的新文化，重建新时代中华民族的文化自信。

《楞严经》里有这样一句话："一切众生从无始来，迷己为物，失于本心，为物所转，故于是中，观大观小。若能转物，则同如来，身心圆明，不动道场，于一毛端遍能含受十方国土。"[1]意思是说，一个人处在变化的宇宙中，如果能够不被环境所影响和决定，甚至其心智或者智慧能够影响和决定环境，这就是"心能转物"。但绝大多数普通的人，恰恰与佛经里所描述的状态相反，他们普遍表现为如果世界、环境发生了变化，

---

[1] 《楞严经》卷二，赖永海，杨维中译注，中华书局 2010 年版，第 54 页。

人的心智、心态就随之发生变化。

中国和世界上其他国家相比，在大多数的时间内处在领先地位，甚至是遥遥领先。大多数时间的领先地位，某种程度上造成了近代中华民族的自大和虚骄，而没有做到居安思危并保持清醒。

根据有关资料统计，汉唐时期，中国在世界上处于领先地位。唐朝首都长安人口有100万左右。在长安的日本人、朝鲜人也有几万人，包括阿倍仲麻吕在内的很多日本人、朝鲜人在唐朝通过科举为官，日本、朝鲜的僧人也络绎不绝地来到中国求法。当时被称为胡人的阿拉伯人、欧洲人在长安的数量有近20万。当时西方最繁华的城市，比如地中海沿岸的威尼斯、佛罗伦萨等城市的人口大概也只有5万多。由此我们就可以看出，唐朝时西方与中国在整个经济和社会发展层面的巨大差距。

到了宋元时期，中国的经济总量依然领先。

一个叫马可·波罗的意大利人，曾到中国经商、旅游、从政，一共待了17年的时间。当时中国皇帝忽必烈比较信任他，让他到全中国去游历。后来马可·波罗回到了欧洲，写了一本回忆录叫《马可·波罗游记》。当然，这本书有夸大的成分，但也反映了中国和当时西方的差别。这本书也使得"到中国寻宝，到东方发财致富"成为西方人的一个梦想。后来的麦哲伦、哥伦布等无数探险家和航海家来东方寻宝，他们大都是受了《马可·波罗游记》的影响，由此也开启了发现新大陆的大航海运动。

到了明朝的时候，中国的经济仍然居于领先地位，而且在经贸上，明朝在世界上占据着优势地位。

一个人、一个民族在长期领先的时候，最容易滋生的就是自大和自负的心理。我们一般人往往做不到"心能转物"，能轻易做到的恰恰是反过来的"物能转心"。几千年来，中国大多数时候处于领先的地位，使得中国人心里形成天朝大国的盲目自信。这个所谓的"自信"，缺少对自己的深刻反思，更缺少对世界大潮的敏锐把握和顺应，以至于近代我们已经大大落后了，但依旧沉睡在天朝大国的迷梦中不能醒来。鸦片战争以来，我们在和西方交手屡次失败后，都未曾痛加反省认识自己和西方，承认欧美已经走在我们前面，然后进行彻底的自我革新。在晚清，人们有一种普遍的认识，即我们和西方比，制度和文化都更优秀，只是我们的火器等武器制造和维护技术差一点。这是无视世界大势的自大、封闭和可悲。

中日甲午海战的惨败给了中国极其惨痛的教训，从而拉开了中国人真正觉醒的序幕。1915年，新文化运动爆发，一大批知识分子开始从文化的角度反思中西方的差距，对中国的社会心理产生了深远的影响。人们从曾经的自大骄狂，一下子变得进退失据、极度自卑，甚至极端地认为中华文化是中国落后的根源，导致很多知识分子走上了膜拜西方和否定中国文化自身价值的道路。矫枉过正，固然是人类社会难免的现象，但新文化运动带来的文化自卑与自我否定，带来的负面效应直到今天都值得警惕。

以陈序经为代表的知识分子主张彻底西化的道路。他们认为，只有在西化的过程中，对中华民族进行彻底的改造，中国人才能真正有一个新的未来。胡适、吴虞、钱玄同等人也持有类似的看法。胡适提出中国"事事不如人"，吴虞提出打倒儒家文化，钱玄同等人甚至要完全否定中国汉字。这些人对近代以来的中国社会心理影响极大，今天仍然有不少人的认识停留在新文化运动时期，未曾真正认识到中华文化对于中华民族可持续发展的意义和价值。

近代中国的屈辱史，留给中华民族的伤害表面上看是丧权辱国、割地赔款，其实更重要的是心灵层面的伤害，使我们国家的很多人变得极度的不自信，带着一种仰视和朝拜的心态去看西方。这种心灵深处的自卑和文化上的不自信，是中华民族屹立于世界民族之林的极大障碍。一直到今天，持续了一百多年的时间，我们这个民族心灵上的伤痕，都未曾真正完全愈合。

无论是一个人、一个企业还是一个国家，如果矮化自己，自己看不起自己，就永远不会真正站立起来。现在我们国家正走向中华民族的伟大复兴，如果在民族自信心上站不起来，仍以一种膜拜的态度去看待欧美，那我们何谈民族复兴？

民族心理的不自信，引发了中国近代史上一波又一波对自身文化和历史的否定。

第八节　否定中国文字的意义与价值

文字是一个民族文化的载体，中国文化的依托实际上是汉字。汉字浸透着中国人的智慧、思维方式和观察问题的独特角度。比如田地的田，是一个田字格。一个人即便是不上学，一看它的形状大概也能知道它就是田。我们中国的很多汉字，都有这个特点。我把中国汉字的这个特点总结为"直接抓取事物的本质"，或者叫"直接反映世界的实相"，用文字构成的术语表达就是会意和象形。也就是说，中国人没有像西方人那样，借用一套中介符号建构文字体系。比如说女人的女，她的形状其实就是一个怀孕的妇女。母亲的母，一看就是一个哺乳期的女性。而西方人的文字不是如此。比如女孩叫 girl，女人叫 woman，妈妈叫 mother，它们都是依托一套中介符号建构起字词的含义。

不仅如此，我们中国的文字有更深刻的哲学内涵。比如"道"字。英文中道路的道就是 road，如果你把它理解为真理叫 truth。可是，这些都是将字母组在一起，人为强行规定它的含义。但中国的"道"字，本身的构造就有深刻的含义。"首"，上面两点一阴一阳；下面一个"自"，"自"代表什么？一阴一阳的世界结构，世界的真理，一定是靠自己领悟，而不是靠外在的一个神秘的力量来启示我们，两个部分合起来就是"首"。"首"表现为什么？表现为我们对真理、对道德的领悟。可是"道"通过什么路径领悟？或者领悟道以后最重要的状态是什么？"辶"就来了。"辶"代表什么？代表行动。一个人，只有知行合一，只有在实践中真修实证，才能与道契合。所以一个"辶"和一个"首"合在一起的"道"，就表达了深刻的文化内涵，即知行合一。所以中国的文化并不赞美那些夸夸其谈、脱离社会实际、只是动嘴皮子的人，我们欣赏那种说到做到、敏于行讷于言的人。我们完全可以说，中国的汉字是中国人智慧的一种表现，与那种人造逻辑强行建构的字母文字相比，多了深刻的文化和哲学内涵。可是到了近代，在我们民族不自信的时候，对自身文化和历史的否定，就成为近代中国一种所谓的潮流。

1907年,一个叫吴稚晖的中国人在巴黎创办了一个杂志,叫《新世纪》。他在第71号发表了一篇文章,叫《书苏格兰君〈废除汉文议〉后》。其中,他把汉字称之为"野蛮之符号""野蛮之笔画""野蛮时代之名物"[①],提出一定要废除汉字等极其无知和偏执的主张。这些人把汉字和西方文字的区别比喻成野蛮和文明的区别,以为这样就有了所谓的废除汉字的合理性。新文化运动时期,钱玄同在《新青年》上也发表了一篇文章,叫《中国今后之文字问题》。在这篇文章里面,钱玄同说:"欲使中国不亡,欲使中国民族为二十世纪文明之民族,必以废孔学、灭道教为根本之解决;而废记载孔门学说及道教妖言之汉文,尤为根本解决之根本解决。"[②] 钱玄同这样一个在20世纪中国文学方面享有盛誉的人,竟然把道教称为"道教妖言",将儒家学说和道家学说污名化。而且他认为,要把孔门和道教给灭掉,首先要灭掉文字,因为文字是记载孔门和道教的符号。由此大家就知道,在近代我们这个民族的不自信到了何种程度。很多人不仅仇视自己的文化,甚至开始仇恨本民族文化的载体——文字。实际上,今天我们看得很清楚,无论是儒家的学说还是道家的学说,都有极大的智慧。

客观地说,中国的文字在当今整个人类的文化系统中是一个独特的存在。中国文字所表达的文字之美、书法之美以及中国文字背后的意象之美、哲学神韵之美,区别于字母符号系统,为学习者、观赏者提供了别具一格的审美体验。我们不能偏激地看待字母文字,但一样不应该看不起我们自己的文字。更重要的是,一个民族的文字是一个民族文化、精神和内在心灵的载体,如果真的肢解了文字,整个民族的精神世界也会崩塌,这是万劫不复的民族灾难。

---

① 吴稚晖:《书苏格兰君〈废除汉文议〉后》,载《新世纪》71号,1908年10月31日。
② 钱玄同:《中国今后之文字问题》,载《新青年》4卷4号,1918年4月15日。

第九节　对中国文化整体价值的抹杀

鲁迅先生是享有盛名的文学大家，在20世纪中国文学史上可谓举足轻重。但早期鲁迅先生对中国历史文化和中医的否定态度，值得今天的我们反思、检讨。鲁迅先生的父亲曾因惊吓、恐惧和气愤而得了肝病。鲁迅先生在《从百草园到三味书屋》一文中，讲述了很多他给父亲拿药的经历，这段经历给少年鲁迅留下了极其痛苦的回忆。后来，他父亲因肝病严重而去世。这个事情对鲁迅的影响非常大，他对中医逐渐有了负面的印象。后来鲁迅先生到日本留学，在仙台跟随藤野先生等学西医。鲁迅先生否定中医的态度，对民国时期的中国人如何看待中医产生了比较大的影响。

几千年来，中医一直在养护我们这个民族，乃至对整个人类健康事业都作出了巨大贡献。中国历史上曾发生过多少次瘟疫？有多少次大疾病流行？在这个过程中，中国人对抗疾病、维持身体健康的宝贵经验，就凝结在中医里。可以这样说，中医是中华民族几千年以来保护身体健康、和疾病作斗争的经验和智慧的结晶。它当然有很多问题，就像今天的西医也存在问题一样，每一个医学体系都有各自的问题，但是我们不能因为这些问题就否定几千年以来行之有效的中医的合理性和正当性。

鲁迅先生对中国历史和文化的看法，在早期也表现得比较激进。大家知道有一篇小说叫《狂人日记》。"狂人"是什么人呢？鲁迅先生想通过狂人表述什么？其实，这个"狂人"并不是指普通意义上的狂人。鲁迅意指的"狂人"，是看透中国历史和文化自身问题，而不被当时的人所理解的那种"觉醒的人"。在鲁迅先生的描述中，狂人在读中国历史的书。但是他左看右看看不懂，书上密密麻麻写满了字，到底写的什么？他"仔细看了半夜，才从字缝里看出字来，满本都写着两个字'吃人'！"[1]

鲁迅先生的《狂人日记》，在中国近代史上可谓一个巨石，引起了很

---

[1] 《鲁迅全集》第一卷，人民文学出版社2005年版，第447页。

多人心灵上的波动和涟漪。两千多年的中国历史和文化，密密麻麻写了"吃人"两个字，这个结论惊世骇俗。如果从当时反对封建的束缚、禁锢，追求人的解放角度看，鲁迅的表述虽然偏激，也有道理所在。可当历史发展到今天，我们应该树立对中国历史文化正确的认识。我们中华民族两千多年文化记载了什么？我们读《孟子》，"生于忧患，死于安乐""天将降大任于斯人也，必先苦其心志，劳其筋骨，饿其体肤，空乏其身，行拂乱其所为，所以动心忍性，曾益其所不能"。我们读《论语》，"士不可以不弘毅，任重而道远""仁者爱人""岁寒，然后知松柏之后凋也"。我们读诸葛亮，"鞠躬尽瘁，死而后已"。我们读杜甫，"安得广厦千万间，大庇天下寒士俱欢颜"。在自然科学方面，我们对农业、天文、历法等多有研究，卓有建树，体现在文字成果上，有《九章算术》《齐民要术》《天工开物》等一系列作品。可见鲁迅描述的"歪歪斜斜的每页上都写着'仁义道德'几个字"，而且还"仔细看了半夜，才从字缝里看出字来，满本都写着两个字'吃人'！"的说法并不全面，有着当时特定的时代痕迹。鲁迅先生这种对中医的否定，对中国历史文化的偏激概括，在当时的那个环境里面可以理解，但在实现中华民族伟大复兴的历史节点，我们应该以客观的态度看待中国的历史文化，重建中华民族的文化自信。

当然，鲁迅先生后来写文章，开始部分纠正他的态度和看法。他有一篇文章叫《拿来主义》。在文章中，他认为对中国的文化遗产，不能完全否定，而是应该取其精华，去其糟粕。回顾历史，我们能够理解新文化运动那个时代的急迫与偏激。我们不苛求历史，但亦不应被历史所拘束。站在新的历史起点上，我们既要继承历史的遗产，又要超越特定历史情境下的认知。历史是我们的镜鉴，而不是我们前行的包袱。

第十节　历史自信的动摇

在中国历史研究领域，也深受虚无主义的影响，近代的一些人开始从根本上否定中国历史的真实性，代表思潮就是疑古学派。顾颉刚先生是著名的历史学家，疑古学派的代表人物，他对中国历史的很多看法，到今天为止，都需要引起我们的反思与鉴察。我们经常说，中华文明是人类文明史上唯一一个没有中断的文明形态。前些年，中国开展夏商周断代工程，根据碳十四的科学探测，中国可考的历史远不止五千年。这绵延不息五千多年的历史，放在全世界各个民族中间是特别值得我们自豪和自信的。可是，某些西方人为了肢解中华民族的文化和心理自信，开始对中国的历史进行否定。西方人认为中国的历史就是三千年，商代以前不予承认。而且武断地认定：中国没有什么夏朝、什么尧舜禹、炎黄等三皇五帝。到今天，中国的考古已经有重大成就，二里头遗址、陶寺遗址、良渚遗址、石峁遗址、三星堆遗址等，都是早期文明存在的证明。更进一步，中国历史到底多少年，还有一个学术主导权的问题。中国历史的存续与断代，是西方说了算吗？中国人没有能力在学术上对自己的历史作出判定吗？遗憾的是，在中国近代，由于一些人极度不自信，史学研究领域出现了以西方学术马首是瞻的现象。"疑古"什么意思？就是认为中国的古代史是值得怀疑的，甚至认为是不存在的。这在某种程度上，就暗合了西方人对中国历史的这种否定和怀疑。

顾颉刚先生提出了层累学说，即认为中国的古史是通过一代又一代的后人不断地往上面加故事创造出来的，认为这不是真实的历史。我们知道，禹是中国古代的圣王，是我们中国上古时期一个了不起的英雄。但是顾颉刚认为大禹是条虫，历史上没有此人，而且信誓旦旦地拿出《说文解字》等所谓的证据加以论证，其实是解构了中国历史的根基和源远流长的衍化。古语有云："欲灭其国，必先灭其史。"西方人怀疑中国历史，否定中国历史的五千年，其背后并不简单是一个学术问题，而是要肢解我们这个民族内在的历史逻辑和精神脉络，从心灵和精神层面肢解和摧毁我们这个民族的自信根基和叙事逻辑。可是近代有一些知识分子，不仅没有认识到这一点，没有坚守中国学术独立的自尊和责任，还附和西方，论证中国历史的虚无，这无异于自毁长城，实在可悲。

直到今天，仍有很多人把西方的史学观点奉为绝对的真理。当今某大学某一知名的学者，就公然讲中国历史只有三千年，台下有听众就提问：中国历史不是五千多年吗？但是这位演讲者张口回了一句："人家西方人不承认。"言外之意，西方人不承认我们有五千年，那么我们就没有五千年；西方人认为我们只有三千年，那么我们就只有三千年。这个学者的心态和近代疑古派一脉相承，以西方史学的观点为绝对的标准，丧失了中国史学的独立和尊严。中国史学界的学者，应该有学术自信，来建构中国史自己的脉络、框架和体系，而绝对不能以西方史学为真理标准。

事实上，我们中国史学界的很多同仁早已开始反思这个问题。在20世纪90年代，李学勤先生就发表了一篇文章，叫《走出"疑古时代"》[1]。文章的中心思想是反思近代中国史学界出现的以西方史学为绝对真理的做法，反思一味带着否定和怀疑的态度研究中国史学的立场。总而言之，我们中华民族不可丧失历史学科的主导权与阐释权，一定要建立中国学术的主体性。

第十一节　膜拜欧美与对民族文化自信的肢解

胡适先生是近代中国丧失文化自信方面最有代表性的人物。胡适，曾用名嗣穈，字希疆，学名洪骍，后改名适，字适之。他为什么改名呢？就是因为他读了严复先生翻译的《天演论》，其中有一句是"物竞天择，适者生存"。胡适先生留学美国，在哥伦比亚大学哲学系学习，师从美国著名哲学学者杜威。在《介绍我自己的思想》一文中，胡适这样介绍自己：

> 我的思想受两个人的影响最大：一个是赫胥黎，一个是杜威先生。赫胥黎教我怎样怀疑，教我不信任一切没有充分证据的东西。杜威先生教我怎样思想，教我处处顾到当前的问题，教我把一切学说理想都看作待证的假设，教我处处顾到思想的结果。[2]

---

[1] 李学勤：《走出"疑古时代"》，载《中国文化》，1992年第2期，第1—7页。
[2] 《胡适全集》第四卷，季羡林主编，安徽教育出版社2003年版，第658页。

在谈到中西文化的时候，胡适这样说：

少年的朋友们，现在有一些妄人要煽动你们的夸大狂，天天要你们相信中国的旧文化比任何国高，中国的旧道德比任何国好。还有一些不曾出国门的愚人鼓起喉咙对你们喊道，"往东走！往东走！西方的这一套把戏是行不通的了！"

我要对你们说：不要上他们的当！不要拿耳朵当眼睛！睁开眼睛看看自己，再看看世界。我们如果还想把这个国家整顿起来，如果还希望这个民族在世界上占一个地位，——只有一条生路，就是我们自己要认错。我们必须承认我们自己百事不如人，不但物质机械上不如人，不但政治制度不如人，并且道德不如人，知识不如人，文学不如人，音乐不如人，艺术不如人，身体不如人。[①]

客观地说，对于近代中国所面临的问题，我们自身有太多需要反思的地方。但是这种自我反思和批判，绝不是肢解中华民族的自信和文化根基，绝不是从心灵层面自我摧毁，而是在反思的基础上，重建中华文化的新生命。

胡适对中国的整个文化的看法，类似于陈序经的"全盘西化"，不过他表述为"充分世界化"。他主张，中国如果想走向未来的话，一定要警惕文化上的"惰性"，努力全盘接受这个新世界的新文明。这是胡适在学术和文化上的一个很重要的观点。胡适还下定决心，要用西方学术的框架和逻辑，对中国的哲学史进行研究、学习和梳理。他写过一本书，叫《中国哲学史大纲》。他本来雄心勃勃，想用西方的文化概念、术语，对整个中国哲学史进行整理。结果是写完先秦之后，一直到他去世，后续的内容都没有写出来。为什么？因为中国的文化有自身的逻辑和框架，有自己独特的表达方式。如果借用西方学术体系、理论框架与话语体系来研究中国文化史，无异于张冠李戴，最终会消解中国文化本来的意蕴和精神。

用西方的学术框架来对中国的思想学术进行整理，这是整个中国近代

---

① 《胡适全集》第四卷，季羡林主编，安徽教育出版社2003年版，第667页。

以来学术的通病。在近代特定的背景下，中国存在大量学习西方、模仿西方的现象，是一定历史时期难以避免而且可以理解的文化现象。但未来中国文化和学术发展的方向，应当基于中国的文脉和实际，融汇天下，创建中国自身的理论体系、学术体系、规则体系、评价体系、标准体系、话语体系、价值体系、理念体系，等等。

模仿和照搬西方文化体系的恶果是中国文化近代以来相当程度上丧失了理论框架、学术框架、评价标准、规则体系、话语体系等的主导权，直到今天，中国学界、文化界都相当程度上存在用西方的理论框架、学术框架、评价标准、规则体系、话语体系等对中国的学术、思想进行评判的问题。我们今天讲文化自信，根本上就是要重建自己的理论框架、学术框架、评价标准、规则体系、话语体系等。如果一个民族没能建构起这些体系，从表面上看是学术的不自立，更可怕的在于长期用西方的理论框架、学术框架、评价标准、规则体系、话语体系等去研究本民族的思想文化、去规范本民族的学者，必然导致人们潜移默化地把西方文化当作自己精神的故乡和心灵的归属，甚至失去理解与解读自身哲学文化的能力。

这个问题谁看到了呢？毛主席对此有深刻的认识。新中国成立以后，曾有一阵"批判胡适思想"的文化思潮。这种批判和个人的恩怨是非无关，从立国的大局看，中华民族真正的崛起不仅仅要在经济上、政治上、军事上独立，更要在心灵、精神层面真正站起来。一个民族如果在文化心灵和精神层面，跪拜西方，丧失文化的主体性，丧失心灵层面的自强自立，相信这个民族永远都立不起来。可以这样说，一个民族要真正屹立于世界民族之林，除了靠经济、军事等外在的力量，最根本的是靠民族文化的力量，即民族心灵和精神家园的独立。

第十二节　山穷水尽与柳暗花明

中国近代的苦难带给中国人心灵层面的积极变化，就是求变、求新成为中国思想界的普遍需求。从文化源头看，中华民族是一个特别强调变革求新的民族。《易经》里讲的"易",内涵之一就是强调变革,"穷则变,变则通,通则久"。①只是在南宋以后,中国人逐渐走向自大、封闭和僵化。近代以来,丧权辱国的屈辱,重新激发了中华民族求变革、求新的文化基因。于是,要求变革、力求赶超世界潮流,成为近代中国人的共识。这个时期最典型的作品就是《天演论》。

《天演论》的翻译者叫严复,原文来自赫胥黎的《进化论与伦理学》。赫胥黎指出:"物竞天择,适者生存。"但赫胥黎认为,在人类的伦理领域里,不能像动物一样也奉行"物竞天择,适者生存"的原则。严复在中国近代遭遇的环境与赫胥黎的境遇存在根本不同。于是,严复在翻译的时候加入了自己的认知。他认为,在人类社会的领域里面也是"物竞天择,适者生存",这其实是沿用了斯宾塞的观点,也就是"社会达尔文主义"。社会达尔文主义把达尔文的进化论运用到人类社会领域和人类伦理领域,主张弱肉强食、丛林法则,这必然带来人类伦理危机。世界上还有很多弱势的人,强势的人便能欺负人家吗?大家知道,这是人类文明所不齿的行为。人类社会和动物界不一样,人与人之间的互帮互助、情感共鸣,是人类文明的重要标志。严复这样说,目的是更好地唤醒国人,让国人更全面地认识到中国面临的亡国灭种的危机,从而发愤图强,真正实现国运的转折。在近代,我们国家积贫积弱,灾难深重,人为刀俎、我为鱼肉,只能用"弱肉强食"的理念才能激发起我们这个民族的紧迫感,才能激发起我们全民族众志成城、上下同心、救亡图存的使命感和责任感。这是严复先生翻译《天演论》的背景。

中国近代史上一波又一波的外国思潮传入中国,中国人为了求变求新也开始做各种尝试。立宪制、共和制、多党制、议会制、内阁制、总统制、互助主义、无政府主义、杜威主义等等,这些思潮的轮番传入并被部分中国人接受,均和当时求变求新的急迫的社会心理有关。当然,中国到底适合什么道路要在大浪淘沙的过程中加以明晰。

---

① 《周易译注》,黄寿祺、张善文译注,上海古籍出版社2007年版,第402页。

总体来讲，在整个近代中国落后挨打的大背景里，除了我们看得见的割地赔款等外在屈辱以外，中国人民的心灵世界和精神领域都遭受了极大的冲击。在这个过程中，很多人开始变得极度不自信，甚至有人完全否定自身的历史文化，这对我们中国的社会发展产生了深远的影响。这是我们必须正视和回应的文化问题。

第四章

思想层面的艰难反思与突破

面对中国社会和中国文化的近代困局,中华民族和中国社会如何认识自己、如何认识世界大潮,经历了一个艰难的自我反思、勇于融汇和自我突破的过程。

第一节　悬空的说教：晚清的保守思潮

西方社会发生翻天覆地的变化，资本主义在全世界范围内扩张，我们中国人应该怎么去认识和应对这样的国际环境？《孙子兵法》有言："知彼知己，百战不殆。""知彼"，意味着我们要客观冷静地对西方社会及其背后所代表的人类社会发展的潮流进行全面的认知、了解，洞察世界大势。"知己"，意味着要认认真真地对中国社会几千年的历史和近代中国所面临的一些内在问题，进行深刻全面的反思总结，分清楚哪些是中华民族永恒的智慧和生生不息的民族精神，哪些是附着在中国文化肌体上与时代要求不相符合的尘垢。只有在"知彼知己"的基础上，中华民族才能知道近代中国应该怎么样革新，怎么样前行，怎么样创建符合我们这个国家的发展战略，才能一步一步地去追赶世界潮流。这才是一个客观冷静的态度。但在认识世界大势、回应时代挑战的过程中，中华民族经历了十分复杂艰辛的历史过程。

在19世纪中后期，清朝产生了一个有着极大影响的思想流派，叫"晚清清流"，代表人物包括倭仁、刘锡鸿、翁同龢等人。这一批人对中国传统的政治、文化、社会秉持非常保守的态度，抱着宋明理学的窠臼不放，对整个欧美的文化、社会状况不仅毫无了解，而且还嗤之以鼻。因此，近代学术界、文化界将这些人称为"晚清的文化保守派"或者"晚晴清流"。虽然今天的人们看这些人的观点，不免认为其迂腐、僵化、保守、可笑，可在当时，这些人代表了清朝官方主流的意识形态，他们的话语体系也是宋明以来几百年接连相续的那一套，因此，他们在近代中国社会中影响非常大，是我们研究中国近代思想史不可绕过的话题。

首先，我们对晚清清流和文化保守派的一个代表人物倭仁的几个观点来做一点分析。如果从做人的角度看，倭仁、刘锡鸿等晚清清流人士，某种程度上是大家学习的楷模。他们中的很多人能够严格要求自我，秉持道德操守，坚守为官原则，一身正气。他们本人对民生、对老百姓的感情，包括对社会的责任感，都有值得人们敬佩之处。但这种个人修为层面的素养，与能够正确应对时代大潮的挑战并不是一回事。我们今天分析的是倭仁对整个西方文化和世界大潮的态度。

当时以曾国藩、李鸿章等人为代表的洋务派，主张中国向西方学习科学技术、先进器物等。洋务派在战场上真实领教过西方发达科学技术的威力，能够看到中国和欧美在科学技术层面的差距，主张学习西方的先进自然科学，这是太正常不过的事了。可沉浸在宋明理学理论框架里的晚清清流人士对这样的主张，说出了一个名言："立国之道，尚礼义不尚权谋；根本之图，在人心不在技艺。"①这是晚清的清流学派最有代表性的话。初看起来，这句话并非没有道理，一个国家最关键的就是要注重价值观建设，社会风清气正的根本在于教化人心。可是，放在整个近代中国历史的情境中，放置在人类文明大视野中，这句话存在的问题就特别值得人们警惕了。

人类社会的健康发展，人民福祉的保障，需要人心的教化，需要正确价值观的引领，同样也需要制度建设，需要自然科学、工程技术的提升。面对广袤的土地，面对亿万人民的生产、生活、耕种、劳动谋生等需要，尤其是面对列强用先进科学技术手段侵略而带来的亡国灭种危机，大力发展科学技术就显得尤为迫切。在近代特定的历史环境里，轻视自然科学和工程技术本身就是偏狭的言行和认知。更何况，在近代中国，面对西方的船坚炮利，清朝只能割地赔款，被动挨打，可以说毫无还击之力。在这样的境遇之下，脱离特定历史环境，看不到轻重缓急，可谓误国误民。

同时清流派还有一个说法："天下之大，不患无才。如以天文算学必须讲习，博采旁求，必有精其术者，何必夷人？何必师事夷人？"②在晚清清流人士看来，洋务派即便想学习一点儿先进的自然科学技术，为什么非得向西方学呢？中华民族几千年历史，如此广大的国土，根本不缺人才。

---

① 《筹办夷务始末（同治朝）》卷四七，沈云龙主编《近代中国史料丛刊》第六十二辑，台湾文海出版社，第 4557 页。
② 同上，第 4558 页。

如果想找些天文、算学方面的人才，在国内一定会找到，何必非得向外国人学？这个话在当时说出来一副正义凛然的样子，仿佛在捍卫国家和文化的尊严，甚至一时间在京城和当时的社会舆论圈得到很多人的掌声。可如果真正放眼世界就知道，近代欧美自然科学所达到的成就和高度，绝不是中国传统的算术等可比拟。钱学森、邓稼先等伟大的科学家，留学欧美然后报效祖国，在学习西方自然科学的基础上开拓创新并力争超越欧美，故而成为国人的榜样。但如果自我封闭，自我欣赏，孤陋寡闻，拒绝世界大潮，不懂得向先进学习，结局只能是被时代淘汰。

晚清的清流，某种程度上是当时中国社会、中国人思想状态的一个真实写照。由此我们就可以理解为什么近代反侵略战争败得一败涂地，晚清却未曾幡然醒悟，自我革新。深受宋明理学窠臼影响的一些人，不看世界大势，不分轻重缓急，不能正确地看待人心教化、自然科学、工程技术和制度建构等之间的关系，脱离具体的历史环境，抽象地谈论所谓人伦人心，这是当时中国思想界的主要问题。正因为盲目自大，没有实事求是地看自己、看世界，就没有奋发图强、励精图治，洗心革面，进行社会变革。那些看起来似乎有道理的话，却成了阻碍中国前进的绊脚石。

客观地说，19世纪中晚期的清朝社会，根本不能正确认识西方、正确反思自己，也就不能实现近现代的社会转型。在今天看来，晚清清流的观点不免荒唐、滑稽，可这些话是当时的大学者提出来的，具有相当的代表性。我们有必要对他们的这些观点进行剖析。

第一，晚清清流在构建对近代西方国家的认知框架时，依旧把西方放置在中国古代"夷夏之辨"的传统视角里面来看。中国历史上出现过无数次游牧民族侵犯中原地区的现象。虽然游牧民族骑着战马、拿着剑弩，在军事上有一定优势，但是他们的文明和社会治理水平在整体上落后于中原地区。即便某一个历史时刻游牧部落可以在军事上取胜，最终也因为中原地区的文明程度较高，被中华文化所同化。这样的状态在中国历史中存在了两千多年，这就使得近代某些知识分子看待西方的社会时，仍然不能逃出"夷夏之辨"的思维格局。真实的现状是近代中国所遭遇的欧美列强，绝不是历史上曾经交手过的任何一个北方游牧部落，而是文艺复兴以后开创了新制度和新文明体系的新型国家。晚清的文化保守派的无知，更加凸显了当时清朝的愚昧和故步自封。

第二，在中国传统社会，有一个基本概念，就是"道"和"器"的关系。这应该说是中国哲学非常核心的一个观念。"道"是什么呢？"道"，一方面是指客观存在的规律、大势；另一方面是指一个人内心不断净化从而实现的完全与规律、大势合为一体的状态，一般人们也称之为"得道"。对于人类而言，知道真理存在，或者说认识真理并不是目的，最重要的是如何按照真理做人做事，这就是古人常说的求道、证道、悟道、行道。中国古代的各家思想，无不是在用自己的方式引导人们清理个体与大道之间的障碍，进而引导人们证悟得道。可是，我们继续追问，道无形无相，如何体现？这就涉及第二个层面的概念"器"。"器"是什么？"器"就是有形的物质，包括我们吃、穿、用、住所需要的一些物质的生产资料、生活用品等，中国文化称之为器物层面。那么，在"道"和"器"的关系上，中国社会几千年以来秉持的基本观念都是"以道率器"，也就是说"器"和"道"相比的话，"器"处于从属地位，最根本的着力点是"道"。

《庄子》里有这样一个故事：有一个老人从井里提水浇菜地，这个时候，有一个人就建议老人使用一种机器，可以帮助他不费力气地把井里的水提出来，取水又多又轻快。结果这个老人听了面起怒色，正告好心者："吾闻之吾师，有机械者必有机事，有机事者必有机心。机心存于胸中，则纯白不备；纯白不备，则神生不定；神生不定者，道之所不载也。吾非不知，羞而不为也。"[1]意思是一个人一旦专注于发明设计，省力取巧，就会偏离人心的纯正，那么也就会偏离大道。

由此我们可以了解到，中国文化一直主张人要在道上下功夫，在人性的超越和根本的地方上下功夫。正是基于这样的认知，《庄子》一书中的老人家宁可用罐子去提水，也不追求先进的方法。因为他认为，人活着最

---

[1] 《庄子》，孙通海译注，中华书局2007年版，第204页。

根本的不是"器",而是"道"。了解了中国文化的这个特点以后,我们就能理解倭仁的"立国之道,尚礼义不尚权谋;根本之图,在人心不在技艺"了。

那么,我们今天应该怎样认识这个话?重视人心的建设,这永远是对的。但需要认识到除了人心的建设之外,人类社会发展过程中还有很多必须重视的重要内容,比如说科学、工程技术,我们对宇宙的认知,对人类社会的研究,等等。"道"来率"器",同时"道"由"器"现。不能因为强调"道"而忽视"器",同时,也不能因为"器"而忽视"道"的引领。

而中国人几千年以来,在哪里下的功夫最多呢?就是在人心上。所以在"道器之辩"上,中华民族一直到近代,仍然还固守在"道心"的澄明之上。晚清的清流和文化保守派只是抓住人心建设这一点,而对其他的自然科学、工程技术、社会结构的演变等,不但不予以重视,看不到它们的巨大价值,而且还嗤之以鼻。从这个意义上讲,他们的观点悬空抽象,严重违背中国发展的实际需要,看似有道理,实则对中国有害。

第三,我们进行更深层次的追问:为什么这些人对西方文化那么拒斥,带有那么大的局限性?这里面涉及一个人、一个民族如何看待安身立命的精神家园的问题。以晚清文化保守派为代表的中国传统知识分子安身立命的地方,就是他们的价值立场、思维方式以及内心的文化认同和精神家园。这实际上是宋明以来的理学传统。可近代以来,中国落后被打,国力逐渐衰败,中国传统文化随之被削弱、打压、轻视、践踏。在这种情况下,中国人要不要承认欧美先进、要不要向西方学习,成了绕不开的课题。晚清文化保守派认为,天朝上国向西方学习所谓的"夷狄之术"是一件很难接受的事情。一句话,近代中国知识分子的心灵世界也面临着惊天巨变,内心也有极度的不适应。这应该说是当时那一代知识分子的心灵写照。

我们今天如何看待这种文化现象?任何一个民族,都要有自己的精神家园,都要珍爱自己的精神家园。更进一步地说,一个民族的同心力、凝聚力就植根于内在的文化认同和心灵归属。从这个意义上说,晚清文化保守派坚守内心文化认同的做法有可圈可点之处。但在如何才能真正保护自己的精神家园问题上，他们明显存在认知和实践上的严重问题。

一个民族的精神家园，既有形而上的层面，表现为民族精神、思维方式、价值观和文化智慧，也有形而下的层面，包括具体的文化形态、文化主张、文化观点、制度形态、物质文明等。我们要坚守自己的文化认同，珍爱自己的精神家园，那就要超越具体的文化观点、文化主张，守候支撑着一个民族生生不息的优秀民族精神和文化智慧。世界运转不停，如何日新又新是一个常态化问题。面临时代的变革、不同文化的冲击和挑战，更要敞开胸怀，勇于学习，善于融汇人类一切文化的优势为我所用，壮大本民族文化的实力，从而让本民族的文化始终有包容、学习、融汇、创新的能力，始终走在人类文明的最前沿，成为人类社会的引领者和塑造者。只有这样，才能更好地守候自己的精神家园。相反，固守某些形而下的条条框框，反而背离了中华民族的精神和文化智慧。面对日新月异的变革不能主动自我革命、勇于学习和开拓进取，反而僵化保守、夜郎自大、故步自封，这不仅不能守候自己的精神家园，还会导致背弃潮流、自我毁灭。

经过以上的分析，我们就能理解，为什么晚清出现了文化保守派。我们不能简单地去说他们的观点愚昧僵化，倭仁也好，刘锡鸿也好，我们要了解他们为什么那么说，把他们的出现当作一种文化现象来研究。某种程度上说，他们的认知是中国几千年思想史脉络延伸的一个表现，而且从中国思想史内在的逻辑来看，晚清清流的某些观点有合理的地方。但如果放置在整个近代中国所处的国际大环境里来看，从更加宽广的视角看，这些话就显得特别不合时宜，甚至已经远远地被时代抛在后面了。从这个意义上讲，我们对这些观点需要深刻地反思。

重视人心建设，是人类社会永恒的话题之一，但绝不是全部。人们要追求幸福、追求发展、追求文明、追求进步，不仅需要人心建设，同样需要自然科学、物质生产资料、社会结构等全方位的进步。而近代中国的某些知识分子，单一地聚焦于人心建设这一点，这是他们狭隘和固执的地方。尤其需要注意的是，这些人道德上的自负和优越感，更加堵塞、阻滞了他们去客观认识世界的能力。也正因为如此，近代中国文化界确实需要客观地面对世界大势，进行内心世界彻底的、洗心革面式的自我革新和调整。

正因为宋明理学对中国的控制和影响，很多人不能在文化上做到反思自己和认知西方，以至于近代中国尽管被西方欺辱，近代化的起步却仍然步履艰难。近代中国虽然屡遭凌辱却不能马上发愤图强，启动整个社会的革新。因为晚清时期的基本社会状态，还不具备正确认识西方、正确认识自己，并在这个基础上启动中国现代转型的客观条件。由此我们就能理解，近代中国人必然要经历一系列痛苦的反思、突破，才能一步一步地接受现实、认识现实、理解现实，并在这个基础上走出适合中国的现代转型之路。

第二节　林则徐、魏源的睁眼看世界：师夷长技以制夷

一个民族的文化原貌，其实存在着多种可能性，但究竟是哪一些可能性得到激发，对维持一个民族的生命力来说至关重要。如果说由于中国长期处于全世界领先的地位，诱发了中国骄狂自大的一面，那么，近代的落后挨打，也将开启中华文化海纳百川、融汇天下的一面。

中华文化就其内在的精神而言，是一个注重日新又新和海纳百川的文化，只是在长期比较优势的环境中，逐渐变得僵化和自大。但随着近代民族危机的加深，海纳百川和日新又新的精神，再次得到唤醒。

"四书"之一《大学》中讲到这样一件事：商代的汤王，为了勉励自己不断地与时俱进，不断地进步，就在自己常用的生活器皿上刻下了几个字："苟日新，日日新，又日新。"《易经》中也有一句话："日新之为盛德。"也就是说，在中国的先贤看来，一个人、一个民族最美好的品质之一，就是随着整个时代的变革，不断与时俱进，主动跟上世界的潮流。此外，我们中华民族文化的基因里面还有一种深切的忧患意识，一个人即便生活状态已经非常优越，亦要居安思危，想到潜伏的巨大危险。所以《易经》中泰卦之后，下一卦就是否卦。可到了晚清时期，几千年以来长期的领先地位，使得我们这个民族的忧患意识、创新精神等在某种程度上被削弱了。近代中国的不断衰败，以及西方列强带来的极大压力，使得一些非

常具有忧患精神的知识分子开始深切地关心中华民族的命运，开始真正了解真实的世界。

在其中，有一个人叫龚自珍。龚自珍在《己亥杂诗》里表达出他对中国当时所处的环境的深切忧虑。诗云：

> 九州生气恃风雷，万马齐喑究可哀。
> 我劝天公重抖擞，不拘一格降人才。[1]

很多人在小的时候都学过这首诗。一个偌大的中国，被种种禁锢束缚，沉闷僵化，了无生机，如果想打破这个局面，非得有雷霆万钧的力量来扫旧出新，这就是"九州生气恃风雷"。如果一个民族、一个国家，万马齐喑，精神萎靡，僵化呆滞，各行各业都呈现出凋零之势，这是一个民族、一个国家的悲哀。面对这个现状，龚自珍说："我劝天公重抖擞，不拘一格降人才"。希望老天给中国降下一个能够荡涤社会污垢、开拓出新局面的大人物。通过这首诗，我们就能看到，在1839年鸦片战争的前夜，忧国忧民的知识分子龚自珍，已经看到了我们这个社会所存在的严重问题，也表达了他对这个社会的隐忧，甚至是急切希望社会变革的愿望。

鸦片战争期间，林则徐在广州前线亲自指挥。他在打仗期间，深切地感受到当时的中国和西方社会之间存在的巨大差距。为了"知彼知己，百战不殆"，林则徐开始下大力气收集当时世界其他国家的资料，尤其是西方的资料。在此基础上，林则徐写了一本书，名为《四洲志》，对整个世界的地理、历史和现状进行了综合考察。这种考察，从某种程度上看是近代以来我们这个国家开始正确认识世界、认识自己，并在这个基础上提出自强革新的思想的开端。林则徐本人也被誉为"开眼看世界第一人"。鸦片战争失败以后，林则徐受到清政府的责难，被发配到新疆。在发配新疆的途中，林则徐还专门给他的家人送了一首诗，《赴戍登程口占示家人二首》其二：

---

[1] 《龚自珍己亥杂诗注》，刘逸生注，中华书局1980年版，第176页。

> 力微任重久神疲，再竭衰庸定不支。
> 苟利国家生死以，岂因祸福避趋之！
> 谪居正是君恩厚，养拙刚于戍卒宜。
> 戏与山妻谈故事，试吟断送老头皮。①

这首诗中"苟利国家生死以，岂因祸福避趋之"一句的意思是，只要这个事对国家有利，对人民有利，无论我多么辛苦，甚至牺牲自己，我都觉得不足惜。像他这样的知识分子，在"杀身成仁，舍生取义""鞠躬尽瘁，死而后已"的民族精神的熏陶下，已经形成了把自己的一生献给国家、献给老百姓的精神追求。这是以林则徐为代表的中国知识分子内心的一种愿望和境界。

林则徐在发配新疆的情况下，完成《四洲志》以警示社会的愿望已经没有能力实现了。于是，他把这本书稿给了他的朋友魏源，希望魏源能把他的意志贯彻下去，真正写出一部向中国人介绍西方和世界的书，增长国人的见识，推动中国社会的进步。魏源接到书稿以后，不负重托，经过自己的努力，又收集了更多的资料，在林则徐《四洲志》的基础上，写成了《海国图志》。这本书在中国社会上的影响其实没那么大。为什么这样？因为在晚清清流和文化保守派具有相当影响力的时候，整个近代中国社会都笼罩在浓重的保守主义氛围中，引导中国人正确地认识西方、认识世界的条件并不具备。就是这样一本比较全面介绍世界、介绍西方的《海国图志》，本应该发挥巨大作用，但实际上影响甚微。后来这本书被传到了日本，日本明治维新的推动者吉田松阴、横井小楠、伊藤博文等人，都成了这本书的忠实读者。《海国图志》传到日本以后，初始在日本上层传播，他们如饥似渴地想要通过这本书来了解整个世界，极大地激发了日本人的忧患意识和推进国家革新的愿力。后来，这本书走出了贵族的小圈子，走向整个日本社会，成为最终日本启动明治维新的一个重要动力。所以从某种程度上说，魏源编著的《海国图志》这本书，本着救中国的初心，结果墙内开

---

① 《林则徐全集·第六册诗词》，海峡文艺出版社2002年版，第209页。

花墙外香，对中国的社会影响并没有那么大，反而一定程度上成为改变日本国运的一本书。

那么，这本书到底写了什么呢？魏源在开始部分就明确提出"为以夷攻夷而作，为以夷款夷而作，为师夷长技以制夷而作"[1]。这里的"夷"，还是中国传统的话语体系，特指西方列强。魏源写这本书就是为了学习西方的长处（主要是科学技术），壮大我们这个国家的实力，最终打败西方国家，不再受西方国家的凌辱，这便是"师夷长技以制夷"。虽然魏源这本书的具体内容对中国社会影响确实没那么大，但是"师夷长技以制夷"这句话镌刻在了中国近代史的路标上，成为近代中国走上现代转型之路的一个历史节点。"师夷长技以制夷"也成了中国人尽皆知的一句话。

魏源在书中对整个世界的地理做了简单介绍，他用了八十多幅地图来介绍世界上的国家。中国也不过是整个世界版图上的一个国家而已。这种认识，就已经超出中国传统所谓的"夷夏之辨"了，极大地冲击了中国人几千年以来所形成的认知框架。

除了介绍世界地理之外，这本书对其他国家的政治，尤其是西方国家的政治，做了比较多的介绍，如对西方国家的选举制度等内容做了介绍。在19世纪40年代，能够对西方的政治制度进行介绍，这在中国当时的整个学术文化界里面，应该算是发时代之先声。《海国图志》明确提出，西方的选举制度，包括政党制度，其实是改变了"一人天下"的现状，即由个人的天下，变成了公天下。当然，严格说来，这个判断并不那么准确，因为西方社会是资本利益集团操控的社会，所谓的政党选举和大选，看起来热热闹闹，但并不是真正的人民做主，背后是大资本集团的操纵。但《海国图志》能够观察西方当时的这种政治制度和大选制度并对其作出一个论断，在政治上也有积极意义。另外，《海国图志》还集中介绍了西方的文化、宗教、社会、经济、贸易、货币等方面的内容。可惜这本书出现得太早了，在19世纪40年代那样一个环境里，它只是代表了"睁眼看世界"的林则徐、

---

[1] 魏源：《海国图志》，岳麓书社1998年版，第1页。

魏源等个别知识分子的想法，无法改变中国社会主流的心理状态。因此，这本书在某种程度上就成了当时的中国认知世界的一个"早产儿"，可谓生不逢时，并没有发挥那么大的作用。

1898年，李鸿章见到伊藤博文，询问日本崛起的原因。伊藤博文回答：阅读贵国魏源所写的《海国图志》即可。可惜，一直醉心于考取功名的清代知识分子群体中，有谁会在意魏源的拳拳报国之心？千百年来，中国知识分子在功利取向的驱使下，除了考取功名，已经丧失进取的动力。这是我们必须反思的历史悲剧。直到今天，中国仍有一些知识分子聚焦于写论文、评职称、当大官。如此，中国如何涌现人才？如何成为真正伟大的国家？改变这种现象，最关键是社会评价人才的标准必须多样化，社会上尊重各种人才的风气必须形成。

那么我们要问，为什么这本书在日本发挥出那么大的作用呢？这和日本的历史、人文传统以及日本当时普遍存在的社会心理状态有密切的关系。日本是一个拥有两千多年历史的国家，但因为岛国生存环境的狭促，使得其人民有很强的忧患意识，以及很强的学习和变革能力。当近代日本落后挨打的时候，社会各界能够非常迅速地形成共识，积极主动地认识世界，并迅速做出行动改变自己。所以，日本在1870年前后启动明治维新，进而改变自己近代的国运，并非偶然。而我们中国作为拥有五千年历史底蕴的大国，虽然土地广袤，人口庞大，历史文化厚重，但这些在某种程度上而言，是优势也是劣势。中华民族几千年沉淀出来的那种民族自信，由于长期的世界领先地位，反而走到了反面，变成了狂妄自大，变成了"天朝大国"的那种自我束缚的迷梦。当近代中国陷入落后挨打局面，并没有迅速清醒过来。但是也正是由于中国是一个体量巨大、历史文化厚重的大国，其一旦从迷梦中清醒过来，文化的生命基因一旦被激活，那它所展现出的勃勃生机，也不是一个小国可以比拟的。

尽管"睁眼看世界"的林则徐和提出"师夷长技以制夷"的魏源并没有真正推动中国社会的整体变革，但他们打开了当时中国人认识自己、看清世界的一个隙缝。变革的狂风骤雨未曾因为林则徐、魏源的出现而降临神州大地，但风起青萍之末，一场改变中国命运的社会巨变已经开始逐渐酝酿起来了。

第三节 郑观应的盛世危言：对经济与制度的洞见

19世纪40年代，以林则徐和魏源为代表，那个时期的中国人对西方的认识、对时代大潮的认知，主要是看到了技术上的差距，进而聚焦于学习西方的技术，改变落后挨打的局面。随着中西方碰撞的深化，一部分中国人逐渐认识到中国不仅仅是技术落后，经济、社会制度等都需要深刻的自我反思。其中有一个代表人物叫郑观应，他写了一本名为《盛世危言》的书，影响了中国近代的很多大人物。

郑观应（1842—1921），广东人，和孙中山先生是同乡。1858年，他去上海学商，先后在英商宝顺洋行、太古轮船公司任买办。后来，他又接连担任上海电报局总办，轮船招商局帮办、总办。在中法战争期间，他曾经去暹罗（泰国）、西贡（越南）、新加坡等地了解调查。后来，他隐居澳门将近6年。此时，他已有非常丰富的经商、管理、教育等经历，对中西方的差距也有了更深刻的认识，在这个基础上，他开始把自己的所思所想写成文字，这本书就是《盛世危言》。

《盛世危言》一经出版，版本就多达几十种。其中一个版本的封面，题了一句话叫"首为商战鼓与呼"。可见《盛世危言》这本书从"师夷长技以制夷"这种单纯学习西方技术的层面，开始上升到"商战"的高度。其内容除了商战之外，还也包括在政治层面如何建设现代国家，以及关于应对晚清危局的建议。光绪皇帝看过这本书后，当时就下令紧急加印了几千本，并分发给当时朝中的大臣们看。光绪帝有变革朝政的决心和意志，他觉得这本书比较契合他的看法，希望通过推广这本书，在大臣们中间激发出一种认同改革、推进改革的向心力。

《盛世危言》这本书的内容非常多，涉及方方面面。在自序里，郑观应就用《中庸》"君子而时中"和《易经》"穷则变，变则通，通则久"

两句话，开宗明义地提出因时而变的思想。郑观应明确地告诉世人，中国如果想走出困境，一定要正确地认识这是个什么时代、挑战是什么、问题在哪里。如果不能顺应时代的变革而作出重大调整的话，真的会有亡国之患。因此，他就提出"君子而时中"，重点是"时中"，意思是时时都要戒惧谨慎，与时偕行。而之所以讲"穷则变，变则通，通则久"，目的是为中国的改革的合法性和正当性进行宣传。

关于《盛世危言》这本书的具体内容，我择其要点给大家做一点分析，以期让读者了解在19世纪的后半期一些先进中国人的主张和认知。

在其中一篇中，他就讲到"道"和"器"的关系。"道器关系"，这是中国哲学史上一个传统的命题。在中国文化语境里面，"道"的核心概念是内求，是指通过心灵的净化，使得"心"和天理、和道融为一体的一种境界。"器"，是指我们看得见的物质的层面。那么通过"道"和"器"，郑观应是想表达什么呢？"道"不是一个空洞的理论，它必须落实在器上，即，"道"是由"器"显现出来的，"器"的背后，往往是"道"的形而上之理。他想强调的是，中国知识分子一定要避免空谈心性，避免空谈与社会实际、人民生活、社会进步无所联系的理论。郑观应论述"道与器"的关系，是要为他的整个主张奠定理论的根基。他的主张就是告诫国人要好好地学习西方的自然科学知识与一些制度的设计等。郑观应反对空洞地去谈心性，认为人们只有把心性、对"道"的追求和证悟，落实在对先进制度、对先进自然科学的学习过程中，才能体现出"道"的价值和意义。

郑观应在《西学》篇中论及学校教育风气时说："今之自命正人者，动以不谈洋务为高，见有讲求西学者，则斥之曰名教罪人、士林败类。"[1]这个话翻译过来就是说在当时有很多人自命清高，以不谈洋务，也就是以不谈向西方学习为所谓的"高明"，见到有些人向西方学习，就给别人扣一顶叫"名教罪人、士林败类"的"帽子"。这个"帽子"，在当时很有杀伤力。他讲的这个状况，反映了当时思想界的现实。

---

[1] 郑观应：《盛世危言》，陈志良选注，辽宁人民出版社1994年版，第26页。

郑观应怎么看这个事呢？他举了个例子说："如君父之有危疾也，为忠臣孝子者，将百计求医而学医乎？"①意思是，正如同自己的君王或父母身体不好的时候，应该想尽一切办法，找到好的医生、好的药方，把自己的父母或君王的身体给治疗好。这就是讲，必须正视近代中国面临的很多问题，当时的西方社会在很多地方确实比当时的清朝先进得多，那就应该想尽一切办法，寻找解决中国疾病的药方，让中国摆脱贫穷、落后、挨打的局面，实现中国的自强，这才是一个真正的忠臣孝子、有良知的仁人志士应该做的事。

为了论证自己的观点，他曾引用汉代扬雄的话"通天地人之谓儒""一物不知，儒者之耻"②，意思是说，一个真正的儒家知识分子，应该"通天地"。这个"天地"当然包括自然科学、工程技术等。如果仅仅懂点四书五经，对关乎人类生活的科学技术，包括维护国家民族尊严的先进器物不了解，就不能算是真正的儒家知识分子。而且一个真正有修为的人，对自己有严格的要求，叫"一物不知，儒者所耻"。郑观应以此来提倡中国应该大力学习西方先进的自然科学，发展自己的科技和军事，维护国家的尊严。

在《议院》篇里，郑观应谈了一个很关键的问题，即西方社会为什么能取得很大的进步、为什么能够先进于近代中国。他开始从政治制度上着手，来探究其中的原因。他认为西方国家设立议院，能够集中人民的建议，激发社会的活力，这是西方先进的重要原因。在郑观应看来，设立议院，实际上体现了君民共主，即国家最高领导人和老百姓一起来治理国家。那么这种君民共主，就能"朝野上下，同德同心"③。这才是西方社会优越于近代中国的一个重要原因。通过《议院》这一篇，我们就看到郑观应在探究近代中国之所以落后、西方之所以先进的问题上，开始从技术层面延伸到了对西方政治制度的考察。尽管这种对西方政治制度的理解有些表面、浅薄，但有开风气之先的意义。

---

① 郑观应：《盛世危言》，陈志良选注，辽宁人民出版社1994年版，第26页。
② 同上，第26页。
③ 同上，第47页。

在《原君》篇里,郑观应用了《淮南子》的话:"古之立帝王者,非以奉养其欲,非以逸乐其身。"[1]意思是真正的帝王不是自己享乐的,"圣人之君人也,勤民至矣",他的本意应该是勤勤恳恳地为人民做事,类似于今天强调的"为人民服务"。郑观应认为中国传统的政治制度存在一个很大的问题,就是所有国家制度的设计都是为了一个人享乐,这违背了中国传统政治的理念。借此,他为中国怎么样实现政治变革来做理论铺垫。在他看来,近代的中国政治如果想展现出活力来应对这个时代的变化,一定是走向君主立宪。"天下非一人之天下,乃天下之天下。同天下之利者,则得天下;擅天下之利者,则失天下"。同时他用了孔子的话,"舜、禹之有天下也而不与焉。"[2]翻译过来就是,天下并不是一人的天下,而是所有人民的天下,是天下人的天下。领导人掌握了天下,不是为了自己的享乐,而是带着人民一起打拼,为天下人着想,如此才能"得天下"。如果把天下当作自己的私有物品,让天下的所有人服务于自己的享乐,就必然会"失天下"。

诚然,中国近代出现如此大的困境与政治制度的僵化、落后有直接关系。在鸦片战争期间,四亿多的老百姓实际上只是旁观者。在当时的政治制度下,老百姓和君王之间实际上并没有形成一个利益紧密联系的整体,也就没办法实现君民一心、同德同力,共同应对挑战。郑观应看到这个现象后指出,中国如果想摆脱近代困境,一定要上下同心、众志成城、风雨同舟,一起来应对挑战和困难。可是要真正实现这个目标,就一定要在政治制度上进行根本的改革和调整。天下不能是君王一个人的天下,君和民都应是国家的主人,君民共主,大家一起来治理国家。

在《盛世危言》里还有两篇文章讲到传教的问题。虽然当时的中国知识分子大都认识到传教这个问题的严重性,但是深度各有不同。郑观应更多的是关注由于领事裁判权的存在,来到内陆的传教士违背了中国法律之后,不受中国的司法制度管辖。郑观应认为这是一个影响中国社会稳定的

---

[1] 郑观应:《盛世危言》,陈志良选注,辽宁人民出版社1994年版,第65页。
[2] 同上,第66页。

隐忧。但我们今天来看他的这个看法，还需要更加深入。传教问题绝不仅仅涉及司法独立的问题，也不仅仅是社会治安的问题，而是关乎中华民族精神家园独立性的问题。

近代西方列强每一次的不平等条约，几乎都会为西方传教士在中国传教提供保护伞，其中有信仰层面的考量，有刺探中国情报的考量，还有对中国人进行精神奴役和控制的考量。一个民族最独特的规定性是有共同的心灵家园与精神归属。具体到中华民族，中国人之所以是中国人，根源在于几千年的中华文化滋养、塑造了中国人共有的精神家园和文化认同。一个民族的肢解和消亡，最重要的原因是精神家园被摧毁和肢解。近代以来，西方宗教在西方列强的卵翼下强势输入，再加上西方宗教本身具有排他性，对中国固有精神家园和文化认同、价值观认同、国家认同、风俗习惯等的破坏，绝不容被忽视。当然，信教群众本身可能意识不到这些，只是相对单纯地从信仰的角度看待西方宗教。但当一个人接受了这种宗教理论之后，其固有的思想价值观，包括行为习惯、生活方式等就会发生改变。

传教问题不是简单的宗教问题，它涉及一个民族文化的主体性问题。一个民族屹立于世界民族之林，有很多标志，比如军事上强大，经济上、政治上自强自立，等等，其中重要的标志之一是心灵上的自立。如果一个民族的政治、经济等方面比较强大，但是它的心灵已经被侵蚀了、被征服了，那么这个民族的实质就变了。所以说，传教实际上是西方用文化和宗教对中国人进行思想控制的一个很重要的抓手。当然，在这个过程中，有些西方传教士不仅仅是在传教，还充当了西方侵略中国的桥头堡，甚至是做了间谍，这就超出了文化和宗教本身的意义了。

在《盛世危言》的最后，郑观应明确地提出了一个口号："吾故得以一言断之曰：'习兵战不如习商战。'"[①] 近代中国遭遇到如此大的困境和挑战，很多人都提出了解决问题的办法，包括"师夷长技以制夷"等。郑观应开出一个药方，叫"习兵战不如习商战"。为什么呢？郑观应本人

---

① 郑观应：《盛世危言》，陈志良选注，辽宁人民出版社1994年版，第238页。

多与商人打交道，而且在对外贸易中做经纪人，也就是近代称为买办的职业。他非常懂得经济、商业对社会的支撑作用。打仗，表面上打的是武器炮弹，比拼的是先进的自然科学，可是其背后，都是以经济作为支撑。郑观应认识到了这一点，再加上他自己长期从事实业经商的这种阅历，所以他提出了"习兵战不如习商战"的口号。

但是，如果要进行商战的话，一个国家在思想观念上就不能轻视工商业者。我们中国古代有"士农工商"四大阶层，士，也就是知识分子，通过参加科举考试而被选拔为官僚阶层，有"万般皆下品，唯有读书高"之说。在今天来看，这个话是偏颇的，每个阶层的劳动者都值得我们尊重。但在传统社会，流行的却不是这个价值观念。农，即农民，中国以农立国，所以农民是历来统治者、管理者特别重视的一个阶层。工，即手工业者，生产工具离不开手工业者。商，就是商人，排在"士农工商"的最后一位。中国人非常具有经商的天赋和才能，但是商业在近代没有成熟起来，其原因之一就是我们传统的价值观轻视商人。近代中国遭到西方入侵，商业的重要性就突显了出来。所以郑观应指出，中国社会不但不能再轻视商人，还要给他们以地位，给他们以权利，给他们提供发挥作用的社会条件，除此之外，还要建立商会，培养商业人才。一句话，郑观应提出的"商战"，不仅看到了近代中国落后的一个根源，同时还提出了一系列解决问题的办法，包括价值观念上、思维方式上、人才培养上的方法，等等，而对于怎么样去支撑商战，怎么样在经济战中对抗西方、打败西方，他也做了一系列的论述。

总之，我们今天来看郑观应的这一本书，在当时实属开风气之先。在这个书里边，无论是他对中国社会方方面面的反思，还是对西方的认识，某些观点还是相当深刻的。

除此之外，郑观应面对中西方当时的巨大差距，能够把目光定格在商战上，某种程度上也比林则徐、魏源所提出的"师夷长技以制夷"更深一步。打仗表面上拼的是军事与技术，其实背后拼的是经济的实力，国家与国家之间的竞争也是如此。从这个意义上讲，郑观应提出的商战的口号应该说也是发人深省。改革开放之后，中国提出的"以经济建设为中心""发展才是硬道理"等口号所彰显出的力量，某种程度上也吻合、印证了郑观应的一些观点。

如果我们拉长整个近代史的镜头，会发现，从"师夷长技以制夷"到主张商战，甚至要改革中国的政治体制，近代中国思想界对时代潮流的思考和认知不断加深。郑观应创作《盛世危言》，也不过是近代中国思考世界潮流、探索走出困境的一个环节。1936年，毛泽东在接受埃德加·斯诺的采访时，回忆自己阅读《盛世危言》时的感觉："这本书我非常喜欢……《盛世危言》激起我想要恢复学业的愿望。"[1]在湖南时，毛泽东辍学在家，从他的表兄文运昌那里借来了《盛世危言》一书，在阅读的过程中他大受震撼，不仅对国家和民族的命运产生了强烈的忧患意识，而且从此坚定了内心的想法：走出韶山冲，了解更博大的世界！

从看到西方技术的先进，到主张经济、制度上的追赶，中国的思想界仍然在不断地思考，不断地前行。

第四节　张之洞：中学为体，西学为用

在晚清应对现代性冲击的历史链条中，"中学为体，西学为用"的观点，尤其具有代表性。一直到今天，仍然有很多中国人对这个观点记忆犹新。

"中学为体，西学为用"的系统论述者是张之洞。张之洞是晚清名臣，贵州人，出生于1837年，于1909年去世，字孝达，晚年自号抱冰。张之洞是晚清洋务派的一个代表人物，颇具改革思维。他写过一本书，叫《劝学篇》。在《劝学篇》里，他凝练出了最能代表那个时代认知的口号："旧学为体，西学为用。"旧学，其实就是中学，所以这个口号也称"中学为体，西学为用"。当然，他并不是这个口号的最早发明者。早在1861年，

---

[1]　[美]埃德加·斯诺：《西行漫记》，董乐山译，生活·读书·新知三联书店1979年版，第109—110页。

林则徐的学生冯桂芬在《校邠庐抗议》中就提出了一个"中体西用"的观点。他的原话是"以中国之伦常名教为原本，辅以诸国富强之术"①。后来，洋务派的一些人，包括奕訢、曾国藩、李鸿章等，都可以说是这个观点的实践者。

1895年（光绪二十一年）4月，沈毓桂在《万国公报》上以"南溪赘叟"署名，发表了《救时策》一文，首次明确表述了"中学为体，西学为用"的概念。1896年，礼部尚书孙家鼐在《议复开办京师大学堂折》中提出，"今中国京师创立大学堂，自应以中学为主，西学为辅，中学为体，西学为用"。②京师大学堂就是北京大学的前身。

由此可见，中体西用的文化主张，在张之洞撰写《劝学篇》之前就已经不时地见之于当时的社会媒体上。张之洞在以上主张的基础上，形成了系统的看法。在《劝学篇》里，张之洞将这一看法凝练成"旧学为体，西学为用"，其实就是"中学为体，西学为用"。

那么，张之洞《劝学篇》提出的"旧学为体，西学为用"到底表达了一个什么样的观点呢？

首先，我们来看《劝学篇》的主旨是什么。张之洞明确指出，"世运之明晦，人才之盛衰，其表在政，其里在学"。③意思是说，人类社会或者国家发展的兴衰成败，表象上看是政治的原因，但其根本是在学，是文化和教育决定了一个社会的文明状态。从这个意义上讲，张之洞看到了近代中国衰败背后的根源，就是在"学"，在文化和教育，在人们的精神状态。那么政治重要不重要？政治非常关键，如果没有政治的变革，"学"也是没有办法变革的。

《劝学篇》的主旨是"其表在政，其里在学"，这是它深刻的地方。但是，它也存在一定的局限性，就是它没有看到政治、社会制度等方面更具有关键性。只有推动政治变革，才能抓住推动社会变革的"牛鼻子"。

---

① 冯桂芬：《校邠庐抗议》，中州古籍出版社1998年版，第69页。
② 《戊戌变法》第二册，中国史学会主编，上海人民出版社1957年版，第426页。
③ 张之洞：《劝学篇》，广西师范大学出版社2008年版，第2页。

所以，中国共产党首先是改变政权的性质，政权改变以后，才建立起推动社会进步的强大的动力机制。中国近代史上曾经出现过各种各样的救国主张，诸如实业救国、教育救国、科技救国等等，都有各自的道理。但所有这些救国主张，需要的一个大前提就是一个新国家、新政治、新秩序的建立。如果国家独立都未曾实现，社会腐败，人民一盘散沙，任何救国的主张都是空中楼阁。因此，近代曾经出现各种各样的主张，但只有中国共产党的主张成为中国近代以来的主流和人民的选择，这有其内在必然性。

《劝学篇》一共有二十四篇文章，张之洞希望以这二十四篇文章来推动中国社会达到"五知"[①]。哪"五知"？第一是知耻。"耻不如日本，耻不如土耳其，耻不如暹罗，耻不如古巴。"中华民族在历史上曾屹立于世界民族之林，但是今天衰败到人人看不起的程度，应该深以为耻。知耻并不是目的，孔子说过，"知耻近乎勇"。张之洞是想通过"知耻"，来激发我们这个民族的大智大勇，进而让全民族投入到推动民族进步和改革的潮流中去。

第二是知惧。"惧为印度，惧为越南、缅甸、朝鲜，惧为埃及，惧为波兰。"这实际上是讲亡国之患。通过知惧，张之洞希望可以激发中华民族的忧患意识，要看到我们这个民族如果不自强奋斗救中国，恐怕就会有亡国灭种之患。

第三是知变。张之洞认为一定不要沿袭旧制，不能因循守旧、抱残守缺，而是要随着时代的变革，在思想观念、制度设计等方面，都要进行适应性的调整。

第四是知要。张之洞说："中学考古非要，致用为要，西学亦有别，西艺非要，西政为要。"就是说，我们学习的时候不能眉毛胡子一把抓，而是要知道其中的轻重缓急。张之洞认为考古和学究并不是非常重要。什么重要？如何把文化用到生活实际中去，改变一个国家的命运更为重要。所以他说"中学考古非要，致用为要"。西学也是一样的，他认为"西艺非要"，

[①] 张之洞：《劝学篇》，广西师范大学出版社2008年版，4页。

就是所谓的技艺并不重要。什么重要？他认为，西政，也就是西方的政治制度，包括西方的社会制度更为重要。这表明张之洞看到了西方科学技术发达的背后是制度提供了好环境。

第五是知本。"在海外不忘国，见异俗不忘亲，多智巧不忘圣。"就是说，在西风东渐、欧风美雨铺天盖地的时候，中华民族要有自己文化的主体性，在专注于科技等应用层面时，不要丢掉中华民族最宝贵的身心性命之学。

《劝学篇》这二十四篇，用张之洞自己的话概括起来，就是，"兹《内篇》所言，皆求仁之事也，《外篇》所言，皆求智求勇之事也"。①《劝学篇》内篇讲的是"求仁"，"仁"即仁义道德的仁，其实求仁就是内求，是在心性上下功夫，努力成为仁人志士，或者说成为圣贤。外篇所讨论的就是求智、求勇，其实就是外王之道。合起来看，张之洞的《劝学篇》有着中国文化一以贯之的脉络，就是内圣外王。内圣，是指在人的心性上和内在的修为上下功夫，不断地自我超越、自我进化。内圣是为了更好地外王，更好地做出一番利国利民的事业。所以，内篇是讲"求人之事"，外篇是讲"求智、求勇之事"，其实就是中国文化一以贯之的主旨，就是内圣和外王。

张之洞在写《劝学篇》时，贯穿其中的一个根本问题就是如何看待西方社会和文化。他提出的观点非常清楚，那便是"新旧兼学"，言外之意就是，西方的要学，中国的也不能丢，即"旧学为体，西学为用，不可偏废"②。这个"旧"，是指中国自己固有的东西。

张之洞首先就指出："今日之世变，岂特春秋所未有，抑秦、汉以至元、明所未有也。语其祸，则共工之狂、辛有之痛，不足喻也。"③他认为，近代中国所遭遇的这种困境和挑战，不仅是春秋以来没有的，以至于从中国历史有文字记载以来都是没有的。从这个意义上来看，张之洞的这个判

---

① 张之洞：《劝学篇》，广西师范大学出版社 2008 年版，第 4—5 页。
② 同上，第 76 页。
③ 同上，第 1 页。

断和李鸿章说的"三千年未有之大变局",具有共通的地方。

其次,张之洞从学理上对中西文化作了一些辨别和分析。他认为,"中学为内学,西学为外学;中学治身心,西学应世事"。① 中学,其实就是中国文化,最核心的内容就是内圣之学,就是怎么样实现人性的净化和超越。西学,张之洞称之为"外学",更多地关注自然科学,在处理社会问题、改造自然等方面有它的长处。客观地说,张之洞的分析和概括并不符合实际。"中学"为内学,应该说只说了个大概。中国文化不光有内学,其实也有外学。《天工开物》《九章算术》《齐民要术》等,皆是中国文化中对自然万物探索的具体表现。中国文化将更多的精力放在了内学上,却是事实。西方文化为外学,这句话又只说了个大概,其实也不准确。牛顿、莱布尼茨、笛卡尔、爱因斯坦等人对自然科学的钻研,非常专注,并做出了相当的成就,这是西方的外学。但是,西方仍然有它的内学,包括宗教,包括康德等在内的思想家,都在探讨人性,思考人类如何超越的问题,此可谓西方的"内学"。从这个意义上讲,张之洞的"中学为内学,西学为外学;中学治身心,西学应世事",说得不全面、不准确,但也并非毫无道理。

张之洞基于这个判断,得出一个结论:清朝之所以打败仗,直接的原因就是在军事技术和自然科学上的落后。因此,中国只有学西方,而且要认真地学,才能摆脱亡国灭种的危机。他在《劝学篇·外篇·益智第一》中就说:"自强生于力,力生于智,智生于学。"② 这里的"学",其实就是告诉我们,一定要敞开自己的胸怀,一切能够推动中国社会进步和启动我们民族生命力的好东西,我们都要学。张之洞虽然指出中国救亡图存的必要路径是学习西学,但是就这一路径的根本而言,张之洞还是奠基于中国文化主体性。他说:"今欲强中国,存中学,则不得不讲西学"。③ 这句话的意思是,所有爱护中国文化、爱护自己国家的人,要想让自己的

---

① 张之洞:《劝学篇》,广西师范大学出版社2008年版,第130页。
② 同上,第65页。
③ 同上,第43页。

文化和国家发展起来，一定要好好地去学西学。下面他又说："然不先以中学固其根柢，端其识趣，则强者为乱首，弱者为人奴，其祸更烈于不通西学者矣"。[1] 这句话的意思是，如果我们在学习西方的过程中，中国文化的根不稳固，盲目学习西方，最终将导致中国人对自己的国家不认同，失去对自己国家的深切感情。在这种情况下，有些人学了西方以后，很容易被西方的文化所控制，唯西方文化马首是瞻，而不愿意了解甚至不认同自己的国家和文化，从而无从培养家国情怀。从这个意义上讲，张之洞认为，如果中国在学习西方的时候，没有打牢自己的文化根基，不如不学，这也就是他所说的"其祸更烈于不通西学者矣"。

张之洞强调学西方，要立定中国文化的主体性，以我为主，为我所用，这是很有道理的见解。直至今日，这个观点仍然有它的价值。近代以来，我们国家确实有一些人骨子里膜拜、认同西方，给文化自信的树立和中华民族精神家园的重建带来很大的冲击，值得深思和重视。

我们深入探索一下，学习西方的前景是什么？张之洞给了一个说法："中西会通"。他认为，铸牢中国文化根基、学习西学的目的，不是简单地拼凑，而是要实现"会通"。

在论述"会通"主张的时候，张之洞说："今日新学旧学，互相訾謷，若不通其意，则旧学恶新学，姑以为不得已而用之，新学轻旧学，姑以为猝不能尽废而存之，终古枘凿，所谓疑行无名，疑事无功而已矣。"[2] 意思是说，如今赞同西方的人和推崇中国文化的人互相攻讦，如果不能通达中西方的文化内涵，固守中学的人必然会站在自身文化的立场上排斥西学，但在中国落后的情况下又不得不学习西学，赞同西方文化的人看不起中国文化的学问，但在没有办法完全废掉中国文化的情况下又不得不正视它的存在。最终两不相容，就是毫无功效。

中国文化和西方文化，是两种不同的认识、理解宇宙、世界和人生的

---

[1] 张之洞：《劝学篇》，广西师范大学出版社 2008 年版，第 43 页。
[2] 同上，第 126 页。

文化形态。张之洞提出的"中西会通"，应该说是一个很重要的方向。但是在如何"会通"的问题上，张之洞的观点却显得有些浅薄了。比如，他以《大学》里的"生之者众，食之者寡"暗喻西方的经济学里生产大于消耗的理论。简言之，张之洞的"会通"只是简单地把《中庸》《大学》《周礼》《论语》等著作里的某些话和西方的矿物学、生物学、物理学、军事学的某些思想进行比附，这是张之洞浅薄的地方。

那么，张之洞所说的"旧学为体，西学为用"到底可靠不可靠？下面我们作一点分析。

"体"和"用"在中国思想史里是一对很重要的概念。什么叫"体"，什么叫"用"？我用《论语》里边的思想，给大家做一个解释。《论语》里边有一个极其重要的概念，是"仁"。何谓"仁"？《论语》有几十次谈及"仁"，各有不同的说法。从根本处看，"仁"就是把人性里边的自私、狭隘、偏见、偏执等所有的弱点都去除以后的状态，实际上就是人类道德之"体"的概念。可是，如果追问"仁"的状态到底是个什么状态，语言无法精准地描述出来。我们认识"仁"的方法，就是看"仁"在不同场合里面是怎么表现的。具备了"仁"的状态的人在为人处世过程中的种种表现，我们称之为"仁"的"用"。就像孔子，他的内在有大的智慧和境界，这其实就是"体"；那么孔子在见到不同的学生时，他开出的药方不一样，他提出的对策不一样，这就是"用"。

那么我们就要问，中国文化是"体"，西学文化是"用"，这个说法行不行？其实，中国文化有中国文化的"体"，也有中国文化的"用"；西方文化有西方文化的"体"，也有西方文化的"用"。简单地把中国文化定为"体"，把西方文化定为"用"，混淆了不同文化体系的内在逻辑，无法实现彼此的融汇和交流。任何一个文明，任何一个文化形态，都有它内在的根脉和枝干系统。这个根脉，我们可以称之为"体"，上面的枝干，可以称之为"用"。中国文化培养出了自身特有的根脉和枝干，西方文化也是如此。从这个意义上看，深入解读中西方文化内在的逻辑脉络有其必要性。如果深入探究就会发现，中国文化与西方文化对人性和世界的认知是不一样的。这是我们认识中西文化一个很重要的基点，我们只有在这个基点上进行深入剖析，才能更好地看清中国文化和西方文化。

中西文化的会通，要在"体"和"用"的层面分别互融和借鉴，从而整体上升华自身文化体系的质量和高度。这是我们应该思考的方向。

我们先来看看中国文化是怎么样看待人性的。中国文化认为，人性是很复杂的，是一个"X"，意味着存在着各种可能性。善的、恶的都有，"人心惟危，道心惟微"。但是，中国文化有一个基本的看法，那便是人性之中积极向上的、向善的力量本来存在，人们可以实现自我的超越，实现心灵的净化和升华。中国历代圣贤的努力方向，就是不断地开启人性之中积极向上的力量（道心）。所以，中国文化并没有完全依靠外在的某个力量来实现人性的超越。"天行健，君子以自强不息""我欲仁，斯仁至矣"等，都是很明显的证明。换句话说，中国文化认为人类可以通过启发或者激发人性之中积极向上的这个力量，实现人类自己的超越，或者叫拯救。而西方文化认为，人类生而带有原罪，人性中恶的力量太大了，人们只有通过神或者上帝的力量，才能实现人类自我的救赎。也就是说，西方文化在信仰上是要追求外在的超越。这是中国和欧美在文化基因层面上的一个很大不同。正因为西方文化对人性的判断是消极的，认为人是大恶的，所以，西方的契约制度、法治精神在近代应运而生。而中国文化相信人性积极向上的力量可以实现自我的拯救，所以，我们对道德教化特别重视。

此外，在对世界的认知上，中国文化和西方文化也是不一样的。文艺复兴后，西方文化把世界当作人之外的世界，把世界当作客体进行研究，出现了物理学、化学、生物学、工程学等不同分支的自然科学，这是很自然的事情。中国文化对世界的认知有一个鲜明的特点，我们认为，我们生活的这个世界是人生活其中的世界。总之，中国文化，无论是认识人，还是认识世界的时候，都没有主客的对立或者说是主客的切割，而是把人放在世界中间去加以认识。所以中医在认识人的时候，并不是简单地搞解剖、对象化。在中医理论下，天地宇宙的运行，会对人的健康产生重大影响，比如《黄帝内经》中有介绍季节变换对人体健康的影响，在这一文化观念的影响下，中国人不会孤立地看待自然界，而是把人放在其中去看。所以中国文化，无论是对人性的理解，还是对世界的认知，与西方文化都是不一样的。这种不一样就会使中西方文化产生不同的枝叶。为什么？因为文化体系的根脉不一样，根脉之上产生的文化体系和表象自然也不一样。

再看中西方文化的会通。会通，就是我之所长要保留，我之所短则要反思和改进。西方之所长，我们要吸纳，西方之所短，我们一定要警惕，不能被它所浸染。我们的短处是什么呢？我们在肯定人性的那种积极向上的力量的同时，对人性的恶的警惕和防范不够，这是我们需要向西方学习的方面。具体来说，就是我们要设计一套好的制度防范人性的恶。换句话说，人性里面有很多消极的力量，我们要扎上篱笆，尽可能使得人性之中的恶失去表现机会。在这一点上，我们应该从西方文化对人的认识中去汲取灵感。此外，我们在认知世界的时候，总是把人放在整个世界之中去认知，这一认知倾向虽有其长处，也使得我们在分门别类的研究方面有所欠缺。我们近代没有衍生出自然科学，在这一点上我们也有需要反思的地方。

经过以上分析，我们会发现前面讲的"中学为体，西学为用"这一类观点，应该说并不完全符合实际。如果将张之洞的思想放置在更广深的历史脉络里来看，我们就会发现，他的观点有合理的地方，也有它浅薄的地方。我们不能拿着今天的看法简单地去苛求、指责他，但是，我们今天应该去反思这段历史，如此才能在前人思考的基础上更好地前行。

第五节　梁漱溟的独树一帜：新儒家的返本开新

中华文化与现代性生成的融汇和互动是我们观察中国近代思想史的底层逻辑。西方列强对中国侵略和殖民的背后，某种程度上反映了现代性的生成与展开对近代中国的冲击和挑战。我们所要做的就是剥离掉现代性生成与展开过程中西方社会的个性色彩，真正把握和透视现代性生成与展开的趋势和潮流。同时，需要明确的是，世上没有抽象的、悬空的现代性，现代性总是和具体的国家实际有机结合起来，通过一个个具体的现代性模式体现出来。因此，中华文化面对现代性的冲击和渗透时，并不如同一张白纸，而是基于自身的深厚底蕴，审视、选择甚至重新创造着中国的现代性模式。这是我们观察中国近代思想史必须注意的方面。

近代中国不仅在西方列强的侵略和凌辱下丧失了部分的国家利益和民族尊严，在欧风美雨里，文化方面也遭受了巨大的冲击。西方列强不仅主导了文艺复兴以来全球化的历史进程，而且也取得了文化的主导权，将西方的价值体系塑造成所谓的"普世价值体系"，对世界其他国家尤其是后发国家产生了重大影响。在这个情势下，如何走出一条立足自身的自强自新之路，既能秉持中华文化的主体性，坚守中华文化的基本立场，同时又能够勇立潮头，面向世界，充分吸纳人类不同文化的优势为我所用，真正实现中华文化的生命力转化，是近代以来中华文化必须回应的历史课题。新儒家思潮就是一种尝试。

为什么称之为"新儒家"？在面对西方文化冲击的过程中，新儒家的学者们没有僵化地固守传统的先秦儒学或者宋明理学，而是正视西方的冲击，并且在正视的过程中，试图容纳、包容或者学习西方的新东西。同时，他们的价值观和深层次的文化诉求仍保留着儒家文化的基本立场。所以，我们称之为"新儒家"。新儒家经历了一个发展过程，每一阶段都有各自的代表人物。

新儒家第一代以熊十力、马一浮、梁漱溟等人为代表。在近代西方国家给中国带来极大生存压力的情势下，他们能够守住中华文化的立场，打出"振兴中华文化"的旗帜，这是这一代人的一个特点。熊十力虽然以研究"唯识学"见长，但他真正的用意是"六经注我"。他将周易的精神与唯识学结合起来，以此激励中国人生生不息、自强自立。马一浮曾被周恩来总理誉为"理学大师"，他有更强烈的中华文化本位观，认为世间一切学问统摄于"六艺"，与其他学者相比，致力于用中国的《诗》《书》《礼》《乐》《易》《春秋》涵盖世界上的一切学问。梁漱溟则是通过他独特的文化观，来论证中华文化的世界价值。

新儒家第二代以徐复观、牟宗三、方东美等人为代表。这一代新儒家的知识分子出现了一个变化，他们认为，儒家自身的文明形态，与西方提出的民主、自由等理念并不冲突。他们希望通过自己的学术探索实现中国固有文化和西方文明的连接，主张"内圣开出新外王"。

第二代新儒家的代表人物的思想中有浓重的西方文化中心论的烙印。徐复观，曾用名徐佛观，1903年生于湖北浠水，1926年参加国民革命军，七七事变后投身抗战，1943年作为军令部参谋派驻延安。在延安驻扎的几个月里，徐佛观感触颇深。他深切感受到中国共产党植根人民、服务人民的政治本色，以及延安的社会风气和精神风貌。这段经历让徐佛观刻骨铭心。返回重庆后，他任蒋介石机要秘书，军衔为少将。徐佛观不仅有爱国情怀，对国民党、蒋介石也是忠诚笃定。对于延安的见闻，他曾专门报告给蒋介石，希望国民党能够反思自身的腐败，意识到脱离人民的危险。但国民党死气沉沉，几乎无任何反应。徐佛观失望之极，遂脱离政治，拜熊十力先生为师，投身学术，改名徐复观，希望以学术文化之力推动中国进步。

徐复观、牟宗三等人认为，西方文化代表了近代以来人类文明发展的潮流，代表了人类文明前进的方向。他们对中国文化怀抱有深厚的感情，但论证儒家文化合理性、正当性的方式，却是证明中国固有文化与民主、自由等时代精神不相违背，强调通过儒家内圣之学开出践行民主、自由等时代精神的新外王。实际上，欧美的文化和社会形态，不过是人类社会发展的一个阶段而已，绝不是什么真理的标准。中国所要做的是充分吸纳欧美的优势，并在这个基础上创造人类文明的新典范，成为人类未来发展方向的标杆。而新儒家的第二代学者，显然没有这个高度，他们把欧美视为文明的样板，论证中国也可以成为欧美那样的国家。这是新儒家第二代学者的局限性。我们之所以这样评价第二代新儒家的观点，是因为人类文明的发展是在不同文化体互相学习、互相碰撞、交融、交错前行的过程中实现的。在人类历史的相当长时期内，中华文明处于人类文明的第一梯队，但近代以来，欧美文明率先突破，成为人类文明的先行者；而中华文明在吸纳融汇人类文明不同优势之后，重新成为人类文明的先行者，也是人类文明史发展的常态。

新儒家的第三代人物，以杜维明、刘述先等为代表。杜维明原来是美国哈佛大学的教授，后来到北京大学工作。他关注的重点是如何发挥中华文化的优势来应对现代文明的弊端，以及如何在重构全球化伦理的角度肯定儒家文明的普适性。

为了更好地把新儒家的思想介绍给大家，我们选取第一代新儒家的典型人物梁漱溟先生作为代表，就他的思想作一点简单的梳理。

梁漱溟在新儒家思想流派乃至在整个中国近代学术界中，都算得上是一个特立独行的人，也是中国知识界值得尊敬的一个典范。

梁漱溟，1893年生于北京，1988年去世。他和毛主席同年出生，而且这一生和毛主席结下了很深的缘分。1918年，毛主席和梁漱溟就有了交集。当时毛主席到北京勤工俭学，在北京大学图书馆做助理员，住在杨昌济先生家里。梁漱溟先生曾经去杨昌济先生家里拜访，当时开门迎接梁漱溟的那个人就是毛主席。抗日战争后期，梁漱溟等民主人士去延安考察，在与毛主席在窑洞会谈时，毛主席提到了这个细节。

在梁漱溟青年时期，有一件事对他的一生产生了很大的影响。梁漱溟的父亲梁济先生是中华文化坚定的拥护者、遵循者和践行者。但是在近代，"人为刀俎，我为鱼肉"，中华文化伴随着国运的衰败陷入风雨飘摇的境地。可梁济先生恰恰是一个对中华文化很有感情的人，不愿意面对自身精神信仰的崩塌。梁济先生曾问梁漱溟：这个世界会好吗？当时梁漱溟回复：我相信这个世界会变得越来越好。梁济先生听到这个话之后，很沉重地回应说：能变好就好。三天以后，梁济先生自杀。这件事，当时在中国的知识界引起了很大的震动，很多人扼腕叹息。在中国近代社会，因为固有心灵和信仰世界的崩塌，学者自杀并不是一个孤立事件，王国维在1927年同样选择了投湖自尽。

为什么会出现这样的现象呢？其中一个重要的原因，就是他们内心深处热爱和认同中华文化，并在中华文化的基础上建构了他们精神魂魄皈依的家园。可以说，中华文化是这些人的命根子。但当近代中国国力不济、国运衰败，中华文化被人轻贱甚至陷入风雨飘摇境地的时候，国人心灵的归属和精神的家园，同样遭到根本的肢解和毁灭性打击。试想一下：当一个人的心灵世界被肢解的时候，生的希望又在哪里呢？所以，梁济先生和王国维先生的自杀，某种程度上可以称之为"殉道"。作为一个深爱中华文化的人，梁济先生用自己的死，来祭奠深爱的文化，这对梁漱溟产生了刻骨铭心的影响。梁漱溟先生这一辈子，和他父亲一样，热爱中华文化，弘扬中华文化，践行中华文化。

在抗日战争即将结束的时候，梁漱溟曾经与毛主席在窑洞里面彻夜长谈。谈话期间，梁漱溟对毛主席有一个近距离的观察。他和毛主席对谈的时候，说话直来直去，即使是面对中国共产党的领袖，有时候也不太注意措辞，甚至直接就说"你错了，你不对"。但是梁漱溟发现，毛主席总是微笑着，没有生气，也没有激烈地反击他，总是很从容，要么是抽烟，要么是走来走去，很心平气和地跟他讨论、辩论。这个人物形象在梁漱溟心里留下了很深的痕迹。梁漱溟离开延安后，曾断言未来国家的领导者是毛主席，中国共产党必定能赢。为什么呢？他说，在延安的见闻让他看到了共产党人的精神风貌，也让他相信中国共产党代表了中国的未来。他还说，共产党领袖毛主席的沉稳、大气、睿智让他印象极为深刻。

在新中国成立以后，梁漱溟也得到了重视，曾任民盟中央常委、全国政协委员。在1953年的政协常委会扩大会议上，梁漱溟和毛主席又有一次交流。

1949年新中国成立之后，从革命实践中走出来的毛主席深刻地认识到，一个国家要想获得尊严，必须有钢铁大炮，必须有建立在重工业基础上的强大国防。如果没有钢铁大炮，没有重工业作为支撑，很轻易就会被人家打开国门，重新陷落到丧权辱国的困境中去。这是中国共产党对近代以来中国历史和世界历史的深刻洞察。因此，新中国成立后中共中央就制定了优先发展重工业的政策。可是，大规模的工业建设需要大量的资金。回顾历史，欧美的原始积累来自殖民掠夺和对本国人民的剥夺，中国不可能采用这样的方式。在现实条件的限制下，一定程度上牺牲农业，利用工农业产品的剪刀差，去优先发展重工业，就成了新中国不得不选择的道路。

梁漱溟先生作为知识分子，站在农民的角度，非常同情农民生活的艰难，但毕竟缺少毛主席那样的战略眼光。在1953年政协常委会扩大会议上，梁漱溟发言说，中国共产党打江山主要靠农民，可是新中国成立以后，农民和工人的生活条件却出现了"九天九地"之差。言外之意就是，新中国成立后工人得到很多照顾，但是农民的生活比较艰苦。梁漱溟在未看到工业化大局的情况下为农民兄弟说话，虽有慈悲，但缺少远见。

近代以来，中国落后的直接原因就是错失了工业革命，缺少强大的工业基础以及在强大工业基础上的强大国防。可以说没有重工业，没有强大国防，农民利益、国家尊严等等都无从谈起。梁漱溟虽对此缺少深刻全面的认知，可是他正义凛然，仿佛真理在自己手里，难免会对中央的战略有所影响。毛主席解释说，所谓的仁政有大仁政和小仁政之分。新中国虽然成立了，但如果重工业没有跟上，国家主权随时有可能重新陷落。所以，在新中国成立之初，百废待兴的情况下，党作出决策调集国家的力量，优先发展重工业，是立足于国家总体利益所做出的务实之举。可当时的梁先生没有深入思考其中关键，在这次会议上跟毛主席进行了激烈的争辩。据历史记载，1953年这场争论，梁漱溟内心很不服气，为什么不服气？因为他还没有深刻地认识到毛主席对国家命运的那种高瞻远瞩和远见卓识。

到了晚年，梁漱溟曾经这样评价毛主席和1953年的往事：

毛主席这个人呢，我跟他接触很多，他是雄才大略，那是很了不起。并且他没有什么凭借，他不是原来就有势力的一个人，他都是单身一个人。他的家乡韶山，我去过两次，他进修的地方，我都去看，他读书的地方，他家乡的人，我们都见到。他十五、六岁还在乡里种地，这么样一个光身一个人，居然创造一个新中国，实在是了不起，实在是了不起。[①]

当时是我的态度不好，讲话不分场合，使他很为难。我更不应该伤了他的感情，这是我的不对。他的话有些与事实不太相合，正象我的发言也

---

① 《这个世界会好吗：梁漱溟晚年口述》，[美]艾恺采访，东方出版中心2006年版，第62页。

有与事实不符之处，这些都是难免的，可以理解的，没有什么。他们故世十年了，我感到深深的寂寞……①

由此，我们也能看出梁先生的坦荡和真诚。

20世纪80年代，美国学者艾恺曾专门访问梁漱溟先生，两人之间就儒学有过多次深谈。艾恺是专门研究中国思想史，重点研究儒学思想的学者。艾恺称梁漱溟为"最后的儒家"②，不过梁漱溟本人不是很认同这个称呼。在梁漱溟晚年的时候，曾经流传着这样一个故事：1987年，中国佛教文化研究所成立会上，94岁的梁漱溟第一个发言，他说："我是一个佛教徒，从来没有向人说过，怕人家笑话。一个人有今生，有前生，有来生。我前生是一个和尚，一个禅宗的和尚。"我们由此也可以看出梁漱溟一生的文化旨向。

那么，对近代中国所遭遇的文化危机，梁先生的看法是什么呢？他曾对人类的文化做过总结和比较，将人类文化分为"三种类型"③：印度文化、西方文化和中国文化。他认为，西方文化是"欲望向前"的，即是在欲望的牵引下推动社会各方面变革的。文艺复兴以来，西方文化虽然肯定理性的力量和价值，但不可否认的是，西方文化也肯定了欲望的合法性。在欲望的驱使下去追逐、去得到自己想要的东西，应该说这确实是西方文化的一个特点。印度文化是"意欲向后"的。"向后"什么意思？就是要把自己的欲望给超越掉，或者说给放弃掉。以佛陀的思想为例，佛陀本来是个王子，本名为乔达摩·悉达多，他在世俗生活中享受着荣华富贵带来的舒适与便利，但是他却要放下这些东西，到深山里面去苦行，到雪山去学习禅定，最后在菩提树下静坐七天而悟道。这样的人在当时被称作"弃绝者"。意欲向后，意味着要消灭自己的欲望，或者减少自己的欲望，这跟西方文艺复兴以来赋予欲望合法性的观念正好相反。梁漱溟先生认为中国文化是

---

① 梁漱溟：《我的努力与反省》，漓江出版社1987年版，第442—443页。
② ［美］艾恺：《最后的儒家——梁漱溟与中国现代化的两难》，江苏人民出版社1996年版，第345页。
③ 梁漱溟：《东西文化及其哲学》，商务印书馆1999年版，第63页。

"调和持中"的。面对欲念、欲望，中国文化既不鼓吹也不杜绝，处于一个调和适中的状态。

近代以来西方人为什么能突飞猛进？西方社会为什么能野蛮生长？梁漱溟的结论是：这都是因为西方文化打开了人类欲望的闸门。人类去追求欲望、赚取财富、创造发明等，都是合理的、正当的、光荣的。梁漱溟认为，西方文化的这种"意欲向前"，鼓吹欲望的合法性和正当性的取向，是西方能够突飞猛进的一个重要原因。而人类近代社会之所以发生那么大的变化，也和西方文化"意欲向前"的驱动相关，是人们不断地追逐欲望所带来的。但同时，在这个过程中，人类社会很多内在的弊端和问题也展现出来了。比如，人类欲望的满足并不能解决人类精神家园的安顿问题，而如何安身立命是当前人类社会的共性问题。比如，工业革命以来，西方社会征服自然为"我"所用的行为，对自然界造成了极大破坏。比如，西方近代以来强调个人至上，必然引发自我为中心价值观下的利益集团争斗和消耗的问题。梁漱溟说，面对近代以来人类社会出现的种种弊端，人类文化如果再往前发展的话，那就应该是回归中国文化了。

梁漱溟的这个论证，在新儒家思想流派里独树一帜，其思路也很独特新颖。虽然新儒家整体上秉持肯定中华文化的立场，但在论证中华文化的合法性和正当性上有不同的思路和逻辑。不同于牟宗三等人认为中国文化也能像西方那样实现民主和自由，并以此来论证中国文化的合法性和正当性的思路，梁漱溟认为西方文化主导近代以来人类文明的进程中，在带来巨大社会进步的同时，也给人类社会带来了严重的生存危机。如果前瞻人类未来，人类社会只有走中国文化的道路，才能引导人类文明走向更高层次。无论一个人是否认同梁漱溟的文化观点，他坚守中华文化主体性的立场清晰坚定是不可否认的。

梁漱溟一方面力争分析不同文化体系的优劣点，另一方面站在中国文化主体性的立场上，为中国文化的合法性、正当性和生命力做论证。我们从中可以解读出的信息是什么？尽管中华民族在近代遭受欧风美雨的严峻冲击，在山穷水尽的困境中，深受中国文化浸润的知识分子认识到了文化即是本国的国魂，文脉即是本国的命脉，即便是面临艰难险阻，他们也绝不忘记自己的使命担当，为本国文化的未来发展去论证，为中华文脉的传承去"鼓与呼"。

第六节　太虚大师的佛学现代性探索

在近代中国遭遇困境的时候，社会各个阶层、各个文化系统，都面临认知时代挑战、突出重围的历史责任。面对西方文化带来的亡国灭种的压力，中国文化到底还有没有生命力？中国文化的精神和智慧到底能否旧邦维新，实现生命力的再造？在当时的历史境遇下，儒家也好，道家也好，佛家也好，每一个中国的文化形态群体都在思考：我们如何面对冲击和挑战？我们究竟有没有能力实现生命力的转化、创造出自己的新生命？本节以中国佛教为例，探讨中国佛教界在近代面临西方文化冲击时，是如何认识探索、回应时代之问，进而为推动佛教适应时代作出种种探索和努力的。

近代中国佛教，虽遭遇国运厄难，但群星灿烂，高僧大德云集。民间认为，近代中国佛教有四个代表人物，这四个代表人物的特点不一，却都非常鲜明。

第一个就是虚云老和尚。老人家活了近120岁，1840年出生，1959年圆寂。他一身担五家禅宗法脉，可谓是几百年难得一遇的禅宗大德高僧。可以这样说，在近代中国禅宗法脉的传承上，虚云和尚居功至伟，直到今天，很多中国佛教界的代表人物都是他的法嗣。

第二个就是印光大师。印光大师是净土宗的代表人物，被称作近代"净土宗的祖师爷"。他的《印光法师文钞》传播甚远，影响了一代又一代喜欢佛教、喜欢中国文化的人。"文钞"，其实就是他在回答弟子问题时的书信。他用通俗的语言、平实的道理，引导人们敦伦尽分、积极向善，助益了无数的人。

第三个是弘一大师。弘一大师俗名李叔同，三十多岁在杭州虎跑寺出家，法名弘一，后来他选择修习律宗。律宗有个特点，就是在修习的过程中，必须严格地以持戒作为修习的法门。"戒"是什么？就好比说，我们在此岸，要到彼岸去，那么"戒"起到的作用就是确保从此岸到彼岸去的"船"不出现漏洞，能够很顺利地把我们从此岸送到彼岸去。那么，这个"船"是什么？就是我们的肉身与思想。持戒的实质是保持我们的正知、正见、正行，其实就相当于确保我们的这个船能从此岸，经过烦恼的河流，到达我们所谓的彼岸，佛法称为"涅槃的彼岸"。弘一大师在僧俗两界都卓有成就，受到无数人赞叹和敬仰。

第四个就是本节将主要介绍的太虚大师。太虚大师对近代中国佛学遭遇的挑战有敏锐的洞察，是一位真正勇于改革的和尚。他认真地思考近代中国佛教的现状，思考如何去回应挑战，如何在现代性的冲击和西方列强的打压之下突出重围，来展现中国佛教的生命力。客观地说，太虚大师的思考和努力抓住了近代佛学面临的核心挑战。这个核心挑战实际上可以推而广之，即中国文化所有的内容，面对文艺复兴以来居于主导和强势地位的西方文化，能不能回应其带来的挑战，能不能突出重围，能不能开出中国佛教、中国道教、中国儒学、中医等文化形态的新局面？这决定了中国文化的生死存亡。

太虚大师对近代佛教如何应对挑战、如何传播、如何更好地发挥作用，有一个很经典的总结。他在《人生佛学的说明》这篇文章里指出，佛学有两大原则，"一曰契真理，二曰协时机。非契真理则失佛学之体，非协时机则失佛学之用"。[①] 翻译过来就是说，佛学如果想在不同的时代发扬光大，必须坚持两个原则，一个是契理，一个是契机。"契理"就是从宇宙人生的真相出发，不背离佛陀的智慧内核。也就是说，佛学在不同的时代，不论你怎么传，不同的教派、不同的证悟方法，其内核必须遵循佛陀所传的真意。如果一个人讲的东西违背了佛陀教育的本怀，违背了佛学的智慧，违背了宇宙人生的实相，那么这个说法就是"外道"了。第二个是"契机"。

---

① 《太虚大师说人生佛教》，潘平，明立志编，团结出版社2007年版，第6页。

在不同的时机，面对不同的人、不同的群体，在不同的场合，结合不同群体、不同人的实际需要，到底应该怎么说才能让人家接受，让人家喜欢，才能够把佛法的智慧给传播出去？这就需要契机，讲求方式方法。在太虚大师看来，契理和契机缺一不可。如果违背了契理的原则，那么就把佛学内在的智慧给丢了；如果没有契机，不能够很好地传播佛陀智慧，容易使得佛法和佛学丧失生命力。

按照契理、契机这两大原则，我们必须追问：近代中国遭遇的环境是什么？近代中国佛学遇到的挑战是什么？如果中国佛家不能意识到近代佛学所遇到的问题和挑战，那佛学只能逐渐走向萎缩和死亡。在这样的一个时代环境下，中国佛教应该怎么样把佛法讲好、传播好呢？

太虚大师在《我的佛教改进运动略史》一文中曾说：

> 中国向来代表佛教的僧寺，应革除以前在帝制环境中所养成流传下来的染习，建设原本释迦佛遗教，且适合现时中国环境的新佛教。具体来说，一是革除历代帝王利用神道设教的迷信；革除家族化剃度、法派的私传产制。二是改避世隐遁为精进修行，化导社会；改度死侍奉鬼神为资生服务人群。三是建设由人而菩萨、而佛的人生佛教；以人生佛教，建设我国僧寺制；建设我国大乘人生的信众制；以人生佛教，建设奉行"十善"规则的民俗及社会。[①]

上面这些话，是太虚大师对当时佛教存在问题的概括。

在太虚大师看来，近代中国佛教第一个需要反思的问题就是"迷信的佛教"。可能有人有着这样的疑惑：宗教不就是和迷信联系在一起吗？太虚为什么要反对"迷信的佛教"？所谓"迷"，是迷失，迷失了一个人内在的智慧和觉悟，丧失了自我觉悟、自我判断、自我做主的能力。"迷"之后的状态就是"轻信"。陷入"轻信"状态的人倾向于依靠外在的神秘力量实现自我救赎和拯救。与"迷信"相对应的词是"觉悟"和"正信"。什么是"觉悟"和"正信"？那就是认识到真正的自我拯救，不是由外在

---

① 《太虚大师全书》第19编，台北善导寺佛经流通处印行1980年版，第91页。

的力量决定的，而是来自自己的觉悟和努力。所以，迷信和正信一个很重要的区别在于，前者引导人们跪在一个偶像的面前搞崇拜，后者不断地给人赋能，不断地开启人的内在智慧，从而让人成为和佛陀一样堂堂正正、有觉悟的人。开启人内在的智慧，真正成为自觉、自律、自由的人，与道合二为一的人，这是佛陀的智慧。反之，引导人们盲目迷信和崇拜，丧失自我的觉性，这就是迷信。

　　太虚大师之所以批评当时"迷信的佛教"，就是因为当时很多人错解了佛教的真实智慧，以为仅凭烧香磕头，仅凭跪求佛菩萨就可以到极乐世界里去，就可以升官发财，就可以开启自身的大智慧，这是"迷信"的典型体现。一个人觉悟与否，是否开启大智慧，是否有更好的发展，根本还是在自己的努力。修养自身，以德才兼备的状态才能不断开启自性智慧，偶像崇拜只会让自我迷失。

　　人们以这个标准看正信与迷信，会发现即便是在今天，迷信的现象也比比皆是。曾经有这么一个官员，贪污了许多不义之财，怎么办？他就找到一个所谓的大师，这个大师给他提建议，让他买个"靠山石"，或者买一个什么佛像，多多跪拜，可以逃避惩罚。结果这个官员信以为真，花了几千万买了一个所谓的"靠山石"。"靠山石"还没有运到家里，就被纪委立案调查。查清事情后这个官员自然深陷牢狱之灾，最后因贪污受贿而被判处死刑缓期两年执行。

　　其实，一个人能不能得到拯救，不是靠一个佛像，也不是靠烧几炷香、磕几个头就能解决的。真正能救自己的是谁？是我们自己。所以，什么才是人生的靠山石？两袖清风能救自己，一身正气能救自己，遵纪守法能救自己，与人为善能救自己。这个宇宙背后的规则，是因果循环，做了这个事就必须承担它带来的后果。这是不因人而转移的客观规律。

　　佛教是主张正信的宗教，主张开发人内在的觉悟。一个人如果实现了真正的参悟，就会和佛陀一样，成为一个完全自主、完全自觉、完全对自己生命负责的人。不应该有任何的迷信和盲目崇拜，这才是佛教的本意。《华严经》里面讲，"无一众生而不具如来智慧，但以妄想颠倒执着而不证得"。①所以，凡是让人迷信、让人膜拜、让人崇拜的教义，都背离了中华文化的真精神，那也不是真正的智慧，更不是真正的佛教精神。

第二个问题，就是家族化、法派的私传佛教。寺院是谁的寺院？从道理上讲，寺院应该面向天下的出家人，面向天下的修行人。寺院应该接纳所有真诚信仰佛法、愿意按照佛法去求证的人，为这些人提供一个学习和修行的场所。可是在当时，有些寺院被家族控制，由老师传给弟子，弟子继续传给弟子。这种寺院也被称为"子孙庙"。在太虚大师看来，这是当时中国佛教第二个应该反思的问题。

第三个问题，是消极的、遁世的佛教。有一个说法叫"天下名山僧占尽"，意思是任何一个风景好、山清水秀的地方，往往都建有寺院。很多人还因此很骄傲：看看这个寺院的常住多么有智慧，多么懂风水，在这么好的地方建设寺院。可这恰恰是值得警惕之处。大家看西方的教堂都建在闹市里，普通民众下了班就可以去教堂；而中国的寺庙都躲到深山老林里面，感受着所谓的明月清风，所谓的好风景、好风水，远离人民大众、远离人民的实际需要。那我们不禁要问：一旦脱离人民群众，寺院存在的价值是什么？太虚大师非常反对这种遁世的、消极的、躲在深山老林里边与世隔绝的佛教。要知道，任何一个文化流派，一旦脱离群众，不能赢得人民，最终都难逃走上绝路的宿命。任何一个文化的兴旺发达，都离不开人民的支撑。谁走到人民那里去，谁解决人民的问题，谁得到人民的拥护，谁就拥有未来。所以太虚大师说，近代的中国佛教躲到深山老林里边，仿佛与世无争，其实是缺少对自己责任的担当，缺少对众生的服务精神，缺少对中国佛教如何才能长久发展等问题的思考和应对。

关于文化的生命力，我们可以打一个比方：如果说文化是花朵，人民就是土壤。任何一朵花，只有扎根土壤、服务人民，才能赢得未来。如果脱离生养自己的土壤（人民），必然走向死亡和凋零。

---

① （唐）实叉难陀译：《大方广佛华严经》（80卷）卷五十一，如来出现品第三十七之二，大正藏第10册，第241页。

第四个问题是"死人的佛教"。什么是"死人的佛教"？就是说近代很多佛教寺院，在人死后做一些超度的法事。超度的主要对象是一些大富豪、大地主、大官宦等，为这些人物提供超度服务可以得到施主布施的一些钱财。从情理的角度来说，这是僧团能够活下来的一个重要的支撑，也是宗教存在的社会职能之一。可我们不禁要问：从佛教本怀的角度看，去世的人可以对其救度，健在的人如何引导其觉悟和升华？太虚大师在《我的佛教改进运动略史》中明确地提出，佛教一定要为活着的人服务。为去世的人超度作为一个宗教的职能可以被理解，但是佛教更应该做的是为社会上的大众服务，用佛教的智慧去回答大众的疑惑，带着大众走向觉悟。

在提出的针对性解决方案中，太虚大师指出，一定要建设由人而菩萨、而佛的人生佛教。也就是说，一定要关注人，要从现实的人出发建设新时期的佛教。太虚大师提出了一个命题，就是在近代，中国的佛教如果想恢复生机，一定要关注现实中一个一个的鲜活的人生，回应现实的人面临的各种问题。所以他提出了一个口号就叫"人生佛教"。

我们结合近代中国佛教的挑战，再来看太虚大师佛教革新思想的价值。

近代中国佛教面临的挑战有哪些呢？在文艺复兴之前，东西方社会共通的做法，就是把人的欲望紧紧压制住。只不过在西方控制人欲望的是基督教，在中国控制人欲望的就是"存天理，灭人欲"的思想体系（以宋明理学为代表）和以宗法制为代表的社会体系。可是文艺复兴之后，西方人就把控制人欲望的枷锁给打碎了，一个一个的"小我"如雨后春笋一样滋生出来。一个一个的"小我"关注的是自己的"小确幸"，关注的是自己的"小悲欢"，这是文艺复兴以来西方社会的现实。近代中国从新文化运动以后，也走的是这条路。在这样的情况下，无论是佛教、道教还是儒家，如果不能走进一个一个鲜活的个体，不能回答一个一个鲜活的人所提出的问题，便只能走向灭亡。仅仅作为一个"文物"被人们供在那里，它的生命、生机就停止了。

可以这样说，主体性觉醒之后，包括佛教在内的任何一个文化体系，如果不能直面主体性的诉求，不能回应主体性觉醒时代的挑战和问题，必然走向凋零。

正是因为太虚大师看到了近代中国佛教的弊端，看到了近代中国佛教所面临的挑战和时代的课题，所以，他给出的答案和开出的药方就是"人生佛教"。这个口号非常深刻，回应了中国佛家面临的实际问题：务必不要脱离人民！总之，佛教一定要走向大众，走向人民，走到一个一个鲜活的老百姓中间，解决老百姓的问题，回答老百姓的困惑，和老百姓交朋友。在这个过程中，中国文化和佛教的"水"，才能润到每一个老百姓的心里，包括佛教在内的文化形态才能获得一个生机满满的春天。在中国近代佛教的转型过程中，太虚大师是最有现代性视野、最有现代紧迫感和使命感的人之一。

据赵朴初先生回忆，太虚大师在即将去世的时候，找来了他，并送给了他一本书，书名是《人生佛教》。赵朴初就问，老人家，你找我来还有什么安排吗？太虚大师就告诉他，过几天我要到无锡和常州去。赵朴初听了初始不解其意，可是过了不久，太虚大师圆寂了。无锡和常州首字合起来是什么？无常。赵朴初先生回忆说，这个时候他才有所领悟，原来几天之前见面的时候，老人家已经告诉他，自己不久之后要圆寂了。《人生佛教》这一本书意味着太虚大师对他的临终嘱托。

新中国成立以后，中国佛教的发展也是跌宕起伏，经历了若干的考验。改革开放以后，赵朴初先生做了中国佛教协会的会长。正是因为他的这种资历，以及他对中国佛法的修为和见识，让他成为一位特别让人尊重、仰慕的有大修为的大居士。

20世纪80年代，在召开中国佛协会议的时候，赵朴初作出一个决定。他说，中国佛协今后的工作方向，就是要实现"人间佛教"。言外之意就是，佛教要走向人间，关心人民的疾苦，解决人民的问题。中国佛协要把佛法的智慧和精神，传播到老百姓那里去，努力建设一个美好的社会，为中国社会主义的精神文明做贡献。他把太虚大师的"人生佛教"，就改了一个字，变成了"人间佛教"。也就是说，佛法真正的精神要走到人民那里去，要关心社会、关心人民的疾苦，要关心老百姓的困惑和问题。总之，佛法这一朵花，只有扎到人民那里，扎到时代那里，只有深入到解决人民的问题的过程中、推动社会进步，才能获得源源不断的营养。

太虚大师对"人生佛教"的思考，在佛教自身的历史上也有重大意义。他认为成佛的过程不是无源之水、无本之木，一个人只有完成人格，做一个真正意义的人，才是扎扎实实在成佛的道路上前进了一大步。他曾经有一个偈子：

> 仰止唯佛陀，完就在人格。
> 人圆佛即成，是名真现实。[1]

放置在整个近代中国思想史的脉络中，任何一个文化形态，只有真正面向人民、走进人民、扎根人民、服务人民，才能赢得未来、掌握主动！佛教的存在依托于个体、民族、国家，如果佛教所倡导的精神不能让个体更强大，不能让民族、国家振奋精神、开拓进取、积极向上，那么佛教也必然归于烟尘。如何让中华民族更有活力、更加强大，是中国佛教必须回应的历史大考。

第七节　梁启超欧游归来：从迷信西方到反思西方

纵观中国近代思想史，无论是林则徐、魏源还是郑观应、张之洞、康有为等，贯穿这些人思想的一个基本线索，就是以西方为参照标准，对中国进行各方面的改革。20世纪初，西方世界爆发了第一次世界大战，战况非常惨烈，总共有6500多万人参战，有1000多万人死亡，2000多万人受伤，欧洲、非洲以及亚洲的一部分国家都被卷入第一次世界大战中。这件事对欧洲，甚至对整个人类的历史都产生了重大的影响。鸦片战争以来，很多中国人一直把西方当作一个典范，认为西方开启了近代的文明，中国人只有向西方学习才有未来。可第一次世界大战爆发以后，由战争带来的那种人间地狱一般的惨状，给中国人造成了极大的冲击。于是，很多人对

---

[1]《太虚文选》，沈诗醒，向子平编，上海古籍出版社2007年版，第1785页。

近代中国学西方的道路进行了反思。近代中国在很长一段时间里以西方为师，但原来西方内部的矛盾、困境、冲突如此之多，这给中国的思想界以及某些一直关注西方、力求向西方学习的人以极大的心灵震撼。

在1918年之前，梁启超先生在段祺瑞政府里面做内阁财长。彼时受到当时思想界的影响，梁启超辞去内阁财长的职务，和刘崇杰、张君劢、蒋百里、丁文江、徐新六等人到欧洲去考察学习，历时一年有余。在这一年多的时间里，他对西方社会做了深入的考察和思考。归国之后，他把自己的所思所想以及对中国社会的观察和反思写成了一本书，名为《欧游心影录》。这本书在一定程度上反映了当时先进的中国人在看到西方社会存在严重问题之后，内心的一些思考和经历的心路历程，反映了第一次世界大战后这些人思想的走向。

梁启超在考察西方的过程中，对西方为什么先进、为什么在近代能够走在中国前面的内在原因有了更加深刻的认识。梁启超这样总结："欧洲百年来物质上精神上的变化，都是由'个性发展'而来，现在还日日往这条路上去做。他和古代中世纪乃至十八世纪前的文明，根本上有不同的一点。从前是贵族的文明，受动的文明，如今却是群众的文明，自发的文明。从前的文明是靠少数特别地位特别天才的人来维持他，自然逃不了'人亡政息'的公例，今世的文明，是靠全社会一般人个个自觉日日创造出来的。"[1]梁启超认为，西方社会之所以比中国先进，原因可以总结为四个字，就是"个性发展"。在中世纪的时候，宗教、教会、《圣经》把西方社会给笼罩住。人们一切的思考合法不合法、正当不正当的判断依据都和宗教有关，整个社会的活力和创造力无从谈起。但文艺复兴以后，西方人打破了神权和王权对人类的束缚，极大地释放了人们的活力和创造力，自然也极大地促进了社会的变革与发展。在文艺复兴以后，追求"小我"的自由，追求"小我"的权利，追求"小我"的思想的解放，追求个人的活力和创造力，就成了西方社会主流的思想状态。所以梁启超说，欧洲百年来的物

---

[1] 梁启超：《欧游心影录》，商务印书馆2014年版，第22—23页。

质和精神上的变化，都是由"个性发展"而来。而且在他看来，未来西方社会还是往这个方向走。应该说，他抓住了西方社会自文艺复兴以来发生翻天覆地变化的内在原因。

由个性发展引申出来的是激发了个人的活力和创造力，引发追求个人的绝对自由和个人价值的社会导向。在个性发展的过程中，必然会带动生产力的发展和政治上的民主。总而言之，西方社会方方面面的变革和表现，都和个性的发展有关。因此我们说，梁启超对整个西方社会高速发展的内在根源的捕捉是敏锐和准确的。

同时，他也发现了西方社会的问题。文艺复兴以后，尤其是启蒙运动以后，西方的自然科学飞速发展，西方人逐渐滋生出一种狂妄心态。比如说，古时候人们一看天空打雷打闪，不免有些惊恐，认为是天上的神在惩罚那些做坏事的人。但当科学发展到了一定程度以后，就能从自然界本身的角度解释为什么会有雷电现象。在高大的建筑物上安装避雷针以后，就能够避免雷击。在今天看来，这只是一件小事，但在当时看来，这件事却有着重大的意义，因为这代表着人类在科学技术发展到一定程度以后，就能够以科学的逻辑对自然界中某些神秘的现象进行解释。在这种背景下，西方社会就开始弥漫一种掌握了科学技术之后的狂妄和过度的自信。梁启超指出："一百年物质的进步，比从前三千年所得还加几倍。我们人类不惟没有得着幸福，倒反带来许多灾难，好像沙漠中失路的旅人，远远望见个大黑影，拼命往前赶，以为可以靠他向导，那知赶上几程，影子却不见了，因此无限凄惶失望。影子是谁？就是这位'科学先生'。欧洲人做了一场科学万能的大梦，到如今却叫起科学破产来。这便是最近思潮变迁一个大关键了。"[①] 梁启超这几句话其实是告诉我们，西方社会自文艺复兴以来，对自然科学十分推崇，并且坚信随着自然科学的进步，人类自负可以实现一个所谓的黄金时代。结果随着自然科学的进步，人类不仅没有得到原来所期待的幸福，反而经受很多灾难。这就跟沙漠中迷路的人一样，看见远

---

① 梁启超：《欧游心影录》，商务印书馆2014年版，第18页。

处一个类似于海市蜃楼的幻影，仿佛那里有水，以为那是一个能解渴的地方，但真正往前走的时候，越走越渴，走到远处的时候，影子却不见了。那么这个"影子"是什么？就是认为科学万能、以为科学可以给人类带来幸福的观念。可现实是什么？迷信科学、丧失人对宇宙的敬畏，不仅没有带来期待的幸福，反而给人类带来很多的灾难。于是在西方社会，涌现出一种叫"科学破产"的思潮。在第一次世界大战中丧生的人不计其数，其背后的原因是什么？其中之一就与热兵器的膨胀发展直接相关。梁启超继续总结道："自从机器发明工业革命以还，生计组织起一大变动，从新生出个富族阶级来。科学愈昌，工厂愈多，社会偏枯亦愈甚。富者益富，贫者益贫。物价一日一日腾贵，生活一日一日困难，工人所得的工钱，彀（够）吃不彀穿，彀穿不彀住，休息的时间也没有，受教育的时间也没有，生病几天，便要全家绑着肚子。"①

当然，梁启超更多地从现象层面看到了资本主义发展过程中出现的问题，而马克思早已从社会发展规律的角度作过深刻的总结。马克思在《资本论》中指出，资本主义社会在机器大工业之后，必然产生贫富和阶级的分化。随着资本积累的深化，资本主义社会一定会出现两极分化：财富向资本家集中，而贫穷向工人集中，此谓"富者益富，贫者益贫"。在马克思看来，当两极分化到了一定程度，而资本主义社会内部没有能力调节的时候，就必然引发社会革命。列宁更是尖锐地指出资本主义发展到帝国主义阶段，战争在所难免。马尔库塞等人则更深入地分析了工业与技术发展对人自由全面发展的消极影响。

总的来说，梁启超对西方社会先进的原因，看得比较准确。但他对西方社会所暴露的问题，只是在现象上做了一些描述。他没有从文明的基因，没有从资本主义生产方式发展必然性等方面作出更深刻的剖析。他简单地把西方社会的问题归结为"科学万能"，却没有看到欧美在生产方式、社会结构、发展理念、价值观等方面的内在问题。从这点上也显示了当时梁

---

① 梁启超：《欧游心影录》，商务印书馆2014年版，第12页。

启超先生观察问题的局限性。

在《欧游心影录》里，梁启超讲述了一段他和一个美国记者朋友打交道的经历。这个记者就是赛蒙氏。"赛蒙氏"是梁启超给他起的名。两人谈话的时候赛蒙氏问梁启超："你回到中国干什么事？是否要把西洋文明带些回去？"梁启超就说："这个自然。"听到肯定的回复后，这个美国的记者叹了一口气说："可怜！西洋文明已经破产了。"然后梁启超就问这个记者："你回到美国去干什么呢？"这个记者说："我回去就关起大门老等，等你们把中国文明输进来救拔我们。"① 刚开始，梁启超听到一个美国人说他们自己病了，还找不到药方，希望将来用中国文明的输入来拯救他们的国度，感觉很诧异：美国人是不是嘲笑我，是不是说反话？紧接着梁启超说："后来到处听惯了，才知道他们许多先觉之士，着实怀抱无限忧危。总觉得他们那些物质文明，是制造社会险象的种子，倒不如这世外桃源的中国，还有办法。"② 梁启超的这段话表明，当时西方的思想界已经认识到欧美自身的问题，已经对自身文明展开了深刻反思，反思是不是应该向世界的其他文明学习。

第一次世界大战后欧洲出现的自我反省对梁启超等人造成了很大的冲击。当中国人一门心思向西方学的时候，实地考察了西方才知道，西方社会病得很严重。西方社会并不是当时知识分子所想象的一个所谓的"美丽新世界"，而是各种问题、各种弊端、各种内在的冲突交织着的社会。

那么，在考察学习、亲眼见识到西方自我反思后，梁启超给中国青年人什么建议呢？他既看到西方有值得我们学习的地方，同时又清醒地看到西方的问题，告诫中国青年要有坚守中华文化价值的笃定：

第一，他认为中国一定要注意和学习西方的"尽性主义"③。尽，就是完全发挥出来的意思；性，就是人的个性和创造力。一个民族只有鼓励人民的创造力，激发人民的活力，才能生机勃勃。压抑和束缚人性，会让

---

① 梁启超：《欧游心影录》，商务印书馆2014年版，第22页。
② 同上，第22页。
③ 同上，第35页。

社会凋零和衰败。

第二，梁启超提出，中国一定要注重"思想解放"[1]。中华民族的资质和禀赋不输世界上其他任何民族。但是几千年以来，中国传统的制度，尤其是宋明理学以来的意识形态，把中国人紧紧地束缚住，人性受到禁锢，活力凋零，导致了我们这个民族"万马齐喑究可哀"的局面。

在开出这两个"药方"之后，梁启超同时还给中国青年提出了一个具体的要求。他说："我希望我们可爱的青年，第一步，要人人存一个尊重爱护本国文化的诚意。"[2]我们中国人绝不能盲目地膜拜西方，看不起自己，诋毁自己。中华民族如果想实现可持续发展，一定要维护自己文化的主体性，一定要在中华文化的根脉上生成和创造崭新的文明。一个没有自尊、自爱的民族，一个没有自信、自我肯定的民族，永远不会有未来。我们固然需要善于反思，勇于改进自己，勇于自我革命，但一定要有对自己民族和文化的认同和热爱。

"第二步，要用那西洋人研究学问的方法去研究他，得他的真相。"[3]这句话的意思就是讲"西为中用"。西洋人有哪些方面长于我们，哪个地方比我们强，我们就要用他的方法。他山之石可以攻玉；海纳百川，有容乃大。用西洋的方法或者工具，与李鸿章等人直接买西方人的轮船大炮相比，更进一步。可见梁启超在这一点上的看法比洋务运动的推动者要深刻得多，他提倡的是学习西洋人研究学问的方法而不是简单地嫁接。

"第三步，把自己的文化综合起来，还拿别人的补助他，叫他起一种化合作用，成了一个新文化系统。"[4]这句话用今天的词概括，就是"会通"。我们中国人该反思的反思，自身文化上的污垢该清除的清除，中国文化内核中博大的智慧该拯救的拯救。同时，还要做到海纳百川，也就是说，人类一切优秀的东西要为我所用，并与中国自身的优势起一个化合的作用。

---

[1] 梁启超：《欧游心影录》，商务印书馆2014年版，第36页。
[2] 同上，第51页。
[3] 同上。
[4] 同上。

这个"化合的作用",其实就是融会贯通,"以我为主,为我所用,融合创新"。在这个基础上,形成一个新的文化系统。

第四步,"把这新系统往外扩充,叫人类全体都得着他好处。"[1]梁启超说:"我们人数居全世界人口四分之一,我们对于人类全体的幸福,该负四分之一的责任。不尽这责任,就是对不起祖宗,对不起同时的人类,其实是对不起自己。"[2]这段话就体现了中华民族几千年以来的大格局、大胸怀、大担当。我们这个民族从来都有大气象:《大学》中讲"格物、致知、诚意、正心、修身、齐家、治国、平天下",《尚书》中讲"协和万邦",孟子讲:"老吾老以及人之老,幼吾幼以及人之幼"。总之,中华民族不仅要把自己国家治理好,而且还要用自己治理国家的智慧,给全世界的其他民族以启迪和经验。这就是我们这个民族拥有的大气象。这与西方文化的"救世主"精神有很大的不同。西方文化有一种所谓的"普世情怀",尤其是它的宗教,常以"世界拯救者"的面目出现,自以为"真理操之在我",以"上帝选民"自居,强行改造甚至征服其他民族,摧毁其他民族和文化的正当性和合法性,在近代史上可谓劣迹斑斑。

中国在近代处在一个落后的位置,可是在梁启超看来,我们形成一个新的文化系统之后,不仅一定能把自己发展好,同时我们作为占世界人口四分之一的大国,还需要对全人类的幸福负相应的责任,不尽这个责任,就对不起祖宗,也对不起人类,更对不起自己。中华民族,即使在那么贫弱的时候,仍坚持着这种大国的气象,坚持以自己的智慧给整个人类贡献自己的力量。这种信心和气魄是我们这个民族基因之中极其宝贵的财富。

梁启超在《欧游心影录》中还满怀感情地对青年人发出了号召:"我们可爱的青年啊!立正!开步走!大海对岸那边有好几万万人,愁着物质文明破产,哀哀欲绝的喊救命,等着你来超拔他哩!我们在天的祖宗三大圣(孔子、老子、墨子)和许多前辈,眼巴巴盼望你完成他的事业,正在

---

[1] 梁启超:《欧游心影录》,商务印书馆2014年版,第51页。
[2] 同上,第51—52页。

拿他的精神来保佑你哩。"①这是梁启超在书的后边所抒发的豪言壮语，希望能给中国青年予以激励和方向。

梁启超所写的《欧游心影录》，反映了当时中国社会思想界的一种动态。在 20 世纪初，我们一味地向西方学习，等真正到了西方、了解西方以后，才发现西方社会有那么多的问题值得我们反思。由此，一些思想先进的中国人从盲目膜拜欧美的状态中走出来，重新认真思考中国未来应该走的路。中国的未来，绝对不是简单地模仿和照搬别人，而是既要学习别人的优势，还要在这个基础上，创造出中华民族的重生之路。

第八节 思想文化层面的自我批判：从新文化运动到五四运动

在中国近代思想史乃至整个中国思想史上，新文化运动和五四运动都是极其重要的标志性事件。

近代以来，中国人不断探寻西方之所以先进、中国为什么落后的原因，从某种程度上说，一直到了新文化运动，才开始触及西方社会之所以领先世界的内核。

新文化运动的发生有历史的必然性，是中国近代社会转型的必然结果。

首先，在亡国灭种的危机之下，近代中国弥漫着一种急迫求变的心情，这就是一定要让中国摆脱列强凌辱、内忧外患的局面，一定要实现民族独立和国家富强。救国的急迫，使得无数志士仁人一直在努力寻求出路，做出各种各样的探索。

其次，一次又一次的失败使得中国人逐渐认识到我们要想解决中国的问题，要从根上解决。那么，这个"根"究竟是什么？在林则徐、魏源的时候，一些人认识到应该学习西方的技术。从郑观应到戊戌变法，人们渐渐认识到，在制度层面也需要向西方学习和借鉴。到了新文化运动的时候，中国人对问题的认识更深一层，已经开始认识到，制度和社会结构的背后

---

① 梁启超：《欧游心影录》，商务印书馆 2014 年版，第 52 页。

是人的思想文化。在当时有一个词叫"国民性",新文化运动就是希冀从思想文化的改造入手,通过重新建构中华民族的文化、重塑国民性来实现振兴中华的历史任务。

再次,新的社会阶层出现后有一些新的诉求,这极大地推动了新文化运动的纵深发展。新的阶层,包括一些具有新眼界、新事业的人,诸如开办实业的新兴资产阶级,也包括很多有留学经历的知识分子,如陈独秀、李大钊、胡适等。近代中国资产阶级在发展过程中,为了自己的利益,也势必要打倒旧的社会结构,斩断束缚自己经济和社会地位的各种绳索。

此外,当时的袁世凯等人为了维护自己专制独裁的地位,把孔子抬出来,表面上尊孔、祭孔,实际上却是借用孔子的影响为自己的专制独裁张目。经过扭曲改造以后的所谓的"孔子思想",成了维护袁世凯独裁和复辟帝制的护身符,这更加催生了中国文化界反抗的力量。可以这样说,1915年前后的中国文化界,已经处在火山爆发的前夜。

新文化运动的爆发,得益于一些代表人物的推动。我们以陈独秀、胡适、吴虞、李大钊四人作为代表,给大家简单地介绍一下新文化运动的主张。

如果从开创者来讲,陈独秀先生可称得上是新文化运动当之无愧的第一人。1915年,陈独秀在上海创办了《青年杂志》,因为和当时另外一个杂志重名,后来,陈独秀就把这个杂志改名为《新青年》。陈独秀在创刊号上发表了《敬告青年》一文,号召中国的青年与陈腐的封建思想的意识形态展开斗争。他的原话是:"国人而欲脱蒙昧时代,羞为浅化之民也,则急起直追,当以科学与人权并重。"[1] 科学,主要的是反对愚昧、蒙昧的自然科学。人权,是着重于个体而言的。在几千年中国传统社会里,缺少对个体主体性的唤醒。在陈独秀看来,中国近代社会之所以落后、蒙昧,除了缺少科学精神的因素之外,还因为对个体的压抑。文艺复兴以来,西方社会发生翻天覆地变化的一个重要根基,就是个体的创造力得以释放。"个体释放"是一把双刃剑,它不仅释放了人性之中的创造力,同时也把

---

[1] 《陈独秀著作选编》第一卷,上海人民出版社2009年版,第162页。

人性之中的恶和人性的弱点释放出来了，也带来了近代以来人类社会的种种弊端和困境，这也是一个不争的事实。但是在当时的环境下，陈独秀并不能理性分析个性解放带来的方方面面的问题。

陈独秀在《敬告青年》一文中提出了判断新旧思想的"六大标尺"[①]，目的就是号召中国的青年人要和旧时代的罗网决裂，去拥抱新的时代。

第一，"自主的而非奴隶的"。青年人要改变被种种枷锁束缚的、跪下来的、奴役的状态，做一个有主体精神的大写的人，自己做主，自己负责。

第二，"进步的而非保守的"。不要事事都用旧的东西束缚自己，而是要向前看。中国社会需要进行什么样的革新，需要打破什么？青年人应该做表率。

第三，"进取的而非退隐的"。中国青年要担负起推动中国社会进步的责任，昂扬奋进，自强不息，而不是消极避世，牢骚满腹。

第四，"世界的而非锁国的"。中国的青年一定要有世界格局，胸怀世界，而不是困于一隅，夜郎自大，受缚于某些特定的条条框框。

第五，"实利的而非虚文的"。这是针对当时整个文风而言。当时中国的读书人，大多都在学一些传统的四书五经。传统的经学教育在培养仁义道德方面有它的优势，但是真正解决实际问题的时候，尤其是在发展自然科学方面，就捉襟见肘，存在极大的局限性。

第六，"科学的而非想象的"。意思是说，很多东西不能只靠臆测，一定要有实证。近代中国的知识分子从屡次挨打的血的教训中体会到，科学技术是一个实实在在能够改变中国命运的真东西，所以陈独秀提出"科学的而非想象的"。

《新青年》杂志还提出了新文化运动的口号，那就是"人权与科学"，后来发展成为"民主和科学"。1916年，陈独秀发表了一篇文章，叫《吾

[①] 原文："若夫明其是非，以供抉择，谨陈六义，幸平心察之。"以下六条出自《陈独秀著作选编》第一卷，上海人民出版社2009年版，第158—163页。

人最后之觉悟》。他在其中指出："吾国欲图世界的生存，必弃数千年相传之官僚的专制的个人政治，而易以自由的自治的国民政治也。"[①] 中国要想生存，必须抛弃数千年相传的官僚的、专制的独裁政治，实行自由的国民政治。他认为："是以立宪政治而不出于多数国民之自觉，多数国民之自动，惟日仰望善良政府，贤人政治，其卑屈陋劣，与奴隶之希冀主恩，小民之希冀圣君贤相施行仁政，无以异也。"[②] 要实现真正的民主政治，那就必须依靠全国大多数人的觉悟，而不能寄希望于个别的人，不能寄希望于善良政府、贤人政治。换句话说，要进行启蒙，要以新的文化，给每一个国民以启蒙。陈独秀是新文化运动的发起人之一，被毛主席誉为新文化运动时期的"总司令"。

第二个人，吴虞，四川人，曾留学日本，是倡导新文化的先锋。新文化运动有个口号叫"打倒孔家店"，就是由吴虞提出来的。1921年5月，吴虞把自己整理的文集《爱智庐文录》交给胡适，请胡适写序，胡适欣然答应，而且在序言中给了吴虞一个很高的评价。他说："吴先生和我的朋友陈独秀是近年来攻击孔教最有力的两位健将。他们两人，一个在上海，一个在成都，相隔那么远，但精神上很有相同之点。""我给各位中国少年介绍这位'四川省只手打孔家店'的老英雄——吴又陵先生"，[③] 又陵就是吴虞的字。胡适在这个序言里边，就把吴虞称为"'四川省只手打孔家店'的老英雄"，后来这也成了吴虞的一个标签。

吴虞本人对孔子是什么样的态度呢？1916年，吴虞提笔给陈独秀写了一封长信，随信还寄去了几篇反对儒家、反对孔子的文章，包括《家族制度为专制制度之根据论》《礼论》等，以求得到陈独秀的支持。他讲道："不佞常谓孔子自是当时之伟人，然欲坚执其学，以笼罩天下后世，阻碍文化之发展，以扬专制之余焰，则不得不攻之者，势也。梁任公曰：'吾

---

① 《陈独秀著作选编》第一卷，上海人民出版社2009年版，第203页。
② 同上。
③ 《胡适全集》第一卷，季羡林主编，安徽教育出版社2003年版，第761页，第763页。

爱孔子，吾尤爱真理。'区区之意，亦犹是尔，岂好辩哉？"①吴虞说，孔子在那个时代是一个伟人，是一个了不起的人，但是几千年过去了，把他的东西当教条，僵化地固守孔子的学说，结果使得后世的子孙没办法创新，没办法发展，不但使得孔子成了一个符号，阻滞了文化的发展，而且还成了民国政府专制独裁的护身符。那我就不得不去攻击孔子，因为形势所迫。而且他运用了一句梁启超的话，叫"吾爱孔子，吾尤爱真理"。这是借用古希腊亚里士多德"吾爱吾师，吾尤爱真理"这句话，梁启超借此表达了自己对孔子的态度。

在当时的部分知识分子看来，孔子在历史上固然伟大，但历史在发展，中国的思想界也需要与时俱进。尤其是近代中国的一些军阀并非真正尊重孔子，只是把孔子抬出来当作专制独裁的护身符。在这种情况下，孔子被专制独裁的势力所利用，成了阻碍社会进步的一个障碍。为了推动中国社会进步，就不得不去批判孔子。

1917年，陈独秀在《新青年》通讯专栏中，刊登了吴虞的来信，并写了一篇回信，叫《答吴又陵》，在这封信中他作出了自己的回答。陈独秀说："无论何种学派，均不能定为一尊，以阻碍思想文化之自由发展。"②他这个话在当时特定的场合里有特定的含义。孔子思想，或者进一步延展开来，任何思想如果定为"一尊"，阻碍了其他文化的发展，就是不被陈独秀所接受的。在乱世寻找出路的时候，强调文化多元而否定"定于一尊"固然有当时特定的语境。但当天下大定，强调多元的同时，一定有主导性的文化，这也是必然趋势。

当时的中国社会，可谓生机凋零、内忧外患、列强凌辱，中国亟须敞开讨论，思想碰撞，以寻求救国救民的真理。但当时的统治者，却拿着孔子的思想去打压其他思想传播的正当性、合法性。吴虞等知识分子反对孔子，其实不是反对孔子本身，而是反对被统治者利用的"孔家店"。

---

① 《吴虞文录》（卷上），上海亚东图书馆1927年版，第12页。
② 《陈独秀著作选编》第一卷，上海人民出版社2009年版，第282页。

如果我们抛开当时特定的历史情境，会发现任何一个时代，都有这个时代主流的价值体系和文化观念。我们尊重多元，是为了百花齐放、百家争鸣，促进文化的繁荣和生机；我们也要看到多元之中需要一个主流的价值体系和文化观念，从而形成社会的向心力和凝聚力。强调多元，是为了保持文化的活力；强调主流价值，是为了保持社会的稳定和团结。陈独秀、吴虞等人反对将任何一种思想观念定于一尊，实际上是为了反对当时泥古不化的做法。我们今天要有正确看待历史现象的能力和智慧。

第三个人，胡适，安徽绩溪人，考取庚子赔款官费生去美国留学，在哥伦比亚大学师从美国哲学家杜威，杜威的实验主义和民主思想对胡适影响颇深。美国肄业归来，胡适全面参与了新文化运动，大力提倡白话文，提倡个性解放。胡适当时写过一篇文章，叫《易卜生主义》。易卜生是挪威戏剧《玩偶之家》的作者，当时在北京文化界的影响很大。胡适在《易卜生主义》这篇文章中就指出，西方社会一个很核心的价值观就是个性主义，鼓吹和张扬人的个性。在胡适看来，中国社会沉闷的一个内在原因，就是长期以专制独裁去打压个人，用各种纲常礼教严重束缚和禁锢人性。所以，胡适在文章中就说："社会最爱专制，往往用强力摧折个人的个性，压制个人自由独立的精神；等到个人的个性都消灭了，等到自由独立的精神都完了，社会自身也没有生气了，也不会进步了。"[①] 新文化运动，从其精神内核角度说就是主张个性的自由，主张一个人自由独立的精神。

胡适一生都在为个性自由呐喊，反对暴力革命，主张一点一点地改良。胡适的这些主张影响了众多的人，直至今日都余波未尽。在当时的环境里，胡适的看法不无道理。但如果放在历史长河里看，他的很多观点不仅偏颇，而且尤需要引起我们的警惕。

主张个性自由，但要警惕个人至上，更不可忽视整体的价值。个性自由与集体价值，应该保持一个平衡才能更好地维护人类的幸福，而不是片面地把某一个价值推向极致。在推动社会发展、激发社会活力方面，个性

[①] 《胡适全集》第一卷，季羡林主编，安徽教育出版社2003年版，第607页。

自由有它的价值；在应对重大挑战诸如天灾、疫情、战争等时，集体价值格外重要。只顾个人，必然导致一盘散沙而万劫不复。一味鼓吹改良，同样问题多多。社会进步究竟采用改良还是革命方式，这要看具体的环境，而不是把某一种方式绝对化。具体到近代中国，面对列强入侵、内外勾结，改良的想法不仅天真而且有害，只有采用摧枯拉朽式的革命方式来除旧布新，为中国的发展创造条件，才是最适合近代中国的社会变革方式。

第四位代表，李大钊先生。李大钊在整个新文化运动中是当之无愧的旗手。他曾经留学日本，在早稻田大学学习。1916年9月，李大钊在《新青年》杂志发表了《青春》，其中表达了对中国积贫积弱状况的忧虑，号召中国的青年一定要告别白首之民族、白首之国家，创造青春的中国。他说，中国的青年要"本其理性，加以努力，进前而勿顾后，背黑暗而向光明，为世界进文明，为人类造幸福，以青春之我，创建青春之家庭，青春之国家，青春之民族，青春之人类，青春之地球，青春之宇宙，资以乐其无涯之生。乘风破浪，迢迢乎远矣，复何无计留春望尘莫及之忧哉？"[1]李大钊的这篇《青春》，就是告诉青年人一定要把自己的主体精神和个性张扬起来，一定要把自己的责任担当起来。一个主体性得到了尊重和张扬之后的中国青年，要告别沉闷的、人人都不去负责的白首民族和白首国家，树立人人努力、人人负责、人人张扬个性的观念，一起来创造青春家庭、青春国家、青春民族、青春人类和青春地球。

如果说胡适等人只是从个人角度理解文艺复兴以来人性解放的时代大潮，那么李大钊则是从新国家如何重构的角度看待个性解放的价值。李大钊还有一个特质，就是能够不断突破自身认知的天花板，勇于接受新思想，不断与时俱进。从早年参加科举，到接受民主主义，再到后来成为宣传马克思主义的先驱，李大钊可谓近代中国思想史的开拓者与先驱者。

俄国十月革命之后，李大钊是第一个认识到俄国十月革命与法国大革命有根本不同的中国人。他在《法俄革命之比较观》中指出："不知法兰

---

[1] 《李大钊全集》第一卷，人民出版社2006年版，第192页。

西之革命是十八世纪末期之革命，是立于国家主义上之革命，是政治的革命而兼含社会的革命之意味者也。俄罗斯之革命是二十世纪初期之革命，是立于社会主义上之革命，是社会的革命而并著世界的革命之采色者也。时代之精神不同，革命之性质自异，故迥非可同日而语者。"[1]李大钊对法、俄革命的判断并不准确，但却能够敏锐地认识到俄国革命与法国大革命的区别，这是他的伟大之处。

再到后来，李大钊系统研究马克思主义，先后发表《我的马克思主义观》《再论问题与主义》等文章，成为在中国传播马克思主义的先驱和旗帜。后来的毛泽东等人都受到李大钊思想的影响。也就是说，李大钊的思想对于中共早期的发展起到重大的推动作用。

总体看来，新文化运动的爆发，表明当时很多人已经认识到了中国之所以落后的深层原因在于思想文化层面的落后，根本在于个性的压抑和束缚。那么，要想撼动中国死气沉沉的局面，真正推陈出新，焕发中国的生机和活力，一定要在思想文化的层面下手。当然，这种认识也是浅薄的。实际上，不推翻产生旧思想的旧制度，思想革命无从谈起。

新文化运动爆发以后，中国社会的思想桎梏逐渐松动，受到新文化运动启蒙的知识分子，和以前的传统知识分子相比有了很大的不同。新文化运动为五四运动的爆发准备了思想土壤。

在五四运动之前，丧权辱国的条约签了那么多，为什么没有爆发类似于五四运动这样的社会运动？从思想和价值观层面而言，经过新文化运动洗礼之后，许多有识之士的思想发生变化，他们逐渐意识到"天下兴亡，匹夫有责"，认识到国家命运与个人福祉息息相关，面对国家的苦难，每一个人都不能作壁上观、袖手旁观，而是要用自己的努力担负起国家的责任。在这种文化氛围之下，五四运动的爆发就有了思想土壤和人员储备。

五四运动是觉醒的中国人对丧权辱国的行动表达。第一次世界大战结束后，1919 年的 1 月到 4 月，获胜的协约国（英、法、美等）为了进行胜

---

[1] 《李大钊全集》第二卷，人民出版社 2006 年版，第 226 页。

利后的分赃，在巴黎的凡尔赛宫召开会议，主要是讨论怎么样处理失败的同盟国的问题。这就是历史上著名的巴黎和会。

当时的中国作为加入协约国的国家，以战胜国的身份参加了巴黎和会。从道理上讲，中国是可以借着巴黎和会的机会，至少要求取消战败国——德国在中国的特权。中国也天真地希望在巴黎和会上能够去掉列强强压在中国人头上的一些特权。结果残酷的现实给了中国人刻骨铭心的教训。奉行弱肉强食丛林法则的西方列强，不会真正尊重积贫积弱的中国。美国、英国、法国、意大利等国，根本无视中国的存在，不仅没有把列强在中国的特权取消，而且还把德国在中国山东的特权转给日本。这可以说是对中国尊严赤裸裸的践踏，是对中华民族的侮辱。

弱国无外交，西方列强宣称的所谓公理、正义、民主、自由，在现实面前被证实不过是骗人的谎言罢了。巴黎和会上中国外交失败的消息传回国内后，青年学生异常愤怒。经过新文化运动洗礼的青年人意识到，我是国家的主人，国家的山穷水尽、风雨飘摇、任人凌辱，我有责任去改变。如果没有新文化运动的洗礼，五四运动的爆发几乎是不可能的。而且更进一步，马克思主义为什么能够传入中国？也和新文化运动打开了国人思想的闸门，为国人接受各种新思想创造了条件有直接关系。五四精神的核心是爱国主义精神。在1919年5月4日，北京大学的学生一起上街，火烧了当时主张向日本借款的曹汝霖的宅子，痛打了驻日公使章宗祥。当时大学生提出了很多激动人心的口号，如"还我青岛，誓死力争"等，激情慷慨，震惊全国。

五四运动爆发之后，中国社会有了新的变化。一个崭新的气象就是工人罢工、商人罢市，社会各界一起响应，这是以往社会运动所没有的现象。1919年6月，当时的中国代表团在国内外社会各阶层的强大压力下，终于发表声明说，山东问题不解决，我们绝不在和约上签字。五四运动获得了一定程度上的成功。

五四运动开始的时候是学生罢课、上街游行，可以称学生为"先锋"，或者叫"风气之先"。后来，真正带给当时的北洋政府和统治者巨大压力的是工人罢工、商人罢市，是社会各阶层的加入。因为学生罢课所带来的实质影响比较小，可是工人一旦罢工、商人一旦罢市，社会基本的运转就停止了，整个社会一下子就会陷于瘫痪，从而震慑到了反动当局。所以五四运动的一大特点，就是工人、商人等社会各阶层的加入。这也给先进的中国人探索如何摆脱困境、如何走出一条自强的新路以新的启发。为什么中国共产党后来能够看到工人阶级的力量，能够看到农民阶级的力量？这和五四运动爆发期间，这些新阶层的加入给社会、给政府带来了压力有一定的关系。这些鲜活的社会实践经验，成为中华民族探索救国救民道路的新经验。

从新文化运动到五四运动，其中既有因果的关联，又有思想的递进。没有新文化运动的启蒙，很难有五四运动的爆发。但五四运动的爆发，又远远超出了新文化运动局限于国民性等思想层面的讨论，走向了通过人民运动的实践改变中国的新道路。

"国民性"作为新文化运动时期提出的一个词语，其用意是从人性的角度反思自身的问题，找到自强变革的力量。实际上，这看似深刻的自我反省，并未真正从根源处下手。所谓"国民性"，只是特定制度、文化等综合因素影响下的产物。新文化运动的浅薄之处在于，仅仅从思想文化，从人性的角度批判和反思中国的问题，而没有认识到只有建立新制度、创造新环境，才能为真正塑造新时代的新国民创造基本的前提，这也从侧面反映出中国共产党主张的伟大之处。

第九节　马克思主义传入中国：中国近代思想史发展的必然

近代以来，中国思想史上最重大的事件，就是马克思主义传入中国。马克思主义的传入，深刻地改变了中国的国运和世界格局。马克思主义与中国文化深度融汇，不仅对近代中国，乃至对世界历史而言，都是一个标志性的事件，产生了极其深远的影响。

几千年以来，中华民族创造了博大精深、蔚为大观的中华文化。但是随着历史的发展，尤其是宋明以来，附着在中华文化肌体上的污垢、沉疴越来越多，内在生机勃勃的精神和智慧则越来越衰弱。在这个过程中，中华民族逐渐地丧失了吞吐天下、融汇天下的活力和生命力。十七世纪以来，一个原本生机勃勃的文明大国、千年古国出现了龚自珍所说的"万马齐喑究可哀"的局面。

为了摆脱积贫积弱、亡国灭种的危机，一代又一代的中国人将学习的眼光投向率先发展的欧美以及经过明治维新而强大起来的日本，希望从欺压中华民族的列强那里找到救国的良方。就是在这个过程中，马克思主义逐渐走进了中国人的视野。

就马克思主义和中华文化的互动过程的实际效果来看，一方面，马克思主义传入中国极大地激发了中华文化内在的智慧、生命力和活力，极大地激活了中华文化内在的生命基因；另一方面，马克思主义传入中国以后，与中华文化相激荡、融汇，实现了二者的互相升华，奠基于中华文化的底蕴、智慧和内在精神，重新建构、阐释、理解、升华之后的马克思主义，极大地提升了其理论高度和内涵。可以说，马克思主义传入中国的过程，也是马克思主义和中华文化双提升的过程：中华文化因为马克思主义的传入融入了现代性的因素；融汇了中华文化智慧的马克思主义也更加科学和完整。

毫无疑问，马克思主义传入中国，是中国历史乃至世界历史上一个极其重大的事件。那么，马克思主义为什么能够传入中国？

首先，从近代中国追赶时代大潮的内在需求看，代表社会发展最新潮流的马克思主义更能吸引中国人的目光。

在资本主义三四百年的发展历史进程中，人类社会有两次飞跃。一次是在十七、十八世纪，欧美爆发了资产阶级革命。在卢梭、洛克、孟德斯鸠等启蒙思想家的影响下，欧美实现了第一次飞跃，具体表现为资本主义社会制度的全面兴起。到了十八、十九世纪的时候，新建立的资本主义社会内部的矛盾明显地暴露出来，引起了当时无数的思想家、文学家、哲学家等的反思和批判：资本主义社会到底怎么了？人类未来的方向在哪里？十八、十九世纪的文学家，诸如狄更斯、雨果、马克·吐温等，以文学的形式和辛辣的语言对资本主义社会进行了批判。比如，雨果的《悲惨世界》描述了资本主义社会建立一百多年以来，整个社会的基本状态和人民生活的悲苦。而以傅立叶、欧文等人为代表的空想社会主义，不仅讽刺和鞭挞资本主义社会的诸多问题，而且对未来作出了天才般的想象和建构。但这些人对资本主义的批判和未来社会的想象和预见，不是依靠科学实证的逻辑，而是出自个人的情感和价值取向，也正是因为如此，人们才称之为"空想社会主义"。以马克思、恩格斯为代表的伟大思想家超越了对资本主义情感和价值的批判，从社会发展规律和必然性的角度对资本主义社会内在问题予以揭露、分析和总结，论证了资本主义必然灭亡和共产主义必然实现的历史大势，而马克思、恩格斯也已成为人类文明史上划时代的思想大家。

马克思、恩格斯这一系列的思考和回答，很好地实现了价值理性和科学理性之间的有机统一。从价值理性的角度看，马克思、恩格斯有坚定的人民立场，尤其对工人阶级充满了深切的同情，坚定地站在了工人这一边，鲜明地体现了马克思主义的人民性。从科学理性的角度看，马克思、恩格斯通过深入考察生产方式与上层建筑的互相联系，用"铁一样的逻辑"揭示了人类社会发展的规律，论证了资本主义会被社会主义、共产主义取代的必然性。从社会主体的角度看，马克思、恩格斯认为承担资本主义向社会主义、共产主义过渡历史使命的阶级，就是工人阶级。如果将其放置在整个现代文明生成和发展的历史进程中看，马克思主义所建构的整个未来社会的图景，把现代社会和现代文明推向了一个新的高度。

所以，近代中国为了推动社会进步而选择马克思主义理论，不仅仅是接受一个先进的思想流派，更是站在了整个人类历史和人类思想史发展的更高峰。这意味着，近代中国捕捉到了人类社会发展的脉动，在社会发展理论上走到了人类文明的前沿。

第二，在当时灾难深重的环境下，为了改变衰败的国运，拯救苦难的人民，社会上弥漫着一种强烈的求变、求新、求变革的社会心理。在这个过程中，柏克森、杜威、罗素、马克思等人的思想，纷至沓来。新文化运动的开展，打开了人们思想上的一个闸门，使得中国人可以更好地拥抱新的思想。所以说，新文化运动为包括马克思主义在内的西方思想传入中国，创造了思想和文化的前提。可以这样说，没有新文化运动打开人们思想的闸门，就没有后来马克思主义和中华文化相结合的历史。

第三，中国从鸦片战争以后，一直在向资本主义学习。从魏源到郑观应，再到张之洞等，他们一直都是把资本主义当作中国学习的榜样。但在这个过程中，我们遭遇的却是不断的失败。尤其是孙中山先生，他主张在政治制度、政治理念等方面大力地向西方学习，结果辛亥革命的失败，给中国人以一个惨痛的教训。这让我们认识到，西方列强并不是温情脉脉的、带着善意真诚地帮助中国的所谓文明国家，也绝不是希望中国发展得好或者世界人民好。就像马克思所言："资本来到世间，从头到脚，每个毛孔都滴着血和肮脏的东西。"[①] 通过掠夺殖民地来服务本国的资本家，这才是它们的实质。

第一次世界大战的爆发，使更多的中国人看到了资本主义社会本身所存在的极其严重的问题。几十个国家的混战与上千万人的死亡，这血淋淋的现实，让中国人认识到，在向西方国家学习的时候，不能只是简单地学习和膜拜资本主义，因为资本主义已经出现了严重的问题。在这种情况下，中国人就会有一个更高的要求，即要学习一种更高层次的思想和文明形态，让中国摆脱苦难和落后，真正实现中华民族的伟大复兴。

第四，1917年10月，俄国十月革命的爆发给了中国人极大的激励、刺激和提醒。俄国在欧洲国家中比较落后，而中国作为亚洲的一个大国，也是个落后的国家。所以俄国十月革命成功以后出现的新景象，对正在苦难中探索的中国人来说，尤其具有吸引力。因此，中国人就开始如饥似渴地去了解俄国成功的秘密。而列宁作为新成立的苏维埃政府的领导人，对如何处理国家关系也表现出与帝国主义不一样的态度。列宁发表声明：新成立的政权，要一概放弃俄国曾经占领的其他国家的领土以及和其他国家签订的不平等条约。尽管这一点在后来并未落实，但列宁的这个声明使中

[①] 《马克思恩格斯文集》第五卷，人民出版社2009年版，第871页。

国对其产生了极大的好感。中国的很多学者，包括李大钊、陈独秀等，不禁思考，俄国为什么这么做？俄国是以什么样的思想作为指导取得成功的？俄国成功的秘诀是什么？这些问题极大地引起了中国思想界的兴趣。当中国人真正去研究俄国的时候，才发现俄国之所以成功，是因为指导思想上以马克思主义为指导，在实践中他们发动了广大的工人和农民，所以才取得了巨大的进步和成功。这一点对后来的中国共产党走进农村，走到工人、最苦难的劳苦大众那里去发动人民，起了极大的影响作用。

第五，从文化的角度看，马克思主义之所以传入中国并被中国人接受，是因为马克思主义的思想主张以及马克思主义背后的价值观与中华文化有很深的契合性。文艺复兴以来，西方主流的价值观是个人至上，是追求膨胀的个人价值和个人自由，而中国受到几千年传统文化的影响，从来都是把个人放在国家、家族、天地中间去看。简言之，欧美那种个人至上的价值观，与中华文化的价值观并不契合。而马克思、恩格斯等人的思想则真诚地为劳苦大众考虑。马克思在《共产党宣言》里面讲："无产阶级只有解放全人类，才能最后解放自己。"[①] 马克思的这种为劳苦大众、为整个社会考量的价值观，与中华文化的价值观相通相融。马克思主义所追求的未来理想的社会图景是共产主义社会，这与中华文化里儒家的大同社会、佛教的人间净土等，有诸多相似的地方。因此，马克思主义能够传入中国并为中国人所接受，一个很重要的原因是，马克思主义的价值观和他的社会理想与中华文化最有相似性和相容性。这一点，就使得马克思主义在众多西方思想中，最容易得到中国人的共鸣，为中国人钦佩、学习和接纳。

第六，第一次世界大战之后，中国的工人阶级开始觉醒。工人阶级觉醒之后，势必要在政治上找到能够代表自己的理论，在政治上实现从自为到自觉的发展，或者说实现从自为到自觉的转变。在众多西方传来的思想

---

① 出自恩格斯在1888年为《共产党宣言》写的英文版序言："被剥削被压迫的阶级（无产阶级），如果不同时使整个社会一劳永逸地摆脱一切剥削、压迫以及阶级差别和阶级斗争，就不能使自己从进行剥削和统治的那个阶级（资产阶级）的奴役下解放出来。"《马克思恩格斯文集》第二卷，人民出版社2009年版，第14页。

中，马克思主义旗帜鲜明地要为劳苦大众考虑，这种鲜明的价值立场和政治观点，一下子就得到了工人阶级的青睐。这为马克思主义在中国的广泛传播，奠定了良好的群众基础和社会基础。

综合以上种种，我们能够得出一个结论：在20世纪初，马克思主义传入中国这个历史事件，绝对不是偶然发生的，它是各种条件具备之后必然发生的一个历史事件。简言之，马克思主义一定会传入中国，这是近代中国思想史发展的必然。

马克思主义传入中国以后，究竟对中国的命运和人类的命运产生了多大的影响？它的整个理论形态会产生什么样的演变？这两个问题和我们中华民族五千多年的历史文化底蕴、中华民族的精神特质有着密不可分的关系。我们不仅要看到马克思主义对中华文化的改造和升华，也要看到中华文化对马克思主义的提升和完善所起到的独特作用。

如果对中国近代思想史加以梳理，我们会发现，无论是林则徐、魏源、郑观应，还是张之洞、梁漱溟等，他们的主张和认知都有各自的道理，但这些观点也仅限于中国社会的少数人，并没有真正形成全社会的共识，更无法形成推动全社会进步的强大力量。当然，其中的原因众多，最根本的原因是这些认知与主张没有契合中国近代以来社会进步的方向。只有以马克思主义理论为指导的中国共产党，不仅有自己鲜明的文化体系和思想主张，而且能够让其成为社会大部分人的认知，因而才能形成真正推动社会进步、实现中国国运转折的磅礴之力！

马克思主义传入中国，对马克思主义而言，是找到了真正能够接受它并能够生根、发芽、茁壮生长的土壤；对中国而言，灾难深重的中华民族因此站到了人类历史发展的前沿，成为人类未来发展方向的引领者和塑造者。尽管当时的中国还处在军阀割据、列强入侵的险恶环境中，但当中国接受马克思主义之后，就已经站在了人类文明的制高点。这虽然只是理论上的判断，但假以时日，经过中国人一代又一代的努力，中华民族一定能够实现伟大复兴，成为人类文明的引领者！

第五章

实践层面的抗争与求索

面对现代性的冲击与挑战,我们不仅要从思想层面来追溯、梳理和总结近代中国思想文化发展的历程,更要从实践层面梳理和总结中国人反抗侵略、探索救国救民道路的过程。在回顾历史、开辟未来的征程中,我们才能更好地坚定历史自信与道路自信。

第一节　太平天国与义和团：没有现代文明视野的悲歌

在中华民族的文化基因中，反抗压迫、争取独立、追求大一统是镌刻在中华民族灵魂深处的原动力。近代以来，面对山河破碎、外敌入侵、人民受辱的局面，社会各个阶层都用自己的方式作出了探索和努力。其中最早对清政府产生强烈撼动的是太平天国运动，它和后来的义和团运动共同谱写了农民阶级抵抗侵略、探索国家出路的篇章。两大农民运动尽管存在很多问题，也提供了不少教训，但以史为鉴，可以让我们更好地认识自己，走好未来的路。

首先我们看太平天国运动。这个"天国"，不是中国文化原有的词语，它来自基督教里的表述。这场运动的指导思想深受基督教的影响，所追求的目标也深深地打上了宗教的烙印。太平天国的主体是农民，因此我们可以将太平天国运动解读为是以农民阶级为主的、在反抗内外压迫中探索中国出路的一次尝试。

首先看它爆发的原因。太平天国起义之所以爆发，有非常深刻的内外根源。在 19 世纪中叶的时候，清政府腐败的程度令人发指，各种盘剥让百姓苦不堪言。加之 1840 年鸦片战争爆发以后，列强强迫清政府签订了一系列的不平等条约，其中很重要的内容就是赔款。这些赔款最后都转嫁到了每一个老百姓头上。其他诸如在中国的外国人欺压百姓、违法犯罪不受约束等现象，都让老百姓深恶痛绝。内外的各种压迫，使贫苦农民的反抗就像火山喷发前炙热的岩浆一样，一旦出现有组织的力量，就会轰轰烈烈地展开。

我们再看起义的组织者，一场社会运动的特点与领导者紧密相关。太平天国运动的发动者是洪秀全等人。洪秀全，广东花县人，生于一个耕读之家，从小他就有一个很强烈的愿望，就是通过科举考试金榜题名、光宗耀祖。参加县试的时候还比较顺利，可后来到府试的时候，几次都不成功。1837 年广州府试再次落选以后，备受打击的他回到家中，大病了一场。

在家养病时，由于内心极度地失落和痛苦，他出现了一种幻觉。他后来转述，说他见到了上帝，上天派他到人间来，就是为了斩妖除魔。抛开宗教的说法，从心理学角度说，一个人内心里面有极大的抱负，结果几次考取功名的尝试都失败了，现实中得不到满足，于是在极度昏迷的时候，会以虚幻的另外一种场景得到自我内心的实现。从此以后，洪秀全性情大变，变得沉默寡言，举止怪异。

在此之前，大约在道光十六年（1836年）的时候，一个叫梁发的基督教徒，根据基督教的教义写了一本书，名为《劝世良言》。书中的内容主要是告诉老百姓怎么行善、怎么才能得到上帝的恩宠。洪秀全早年在广州参加科举时，《劝世良言》被路边分发的人塞进他手中。一开始的时候，这本书并没引起洪秀全的注意。在科举接连失败后，他无意中翻到了这本书，阅读了书里面讲上帝、耶稣、西方基督教的"三位一体"等内容。这个时候，洪秀全突然想起他在家养病时的那一场大梦。他发现这本书里讲的上帝和他梦中见到的上帝似乎是一致的。于是，结合自己以前做的梦，他产生了一个强烈的念头：他是天选之人，是上帝派他到人间来斩妖除魔的。按照基督教里的说法，耶稣是上帝派来人间的代表，是上帝的儿子。于是，洪秀全说，他也是上帝派来的，而且他和耶稣是兄弟关系。有了这种认识以后，洪秀全对自我的认识就发生了改变，他认为自己是有使命、有担当的人，于是就决心改信上帝，把家里的祖宗牌位也改成上帝。但实际上，他并没有全面研究基督教，只是读了一些宣传基督教的小册子，再加上自己臆测的内容，整理之后形成了自己的一套理解。洪秀全开始逢人就宣传他对上帝的理解，并因此成立了信仰组织，也就是拜上帝教，又叫拜上帝会。他自称"上帝的次子"，是耶稣的弟弟。

在人类的信仰领域，最宽容的是中华文化。孔子曾说："三人行必有我师。"中华文化是允许多种信仰并存的。可是，西方的信仰是一神论，有明显的独断倾向。西方宗教有极强的排他性，大家读《旧约》，读"摩西十诫"，就会发现，它不允许信徒有其他信仰。而洪秀全认为，他是耶稣的兄弟，承担所谓的使命，这和基督教的信仰非常不一样。所以，洪秀全的这个信仰，应该说是从基督教那里择取了一点，从中华文化中朴素的平等、大同思想中摘取了一点，是不同文化杂糅的产物。

　　洪秀全在广州传教的时候，写作了一些小册子，如《原道救世歌》等，其中很多都是揭示清政府黑暗统治下的各种社会现象的内容，他也借机向人们宣扬"天下一家，共享太平"的理想。一个社会组织如果想要形成规模，它首先要给人希望。第一要给老百姓精神的寄托，第二要给老百姓现实的利益。如果在精神的寄托和现实的利益上，都不能给到大家，那便不可能发动大规模的群众运动。而洪秀全抨击清政府的种种黑暗的这一套理论，容易引起群众的共鸣，他对未来所谓"天下一家，共享太平"的宣传，能够给苦难的老百姓带来一些精神慰藉。后来洪秀全带领老百姓起义时，不仅给了他们精神上虚幻的慰藉，而且在现实中也把起义之后从官府、豪绅家里拿到的包括土地在内的东西分给大家，尽管很不彻底，但某种程度上也确实为老百姓提供了一些现实的利益。

　　客观地看洪秀全这个人，可以说他是一个有抱负、有能量的人。在人类的历史上，凡是能挑起大事的人，都是有能量的人。但是，有能量的人一定要找到一个突破口把他的能量宣泄出来。隋唐以来，科举制度为社会中间有极大抱负的人提供了一个平台，他们的能量用在了十年寒窗苦读，用在了科举为官、为国家服务、为社会秩序服务上。这种能量释放的方式，不仅对国家秩序没有冲击，反而有利于整个社会秩序的稳定。洪秀全本是个有能量的人，他几次科举不中，愤懑淤积无处可发，必然会找一个出口。太平天国农民运动之所以发生，固然有众多客观因素，但洪秀全有志难酬的主观因素也不容忽视。

　　如果我们翻看历史会发现，在历史上不乏这种人，黄巢就是一个典例。黄巢，晚唐时期人，以贩卖私盐为生，他不甘心做一个盐商贩子，于是参加科举，却屡试不第。他曾写诗《不第后赋菊》以明志：

　　　　待到秋来九月八，我花开后百花杀。
　　　　冲天香阵透长安，满城尽带黄金甲。[①]

[①]《全唐诗》（全二十五册）卷733，中华书局1980年版，第8384页。

从这以菊喻志的诗句就可以看出，黄巢绝非一般人物。参加科举且有巨大能量的人注定不可能甘心于庸庸碌碌了此一生。他有巨大的能量，一定要释放出去。于是，当体制内没有机会的时候，他就会转到体制之外，来寻求一个爆发点，这就成了领导农民起义的个人因素。

洪秀全在屡次科举失败以后，他就找到了精神的寄托以及能量的一个爆发点——推动金田起义。

金田起义的指导思想和未来图景是什么？洪秀全建都南京以后，颁布了一个文件，叫《天朝田亩制度》。《天朝田亩制度》集中表达了太平天国这场农民起义的指导思想并描绘了未来的图景。总结来讲，他想实现的目标就是"有田同耕，有饭同食，有衣同穿，有钱同使，无处不均匀，无人不饱暖"。这些话对当时在苦难中挣扎的贫苦老百姓有极大的吸引力。比如，他宣布把一切土地和财富分给天下的老百姓，天下的田，天下人同耕。他还规定"凡田分九等"，土地根据肥薄分为九等，分田的时候，不论男女贫富，人人都能分到田地，即平均分配。平均分配土地的旗号，回应了几千多年中国农民最迫切的需要。几千年以来，中国农民最魂牵梦萦的是什么？毫无疑问，就是土地。同时，为了适应战争的需要，洪秀全还规定了一套制度。比如说，余粮和余钱都交国库，按照配给制发给农民。这一方面和他的社会理想有关，另一方面也是战时必须实行的一个办法。此外，太平天国还废除了封建的买卖婚姻，这在某种程度上，也可以说是对女性的解放。所以说，太平天国的指导思想，糅合了基督教的部分思想和中华文化的部分内容，是文化杂糅的一个产物。"有田同耕，有饭同食，有衣同穿，有钱同使，无处不均匀，无人不饱暖"，这朴素的口号很能引起那个时代劳苦大众的希冀和愿望，所以才能发动众多农民加入太平天国。

没有科学理论指导的太平天国运动，最终在1864年走向完全失败。在剿灭太平天国的过程中有一个最重要的人物，就是曾国藩。曾国藩在军事上没有使用清朝的八旗官兵，而是自己召集人才训练士兵。这一批训练有素的士兵被称为湘军。在剿灭太平军的过程中，曾国藩更是带出了李鸿章、左宗棠等一大批将领。

太平天国为什么失败？有几个原因给大家分析一下。第一个原因，在革命的指导思想上，太平天国采用自己改造的宗教思想作为指导思想，没有给中国社会和参与革命的人民群众指出一条真正可行的道路。一场革命运动能否成功，关键就在于有没有在思想层面指出更高的或者更科学的、符合规律的社会愿景。不符合社会发展规律和真理的所谓运动，必然走向失败。太平天国的指导思想某种程度上可以说是愚昧的、落后的，它并不是一种先进的思想，也不可能给当时的中国指出一条符合社会发展规律的、更高层次的发展道路。违背社会发展规律，必然会遭遇失败。

第二个原因，太平天国主张"有田同耕，有饭同食，有衣同穿，有钱同使，无处不均匀，无人不饱暖"，这一社会理想虽然有一些值得肯定的地方，但明显违背多劳多得、奖优罚劣的社会基本运行规则。

社会发展一定要注意两个因素：一个是效率，一个是公平。效率是什么？每一个人劳动能力不一样，辛苦程度不一样，那么各自的收入水平自然表现得不一样，这便是"多劳多得、少劳少得"的原因。所有那些有能力、肯吃苦、愿意打拼的人，他过得好，这是理所应当的。反过来讲，一个人如果好吃懒做，自然就可能过得不好，这也是懒惰的代价。可是，"有饭同食，有衣同穿，有钱同使"，就使得你无论干得再好、付出再大的辛劳，和那类好吃懒做的人得到的回报是一样的。如果这样追求所谓的绝对的公平，而忽视了效率，那么慢慢地，人们就会倾向于变得投机取巧、好吃懒做，整个社会就没有任何前途可言，只能走向死气沉沉，走向堕落。所以说，太平天国的这个社会理想，背离了社会发展的实际，背离了人性的实际，没有兼具效率和公平，所以，太平天国运动最终走向失败也是必然的事情。

1859年，洪秀全的族弟洪仁玕从香港回来以后颁布了《资政新篇》。太平天国有两个重要的文件，一是前期的《天朝天亩制度》，二是后期的《资政新篇》。《资政新篇》的内容反映了洪仁玕发展资本主义、发展工商业的愿望，并表明太平天国政权开始注意到社会效率问题。但《资政新篇》的内容和农民阶级的利益诉求并不一致。所以，在当时的情况下，《资政新篇》既没有得到真正的尊重，也没有得到真正的执行。

第三个原因，太平天国在内部管理上没有什么先进的管理模式，内部也没有形成上下同心、众志成城的局面。太平天国内部的管理模式和内部建设愚昧且落后，必然导致内讧、散乱。太平天国没有建立起一套先进的体制和运行机制来保持思想的统一，它本身只是一个宗教迷信和蒙昧的产物。尤为让人感到不可思议的是，这个团体宗教迷信的味道极其浓厚，一旦有人不听洪秀全的建议，洪秀全就搞"附体"那一套，就说自己是上帝的儿子，利用人们的迷信和盲目崇拜达到让他人服从自己的目的。杨秀清深知这种把戏，他效法洪秀全，也搞"附体"。他附体时，就不是以上帝儿子的面目出现了，而是说他就是上帝。在太平天国的神学谱系中，杨秀清假称上帝，而洪秀全平时以上帝的儿子——耶稣的兄弟自居，那么这个时候，洪秀全就得跪下来听命于杨秀清。这种混乱的背后，也反映了太平天国内部神权与军权的矛盾。面对野心渐渐膨胀的杨秀清，洪秀全命令韦昌辉去诛杀杨秀清，但在诛杀杨秀清的过程中，韦昌辉大开杀戒，很多无辜的人遭到牵连。洪秀全感受到韦昌辉的威胁后，又指示石达开去诛杀韦昌辉。后来，洪秀全开始提防石达开，石达开不得已带着太平天国的一部分兵力出走南京。就这样，轰轰烈烈的太平天国走向了不可挽回的大分裂。

从某种程度上说，太平天国的权力斗争就是一个闹剧。一个如此大的组织没有科学的、先进的思想作为指导，没有科学合理的组织建设，不可避免地会出现这样蒙昧和荒唐的结局。太平天国的愚昧和荒谬，导致它不可能长久保持起义队伍的团结，也不可能有效地应对起义过程中出现的各种复杂的挑战。至于在起义过程中的军事战略决策等失误，也比比皆是。总之，太平天国没有能力提出社会发展的科学愿景，也没有能力提出一个科学的、能代表中国发展前景的社会理想，不可避免地会走向衰败，走向灭亡。这是太平天国必然的命运。

但太平天国运动也有值得我们肯定的地方。首先，中华民族当时虽然死气沉沉，精神风貌陷入了呆滞和麻木，但是不得不承认，中华民族是一个敢于反抗的民族。这种反抗精神一旦被激发出来，就会展现出敢于牺牲、奋勇拼搏的磅礴之力。其次，农民阶级蕴藏着巨大的能量，是中国革命的基本支撑力量和主力军。此后的历史实践经验证明，如果想改变中国的命运，能不能把农民有效地组织起来、发动起来，是一个革命运动能否成功的关键所在。值得我们思考的是，农民虽然占到中国人口的绝大多数，但是，因为没有一个先进的思想作为指导，尽管这场革命运动牺牲了那么多人、付出了那么大的代价，甚至在太平天国最强盛的时候，整个长江以南绝大多数地区都已经被太平天国所影响和控制，但仍避免不了灭亡的命运。放在今天来看，太平天国除了敢于反抗的精神值得我们赞许之外，它在指导思想和社会主张等诸多方面的不足，都是值得我们反思和警惕的。

在近代中国农民阶级反抗西方列强的侵略和压迫、探索救国救民道路的征程中，除了太平天国运动之外，义和团运动也颇具代表性。下面，我将就义和团运动的来龙去脉以及有哪些地方值得我们反思作一点分析。

义和团运动为什么能够发生？可以说，它是清朝社会腐败堕落与西方列强侵略和渗透等多重作用的必然结果。

西方列强的侵略带来了深重的民族灾难，进而引发了中华民族各个阶层的反抗。西方列强在入侵中国的时候使用了文化的工具——宗教。在鸦片战争前后，西方列强和教会的传教士们，狂妄地提出了一个口号："十字架征服中国"。这是一个特别需要引起我们注意的口号。在所有的殖民工具和手段中，武力的方式最容易被认识，也最容易被防范。文化的殖民和入侵，侧重于在价值观和文化观念上殖民一个国家，不容易被发现。尤其是宗教，很多人只是单纯地从宗教信仰的角度看待宗教，却认识不到宗教背后的民族属性、国家属性和文化属性。近代的学者许守微曾经说：一个国家真正的亡国，是文化的湮灭。只要文化在，国魂在，一个民族的精神在，国家即便是再衰败也有振兴的可能。而一旦一个民族的文化被肢解，国家则会不复存在。钱穆先生、南怀瑾先生等，都有这样的认识。

如果我们考察人类历史上不同国家的兴衰成败，无数事实证明：一个民族被征服，最根本的就是在文化和心灵上被征服。如果一个民族的文化根脉被肢解，它的整个灵魂，就像电脑的操作系统一样，已经被置换掉了，实际上这个民族就已经不再是原来的民族。很多志士仁人深知中国人之所以是中国人，最根本的原因是几千年的中华文化浸润、滋养和塑造了我们不同于其他民族的内在精神世界和心灵归宿。中华文化是中国人之所以是中国人的精神标识。而西方宗教传入中国以后，企图用十字架征服中国，某种程度上是对中华民族灵魂深度的肢解。鸦片战争以后，欧美的天主教、耶稣教，沙俄的东正教等教派，依靠西方列强的保护，向中国派遣了大量的传教士。当然，他们中间有一些人只是普通的传教者，在中国也兴办了一些慈善事业。但是不得不承认，很多传教士在中国建立教堂，就是为了收集情报，挑拨民族关系，用他们的信仰侵占中国人的精神家园，破坏千百年来中国老百姓的信仰结构和民俗结构。总之，西方宗教的传入对中华民族的民间信仰和精神家园造成很大的冲击。

西方宗教与中国民俗之间内在与外在的冲突，滋生了近代中国的诸多教案。比如，1870年震惊中外的天津教案。当时，天津的法国教堂有迷拐幼孩的罪行。迷拐幼孩一方面可能是西方有些家庭要收养孩子，另一方面也是用于人口买卖，非法获益。法国教堂犯下迷拐幼孩的罪行，再加上他们在长期传教过程中和中国的民俗、礼教矛盾极大，于是数千中国人到教堂进行抗议。而法国的领事以居高临下的姿态，枪击抗议的群众。被激怒的老百姓放火烧了教堂，杀死了二十名外国人。天津教案闹大后，法国、英国、美国、俄国等列强，就联合向清政府提出抗议，并且调军舰到天津、烟台等地示威，这给清政府带来了极大的压力。后来，清政府派曾国藩、李鸿章到天津去处理这件事。最后的结果是，处死为首杀人的十六人，缓刑四人，充军二十五人，赔款四十九万两白银，对法国进行道歉。这种杀民以逢迎列强的屈辱行径，受到了老百姓的谴责。我们今天客观地来看，如果站在一个民族的感情上，曾国藩、李鸿章采取这样的方式处理天津教案，应该说非常屈辱。但如果放在整个近代中国和列强关系里来看，一个贫弱挨打的中国，除了这个办法，还有什么其他更好的办法吗？所以，后来有一句话广为传播，就是"落后就要挨打，弱国无外交"。当国力衰败时，如果不能奋发自强，只能任人宰割、任人凌辱。

西方宗教对中国的侵蚀，触发了底层人民的反抗意识。1891年，长江中下游的工人、樵夫、水手、手工业工人、城市贫民以地方结社作为核心，掀起了反抗西方传教的声浪。在芜湖一带，有上万名的群众参与焚毁教堂，攻打海关，与前来镇压的侵略分子和官兵进行斗争。

由此可见，在19世纪末，西方列强，包括他们的教会，一步一步把爪牙伸向中国社会基层，使得中国的老百姓对列强的怨怒、对西方教会的怨怒，如同燎原之火燃遍了中国。

其中，山东、广西、四川、湖北等地都形成了一些大的反抗组织，尤以山东最为典型。比如山东曹县的大刀会，其首领为刘士端，于1894年公开反对教会的入侵，影响遍及鲁西南，还辐射到了江苏的丰县、沛县、萧县等地。再如，山东巨野的老百姓，于1897年11月也奋起反抗，攻打了磨盘张庄的德国天主教堂，济宁、寿张、菏泽、单县、成武等地的人们也纷纷响应。1898年，在山东的郯城神山、沂州、日照、兰山等地，也爆发了大小数十次的群众性反教事件，历史上统称"沂州教案"。其中，比较典型的还有鲁西北地区以及山东聊城、冠县等地的农民武装起义。山东的群众经过长期的酝酿和发展，在反抗西方的教会方面，积蓄了比较大的力量，山东也成为义和团爱国运动的一个发源地。

义和团开始叫义和拳，是乾隆和嘉庆时期民间一个秘密的反清组织，原属于白莲教系统的八卦教。义和团这个名称最早出现在1898年山东巡抚张汝梅的奏折里，从那以后，清政府的公文系统里面，也把义和拳称为义和团。

1897年，冠县梨园屯的天主教民在法国传教士的指使下与村民争夺玉皇庙的庙祭。在中国的民间信仰里，玉皇大帝的地位可以说是举足轻重。直至今日，很多老百姓在过春节的时候，所供奉的神灵里仍有玉皇大帝。法国传教士争玉皇庙庙祭的做法，极大地激怒了当地的老百姓。于是，当地的老百姓就开始驱逐这个教会和教民。此后不久，义和团就在茌平、平原、禹城一带开始活跃起来了。当时，山东巡抚毓贤的态度还是希望安抚。毓贤知道，如果镇压这些老百姓，会加大老百姓的怨气；而他作为一名中国官员，内心也认同中国文化。这就使得毓贤在处理当时的教民事件时，虽然表面上是要镇压义和团，但是内心还是同情、支持义和团的。

义和团运动往北发展到直隶，由乡村进入城市，到了天津和北京。据史料记载，十九世纪末二十世纪初，卷入义和团运动的团员多达四五十万人，其中以男性为主，当然也有一些女性和儿童，其中，组织成员包括农民、水手、脚夫、筑路工人、小工业者，还有游勇残兵，里面也有少量的中小地主等。总的来讲，义和团运动的主体力量，都是挣扎在社会底层的人。

清政府和义和团采取了一种所谓的合作政策，可实质上是义和团被清政府所利用。那么，为什么义和团会被清政府所利用呢？这和近代中国社会的基本矛盾结构有关。

1939年，毛主席写了一篇文章《中国革命和中国共产党》。他在这篇文章中指出，近代中国社会的主要矛盾是"帝国主义和中华民族的矛盾"以及"封建主义和人民大众的矛盾"。毛主席又进一步指出，"帝国主义和中华民族的矛盾，乃是各种矛盾中的最主要的矛盾"。[1] 也就是说，当帝国主义和中华民族的矛盾变得异常尖锐的时候，封建统治者和人民大众之间的矛盾，就退居次要地位了。总之，当帝国主义成为侵略中华民族的急先锋时，当列强入侵不仅欺压中国人民而且也威胁到统治者的利益时，中国的统治者和老百姓之间的矛盾就居于次要地位，双方就需要共同面对帝国主义的压迫。有了这个理论框架，我们就能更好地理解清政府能够利用义和团的缘由。19世纪末，义和团运动发展到了北京、天津地区，而且发展速度迅猛，帝国主义要求清政府予以全力镇压。

1900年4月，美国、法国、德国、英国四国的公使照会清政府，提出两个月以内剿除义和团的要求，否则就要出兵到山东、直隶两省，代为剿平。1900年6月，俄、英、美、日、德、法、意、奥八国联合行动，集结兵力，从天津入侵，剿杀义和团。慈禧太后对义和团的态度摇摆不定。在八国联军剿杀义和团的时候，慈禧召开御前会议，商讨应对策略。此时她接到一个谎报，说列强要求慈禧太后将皇帝的位置、把国家管理的实权交

---

[1] 《毛泽东选集》第二卷，人民出版社1991年版，第631页。

给光绪皇帝，因为光绪皇帝主张镇压义和团。这个谎报传到慈禧太后处后，她恼羞成怒，召开了第二次御前会议，声色俱厉地对帝国列强进行宣战。于是，慈禧太后就采取了利用义和团运动的策略，宣称一起与八国联军作战。1900年6月21日，清政府颁布了向各国宣战的懿旨，其中有这样几句话："与其苟且图存，贻羞万古，孰若大张挞伐，一决雌雄。"这种话似乎很有力量，实际上却是虚张声势。在当时的环境下，面对掌握了当时最先进自然科学技术的西方列强，无论是清政府，还是义和团中那些可怜的普通老百姓，都没有可以抵抗的能力。面对西方列强最先进的火器大炮和机枪，带着朴素反抗精神的老百姓，缺少严密的组织力量，结果只能是人为刀俎、我为鱼肉，死伤惨烈。

　　八国联军侵占天津、北京以后，烧杀抢掠，暴行累累，骇人听闻。在天津，繁华的大沽被夷为平地，拥有五万多老百姓的塘沽镇几乎看不到中国人的足迹。从天津到北京沿途的房屋几乎全变成了瓦砾之场。西方列强的贪婪在这一场侵掠中暴露无遗，他们把皇宫里和老百姓家中的毛皮、丝绸、瓷器、金银等物品几乎洗劫一空。八国联军到了北京以后，特许部队公开抢劫三日，这些或集中或私人的抢劫给北京带来的损失不可估量。

　　八国联军攻入北京以后，慈禧太后仓皇出逃，经山西逃到西安。慈禧太后逐渐意识到清政府无力抵抗列强的进攻。于是，她发布命令，要求官兵对义和团严加查办，除恶务尽。从此以后，清政府就与帝国主义列强公开合流，共同镇压义和团。1900年12月，除了参加武装侵略的八国联军，比利时、西班牙、荷兰也参与进来，他们共同向清政府提出"议和大纲十二条"，也就是后来签订的《辛丑条约》的要点。其中，西方列强要求清政府赔款4.5亿两白银，加上利息总共将近10亿两白银；拆毁从天津大沽口到北京沿线设防的炮台；往北京到山海关铁路沿线的战略要地驻军等。这是一个严重不平等的条约，而且这十一个国家向清政府交涉的时候指出一条、一个字都不能改。当时的清政府，在列强面前已经没有任何商量和选择的余地。

　　慈禧太后知晓《辛丑条约》的内容后，竟然特别高兴。因为她发现，列强提出的这些条款中，没有要求抓捕和惩办她本人的。她觉得自己作为祸首没有得到惩办，真的是如获大赦。她给李鸿章的指示就是，"诏报奕劻、鸿章尽如约"。翻译成今天的话，就是她要求庆亲王奕劻和李鸿章尽快签订条约，列强让怎么做就怎么做。《辛丑条约》之后，以慈禧太后为代表的清政府彻底成为"洋人的朝廷"。慈禧甚至提出了"量中华之物力，结与国之欢心"的口号，她还向西方列强表态，保证清政府永远禁止中国官民成立任何反对帝国主义的组织，坚决镇压中国人民的反帝斗争。由此可见，清政府已经彻底沦为列强奴役中国人的工具，清政府也已经没有任何管理中国的合法性。

义和团运动是继太平天国运动之后的又一次农民运动。义和团的失败，首要的原因是义和团没有世界视野，没有能力认识世界潮流、认识人类发展规律，更没有用代表中国前进方向的真理武装自己。他们提出"助清灭洋"或"兴清灭洋"的口号，后来又打出了"扶清灭洋"的口号。义和团对中国所面临的挑战以及中国往哪个方向去发展等关键问题，并没有清醒的认识，只是出于朴素的民族感情去反抗侵略者。一个国家、一个政府如果不能站在风口浪尖推动社会进步，那它一定会被历史潮流所淘汰。但义和团中这些朴素的乡亲们，他们没有能力认识历史潮流，他们也没有能力看到西方列强背后的社会制度。总之，他们根本不具备正确认识西方列强的能力。"扶清"体现了义和团的愚昧，而"灭洋"固然有道理，但由于没有世界眼光，不能知彼知己，最终沦落为盲目排外，难免失败。

其次，义和团没有形成一个统一的领导机构，成员各自分属于大小不同的坛口，可谓一盘散沙。这些坛口多半都设在庵里、观（道观）里、寺院里或者其他的公共场所里，他们也设有各自的牌位，有人拜鸿钧老祖，有人拜玉皇大帝，有人拜张飞、刘备、关公等。义和团运动反映的是当时老百姓们非常朴素的反对列强、反对西方宗教入侵的民族情感。其武装力量在组织系统上非常不严密，在列强的大枪大炮面前只能任人宰割。

义和团虽然最终被中外的反动势力联合绞杀，但是仍有它的意义。中国人敢于以血肉之躯反抗强权，从南方的贵州、广西、湖南、湖北、浙江，到北方的山东、安徽、河南、河北、天津、内蒙古，遍地都燃烧着反抗的烈火。人们即便拼了性命也要同帝国主义血战到底的气概，使西方列强认识到中国人民的英勇不屈，认识到中华民族的不屈不挠。

八国联军的指挥官瓦德西曾经说，中国尚含有无限蓬勃的生气，想把中国变为殖民地，实无可能。义和团视死如归，坚决反抗，使得西方列强认识到不可能把中国变为完全的殖民地，只能采取"以华治华"的方式，只能和那些甘愿做洋人走狗的统治者勾结起来，共同欺压老百姓。人民群众的激烈反抗使得列强"共同瓜分中国"的侵略计划破产了。

通过这次血的教训，中国的老百姓逐渐清醒地认识到清政府已经成为西方列强的走狗，不再对清政府抱有什么希望。自此之后，很多的有识之士也认识到，清政府已经成为阻挡中国社会进步的巨大障碍，只要清政府在，中华民族就没有振兴之日。义和团运动之后，中国人民的反清斗志日益高涨，清政府也逐渐走向孤立，最终不可避免地走向灭亡。

今天，有些人以近代农民运动中落后、愚昧、迷信的种种表现为依据，完全抹杀农民运动反抗殖民侵略的价值和意义，这是需要我们警惕的错误观点。无论是太平天国运动，还是义和团运动，不管它们本身有多少弊病，都不可辩驳地证明：中华民族是一个不屈不挠、敢于抗争的民族，是一个面对任何强权都敢于牺牲的民族。仅就这一点而言，中华民族就有屹立世界民族之林的底气和骨气。

第二节　自强新政与洋务运动的破灭

近代以来，在统治阶级内部也有一些深怀忧患意识的先行者，或者说是改良者。他们在清政府深陷内忧外患的困境时，尝试着在实践中探索挽救清政府的道路，为近代中国如何走出困境、如何实现自强新政，作出了一些努力。洋务派就是其中突出的代表。

两次鸦片战争的失败，以及清政府一部分官僚在剿灭太平天国的过程中看到的西方先进的坚船利炮，让一些知实务的官员萌发了向西方学习先进科学技术、改变清政府落后面貌的想法。这种想法在第二次鸦片战争结束以后，遇到了可供实验的历史机遇。

当时的中国和西方列强出现了一个短暂的和局。第二次鸦片战争结束以后，列强强迫清政府签订了一系列不平等条约，他们的胃口得到了暂时的满足。在这种情况下，清政府也有了一个可以苟延残喘的时间，或者说相对的喘息之机，这就是我们所说的"和局"。此时，一些头脑相对比较清醒的当权者并没有因为短暂和局的出现而减少强烈的危机感。事实上，在联合列强剿灭太平天国的时候，他们就看到了西方列强先进武器和先进科学技术的巨大威力。他们也感觉到，这对中华民族来说，是潜在的长远威胁，也是发展的机遇。在这种情况下，主张办洋务、向西方学习先进自然科学的洋务运动出现了。洋务派在权力中枢的代表人物是奕䜣和文祥，在地方的代表人物就是李鸿章、张之洞、曾国藩、左宗棠等。这些人被统称为"洋务派"。

洋务派的代表性口号来自冯桂芬。他曾在《校邠庐抗议》一书中提出："以中国之伦常名教为原本，辅以诸国富强之术。"[1] 当时还有一个人叫薛福成，他曾说："今诚取西人器数之学，以卫吾尧、舜、禹、汤、文、武、周、孔之道，未始不有事乎此，而其道亦必渐被乎八荒，是乃所谓用夏变夷者也。"[2] 意思是在中国的伦常、名教，或者说当时的社会体制和意识形态保持不变的前提下，向西方学习。"取西人器数之学""辅以诸国富强之术"，实际上，就是"中学为体，西学为用"。当然，这里的"体"和"用"有特定的含义。"体"主要是指维系当时封建统治的意识形态和制度体系，而"用"主要是指西方的科学技术。如果将其放在整个中国近代史的链条里面来看，无论是冯桂芬的话还是薛福成的话，包括洋务运动期间张之洞的话，实际上都是魏源、林则徐他们提出的"师夷长技以制夷"的一种历史延续。

---

[1] 冯桂芬：《校邠庐抗议》，中州古籍出版社1998年版，第69页。
[2] 《薛福成选集》，丁凤麟、王欣之编，上海人民出版社1987年版，第556页。

洋务运动开始时，主要打出的是自强的旗号，重点是要解决军事被动的问题。无论是和列强做抗争，还是内部剿灭太平天国，都需要强大的武力作支撑。因此，实现军事技术的强大是洋务运动最直接的诉求。

在实践中，洋务派引用西方先进的技术，创办了中国近代第一批的军事工业。其中，有李鸿章主持创办的江南机器制造总局、金陵制造局，左宗棠筹划设立的福州船政局，张之洞创办的汉阳铁厂等。有这些地方大员以及中央政府中奕䜣和文祥等人的支持，短短几年，中国就初步具备了生产一些军工产品的能力。

洋务官员为了培养能使用这些军事设备的人才，还办了一些学堂，如北洋水师学堂、广州鱼雷学堂、威海水师学堂、南洋水师学堂、旅顺鱼雷学堂等。这些军事学校，为当时中国军事工业和国防事业人才的培养作出了贡献。在推进军事工业的同时，洋务派还认识到，强大的国防基础在于经济。军事工业的发展，必须有大量资金的注入，为整个军事工业提供经济支撑。但仅凭当时清政府的拨款，洋务事业几乎不可能持续推进下去。在甲午海战之前，慈禧太后甚至还花重金去修建颐和园以庆生，却不愿意花钱为北洋舰队购买先进的设备。

为了支持洋务运动可持续发展，洋务派提出了另外一个口号："求富"。当然，这个"求富"，不仅是为了支撑军事工业，实际上还有和洋人进行商战和争利的考量。西方列强打开中国国门以后，尤其是在第二次鸦片战争以后，他们的商品迅速攻占了中国的市场。洋务派认为，发展先进的工商业，不仅可以支撑军事工业，同时也是和西方商人进行商战争利的一个必然要求。在"求富"的口号下，洋务派兴办了一系列的民用工业。比如1872年，李鸿章在上海建立了轮船招商局，这是洋务派创办的比较早的民用企业。历史记载，这个招商局开办仅三年的时间，就为清政府收回了1300多万两白银。之后，中国近代的矿业、电报业、邮政、铁路、轻工业等民用工业也得到了比较大的发展，为中国近代工商业的发展奠定了一定的基础。

同时，洋务运动还大力发展报业、新式学堂等。办报纸就可以比较迅速地搜集、发布国内外的各种信息。洋务派主要创办的报刊有《申报》《万国公报》等。这些报纸，在当时社会风气的塑造以及介绍西方文化等方面起到了一定的作用。在新式学堂方面，包括1862年创办的京师同文馆，以及后来的上海广方言馆都为当时的中国培养了大量的外语人才。这些人才在翻译图书、中外文化交流，以及介绍外国先进的技术等方面，都起了一定的作用。另外，洋务派还创办了技术学堂，如上海机械学堂、天津电报学堂等，为工业化和近代民营企业的发展提供了技术人才支撑。

这些学堂与传统的官学相比，一方面培养了一些新式的人才，如翻译人才、军事人才、技术人才等；另一方面在教学内容上，不再局限在孔子、孟子、老子、庄子等传统学问中，还涵盖了大量西学，比如，西方的文化、技艺、先进的科学技术、化学、数学等，而且还采用了新的教学组织形式，分年级、班级来授课。应该说，这在一定程度上适应了人类近代化的进程，可以有效培养实用型的人才。

洋务运动还向西方国家直接派遣留学生。洋务运动时期，有两次比较大规模的派遣留学生的举动。一次是幼童留美，还有一次就是福州船政学堂的学生留欧。1872年到1875年，清政府向美国派遣了四期共120名幼童，让他们赴耶鲁大学留学。这些孩子就像一张张白纸，在学习西方的文化、科学、技术时，虽经历了人生的痛苦，教训多多，但确实涌现出了一些杰出的人才，比如詹天佑就是其中的代表。1877年到1897年，福州船政学堂先后又派出四批学生赴欧留学，严复等人就在其中。

此外，洋务运动期间，学者还翻译了比较多的外国图书。比如，丁韪良翻译了惠顿的《万国公法》，首次把国际法介绍到中国。再如联芳、庆常翻译了马顿斯的《星轺指掌》，这是近代中国第一部外交学的中译本。当时还翻译了一些经济学读本，如福赛特的《富国策》等。客观地说，大量西学著作的翻译出版，以及近代中国报刊和出版机构的出现，对促进中西方文化的交流和融合，推动中国社会风气的变革，都起到很大的作用。

洋务运动尽管在推动中国社会进步方面起到了一定的作用，但近代中国所需要的是全方位的自我革命以追赶时代大潮,只在技术层面的修修补补,无法真正改变中国的命运。这也注定了洋务运动必然失败的历史结局。

洋务运动前后历时三十余年。1894年中日甲午海战一役,洋务运动成果的集中代表——北洋海军全军覆没。这标志着洋务运动三十多年的成果毁于一旦,洋务运动宣告破产。

实践是最好的证明。在中国近代史的链条中,洋务运动是统治阶级内部的一些开明官僚为了摆脱清政府困境、走出自强之路而进行的一次探索。洋务运动的失败,意味着统治者内部的开明力量缺少对世界发展大势的深刻洞察,缺少对中国未来走向的深刻领会和把握,意味着他们没有能力带领中国突破困境,更没有能力推动中华民族走向伟大复兴。

洋务运动的失败,使得先进的中国人在探索中国出路时意识到,光靠统治者内部个别的开明官僚来摆脱危机、推动中国社会进步,是不可能的。所以,之后的戊戌变法就要拉一个皇帝,意欲变革政治体制。这就是中国近代史发展的自身逻辑。戊戌变法、辛亥革命失败后,中国人又进一步认识到,如果不在文化思想和心灵层面进行深刻变革,中国社会想要实现生命力的再造,几乎是不可能的,这是新文化运动发生的缘起。因此我们说,在整个近代史的链条中间,洋务运动虽然最后走向了失败,但它的兴起与发展有其特定的意义。

下面,我们来看洋务运动失败的原因。洋务运动并不是中国社会的集体自觉,而是个别开明官僚认识到中国的落后而推动的一次社会改良。也正因为如此,洋务运动也仅仅限于那几个当权官僚所掌权的范围。在这场运动中,无论是上层建筑,还是社会大众的心理和生活方式,都没有发生根本的变化。因此它最终的结局,只能是走向失败。

美国汉学家芮玛丽曾经这样评价洋务运动:"一个似乎已崩溃了的王朝和文明在19世纪60年代通过非凡人物的不寻常努力而得以复兴,以至于又延续了60年……同治时期是一幕悲剧,在胜利的时刻已经预示了崇高希望和巨大努力的最终失败。该时代的伟大人物在长长的阴影中目睹了胜利,而这便是他们所谓的中兴事业。"① 与芮玛丽有类似说法的是李鸿章。李鸿章曾自嘲说,他就是一个糊裱匠。这就是说清政府这个房子在大风之下摇摇欲坠,他所做的就是拿起一张报纸或者一块布,哪里漏风了,就在哪里糊一下。糊完之后,这个房子似乎是被修好了,但是,当真正的狂风暴雨到来的时候,糊上的那一层一层的报纸和破布救不了这个房子。

当时中国社会所需要的是彻底的反思和变革,是经济基础、上层建筑、社会结构等各方面的革命与革新,而不是在某些地方修修补补。洋务派为了挽救当时破败的清王朝而学习西方的先进技术,就如李鸿章自嘲的那样,他们只是糊裱匠。这种修修补补并不能从根本上变革当时清朝的整个社会制度和社会结构,因此当真正的狂风暴雨到来的时候,大厦将倾,谁也挽救不了。

但从积极意义上讲,洋务运动促进了近代工业的发展。洋务派创办的民营企业在一定程度上刺激了中国民族资产阶级的兴起,一定程度上抵制了外国资本主义经济的输入。在近代教育上,洋务运动也作出了一定的贡献。无论是办新式的学堂、派留学生到欧美去留学,还是翻译西方的书籍、办报纸,都在某种程度上开启了中国近代教育。尽管有以上贡献,但是由于自身的缺陷,洋务运动并没有使中国真正走上富强的道路。

在同一时期,日本开始了明治维新,其结果是使日本比较迅速地摆脱了落后挨打的局面,进而成为亚洲乃至世界上的一个强国。日本明治维新是从天皇到老百姓都坚决执行的基本国策,而洋务运动只是清政府内部一部分有远见的官员所展开的自强新政的一个自救行为。一个是举国上下形成共识以后,带着危机感去全力推动社会变革;另一个只是一部分官员认识到要变革去进行修修补补,二者的结局自然也是迥然有别。由此可见,一个有着深厚历史积淀、有着四亿人口、一千多万平方公里土地的大国,要真正实现彻底的社会变革,是多么不容易。

---

① [美] 芮玛丽:《同治中兴:中国保守主义的最后抵抗(1862—1874)》,房德邻等译,中国社会科学出版社2002年版,第3—4页。

洋务运动作为中国近代史的一环，虽然只是昙花一现，但让中国人更加深入地思考怎样才能实现中国历史的变革，从这个意义上说，洋务运动对中国社会的嬗变有一定程度的推动作用。洋务运动是中国近代救国救民道路上一个不可或缺的历史环节。

第三节　戊戌六君子：知识分子的慷慨悲歌

近代中国演进的历史逻辑是从技术革新到制度变更，从制度变革到思想启蒙，从思想启蒙到社会革命，这是一个不断递进的发展过程。戊戌变法既是近代中国寻求制度突破的一次努力，从社会阶层救国的实践角度看，又是知识分子登上近代政治舞台的一次变革尝试。这当中有很多经验教训值得我们吸取。

任何一个历史事件背后都有一个人心与时代变革之间的互动背景，这就是"时代有所呼，人心有所应"。19世纪末期，中国历史上出现了几个大的事件。

第一，甲午海战失败。甲午战争使得两千多年以来一直被中国人认为是蕞尔小国的日本，一下子成为世界列强之一。《马关条约》的签订，给中华民族带来了从未有过的压力和屈辱，极大地刺激了中华民族内部的觉醒，使得无数中国人深刻反省自己，力争认清世界的潮流，推动变革，改变中华民族衰败的国运。

第二，甲午战争后，西方列强掀起了抢占租借地、扩大势力范围的狂潮。1897年，德国出兵占领胶州湾，整个山东省被纳入了德国的势力范围。日本和德国从中国身上割走"肥肉"的行为极大地刺激了列强的胃口。1898年之后，西方其他列强国家也纷纷参与进来，趁火打劫，掀起了在中国瓜分势力范围的狂潮。中华民族面临着分崩离析、瓜分豆剖、被人肢解的命运。我们应该如何自救？怎样才能真正让中华民族强大起来？这就成为那个时代最急迫的呼声，这是"时代有所呼"。

在中华民族呆滞、沉闷、麻木的风气下，康有为、梁启超、谭嗣同等一批接受了先进思潮的人看到了清政府面临的生死存亡的危机。在这种情况下，他们内心都有一种强烈的愿望，就是希望通过自己的努力，让清政府摆脱衰败和退出历史舞台的危机。所以，求变革、求维新，就成为那个时代急迫的愿望和诉求。在这种情况下，戊戌变法的发生，可以说是历史的必然。

近代史上，最早具有维新思想的代表人物是康有为。康有为于1858年出生在广东南海。他早年接受的是中国传统的教育，有着学而优则仕的抱负，以科举应试、入仕做官为人生目标。

光绪八年，也就是1882年，康有为到北京参加会试，回乡途经上海。当时的上海已经由一个小渔村发展成为一个比较繁荣的新兴城市。在上海，他接触到了资本主义社会的一些新生事物。在这个过程中，他也收集了一些介绍资本主义国家政治制度和自然科学技术的书刊。经过学习，康有为认识到：当时西方的资本主义社会制度在很多方面都比中国的帝制制度要先进得多。在落后就要挨打的情势下，无论是帝国主义的侵略带给中华民族的屈辱感，还是清政府的腐败所激起的知识分子心中的义愤，都使得年轻的康有为心中燃起了一定要救这个国家的火焰。于是，康有为立志向西方国家学习，挽救正在危机中走向死亡的清政府。康有为认识到，面对危机，只有变革才是出路，变则通，通则久。在时代危机面前，中华民族如果不能维新自救，最终只能被时代淘汰。

光绪十七年，即1891年，康有为在广州万木草堂讲学，主要讲述中国数千年来学术思想的源流、历代政治沿革的得失。在万木草堂讲学时，康有为围绕着中国的社会现实，讲应该怎么变革，应该怎么推动社会进步。而且，他在讲这些问题的时候，主要借鉴了西方国家的做法，然后来论证我们中国的当下应该怎样变革，总结起来就是"大发求仁之义，而讲中外之故，救中国之法"。[①]

为了论证自身主张的合法性，康有为写了几本书，其中最具代表性的是《新学伪经考》和《孔子改制考》。我们前面讲到，太平天国运动的指

---

① 《康有为全集》第一卷，中国人民大学出版社2007年版，第340页。

导思想是由基督教教义和中国传统思想杂糅而来的。所以，曾国藩在剿灭太平天国的时候就指出，太平天国运动的指导思想把中华民族几千年的文脉毁于一旦。曾国藩还说，所有对中华民族有感情、对中国文化有历史担当的人，应该一起来保护中华民族五千多年以来的精神魂脉。洪秀全这样的人，应该人人得而诛之。但太平天国的指导思想对康有为产生了一定的影响，他认识到在推动社会变革的时候，用什么样的思想作为指导十分关键。他的《新学伪经考》和《孔子改制考》都打着尊重孔子的名义，以赋予维新改革合法性。而且，为了论证自己的观点，他把封建统治者所推崇的历来被认为是神圣不可侵犯的经典称为"伪经"，这也是《新学伪经考》书名的由来。康有为也是通过把这些封建社会所推崇的经典宣布为伪造的文献，肢解维护封建制度和统治者利益的旧理论的合法性。

在《孔子改制考》中，康有为把孔子塑造成一个非常具有进取精神又提倡民主、平等观念的人。那么，康有为所塑造的孔子是不是真实的孔子呢？有一部分是，而有一部分是康有为为了变法的需要创造出来的。由此我们就可以发现，康有为和洪秀全相比，他的智慧就在于打着孔子的旗号，为维新变革提供了合法性。

1895年《马关条约》签订时，康有为正好在京应试。《马关条约》签订的消息传来后，他联合了1300多名在北京考试的举人联名请愿。当时清政府规定，所有到北京参加科举的人，都由政府专门派牛车或马车去接，因此，这次上书就被称作"公车上书"。在请愿书中，他们提出的口号是"拒和、迁都、练兵、变法"，即"下诏鼓天下之气""迁都定天下之本""练兵强天下之势""变法成天下之治"，[①]这是维新派当时的救国纲领。总结起来，其实就是富国、养民、强兵。公车上书后，康有为逐渐被当时的主政者所认识和接受。1898年6月16日，光绪帝在颐和园勤政殿召见了康有为，任命他为总理衙门章京，并且给了他随时可以觐见皇帝的特权，让他去筹办变法事宜。以上是对康有为的一个简单的介绍。

---

① 《康有为全集》第二卷，中国人民大学出版社2007年版，第33页。

下面，我再给大家介绍维新变法的另一员大将梁启超。梁启超，1873年出生于广东新会，在1890年春天，梁启超赴京参加会试，回乡时也经过上海。在上海，他看到了上海制造局翻译的一些西方书籍，如介绍西方地理情况的《瀛环志略》等。这些书让一直接受中国传统教育的梁启超一下子打开了视野，从此他对西方的政治文化等产生了浓厚的兴趣。1890年秋天，梁启超认识了陈千秋，通过陈千秋认识了康有为。几次上书让康有为名声大噪，梁启超对他大胆的举动也是十分钦佩。后来，他阅读和了解了更多康有为的著作，梁启超这样说道："一见大服，遂执业为弟子"。执弟子礼，就是把自己当作康有为的学生。从此以后，他就投入康门，接受康有为的改革主张和变法理论。

　　梁启超对20世纪初的中国社会产生了极大的影响。梁启超的写作水平很高，写文章"笔锋常带感情"。大家读他的《少年中国说》，没有几个人不被文章中体现出的忧国忧民、慷慨悲歌之气所折服。据记载，少年时期的毛泽东读了梁启超的文章以后，激情澎湃。所以，在后来的变法过程中，梁启超的舆论宣传能力起了不可替代的作用。在万木草堂和康有为一起讲学、学习的过程中，梁启超对天下的大事、民族的危难有了深刻的认识，立志要改良救国，为振兴中华而奋斗。此外，他也广泛涉猎了中西方的书籍，开拓了自己的视野，这为他今后参与发动变法打下了一个比较良好的基础。

　　除了两位主要推动者之外，戊戌变法也离不开光绪皇帝的支持。光绪皇帝，生于1871年，1908年死于急性的砒霜中毒，有传言是被慈禧毒死的。光绪帝是慈禧太后的外甥，登基的时候只有4岁。擅权的慈禧为了控制光绪，给他制定了一系列严格的规矩。这么一个小皇帝，虽是生在帝王之家，实际上却是孤苦的少年，他的成长经历并没有那么美好，但他是个有血性的人，对国家未来有深切的关怀。虽然他当时没有最终的决策权，但他还是努力地推动变法，在这一点上，他身上有值得我们赞叹的气魄。《清史稿》记载，甲午海战失败以后，李鸿章到日本签订《马关条约》，为什么迟迟不能签字呢？因为当时光绪皇帝坚持的主张是打，而且是打持久战，不同

第五章　实践层面的抗争与求索　147

意在《马关条约》上签字。"上绕殿急步约时许，乃顿足流涕，奋笔疾书""台割则天下人心皆去，朕何以为天下主？"当《马关条约》签订的消息传来，光绪皇帝来来回回地踱步了很长时间，甚至在殿上放声大哭。他说，如果真的把"台湾"割给日本人，我有什么脸面做一个不能保护老百姓的皇帝？说得直白一点，作为一个国主，一个当家人，如果连国民的生命和福祉都不能保护，又有什么资格做国主？

可当时清政府的政治格局里，占据主导权的是以慈禧太后为代表的保守派，被称作"后党"，而以光绪皇帝为代表的"帝党"，实际上都是一些慷慨悲歌但手无缚鸡之力的白面书生，处于严重的弱势。帝党虽有悲情和决心，但缺少手握乾坤的实力和能力。

光绪帝决心变革，在康有为、梁启超等人的推动下，1898年6月11日，他颁布了《明定国是诏》，正式宣布变法。变法的主要内容如下：经济方面，保护工商业、建立农工商局、开办实业、奖励发明、修建铁路等；文教方面，改革科举制度、废八股、改试策论、创立学校等；军事方面，训练海军、陆军等；政治方面，裁撤冗官、取消闲散重叠的机构、准许旗人自谋生计、允许老百姓向皇帝上书等。

需要补充的是，在变法之前，康有为、梁启超等在政治上的主张是实行君主立宪，提倡开议院、开国会、定宪法。但在整个戊戌变法运动期间，所有的政令都不涉及设议院、开国会、定宪法，这说明变法的人小心翼翼，唯恐得罪庞大的保守势力。即便是这样，戊戌变法最后仍然被慈禧太后一手镇压了。

9月21日，戊戌变法失败，慈禧太后重新垂帘听政，把光绪皇帝囚禁在中南海的瀛台。从6月11日到9月21日，戊戌变法共历时103天。所以，历史上称之为"百日维新"。

在百日维新被清算的时候，维新志士谭嗣同等人的表现可谓光照寰宇。谭嗣同，湖南浏阳人，1865年出生，1898年戊戌变法失败以后，作为戊戌六君子之一，死在了北京的菜市口。其实在变法失败之后，有人已经给他买好了船票，让他从天津逃到日本。当时康有为、梁启超等人都逃走了。

但是，谭嗣同却说，国家衰败到今天这个程度，如果不变法，国家的命运就没办法转折。考察全世界的变法，没有一个变法是不需要流血的。谭嗣同的结论是，要变法就需要有人牺牲，要牺牲就从我谭嗣同开始。他在狱中写下了一首诗："望门投止思张俭，忍死须臾待杜根。我自横刀向天笑，去留肝胆两昆仑。"[1]他说，在我决定要为中国的变法去死的时候，我想到了汉代的张俭和杜根，我希望出去的康有为、梁启超能像张俭一样受到人们保护，也希望留下的人如同杜根一样忍死待机完成变法大业。我横刀而出，仰天大笑，因为去者和留者肝胆相照、光明磊落，有如昆仑山一样的气魄。

这首诗鼓舞了无数的人，成为中华民族精神的丰碑。谭嗣同的这种精神，值得我们每一个中国人学习。这个精神是从尧、舜、禹，从孔孟那个时代流传下来的一种为了民族可以置生死于度外的中华民族精神，古语云"杀身成仁，舍生取义"。中华民族精神有非常丰富的内涵，但家国永远是中华民族精神的底色，是中华文化的真骨血。所以，每当国家处于危难的时候，每当民族有需要的时候，总是有像岳飞、文天祥、谭嗣同这样的人，敢于站出来，以自己的血肉之躯来捍卫国家、民族的尊严。可以说，这些人才是中华民族历久弥新、经历无数磨难而能够持续发展下去的民族脊梁和中流砥柱。

戊戌变法失败后，谭嗣同、杨锐、刘光第、林旭、杨深秀、康广仁六人在北京菜市口英勇就义，人们将这六位维新志士合称为"戊戌六君子"。在就义之前，谭嗣同还说了一句话："有心杀贼，无力回天，死得其所，快哉快哉。""死得其所"四个字读来让人感到十分悲壮，如果我们深究的话，就涉及戊戌变法失败的原因了。当时整个中国社会并没有形成变革的共识，只是一个年轻皇帝和一群热血沸腾的知识分子联合起来，想把一个庞大的、密集的、各种力量交织在一起的清政府向前推进，力小任重，难免落得悲

---

[1] 梁启超：《饮冰室诗话》，人民文学出版社1959年版，第14页。关于《狱中题壁》版本和作者的争议，本文不予讨论。

剧的下场。所以，戊戌变法和洋务运动一样，最终不可避免地走向失败。心怀天下的知识分子，希望通过软弱皇帝的几道圣旨改变中国的命运，实在是天真而悲凉。

但戊戌六君子的血没有白流。虽然戊戌变法是一场悲剧，但是这场悲剧带给中国社会的冲击，带给先进中国人的思考，却是非常广深的。

戊戌变法所代表的新兴民族资产阶级的力量实在太弱小了，他们攀附在封建专制独裁和封建政府羽翼之下，不敢也不能发动广大人民群众参与轰轰烈烈的社会变革，最终必然走向失败的结局。

戊戌变法政治变革的尝试最终失败了，但是在思想文化上的影响却非常深远。维新派的志士在推动政治变革的时候，也在大力推广资产阶级新文化，反对帝制时期的旧文化。在这个过程中，积极认知世界潮流和改革维新的思想，更广泛地蔓延开来。西方的诗歌、文学等都对中国社会的变革起了很大的作用。这在某种程度上又为后来的辛亥革命和新文化运动准备了条件。

戊戌变法的失败让那些寄希望于清政府自强变革的人由失望到绝望。由此，更多的人开始走上彻底推翻清政府的道路，寻求建立新的制度和体制。革命成为近代中国必然的潮流。

第四节　孙中山的宏伟蓝图：振兴中华与三民主义

关于革命的话题，20世纪80年代以后中国学术界的某些人曾经提出一个口号："告别革命"。他们认为近代中国的主要任务是像西方那样完成启蒙，而反帝反封建的革命则是冲淡了近代中国的主要任务。这就是所谓"救亡"压倒"启蒙"的学术论调。

实际上，近代中国需要启蒙，但更需要救亡。不启蒙无以开创新局面、建设新中国；不救亡，不仅无法实现基本的民族独立，深刻全面的启蒙也无从谈起。而且，在救亡的历史大潮中，在血与火的锻造中，才能更好地启蒙，塑造中华民族的新精神。"救亡"压倒"启蒙"论调的出现，实际上是因为中国社会的救亡实践与某些知识分子梦想走欧美的道路迥然不同。深受欧美影响的一些人,不希望中国走马克思主义指导下的社会主义道路,而是希望中国能够走欧美那样的道路。中国近代社会有自己发展的客观逻辑,那种寄希望中国做欧美传声筒和复读机的人,除了失望恐怕就是绝望。无论是回顾几千年中国的历史,还是展望中国的未来,中国在任何时候都不会选择走简单模仿、移植其他国家的道路。社会发展的客观趋势不以任何人的主观意愿为转移,主观符合客观,顺应社会发展大势,才是真正的智慧和觉悟。

"革命",在汉语语境中是一个饱含积极意义的褒义词,意味着除旧布新,开启新局,也意味着旧的局面已经无法适应新的时代挑战,必须通过内外力量的结合推翻旧制度,建立新制度。近代的中国革命,绝不是某些革命党人主观制造的社会运动,而是在各种客观因素的推动下必须采取的手段。只有革命才能真正摆脱危机,建立起新秩序。

当人们看到志士仁人为了挽救摇摇欲坠的清王朝甚至不惮于献出自己的生命而变法维新,换来的却是北京菜市口"戊戌六君子"的六颗人头时,清政府的形象便轰然倒塌。戊戌变法的失败,以及清政府对待变法维新人士的做法,警醒了很多人。人们开始认识到,这个自绝于人民、自绝于时代的清政府,真是无药可救。更多的志士仁人走上了推翻清王朝的道路。

《辛丑条约》的签订,又在中国人民头上加了一个极其沉重的负担。4.5亿两白银的巨额赔款,再加上各种利息,实际赔款近10亿两白银。而这些白银,最后都分摊在每一个中国人头上。进入20世纪,中华民族积贫积弱的局面并没有改变,拯救中华民族于水火之中的时代任务不仅没有完成,反而更加艰巨。志士仁人挽救中国的探索,必然要不断地进行下去。戊戌变法之后,怎样通过武装斗争,通过革命,来推翻一个无可救药的封建没落的王朝,进而开创建立一个崭新的国家,就成为一部分有识之士的思考方向。以孙中山为代表的革命党人,成了20世纪初中国反帝国主义列强、反帝制政权的先行者。

孙中山的主张能够得到较大范围的传播和认可,与清政府民心尽失有直接的关联。《辛丑条约》签订以后，中国社会陷入了更加深重的灾难之中。清政府已经明目张胆地与人民为敌，毫无羞耻地提出"量中华之物力，结与国之欢心""宁赠友邦，不予家奴"，公然跪拜帝国主义，成为洋人的朝廷，丧失了一个政府对国家、对人民应该有的最起码的担当和责任。清政府的腐败无能催生了革命的合法性、正当性和支撑革命的民意力量。

在对外的关系上，清政府也几乎完全丧失了维护国家和人民利益的能力。20世纪初，俄国就占领了中国的旅顺口以作为远东地区的不冻港。但这影响了日本在华的利益。1904年，日本对旅顺口的俄国舰队发动突然袭击，日俄战争爆发。这是一件令人啼笑皆非的事情，为了争夺中国的领土，日本、俄国两个帝国主义国家在中国的领土上进行了一场帝国主义战争。这场战争历时一年多，最终俄国战败，日本在整个东北取得了主导权。无能的清政府只能眼睁睁地看着列强在中国的领土上烧杀抢掠，无恶不作。

可以这样说，20世纪初，随着帝国主义的不断入侵，民生凋敝、百姓苦难，再之社会治理腐败，旧中国很难继续维持下去。用革命的手段来推翻清政府，探索新的救国救民道路，就成为一种历史发展的趋势。

清政府自身也做了一点挽救摇摇欲坠局势的努力，就是清末新政。1901年，清末新政启动，主要内容包括改革官制、改革兵制、改革学制。具体说来，有设学堂、鼓励人游学、对工商业进行奖励、禁止缠足、禁止鸦片等举措。但仅仅通过一些细枝末节的政策来挽救走向死亡的清王朝，实在是回天乏术。不打破盘根错节的旧社会结构，"涂脂抹粉"的新政，最终也挽救不了摇摇欲坠的清王朝。

当然，客观的环境只不过提供了革命的可能性，革命的爆发离不开革命先行者的认知和推动。被誉为"民主革命先行者"的孙中山先生就是其中最杰出的代表。

孙中山，1866年出生在广东香山县，即现在的中山市，1925年去世，是中国近代史上一个特别值得我们去学习、反思、总结的伟大人物。孙中山原名孙文，因为他在日本留学期间，曾改名叫"中山樵"，所以后来人们习惯称他为孙中山。孙中山幼年以来的生活并不是大富大贵，所以他对社会底层人民的遭遇有深刻的同情和感受。孙中山早年读过三年私塾，后来在1878年时到了檀香山（他哥哥在檀香山做工），在他哥哥孙眉的资助下，先后在美国、英国和中国等地求学。孙中山不但忧国忧民，关心国家命运，还有个特点，那就是他是个实干的人。孙中山小的时候，周围生活着一个隐姓埋名的曾参与过太平天国运动的士兵。这个人会时不时和孙中山这些小孩子们讲太平天国的故事，讲怎么样反对清朝，这对孙中山影响很大。少年孙中山经常和他的同学讨论时局，称洪秀全为"反清的第一英雄"，有的时候他甚至以"洪秀全第二"自居。虽然当时他对清朝的现状和太平天国并没有太深刻的认识，但他非常钦佩那些敢于起来反抗的实干家。

1894年，李鸿章在清廷里还是个如日中天的人物，孙中山为了"窥清廷之虚实"，便上书李鸿章，提出了一个"人能尽其才，地能尽其利，物能尽其用，货能畅其流"[1]的主张。当然，这是个很理想的做法，即使在今天来看也有非常大的价值。但孙中山等了10多天也没有等到李鸿章的回复。孙中山很失落，认为这样一个破败的、僵化无能的、即将走向死亡的政府，恐怕只能被推翻才能恢复中国的生机。

1894年秋冬时节，孙中山由上海到了檀香山，联合了20多位华侨成立了"兴中会"。兴中会成立时的宗旨是"专为振兴中华，维持国体起见""以申民志而扶国宗"。[2]在近代那样一个风雨如晦的环境里，"振兴中华"是时代的最强音，可谓振聋发聩，如黄钟大吕之音。"振兴中华"，集中代表了有着五千多年历史底蕴的中华民族，虽近代受辱，但仍渴望独立、渴望自强、渴望民族复兴的强烈愿望。所以，"振兴中华"实际上成了近代中国凝聚人心，团结无数志士仁人，抛头颅、洒热血，挽救中华民族的一面精神旗帜。所以从这个意义上看，孙中山的兴中会虽然只

---

[1]　《孙中山全集》第一卷，中华书局1981年版，第8页。
[2]　同上，第19页。

是一个小团体，但是它的意义不可估量。

孙中山是一个真正的实干家，绝不讲空头理论。成立兴中会后不久，他就在广州发动了起义。尽管当时清政府即将走向灭亡，但真正要想推翻它，不仅要经过广泛深入的思想启蒙和舆论宣传，还要有相当的军事准备和人民的支持。当时孙中山的影响力很小，但是他的优点就是敢干。1895年10月，孙中山决定以广州为根据地进行起义。结果，因为消息泄露，参加起义的70多人被捕。

广州起义失败以后，孙中山被迫流亡国外。他从日本到美国、英国等地进行考察。在《建国方略》这本书里面，孙中山这样讲道："两年之中，所见所闻，殊多心得。始知徒致国家富强、民权发达如欧洲列强者，犹未能登斯民于极乐之乡也；是以欧洲志士，犹有社会革命之运动也。予欲为一劳永逸之计，乃采取民生主义，以与民族、民权问题同时解决。此三民主义之主张所由完成也。"[1]孙中山在游历过程中感悟到：中国人生活在水深火热之中，此事不假；但欧美的一些国家，其实也没有人们想象的那么美好，同样到处充斥着苦难和不公平，甚至饿殍遍地。实际上，那个时候欧美的资本家固然丰衣足食，但是也有很多老百姓在温饱线上挣扎，甚至需要在大街上乞讨来维持生活。我们自己国家问题多多，这是事实，我们要革命，推翻清政府，建立一个崭新的国家。但是，欧美也绝不是什么乐土，也不是大同社会，他们的问题也非常之多。而且，在欧美也有很多的老百姓起来反抗，也有很多的工人游行，来反对资本家的压迫。孙中山的这一次游历，对他完善自己的思想、完善自己的奋斗目标起到了很重要的作用。今天的中国社会里仍有一些人迷信崇拜欧美，以为欧美就是文明的代表、真理的化身，真是可悲可叹。中国的发展，学习欧美、超越欧美，绝不是简单的模仿和照搬，这应该成为国民基本的常识。

武力推翻清王朝，不是一朝一夕之功，也绝对不可能凭一己之力。20世纪初，不光是孙中山，很多的知识分子也都认识到清政府已经成为洋人

---

[1] 孙中山：《建国方略》，牧之等选注，辽宁人民出版社1994年版，第87页。

的朝廷，已经不能代表中国人的利益和维护中华民族的尊严了。章炳麟、邹容、陈天华等人大声地鼓与呼，开启民智，推动了革命的形成与发展。

　　章炳麟，浙江人，原名章太炎。他早年受改良思想影响较多，后来戊戌变法的失败使他认识到这样的一个政府已经无可救药。从此他转变了政治立场，走上了民主革命的道路。他曾在《〈客帝〉匡谬》一文中，深刻地反思自己拥戴清朝皇帝的错误。章炳麟本人的真诚态度，在知识分子群体中间产生了非常大的影响。1903年，他在上海《苏报》发表了一篇文章，名为《驳康有为论革命书》。在这篇文章里面，他深刻地批评了康有为的保皇主张。变法失败之后逃到日本去的康有为等人，固执己见，坚持认为保皇的道路是正确、可行的。康有为还提出了一个观点：中国不能革命。为什么呢？"公理未明，旧俗俱在"，而且当时的老百姓"民智未开"。康有为认为，当时中国的国民素质和智慧不足以搞革命，而且几千年旧的积习仍在，搞革命是不可能成功的。针对康有为的这个观点，章炳麟明确地提出："公理之未明，即以革命明之；旧俗之俱在，即以革命去之。"[①]意思是说，今日民智未开怎么办呢？那就通过革命去开化。他认为，革命就是启迪民智、除旧布新的一服良药。当大多数人还处在对皇帝盲目崇拜的愚昧状态中时，章炳麟却敢于把光绪皇帝斥为"载湉小丑，未辨菽麦"。意思就是你们跪在那里山呼万岁、万分崇拜的这么一个皇帝，实际上他不过是个孩子，而且他自己连庄稼长什么样都不知道，凭什么跪在他的脚下、盲目地崇拜？章炳麟的这些文章产生了十分深远的影响。

　　邹容，四川人。1903年，他从日本留学回到上海以后，写了一本书叫《革命军》。当时他只有20岁上下，虽然年龄不大，但是他的语言不但犀利、尖锐，而且歌颂革命、歌颂民主的热情十分饱满，特别能打动人心。"我中国今日不可不革命，我中国今日欲脱满洲人之羁缚，不可不革命。"[②]邹容指出，清政府实际上就是帝国主义的奴隶总管，完全不能代表中国人

[①] 《章太炎政论选集》上册，汤志钧编，中华书局1977年版，第204页。

[②] 《猛回头：陈天华、邹容集》，郅志选注，辽宁人民出版社1994年版，第182页。

民和中华民族。中国人只有进行民主革命，彻底推翻清王朝，才能真正获得民族的独立和社会的进步。《革命军》这本书出版以后，风行海内外，在知识分子中间尤其受欢迎。据记载，它曾经销售了上百万册，是清末革命书刊中最畅销的。客观地说，《革命军》这本书，对民主革命思想的传播起到了莫大的作用。

陈天华，湖南人，他和邹容一样也是留日的学生。1903年，他在对祖国无比热爱和对帝国主义无比仇恨的感情下，写了两篇文章，一篇是《猛回头》，还有一篇是《警世钟》。陈天华的文章文风朴实，文中的话就跟打油诗一样，具有广泛的传播力。比如，他说："这朝廷，原是个，名存实亡。替洋人，做一个，守土官长。"① 他还讲："故我们要想拒洋人，只有讲革命独立，不能讲勤王。"② 陈天华的这种语言，通俗易懂，朗朗上口，易于在老百姓中间传播。他一针见血地指出，保皇派如康有为等这些人鼓吹的维新立宪，都是自欺欺人的鬼话。他认为，中国要想进步，必须把清朝推翻。

有的人从感情上不喜欢革命，有的人热情地歌颂革命。喜欢与不喜欢，这是一个人的主观情感。但现实中的社会大革命不是哪个人创造出来的，客观形势发展到了那个程度之后，要不要革命，也绝对不是某个人说了算。大家耳熟能详的话"世界潮流，浩浩荡荡，顺之则昌，逆之则亡"其实也是这个意思。近代以来，清政府并非没有改过自强的机会，洋务运动、戊戌变法都是机遇。可每一个机会都被清政府扼杀或者错过。尤其是戊戌变法，那六颗知识分子的人头教育了多少人？后来，摇摇欲坠的清政府又搞新政，搞君主立宪，一次一次的自救都是敷衍舆论、欺骗舆论、愚弄老百姓，并没有真正推动社会的变革。结果只能是来自外部的力量将其打倒，重建中国的新未来。辛亥革命不是人制造出来的，是清政府不断错失历史机遇、民心尽失、背离时代大潮的必然结果！当人民对清政府彻底失去信心和认

---

① 《猛回头：陈天华、邹容集》，郅志选注，辽宁人民出版社1994年版，第13页。
② 同上，第60页。

可的时候，它只能走向死亡，被革命推翻。所以，章炳麟、邹容、陈天华、秋瑾等人的思想，不过是当时中国社会思想状况和民族心态的一个缩影。他们心中燃起的一定要推翻清王朝的烈火，绝不仅仅是知识分子简单的冲动，更多的是代表了历史的车轮到了那个节点所必然的表现。

走革命的道路，推翻清王朝，挽救中华民族于水火之中，逐渐地成为当时社会的一个共识。1903年，孙中山在东京建立革命军事学校的时候，提出了十六字主张："驱除鞑虏，恢复中华，创立民国，平均地权。"①后来他在檀香山改组兴中会，就把这16个字当作了兴中会的纲领。

1904年，孙中山写下了《中国问题的真解决》。他在这篇文章里面提出了一个判断：清朝"正迅速地走向死亡"，"中国现今正处在一次伟大的民族运动的前夕，只要星星之火就能在政治上造成燎原之势"。②此外，他在文中还提出了一个核心的观点，就是用革命的手段推翻清王朝，建立新的国家，是挽救中华民族国运的唯一正确的选择。

1905年，孙中山从欧洲到达日本。孙中山看到各个主张革命、主张武力推翻清王朝的团体，如兴中会、岳王会等，各自为政，力量分散。这种团团伙伙式的革命组织，已经不可能再适应革命的需要。他认识到要想革命，必须建立强有力的组织，必须把大家团结起来。于是，他在革命团体领导人中间做了很多工作，宣传要互相联络，共同努力，倡议成立一个全国规模的统一的革命组织。1905年7月30日，孙中山、黄兴、宋教仁等人召开筹备会议，讨论建立统一组织的问题。孙中山提议成立同盟会，即中国革命同盟会。经过大家商议以后，中国革命同盟会简称为"中国同盟会"。在这个会议上，孙中山提议，以"驱除鞑虏，恢复中华，创立民国，平均地权"作为纲领。8月20日，中国同盟会在东京成立。中国同盟会是近代中国第一个全国性的革命政党，具备了当时资产阶级革命政党的特点和规模，成为当时领导中国革命的中心。当然，它的问题也很多，比如缺

---

① 《孙中山全集》第一卷，中华书局1981年版，第224页。
② 同上，第254—255页。

少严密的组织，没有脱离旧式的秘密会党结社的特点等，但我们不能拿今天的认知去苛求它。

同盟会成立之后进行了选举，孙中山被选为总理，黄兴担任执行部的负责人。同盟会的成员主要以中小资产阶级为主，也有部分主张革命的知识分子。一个革命组织，一个有社会理想的团体，一定要有自己发声的渠道。1905年11月26日，同盟会创办了自己的机关刊物《民报》。孙中山在《民报》发刊词中，将同盟会的十六字纲领总结为民族、民权、民生的"三民主义"[①]。孙中山强调要将三民主义灌输以人心，化为常识，才能形成推动社会进步的磅礴之力。一个思想体系，一定要通过各种宣传，渗入老百姓心里去才会变成强大的力量，这一点孙中山显然认识到了。

民族主义对应的是十六字纲领中的"驱除鞑虏，恢复中华"。这个"鞑虏"指的就是清朝统治者。换句话说，民族主义就是推翻清王朝的统治，将半殖民地半封建的中国建设为独立的中国。当时，孙中山还对革命中的"反满"思想作出批评。他说民族主义并不是排斥满族民众，我们并不恨满族的普通老百姓，我们只是恨那些压迫在老百姓头上、作威作福的那一部分统治者。满族、蒙古族等民族也是中华民族的一部分。在民族问题上，孙中山有着清醒的认识。

民权主义对应的是十六字纲领中的"创立民国"，就是推翻封建专制的统治，建立一个资产阶级的共和国。具体来说，就是国民享有参政权，大总统由国民选举产生等。孙中山对这个问题做了比较详细的描述。

民生主义对应的就是十六字纲领中的"平均地权"。按照孙中山的解释，平均地权包括以下几点：第一，西方资本主义制度暴露的很多问题，以及工人和资本家尖锐的对立和冲突，是中国必须警惕的前车之鉴。孙中山认为，中国的革命绝不能限于简单的政治革命，一定还要搞社会革命，也就是说，一定要把老百姓的生活照顾好，如果不能把平民百姓的生活照顾好，这场革命不仅不彻底，还没有达到目的，甚至老百姓还会起来推翻这个新

[①] 《孙中山全集》第一卷，中华书局1981年版，第288页。

的政府。第二，孙中山认为，资本主义社会的很多问题之所以产生，是因为没有解决土地问题。因此，土地问题务必优先解决。那么，怎么解决土地问题呢？孙中山认为，解决土地问题的好办法就是按照约翰·穆勒在《政治经济学原理》一书中提出的办法，把天下的地价进行核定。革命开始的时候，核定地价，革命胜利之后，随着经济的发展，地价逐渐增高，现有的地价就归土地的所有者，增长的地价归国家所有，归国民所共享。第三，平均地权以后，私人就不用纳税了。那么，政府的税收从哪里来呢？在新国家成立之后，地价相比核定时溢出的那一部分，就作为税收使用。总之，孙中山的民生主义，主张平均地权，实际上是应对资本主义社会两极分化现象提出的一种对策。孙中山曾经游历欧美，他敏锐地察觉到了资本主义社会存在的严重的两极分化和社会不公正问题，这也使得他对社会主义心存好感。所以，孙中山后来说，民生主义就是社会主义。这也是后来孙中山能和共产党合作，能接受苏联帮助的重要原因之一。

三民主义，成了当时团结和凝聚中国革命志士仁人的一面旗帜和思想纲领。一场革命要想成功，必须有一种新的思想把大家团结起来，而且这个思想还要比较先进，能够有效地推动社会的进步。太平天国、义和团运动等之所以走向失败，就是因为他们没有一个新的科学理论作为指导。三民主义是对当时整个人类社会观察之后总结的一个产物，具有相当的先进性。

当然，孙中山的三民主义还存在很大的缺陷。比如，他的民族主义并没有明确地提出反对帝国主义，更多的只是反对清朝统治。而在民权主义上，他不敢发动、依靠最广大的人民群众，更多的是依靠社会上那些有头有脸、有社会地位的有钱人。民生主义提倡的平均地权看起来是很美好的设想，但是，关于怎样让农民获得土地，它并没有具体的设计和回答。因此，孙中山的"三民主义"虽然有一定的先进性，但它的弊端、弱点和局限性也是显而易见的。这就使得辛亥革命的影响只是局限在一些知识分子的内部，革命没能真正地去发动人民，更没能带领、团结广大的农民、工人一起奋斗，来建立一个新的国家。然而，面对近代中国这种盘根错节的旧势力，若是不能发动广大的人民群众，就不可能取得革命的成功。由此我们也看到，孙中山的革命从一开始就埋下了走向失败的因子。

有着两千多年帝制皇权传统的中国社会，若想实现彻底的社会转型，建立新秩序，开启新生机，仅仅依靠几个革命者的鲜血和几个开明知识分子的呐喊是不可能成功的，必须彻底地发动人民，从整体上进行反思、批判和重建。从这个意义上说，一个政治力量如果有能力发动最广大的人民群众，能够进行彻底的社会变革，建立适应时代发展、反映历史潮流的新制度，就有了成为未来社会发展主导性力量的希望。

第五节　从帝国到民国的历史转折：辛亥革命

中国同盟会成立以后，主张民主革命的知识分子加大了舆论的宣传力度。1905年到1907年，革命派和改良派在思想政治领域进行了激烈的论战。这次论战，其内容之深刻，讨论问题之广泛，延续时间之长，斗争之激烈，影响之深远，在中国近代史上都是罕见的。同盟会的舆论主要是由机关报《民报》发出，而以康有为、梁启超等人为代表的改良派主要是以《新民丛报》为喉舌。双方各自集聚了一批志同道合的人，可以说是当时中国文化界里的两大阵营。

二者讨论的主要内容就是要不要以暴力推翻清王朝的统治，政治上是推行君主立宪还是民主共和，封建土地所有制应不应该改革等。革命派认为，当时的清政府并非以汉族为主体，而"非我族类，其心必异"。这实际上也是明清以来中国民间排满观念的折射。革命派还指出，清政府已经成为洋人的朝廷，已经没有了统治中国的合法性和正当性，它完全站在了人民的对立面，成了洋人和列强的走狗。改良派则延续了戊戌变法对清廷的感情以及对光绪皇帝个人的忠诚，他们认为，中国当时民智未开，国民素质低，不适合搞革命。

这一场争论，显示了两派之间在很多问题上存在的分歧。但在巨大的差异下也有一个共同点，就是他们都没有能够鲜明地提出反对帝国主义。

今天，我们不免心生疑问：帝国主义列强如此欺压中国人，改良派和革命派为什么不敢大声疾呼反帝呢？除了他们对帝国主义的认知有局限性之外，革命派和改良派的这次争论发生地是日本，两派的代表人物大都寄居在日本，必然仰人鼻息，受制于客观情势，英雄气短，也是无可奈何的事。

改良派在《新民丛报》发表有一个观点："人必自侮，而后人侮之，自有可亡之道，岂能怨人之亡我哉。"也就是说，帝国主义入侵中国、欺负我们，不是因为帝国主义的凶残和不人道，而是因为我们自己不争气。我们国家之所以衰败到这个程度、被人家欺负，某种程度上可以说是"自作孽，不可活"。改良派为帝国主义辩解的说辞，混淆是非，暗昧真理，需要重新分析以正视听。近代中国国运衰败是客观事实，但衰弱的国家就应该被欺负吗？当然不是！西方列强弱肉强食、侵略成性的本质，必须得看清楚。帝国主义列强凌辱中华民族的历史教训，更应该警钟长鸣。

帝国主义列强侵略扩张、弱肉强食、恃强凌弱的本性，无论是改良派还是革命派，对其都没有清醒的认识。改良派和革命派所倚仗的阶层是民族资产阶级，这一阶层和帝国主义有着千丝万缕的联系，或是产业和帝国主义有关系，或是受到帝国主义的资助。这使得资产阶级的改良派和革命派必然受到局限，不可能提出一个彻底的反帝反封建的纲领，自然也不可能彻底地完成反列强反帝制皇权的历史任务。

孙中山领导的革命派，尽管有着这样或是那样的问题，但他们作为敢于斗争的革命者，永远留在了中国历史的丰碑上。

中国同盟会从 1906 年开始，陆续发动了若干次的起义，如潮州黄冈起义、惠州七女湖起义、防城起义、镇南关起义等。孙中山的战略思想是什么呢？他的规划是先在东南沿海进行起义，夺取根据地，然后从根据地北上，争取全国的革命党人一起响应，最后打到北京，推翻清政府。但这些起义都失败了。若想推翻盘根错节的有着两千多年历史根基的帝制，必须进行思想动员、政治动员、经济准备以及相应的军事准备等。而孙中山领导下的起义，很多都是临时起意，响应的人太少，只有那么几十人、几百人。虽然在革命的英勇性上值得我们敬佩和赞叹，但由于他们缺少对群众的充分发动，缺少对革命思想的充分宣传，更缺乏对群众耐心细致的教育和引导，缺少足够的军事、经济等准备，走向失败也是必然的结局。

这里，我们主要介绍几个影响比较大而且对清政府的统治产生较大影响的起义。

1910年2月，同盟会发动了广州新军起义。此次起义失败之后，孙中山在《建国方略》里感叹："举目前途，众有忧色。询及将来计划，莫不唏嘘太息，相视无言。"面对惨痛的失败，许多革命领导人的内心也很失望、痛苦。但孙中山却仍然充满希望："今日吾辈虽穷，而革命之风潮已盛，华侨之思想已开，从今而后，只虑吾人之无计划、无勇气耳！"[①]在孙中山看来，革命者不要悲观失望，华侨已经认识到清政府一定会走向死亡，这种共识已经形成了。革命的主客观条件会逐渐具备，清政府一定被推翻。那么从主观上讲，我们准备得好不好、敢不敢斗争，就成为决定当前革命能否成功的一个关键。孙中山的乐观精神，鼓舞了很多革命同志。

1911年，同盟会又举行了一次在中国历史上具有深远影响的起义——黄花岗起义。这次起义最后也是以失败告终，72名革命烈士遗体就葬于广东的黄花岗。黄花岗起义使同盟会损失了很多培养起来的优秀干部。这些年轻人如果不牺牲，很可能会成为中国革命中非常杰出的干将。林觉民就是七十二烈士中的一个。林觉民参加黄花岗起义时，专门写了一封家书《与妻诀别书》。在信中，林觉民慷慨悲歌，与自己至亲的爱人和孩子告别，誓言要把自己的血肉之躯，献给这个国家，献给中国的革命事业。他说：

吾自遇汝以来，常愿天下有情人都成眷属；然遍地腥云，满街狼犬，称心快意，几家能够？司马春衫，吾不能学太上之忘情也。语云：仁者老吾老，以及人之老；幼吾幼，以及人之幼。吾充吾爱汝之心，助天下人爱其所爱，所以敢先汝而死，不顾汝也。汝体吾此心于啼泣之余，亦以天下人为念，当亦乐牺牲吾身与汝身之福利，为天下人谋永福也。汝其勿

[①] 孙中山：《建国方略》，牧之等选注，辽宁人民出版社1994年版，第99页。

悲!①

应该说,这封诀别信极大地鼓舞了近代中国志士仁人的革命热情。

虽然同盟会以血肉之躯推翻清政府的起义一次一次地走向失败,但他们的前赴后继、可歌可泣的反抗,奏响了推翻清政府的序曲。中国同盟会的每一次起义,都有它的价值和意义。腐败、愚昧、顽固、落后的清政府必然退出历史舞台,但这不会一蹴而就,需要一个过程。就好比攻陷一个大城市,前几次的冲锋都失败了,但每一次失败都松动了城市的防备,都让摇摇欲坠的城墙朝着轰然倒塌前进了一步。一次次的量变,终会引来最后的质变。

革命者的起义和群众抗争运动的开展,给清政府带来了极大的压力。清政府已经没有办法照旧统治下去,自然要做做样子,于是打出预备立宪的幌子,应付时局。1905年10月,清政府派遣载泽、端方、李盛铎、戴鸿慈等五位大臣到国外考察。1906年,出洋考察的这五位大臣秘密地向清朝的皇帝和慈禧写奏折,奏陈立宪的好处:第一,可以保皇位永固;第二,可以让外患渐轻;第三,内乱可弭。立宪的目的本该是彰显人权,尊重民意,可清政府的所谓立宪无非是为了欺骗民众、苟延残喘。立意本就错误,结果可想而知。有了这一番讨论和盘算之后,清政府就在1906年宣布预备立宪,立宪的原则是"大权统于朝廷,庶政公诸舆论"。什么意思?真正核心的管理权还是要集中在朝廷,要保护皇权。但可以给老百姓一些发表意见、谈点看法的权利。清政府同时强调目前规制未备,民智未开,不可能立即搞宪政,所以清政府宣布的是先改革官制,广兴教育等,为宪政做预备。

清政府拿出这个态度后,就有一些人看到了在中国推行君主立宪的希望。于是,有一批来自全国各地、各领域的人在上海成立预备立宪公会,并发起了国会请愿运动。他们希望通过真诚的请愿,让清政府尽快召开国会。

---

① 《广州三月二十九革命史》,革命纪念会编,民智书局1926年版,第143页。

1911年，清政府颁布了一个新的内阁官制，成立了所谓的责任内阁。在公布的13个国务大臣里面，汉族只有4个，满族有9个，9个满族官员中皇族又占到5个。这个责任内阁的公布，一下子让清政府敷衍舆论、根本不愿意真诚地推行君主立宪的真实意图大白于天下。总之，清朝的预备立宪，只不过是敷衍老百姓、欺世盗名的一场骗局而已。责任内阁公布以后，就连支持清朝皇帝的立宪派也极为痛心。梁启超曾经在《国风报》上怒批清政府是"麻木不仁之政府""祸国殃民之政府""妖孽之政府"。

清政府再一次失去了历史给予它的机会，真可谓"自作孽，不可活"。如果当时清政府能够顺应民意，尽快地召集社会的力量，真诚地推出君主立宪的政策，使国内那些支持君主立宪的人团结在其周围，那么历史的进程也许就能够真的改写。可当历史给予清政府最后一次机会的时候，它却背弃民意，逆势而行，只能落得一个被历史大潮抛弃的结局。

此时，革命派也加紧了对清政府的革命活动。武汉因其特殊的地理条件成为整个革命的中心。

武汉历来被称为"九省通衢"，交通比较发达，人们的思想也比较活跃，求新求变的氛围浓厚。在武汉宣传革命、准备起义的革命团体，主要是共进会和文学社，他们决心用起义的方式来推翻清王朝。正在这个时候，遇到了一个历史的机遇，就是1911年发生的保路运动（铁路风潮）。

20世纪初的清政府，为了节省财政，曾允许地方的财团或者企业兴办铁路。有些财团就规划了一条从广州到武汉，再从武汉到成都的铁路路线。如果可以建成，就将成为连接南北和东西的大动脉。修铁路需要巨大的资金，募股集资就成了财团修路的一种手段。财团们告诉老百姓：大家入股，一起来修建这条铁路，铁路修建好以后可以产生巨大的效益，所有入股的人将来都可以参与分红。这对当地的老百姓产生了非常大的吸引力。

大量老百姓入股后，清政府却要求铁路干线收归国有。因为清政府和英国、美国、法国、德国这四国的银行签订了1000万英镑的贷款，要用铁路的权利做抵押。本来千千万万的老百姓都出了钱、集资修建铁路，现在清政府却要把铁路收归所谓的国有，并作为贷款的抵押。老百姓一下子意识到自己的血汗钱要打水漂了，而且铁路权益要出卖给帝国主义，这激起了老百姓心头的怒火。清政府的这个举动，让无数家庭毕生的积蓄化为泡影，严重触动了老百姓的利益，必然引起剧烈反抗。

于是，广东、湖北、湖南、四川的老百姓都不干了，掀起了四省的保路运动。其中，四川总督赵尔丰下令军警朝老百姓开枪的恶性事件，更是激起了全国的反抗怒火。四省的老百姓群情激昂，借着保路风潮，把矛头都指向了清政府。因此，清政府的统治根基，尤其是在四川、湖北、湖南、广东这几个省，愈加不稳固。这就给准备在武汉发动起义的共进会、文学社提供了可乘之机。

共进会、文学社决定在清政府训练的新军中发动起义。此次起义由文学社的领导人蒋翊武、共进会的领导人孙武联合发动。当时孙中山并不在国内，他通过在海外进行筹款来接济国内的革命运动。当共进会、文学社决定要起义的时候，黄兴在香港接到了湖北情况的报告，他表示赞成。起义的时间原来定在1911年的中秋节，但是由于准备不是很充足，所以不得已延期了。结果10月9日，孙武在汉口装配炸弹时不慎爆炸，在这千钧一发的危急情况下，起义已经不可能拖下去了。1911年的10月10日，新军工程第八营的革命党人打响了起义的第一枪。他们打死了镇压起义的反动军官，然后冲向楚望台军械库抢夺弹药。军械库的革命军官闻风响应，他们一举占领了楚望台，由此就带动了整个武昌各地的新军起义，起义军一夜之间占领武昌。11日、12日两天，汉口和汉阳的新军也起义成功。三天之内，武汉三镇都起义成功了。

起义军为什么会那么快占领武昌？很大程度上是因为清政府违背历史的潮流，违背民意，被全国人民痛恨、唾弃。革命党人一次一次的起义和冲击，也使得这座摇摇欲坠的城堡到了将倾之际。每一次的起义，都在一点一滴地摧毁清政府的堡垒，使之最后轰然倒塌。

武昌起义成功之后，极大地鼓舞了全国的革命义士。然而，革命党人对于革命之后的诸多安排，却缺少足够的政治经验。

起义后最关键的是什么？是谁掌握革命政权。只有掌握了政权，革命者才能用政权的力量来推进社会变革，实现自己的理想。当时的新军没有这个智慧和远见，也没有这个高度，他们当时很朴素地认为，虽然我抛头颅、洒热血，取得了革命的成功，但是我本人并没有资格做领导者。于是，新军就开始寻找合适的领导人，最后他们望向了清朝的高级军官黎元洪。黎元洪骨子里并不赞成革命。当革命的枪声响起的时候，他也不敢表态。革命党人强行拉黎元洪出来，命令他必须做革命军的领导，黎元洪这才很荒唐地被推到了领导的位置。他后来还担任过中华民国的大总统。

在反思辛亥革命的时候我们不得不承认，以孙中山为代表的革命派，在推动革命走向高潮的过程中确实起了很大的作用。但他们的问题也很明显，比如，他们缺乏一个坚强的领导核心，也没有一个彻底的反帝反封建的斗争纲领，过分畏惧帝国主义出面干涉，又特别恐惧人民群众起来反抗，不敢把革命斗争推向深入，等等。他们想尽可能地压缩革命的代价和革命的历程，来获得所谓的廉价的成功。最终的结果是什么？辛亥革命只是表面上做了一些文章，实际上整个中国社会的结构并没有发生根本性的变化，整个社会的根基未曾被触动。这是辛亥革命走向失败的重要原因。

武昌起义成功以后，一个根本的问题就是怎样来建立全国的政权。1911年11月，湖北和上海两地的革命政府发出建议，成立临时的中央政府。这个建议得到了全国各地革命者的响应。12月，各省代表齐聚南京开会。他们认为，当时真正能够推翻清朝的只有一个人，就是袁世凯，只有袁世凯堪当大总统，他们决定等袁世凯逼着清朝皇帝退位之后，就让他来当大总统。

12月25日，孙中山到达上海。虽然当时的革命党人一致认为真正的大总统应该由袁世凯来做，但在袁世凯逼清朝皇帝退位之前，还是应该有一个人临时主持政务，孙中山先生众望所归。从"临时大总统"这几个字我们就能看出孙中山这个职位的尴尬。这种政治安排，既有面对当时客观环境的无奈，更有革命党人对旧秩序的妥协和政治上的糊涂。但中山先生非常珍惜机会，尽管是临时大总统，他还是接受了，这也是孙中山值得我们赞叹的地方。

1912 年的 1 月 1 日，孙中山在南京宣誓就职，宣告中华民国临时政府成立，并把 1912 年定为民国元年。宣布南京临时政府成立之后，孙中山发表宣言：对内要实现民族、领土、军政、内治、财政的统一，对外要将清政府辱国之举措与排外之心理一洗而去之，坚持和平主义，然后循序渐进。孙中山的临时大总统宣言在凝聚民意、团结广大人民群众共同反抗清朝这一点上，是有积极意义的。可南京临时政府同时还颁布了一个《宣告友邦书》。《宣告友邦书》中指出，中华民国承认清政府和帝国主义缔结的一切不平等条约，承担过去的外债和赔款，保护帝国主义在华的各种特权和利益。南京临时政府一方面宣告军政、内治、外交要统一起来，对外要洗刷近代以来的国耻，建立独立民族的尊严；另一方面，却又颁布了《宣告友邦书》，匍匐在帝国主义脚下。这样一个动摇的、矛盾的革命政府，它能承担起救国救民的重担吗？历史给出的答案是否定的。尽管南京临时政府对西方列强释放善意，但列强的根本企图是控制中国，限制中国的发展，如此中国才能任人宰割，才能更好地满足列强的利益。因此西方列强对于这样的一个革命政府，毫无兴趣，一直不承认南京政府的合法地位。这给以孙中山为代表的临时政府带来了很大的压力。

　　综合来看，在整个中国近代革命的历程中，辛亥革命以反对君主专制制度、建立资产阶级共和国为奋斗目标。从革命政党、革命纲领、革命目标的角度说，这是一次资产阶级的民主革命。它有行动纲领——三民主义，有未来的奋斗目标以及对未来共和国的整体描述，并且还有统一的政党作为组织领导，即中国同盟会。

　　毛泽东同志曾经这样评价孙中山：中国反帝反封建的资产阶级民主革命，正规地说起来，是从孙中山先生开始的。也正因为这样，孙中山先生被誉为民主革命的先行者。中国共产党继承和发展了孙中山先生开创的民主革命事业，实现了近代以来的国运转折，开启了中华民族伟大复兴的光辉前景。

　　在中国近代史的历程上，辛亥革命的意义也是巨大的。从政治上看，辛亥革命结束了帝制，传播了民主共和理念，开创了中国发展的新时代。

自辛亥革命以后，皇帝这个身份成为历史，民主共和的观念深入人心。在中国的大地上从此有了"敢有帝制自为者，天下共击之"的民主主义观念，可谓开风气之先。

在思想上，辛亥革命促进了思想解放，对中国社会的进步产生了深远的影响。两千多年来，中国一直实行君主专制制度，皇权在中国人心中有至高无上的地位。而辛亥革命打倒了皇权，推翻了皇帝。当人们连皇帝都可以质疑、连皇权都可以推翻的时候，还有什么东西不可以质疑，还有什么东西不可以推翻？因此，辛亥革命在思想上给中国人民带来了极大的解放，极大地激发了中国人民的思想活力和创造力，也为后来各种新思想传入中国并广为传播创造了条件。

在经济上，辛亥革命颁布了一系列发展实业的政策，不仅推动了中国经济进一步向前发展，而且也促进了中国民族资产阶级和无产阶级等新兴阶级的发展。新兴阶级的发展必然会产生政治、思想等方面的新的要求，这也为中国社会的大变动奠定了阶级基础。

在人才上，无论是参加辛亥革命的人，如吴玉章、林伯渠等，还是受辛亥革命思想影响的人，后来都走到了中国革命的历史前台，还有些人加入了中国共产党，成为推动中国革命事业进展的重要人物。

总之，在整个中国近代史上，辛亥革命具有十分重要的意义，它为中国历史所作出的贡献，值得我们永远铭记。

当然，辛亥革命也有不可忽视的局限性。毛泽东在谈到辛亥革命时指出，辛亥革命有它胜利的地方，也有它失败的地方。从成功的角度说，辛亥革命推翻了一个皇帝；但是从失败的角度上说，辛亥革命也只是推翻了一个皇帝，中国封建社会中阻止中国社会前进的、盘根错节的、犬牙交错的各种障碍和反动力量，并没有得到根除。因此，辛亥革命因为组织者及其所代表阶级的不成熟、软弱性、妥协性等缺点，使得辛亥革命留下了很大的遗憾。

"革命尚未成功，同志仍须努力"，中国革命的任务没有完成，中国先进的志士仁人仍需要继续探索。

第六节　城头变幻大王旗：民国初年乱象

近代中国所面临的严峻挑战，在中国五千多年的历史长河中是前所未有的。实现近代中国社会的彻底变革，也必将经历一个极其艰难曲折的过程，需要付出极大的代价。

辛亥革命表面上推翻了一个皇帝，成立了所谓的"中华民国"，但它没有对人的主体精神启蒙、社会结构等深层次的方面予以彻底变革，这就使得辛亥革命只是开了一个题，但中国社会所面临的重大时代挑战和历史课题并未被解决。中国社会仍是乱象丛生，国家和人民仍处于水深火热的境地中。

在反映社会现实的种种文化现象中，文学往往是一个民族、一个社会心灵状态最直接、最迅速的表达。从另一个角度看，文学也可以成为我们了解社会现实的一个窗口。辛亥革命后的中国到底是什么样呢？我们先来看看鲁迅先生的诗作《无题》。面对民国建立后暗无天日的社会现状，鲁迅先生想表达自己的悲愤和谴责，但是限于当时的恶劣环境而不能清楚地说出来，因此就叫《无题》。

这首诗写于1931年，彼时鲁迅在文学界的朋友柔石等人被国民党杀害，他带着十分悲愤的心情来写诗悼念。这首诗也很好地描述了辛亥革命成功以后民国时期的社会乱象：

> 惯于长夜过春时，挈妇将雏鬓有丝。
> 梦里依稀慈母泪，城头变幻大王旗。
> 忍看朋辈成新鬼，怒向刀丛觅小诗。
> 吟罢低眉无写处，月光如水照缁衣。

"惯于长夜过春时，挈妇将雏鬓有丝。"春天给人的感觉应该是春暖花开、朝气蓬勃的，但鲁迅却说自己习惯了在漫漫长夜里度过春天，意味着在春天里，鲁迅感受不到一丝的喜悦，在这个动荡不安的春天里，两鬓斑白的鲁迅被迫带着妻儿出逃。

"梦里依稀慈母泪,城头变幻大王旗。"几乎对于每一个人而言,母亲都是精神和心灵最深沉的归属。鲁迅经常梦见自己的妈妈,依稀看到母亲眼中的泪水,这个泪水是她对现实苦难的慈悲和控诉。"城头",比喻的是当时中国社会"你方唱罢我登场"的军阀政权。什么叫"变幻大王旗"?辛亥革命后,军阀割据,全国各地出现了无数的另一种意义上的"皇帝"。中央有段祺瑞、黎元洪、徐世昌等人,地方上有阎锡山、张作霖、吴佩孚、孙传芳等人。鲁迅先生说的"城头变幻大王旗",折射的是民国成立后中国社会军阀割据、纷争不断、人民生灵涂炭的悲惨场景。

"忍看朋辈成新鬼,怒向刀丛觅小诗。"柔石等人被国民党残忍杀害了,作为他们的朋友,虽然难过,却也无可奈何,只能在敌人的屠刀之下,以悲愤的心情来写悼念的诗。

"吟罢低眉无写处,月光如水照缁衣。"在黑暗、压抑、恐怖和血腥之下,小诗作罢却不能发表,对朋友的悼念之情只能掩藏起来,只有如水的月光照着我身上的黑色衣服。这首诗既有对革命志士的悼念,也折射了当时整个国家沉闷、黑暗的现实。

近几十年有不少人美化"民国",甚至把"民国"描述成充满民主、自由的社会。这不过是某些人出于自身的价值观和政治立场美化后的"虚幻民国",并不是真实的民国。所谓民国思想上的活跃,最根本的原因在于中国向何处去的根本问题未曾解决,思想探索和争鸣是通往自立自强的必经之路。

辛亥革命推翻了封建帝制,这是中国历史上具有深远影响的大事。但近代中国社会的转型远没有完成,建立新中国的任务任重道远。辛亥革命后,中国基本的社会结构没有变,人们的精神世界根本上没有变,帝国主义压迫和凌辱中国人的局面没有变,人民当家作主更是无从谈起。由此,我们更能理解孙中山先生去世时的谆谆嘱托:革命尚未成功,同志仍需努力!

我们再通过鲁迅先生的几篇文章,来看民国时期中国社会的状态。

鲁迅先生在《阿Q正传》中塑造了一个名叫阿Q的农民的形象,折射的是辛亥革命成功之后中国农村乃至全社会的景象。书中有一个细节：一说要革命（指的是辛亥革命）了，阿Q脸上也洋溢出幸福激动的表情。为什么呢？阿Q认为，既然革命了，他就可以把地主家的那个床抢来据为己有，还可以把地主家的女佣人抢回家来作自己的老婆。到底什么是革命？在阿Q的眼里，革命就是破坏，用几块砖打碎庙里的门板就算是参与革命了；革命就是"我要什么就是什么，我欢喜谁就是谁"。这就是当时阿Q对革命的理解。辛亥革命高喊的口号，仿佛云端的彩霞，虚无缥缈，徒有其表，没有真正触动中国社会的底层。

《祝福》中的祥林嫂，是中国基层最普通的一个女性。当时生活在社会底层的中国女性境遇如何？祥林嫂是一个结过两次婚的下人，有人跟她说："你将来到阴司去，那两个死鬼的男人还要争，你给了谁好呢？阎罗大王只好把你锯开来，分给他们。"祥林嫂听了非常害怕。这个人建议她："你不如及早抵当。你到土地庙里去捐一条门槛，当作你的替身，给千人踏，万人跨，赎了这一世的罪名，免得死了去受苦。"[1]结果祥林嫂真的在土地庙里捐了一条门槛，让门槛代替自己受罪，仿佛这样就能得到救赎。祥林嫂生活在中国社会的最底层，辛辛苦苦勉强度日，给富裕人家做一点短工赚一些生活费，除了体力的艰辛，还要承受别人精神的愚弄和恐吓。

鲁迅笔下经典的人物闰土，出现在小说《故乡》中。在这篇小说里面，鲁迅给我们呈现了闰土从少年到中年的转变。闰土是小说中"我"家中一个佣人的孩子，跟"我"的年龄相仿。这样的一个孩子，童年、少年时期还没有经过封建思想、封建制度以及各种纲常礼教的驯化。鲁迅这样描述那种生机勃勃、欢快可爱的样子：

深蓝的天空中挂着一轮金黄的圆月，下面是海边的沙地，都种着一望无际的碧绿的西瓜，其间有一个十一二岁的少年，项带银圈，手捏一柄钢叉，向一匹猹尽力的刺去，那猹却将身一扭，反从他的胯下逃走了。[2]

---

[1] 《鲁迅全集》第二卷，人民文学出版社2005年版，第19—20页。
[2] 《鲁迅全集》第一卷，人民文学出版社2005年版，第502页。

而"我"作为大户人家的孩子，只是在高墙内、院子里被拘束着：

闰土的心里有无穷无尽的希奇的事，都是我往常的朋友所不知道的。他们不知道一些事，闰土在海边时，他们都和我一样只看见院子里高墙上的四角的天空。①

而当几十年过去，"我"再看到闰土的时候，已经远不是记忆中那个轻快活泼的少年：

一日是天气很冷的午后，我吃过午饭，坐着喝茶，觉得外面有人进来了，便回头去看。我看时，不由的非常出惊，慌忙站起身，迎着走去。

这来的便是闰土。虽然我一见便知道是闰土，但又不是我这记忆上的闰土了。他身材增加了一倍；先前的紫色的圆脸，已经变作灰黄，而且加上了很深的皱纹；眼睛也像他父亲一样，周围都肿得通红，这我知道，在海边种地的人，终日吹着海风，大抵是这样的。他头上是一顶破毡帽，身上只一件极薄的棉衣，浑身瑟索着；手里提着一个纸包和一支长烟管，那手也不是我所记得的红活圆实的手，却又粗又笨而且开裂，像是松树皮了。

我这时很兴奋，但不知道怎么说才好，只是说：

"阿！闰土哥，——你来了？……"

我接着便有许多话，想要连珠一般涌出：角鸡，跳鱼儿，贝壳，猹，……但又总觉得被什么挡着似的，单在脑里面回旋，吐不出口外去。

他站住了，脸上现出欢喜和凄凉的神情；动着嘴唇，却没有作声。他的态度终于恭敬起来了，分明的叫道：

"老爷！……"

我似乎打了一个寒噤；我就知道，我们之间已经隔了一层可悲的厚障壁了。②

"我"再见中年闰土的时候，闰土全然没有了少年时期的那副灵性，

---

① 《鲁迅全集》第一卷，人民文学出版社 2005 年版，第 504 页。
② 同上，第 506—507 页。

没有了那份与天地自然融为一体的活泼，而是一副懦弱、蜷缩、噤若寒蝉的样子，一见到"我"就一口一个老爷。这反映了什么？曾经那个活泼的少年闰土，在各种枷锁的束缚、压迫之下，变成了一副呆滞、麻木的样子。

鲁迅笔下的人物，阿Q、祥林嫂、闰土、孔乙己等，无不是对辛亥革命后中国底层人民的写照。辛亥革命喊出的理念无论多么动人，只是飘在空中，不过是影响了极少数的知识分子，并没有辐射到社会基层，改变中国的命运更是无从谈起。如同鲁迅在《故乡》中所说：

时候既然是深冬；渐近故乡时，天气又阴晦了，冷风吹进船舱中，呜呜的响，从蓬隙向外一望，苍黄的天底下，远近横着几个萧索的荒村，没有一些活气。我的心禁不住悲凉起来了。

阿！这不是我二十年来时时记得的故乡？

我所记得的故乡全不如此。我的故乡好得多了。但要我记起他的美丽，说出他的佳处来，却又没有影像，没有言辞了。仿佛也就如此。于是我自己解释说：故乡本也如此，——虽然没有进步，也未必有如我所感的悲凉，这只是我自己心情的改变罢了，因为我这次回乡，本没有什么好心绪。①

鲁迅笔下的故乡，何尝不是中国的一个别名？

小说《药》②是鲁迅以革命者秋瑾为原型创作的小说。秋瑾是中国近代史上一个鼎鼎大名的女英雄。秋瑾的丈夫沉湎于世俗的事物，整天拎着鸟笼子、玩个蛐蛐，毫无大志。而秋瑾才气豪情兼具，对此极度愤懑。后来她自己到日本留学，写诗明志：

鹧鸪天

祖国沉沦感不禁，闲来海外觅知音。

金瓯已缺总须补，为国牺牲敢惜身。

嗟险阻，叹飘零，关山万里作雄行。

---

① 《鲁迅全集》第一卷，人民文学出版社2005年版，第501页。

② 同上，第463—472页。

> 休言女子非英物，夜夜龙泉壁上鸣。[1]

"休言女子非英物，夜夜龙泉壁上鸣。"谁也不要说女人不是真正的英雄，女人也像宝剑（龙泉，宝剑名）一样，不甘于蛰伏鞘中，而夜夜在鞘中作龙吟，随时准备出鞘杀敌，来拯救国家。

秋瑾留学回来以后，和同道革命者商定先在金华起义。后因徐锡麟在安徽安庆起义失败，事情泄露，准备响应起义的秋瑾被捕。小说《药》的主角名叫夏瑜，隐喻秋瑾；还有一个主要人物叫华老栓，代表了尚未开启民智的劳动群众。华老栓为了给儿子治肺病，省吃俭用。按当时迷信愚昧的说法，这个肺病要想治好的话，最好用馒头蘸人的鲜血吃。这时，革命者夏瑜即将被斩首的消息在民间传开了，行刑的那一天，很多人去围观。华老栓为了救自己的儿子，用钱贿赂了刽子手，获得了蘸着烈士鲜血的馒头。在小说的最后，华老栓儿子的肺病并没有治好，死掉了。

鲁迅先生在这篇小说里描述了几个细节。第一个，革命者为了人民而死，结局是什么？面对革命者的牺牲，老百姓不仅不同情，还要用馒头蘸他的血吃，这就是当时中国社会的现实。那些革命者抛头颅、洒热血，舍小家为大义，从道理上讲，不应该受到人民群众的敬重吗？鲁迅用人血馒头做了否定的回答。所以，不触动封建社会统治的根基，不用新思想对社会的每一个成员做大量的思想动员，是根本无法改变中国近代衰败的国运的。

第二个细节，鲁迅先生在《药》中还讲到华老栓的儿子死后，他们在给儿子上坟的时候，发现附近的新坟上有一个花环。这座坟实际上就是夏瑜的坟。人们读到这里的时候，心里就有一些酸楚，为什么在夏瑜的坟上放一个花环呢？其实鲁迅想说明，夏瑜被杀以后，尽管无数的老百姓不理解他，可是毕竟还有同志在，还有人偷偷地在夏瑜烈士的坟上放花环。那个花环我们可以理解为，希望尚在，革命的火种还没有熄灭，还会有人继续奋斗。

从《药》这篇小说中，我们看到当时中国那种麻木、呆滞、毫无生机

---

[1] 《秋瑾集》，上海古籍出版社1979年版，第112页。

的社会现实。如果不进行彻底的社会运动，近代中国是没办法实现生命力的再造的。

辛亥革命赶走一个皇帝的历史意义巨大，但它也只是赶走了一个皇帝而已。中国半殖民地半封建社会的性质没有变，中国传统社会延续了两千多年的污垢没有清理，中国国运走向衰败的颓势也没有得到根本的改变。所以我们说，辛亥革命只是一定程度上破了题，远没有完成时代的答卷，中国近代社会面临的最根本的任务没有完成，革命的道路还要继续走下去，志士仁人还要作出不懈的努力。

第七节　大时代变革中的历史回流：袁世凯复辟

人类历史如同大江大河一般奔腾向前，总的趋势固然是浩浩荡荡，一往直前，奔涌不息，但在特定的环境、阶段，也免不了回流、旋涡，甚至是暂时倒退。袁世凯复辟帝制，就是民主共和大潮中的一次回流，虽未能改变中国社会奔腾向前的大势，但其中的经验和教训，也值得我们认真总结和反思。

袁世凯，1859年生于河南项城，因此也被人称为袁项城。他的家族是当地的豪强地主，家底比较殷实。

袁世凯小的时候，天资比较聪慧。历史记载他不喜欢读书，有点游手好闲，曾参加过一次科举，但是没有成功。1879年，他再度参加乡试，仍未考中。这件事惹恼了袁世凯，他非常有脾气地把诗文给烧了，愤然说了一句话："大丈夫当效命疆场，安内攘外，乌能龌龊久困笔砚间，自误光阴耶。"[1] 由此可见，袁世凯虽不喜读书，但并非庸庸碌碌之辈，胸有丘壑，言谈举止有驰骋千里的气概。

袁世凯两度科举失败之后，开始考虑到外边去闯荡出一番事业。袁世

---

[1] 沈祖宪、吴闿生：《容庵弟子记》第一卷，转引自侯宜杰：《袁世凯全传》，群众出版社2013年版，第8页。

凯当时还写了一首《感事》诗来勉励自己，诗中写道："眼前龙虎斗不了，杀气直上干云霄。我欲向天张巨口，一口吞尽胡天骄。"意思是我有那么大的本事，可科举不是我的长处，有本事也没地方使，将来如果有机会，我要把欺负中国的列强一口吞掉。从中也可以看出袁世凯具有民族主义情怀的一面。人是多面的，关键是把人生的哪一方面表现出来，或者说历史的环境激发和塑造了人生的哪一面。

袁世凯的养父袁保庆决定让袁世凯投奔和自己私交较好的淮军将领吴长庆，在他的府中做一个幕僚。当时吴长庆的幕僚包括张謇、周家禄等人，都是非常有涵养、有远见、有智慧的知识分子。袁世凯虽不爱读书，考科举也不成功，但他善于在实践中学习，悟性较高，在吴长庆府中结识了张謇、周家禄这些人以后，在他们的指导下得到了较快的成长。袁世凯纨绔子弟的习气得到很大的改变，开始表现出谦抑自下、颇知向学的态度。后来，由于他表现突出，就被安排在帮办营务处任职。

1884年，朝鲜国内发生政变，有一些大臣准备推翻朝鲜皇帝，史称"甲申政变"。朝鲜作为清朝的藩国，国内发生政变后，国王李熙很自然地请求清政府帮助。同时，得到消息的日本蠢蠢欲动，想借这个机会占领朝鲜，这也是后来甲午战争发生的重要原因。日本作为岛国，它对侵占西部大陆、拓展生存空间有着很深的执念。清政府收到求助消息后派吴长庆率领淮军前往朝鲜协助平叛。袁世凯也随军出征，逐渐崭露头角。在朝鲜驻军多年，他在军事方面表现出了相当的天赋和才能。他干练、果敢、有智谋，在朝鲜国内尽管有些争议，但总的来讲，军队上下还有清政府，都承认他是一个有才能的人。

后来，甲午海战爆发，中国一败涂地。这件事给袁世凯带来了强烈的刺激。他曾经说："窃查此次军兴，往往易为敌乘，迭见挫败者，虽由将领调度之无方，实亦军制练法之未善，若不权时度势，扫除更张，参用西法，认真训练，则前车之鉴，殊足寒心。"[①]袁世凯从甲午海战的惨败中认识到，

---

① 《袁世凯全集》第三卷，骆宝善，刘路生主编，河南大学出版社2012年版，第547页。

我们失败的原因很多，但是最核心的一条是清朝的官制、军队和近代化的日本相比，相形见绌。他的结论就是，清朝如果想实现富国强兵，一定要在军制和练兵上下功夫，一定要向西方国家尤其是德国学习练兵之法，一定要采用先进的武器来增强军队的战斗力。

1895年，袁世凯被清政府派往天津小站督练新兵，开启了人生的另外一个阶段。袁世凯深谙用兵之道，他相信这次训练的新兵会成为未来清政府最有战斗力的部队。因此，袁世凯倍加珍惜机会，用心练兵，培植自身的私人力量。小站所练兵士，后来发展为北洋新军，最终成为清末朝廷最核心的军队主力。

袁世凯知道，谁掌握了武力，谁掌握了部队，谁就掌握了左右国家命运的抓手。小站练兵期间，袁世凯提拔和培植起一批新贵，如徐世昌、段祺瑞、冯国璋、王士珍、曹锟、张勋等人，都是此时成长起来的。而且袁世凯训练的部队，不是效忠于清朝，而是效忠于他个人，这也是他用心很深的地方。某种程度上，这个新兵部队只知有袁，而不知有清政府。小站练兵时期，实际上是袁世凯发迹的一个关键时期。

戊戌变法期间，善于观察风向的袁世凯加入了康有为、梁启超等人发起的强学会，与康梁等维新派交往比较密切。与康有为、梁启超、谭嗣同等人真诚推进维新不同，袁世凯有很强的投机心理。他虽有对国家未来的关怀之心，但更根本的是从权衡利弊的角度参与政治活动，内心没有对维新的笃定信仰。

在推进戊戌变法的过程中，康有为等人虽得到光绪皇帝的支持，却触动了以慈禧太后为代表的后党人的利益。围绕在慈禧身边的一些人开始密谋活动，康有为等人觉察到危险随时发生，于是谭嗣同到了袁世凯在法华寺的居所，希望袁世凯出兵劫持慈禧太后，支持变法。袁世凯表面应允，但他权衡利弊后，感觉到只靠一个孱弱的光绪皇帝和几个知识分子不可能实现变法。政治上的投机心理促使袁世凯向慈禧告密。慈禧太后听到这个消息后，立刻行动起来，囚禁光绪皇帝于中南海瀛台，103天的戊戌变法就此结束。而袁世凯因为告密获得了慈禧太后以及后党的信任，从此他的地位扶摇直上，逐渐登上更大的舞台。

1899 年，袁世凯由工部侍郎升任山东巡抚，成为地方大员，这个时候他 40 岁。袁世凯担任封疆大吏为其驾驭更大的局面创造了条件。他之前新建的陆军，也开始由天津小站布防到了山东境内。在八国联军打击天津和北京的时候，新军也因此躲过了一劫。袁世凯到了山东以后，就对义和团下了重手。他一改前任巡抚（毓贤）对义和团的纵容态度，全力镇压。义和团被迫往北逃，到河北、天津、北京等地发展。后来，慈禧太后镇压义和团，袁世凯因此又有了一个政治资本可供傍身。

1901 年，李鸿章在临终前推荐袁世凯担任直隶总督兼北洋大臣，这就使得袁世凯从地方大员一跃成为影响中枢的核心人物。1908 年，光绪和慈禧相继病逝，年幼的皇帝溥仪继位，溥仪的父亲，也是光绪帝的亲弟弟载沣任摄政王。载沣对袁世凯当年的告密耿耿于怀，加上他对袁世凯的很多措施感到很不满意，于是下令解除袁世凯的官职。

袁世凯称病返回到了河南安阳，韬光养晦。他表面上徜徉自得，暗地里则和他扶持的那些党羽如段祺瑞等人秘密谋划，等待时机。这期间，袁世凯还创作有一首诗："百年心事总悠悠，壮志当时苦未酬。野老胸中负兵甲，钓翁眼底小王侯。思量天下无磐石，叹息神州变缺瓯。散发天涯从此去，烟蓑雨笠一渔舟。"这首诗，其实表达了很多层意思：一方面他有家国情怀，"叹息神州变缺瓯"，看到国家的领土被列强占领了，他内心十分忧虑；另一方面，他的野心极大，"野老胸中负兵甲，钓翁眼底小王侯"，翻译过来就是，你不要看我在这里像个钓鱼的渔翁一样，其实我心里面有百万雄兵，而且那些称王、称侯的达官贵人，在我心里面什么都不是。其暂时蛰伏，以图东山再起之心昭然若揭。在诗作的最后，他还要做做样子："散发天涯从此去，烟蓑雨笠一渔舟。"这都是假话，他躲在那里，只不过是当时的形势使然，并非自愿。

1911 年辛亥革命爆发以后，湖北、上海等很多省市陆续开始独立，清政府派官兵前去镇压。可当时清朝里最有战斗力的就是袁世凯小站练兵训练出来的新式陆军，这一军事力量仍被袁世凯暗中把持。所以，当清政府调动军队镇压辛亥革命的时候,这些将领明里暗里就告诉清政府,部队非袁世凯领导不可。无奈之下,清政府下旨让袁世凯担任湖广总督来处理辛亥革命事宜。可袁世凯根本不把湖广总督的职位看在眼里,他就借口脚疼未愈无法任职。直到清政府让他出任内阁总理大臣,袁世凯所谓的脚疼才痊愈,接下任命。此后,袁世凯施展政治计谋:他一方面命人把大炮架在武昌城外,做出一副要炮轰武昌城的样子,给革命党以极大的压力;另一方面,他又用南方的革命党人恐吓清朝的朝廷和小皇帝,称如果皇帝不退位,真的会尸横遍野、血流成河。袁世凯利用革命党人逼迫清帝退位,又派出新式陆军,以强大的军事实力来恐吓革命党接受他的主张。他最终的目的是成为最高权力的拥有者。

袁世凯的计谋得逞:革命党人弹尽粮绝,不得不接受袁世凯的主张;清朝皇帝面对无可挽回的局势,只能妥协退位。

1912年2月12日,清帝逊位,清朝对中国200多年的统治在这一天正式宣告结束。

革命党人曾与袁世凯约定,等袁世凯逼迫清帝退位以后就到南京来做大总统,这其实是出于便于控制袁世凯的考虑。但袁世凯是何等聪明人物,他一眼看破,让北洋新军制造兵变,制造袁世凯不能离开北方的局势。袁世凯堂而皇之地告诉革命党人,自己无法去南京就任,否则一旦这一帮骄兵悍将造起反来,烧杀抢掠,社会将重新陷入动荡不安,这怎么能行呢?见此,革命党人只得同意袁世凯在北京就职。

1912年2月15日,南京参议院正式选举袁世凯为临时大总统。3月10日,袁世凯在北京就职民国大总统。

袁世凯当上中华民国的总统是一种历史机遇。但这个机遇怎么用?能做什么,给历史留下什么,给人民创造什么?这就考验着一个人的初心、格局、智慧、远见和能力。

那么,袁世凯做了大总统以后干了哪些事呢? 1913年,根据孙中山等人在1912年3月制定的《临时约法》,经过选举,国民党理事长宋教仁即将出任内阁总理。而当时的政体是内阁制,这就意味着从法理上说真正掌握权力的将会是宋教仁。可是1913年3月20日，宋教仁在上海北站遇刺身亡。事发后，孙中山组织革命党发动了二次革命，讨伐袁世凯。这次武力行动很快就失败了。袁世凯借此下令，解散国民党，国民党议员的证书也被收缴。1914年，袁世凯废除了《临时约法》，并颁布了《中华民国约法》，把内阁制改为总统制。内阁成为一个单纯的办事机构，真正掌握国家实权的是总统。

1915年1月，日本趁着欧美各国正陷于第一次世界大战而无暇东顾的时候，向袁世凯提出了"二十一条"，不仅要求北洋政府承认日本取代德国在中国的一切特权，还要求扩大日本在东北和内蒙古的权益，并要求袁世凯必须聘日本人作为政府顾问。此外，还有一些更为细化的条款，比如要求控制中国的部分矿山、铁路，维护治安的警察由中国和日本合办等。这是一个极端不平等的卖国条约。袁世凯当然知道这是卖国的条约，但在国家大义和一己之私面前，袁世凯还是选择了后者，他同意签订"二十一条"，成了名副其实的卖国贼。

1915年底，袁世凯权欲熏心，意图恢复帝制。有一些人或是揣摩到袁世凯的意思想要政治投机，或是认知糊涂，向袁世凯把控的中华民国政府提议推行君主立宪。总之，袁世凯要当皇帝。这无疑是公然违背历史潮流的做法。

袁世凯表面上一番谦虚，做做样子后欣然接受了皇帝的尊号。袁世凯将1916年定为洪宪元年，推行君主立宪政体，把他的总统府改为新华宫。据记载，当时袁世凯内心里也很忐忑，为什么？因为辛亥革命使民主共和的观念深入人心，皇帝作为一个历史的符号，已经成为过去了。"敢以帝制自为者，天下共击之"，这时，心中忐忑的袁世凯找了一个算命先生，问他：我到底能不能当皇帝？算命先生给他算的结果是"能"。"能"当多长时间呢？算命先生写了两个字，"九九"。"九九"这两个字是什么意思呢？袁世凯也不知道。后来大家发现，从袁世凯决定登基到他退位，实际上是83天，如果把头和尾去掉的话，正好是九九八十一天。从中国哲学的角度看，九为阳数之极，阳极必衰，预示着袁世凯对权力贪得无厌，最终物极必反。

袁世凯宣布要当皇帝，惹了众怒。不仅民怨沸腾，社会上骂声一片，就连他自己培养的人，比如段祺瑞等，也开始明确表态不支持。

最早起来反对袁世凯复辟的是受革命党影响的蔡锷和唐继尧，他们在云南宣布起义，发动护国战争。

蔡锷早年在长沙时务学堂求学时师从梁启超，深受其思想的影响。当袁世凯想称帝时，蔡锷拜访梁启超，两人商定反袁。蔡锷假装去日本，实则远走云南，和唐继尧在云南宣布起义，发动了护国战争。贵州、广西等省积极响应。反对复辟的浪潮日渐高涨，全国各地、各省市纷纷通电，要求袁世凯取消帝制。最终，袁世凯在三月份被迫取消了帝制。因为长期的尿毒症以及极度郁闷的心情，袁世凯在1916年6月6日病逝，葬在了河南安阳。

我们回看袁世凯的一生，回顾他违背历史潮流公开称帝的可悲一幕，其中有太多历史教训需要我们吸取。袁世凯是拥有千载难逢机遇的人，如果他珍惜住这个机遇，并将他的能力、本事用在利国利民的道路上，顺应历史的潮流，那他可能会成为伟大的人物。可因为他的政治投机，缺少对国家、民族未来的真切感情，缺少时代大势、对人民的敬畏，再加上权力欲作祟，使得他自己辜负和浪费了历史给他的机会。

袁世凯生活在新旧时代转折的历史节点，但他的观念，他的眼界，他的政治智慧，却与旧时代的典型人物别无二致。总之，他是生活在新时代的旧人物。

袁世凯和孙中山都是中国近代史上的重要人物。袁世凯擅长演戏，长袖善舞，可谓机关算尽，在政治舞台上耍了很多小聪明。孙中山的权谋和权术若要跟袁世凯比的话，恐怕差得很远。但孙中山是一个真诚的民主主义者，他在推动和捍卫民主共和事业的过程中耗费了相当的心力，辛亥革命、二次革命，包括后来的护法战争里，都有他奔忙的身影。甚至他临终前写的遗嘱，都是对民主共和的殷殷希望。他认为，把他40年的经验总结出来，就是"必须唤醒民众，及联合世界上以平等待我之民族，共同奋斗"。他看清了历史的潮流，尽管他这一生经历了很多失败，但是他屡败屡战，他的每一次努力都和时代的潮流相一致，所以，孙中山注定成为中国近代史上熠熠生辉的了不起的人物。

在近代中国的探索之路上，袁世凯称帝可以说是政治发展的回流和旋涡。历史已经到了民主共和的新时期，却发生了袁世凯称帝的闹剧。从历史发展的角度看，新旧的转变并非一蹴而就的。从个人成长和个人评价的角度看，袁世凯辜负了历史给他的机遇，善于耍小聪明，却没有政治远见。袁世凯是一个复杂的人，对国家并非一无是处，但由于"称帝"这样一个最大的败笔，使得他永远难以摆脱成为历史反面教材的结局。

回望历史，我们会认识到中华民族真正地除旧布新，真正地实现社会转型，真正地实现生命力的再造是多么的不易，需要一代又一代人的奋斗。袁世凯复辟事件后，民国六年，即1917年又发生了张勋复辟事件。这次复辟虽然只持续了短短的十二天，但我们也可窥见帝制余孽的根深蒂固。

护国战争之后，中国的政治并没有进入正轨，又陷入了北洋军阀之间的所谓府院之争。军阀割据，政乱频繁，人民处在水深火热之中。孙中山先生在经历了一次护法、二次护法后也开始意识到所谓的护法战争，不过是用南方的军阀去打倒北方的军阀，南北军阀是一丘之貉，这样做无异于与虎谋皮。孙中山在护法战争失败后，曾经泪洒广州，感到非常痛苦。可以说，以孙中山为代表的资产阶级革命派的救国运动，已经走到了山穷水尽的地步，中华民族振兴之路到底在何方？山重水复疑无路，柳暗花明又一村，中国近代历史真正的转折点就要到来了。

第六章

中国历史的新局面

近代中国所遭遇的挑战，是新旧两个时代的挑战，是文明形态、社会性质、发展阶段完全不同的两种社会的冲突。中国如果想走出困境，需要的是人的思想、价值观、思维方式、行为方式以及社会结构、政治理念、政治制度设计、制度运行机制、经济结构、经济发展理念等全方位的彻底变革。

第一节　从山穷水尽到柳暗花明：中国共产党的成立

从林则徐、魏源到孙中山，中华民族救国救民的探索方案，都不同程度地聚焦在学习和模仿西方国家上。从师夷长技以制夷，到中体西用，再到辛亥革命，中国对西方的认识不断加深，以西为师的程度也在不断深化。

据有关统计，中国同盟会 1905 年成立后的三年里，吸纳的成员 98% 以上都是中小资产阶级及知识分子。同盟会以学习西方的资本主义道路为目的，努力为资产阶级的发展扫清障碍，是有其依据的。

为什么在中国共产党成立之前中华民族救国救民道路的探索都失败了呢？这需要我们好好地总结。

近代中国所遭遇的挑战，是新旧两个时代的挑战，是文明形态、社会性质、发展阶段完全不同的两种社会的冲突。中国如果想走出困境，需要的是人的思想、价值观、思维方式、行为方式以及社会结构、政治理念、政治制度设计、制度运行机制、经济结构、经济发展理念等全方位的彻底变革。孙中山及其之前的变革者，无论是改良派还是革命派，都有一个共性：在没有全面认知中国社会发展问题和时代挑战的基础上，企图通过某一方面或者某几方面的改变，实现中华民族生命力的再造。这无论在理论上还是事实上都不可能走通。

尤其是辛亥革命以及以前的种种社会变革，大都是以有产者作为主导，他们虽然提出了一些比较先进的理念，但他们局限于自己的利益和视野，没有能力广泛发动人民群众，做不到全面的社会动员和彻底的社会变革。辛亥革命以前的社会变革力量，没有能够全面审视西方社会的内在发展逻辑，没有完整看到西方国家的优势和局限，没有能够在历史自觉的基础上洞悉人类社会发展的规律。西方不是一个笼统、僵化的概念，从 17 世纪以来内在不断发生变化，从启蒙运动到马克思主义的产生，其自身也有着一个自我扬弃的过程。可以这样说，马克思主义在深刻把握社会发展规律的基础上指明了人类社会未来发展的方向，是代表了人类未来发展趋势的真理体系。一直到中国共产党的出现，中国社会才有了与人类社会发展的未来趋势相融合的可能，进而才能解决中华民族积贫积弱、落后挨打的问题，在实现彻底社会转型的基础上成为人类文明的新典范。

孙中山曾经认为制度是社会结构中最重要的因素，只要有一套好的制度，无论谁当大总统，社会都能有效运行。1912年，孙中山与国会议员制定了《临时约法》，就是希望给袁世凯等继任者以约束。结果事与愿违，《临时约法》在1914年被袁世凯废止，甚至袁在1915年公然称帝。孙中山所倚重的《临时约法》事实上成了一张废纸。后来袁世凯病死，孙中山以为有了恢复《临时约法》的希望，结果继承北洋军阀衣钵的段祺瑞等人，没有一个人真诚地尊重和执行《临时约法》。所以才有了孙中山的两次护法运动，当然最后都失败了。在探索救国救民道路上经历了这么多次的失败，中国人付出了那么大的代价，四万万同胞的命运并没有改变，建立一个崭新的、民族独立国家的历史任务也没有完成。"山重水复疑无路，柳暗花明又一村。"当孙中山所领导的民主革命接连失败，中华民族救国救民的探索走进绝境的时候，柳暗花明，新的篇章就要开始了。这个开始的标志是什么？就是1921年中国共产党的成立。

1921年7月下旬，中国共产党召开了第一次全国代表大会。我们为什么把中国共产党的成立当作近代中国探索救国救民道路的转折点呢？因为，中国共产党的主张，以及所依靠的阶层、所采取的革命方法和路径等和以前所有探索救国救民道路的政党都存在根本不同。

从诞生之日起，中国共产党就把马克思主义确立为指导思想，并根据中国的具体实际和时代条件的发展不断推进党的指导思想，这就使得中国不仅可以更好地接续自身的文明传统，而且终将站在人类社会的最前沿，成为人类文明前行的引领者。

欧美的资本主义制度是经过洛克、孟德斯鸠、伏尔泰、托克维尔等一大批思想家的启蒙以及英国光荣革命、美国独立战争、法国大革命等一系列社会运动而建立起来的制度体系。欧美资本主义价值观的核心是"个人至上"，延伸到社会治理理念上必然是所谓的民主、自由等理念大行其道。

以"个人至上"为基点,在经济上的表现就是私有财产权神圣不可侵犯,在政治领域则必然出现利益的集团化、团伙化等,治理体系上立法、行政、司法的互相制衡和互相消耗并存。这一系列的设计,与中世纪的欧洲相比,无疑是巨大的历史进步。但如果从发展的眼光看,这一套制度体系有着严重的缺陷,自然需要更先进的制度体系取而代之,从而实现人类社会的不断发展与自我更新。

我们用事实论证以上的观点。所谓的"个人至上""私权至上",在真正落实的过程中,广大的人民大众由于没有掌握大量的生产资料和雄厚的财产,因此在政治上不过是大资产者与利益集团博弈的"提线木偶"。而且,当社会一旦面临重大的公共安全危机,无论是欧美的政治制度设计,还是精致利己主义的价值观,都无法引领社会各阶层做到"勠力同心""众志成城"。中国是社会主义国家,我们尊重个人的权益,但也不忽略集体和国家的价值;我们重视个人的自由,但也不忽视集体的自由。经济上我们坚持国有经济和民营经济共同发展,政治上坚持民主集中制。这就使我们能够做到人人为我、我为人人,小我融入大我,共同为了人民的利益、全社会的利益而奋斗。面对危害公共安全的重大挑战,我们之所以能调动全社会的力量共同应对,背后体现的是中国的社会制度、文化体系、价值观念、民众素养、社会治理能力等因素的共同作用。

通过纵向和横向的比较,我们就能够作出判断:欧美的资本主义制度在历史上虽然有巨大的进步意义,但只不过是人类历史发展的一个环节。面对重大的公共安全挑战,资本主义制度的弊端暴露无遗。个人至上、自由至上的价值观,私有财产神圣不可侵犯的经济观念,不同政治集团的内耗,都成为资本主义国家应对重大公共灾难时的掣肘。人类社会必然需要更高层次的治理模式与发展理念。

更深层次地看,新中国成立后,中国共产党的探索对回答如何跳出历史周期率的问题作出了重大贡献。不仅是中国,任何一个国家,都需要面对其兴也勃焉、其亡也忽焉的历史周期率。一个政党、一个政权、一个民族、一个国家,往往都要经过发展、兴盛、衰亡的过程,这就是历史周期。

回顾中华民族发展的历史，从夏商周，到元明清，多少王朝更迭。1944年，郭沫若先生总结李自成进北京后迅速失败的教训，写就文章《甲申三百年祭》。毛主席非常重视这篇文章，要求印发全党学习和思考。如何超越"兴勃亡忽"的历史周期率，是中国共产党人面临的历史大考。回望中国历史，王朝兴衰的历史周期率不断上演的原因有很多，单从经济上看，一个朝代在开始的时候，均田免粮，轻徭薄赋，发展生产，与民休养生息，往往呈现出欣欣向荣的局面。但由于土地私有制的存在，几十年以后，土地兼并自然发生，再加上经济权力向政治权力渗透，掌握政治权力的人染指经济权力，结果必然出现"富者连陌、贫者无立锥之地"的两极分化境况。再加上政治腐败、天灾人祸，到了一定程度，统治无法维持下去，改朝换代就成了历史发展的必然。新中国成立后，土地等最重要的不动产收归国有或者集体所有，这就从根子上切断了私有制带来严重两极分化问题的可能。当然，超越历史周期率、防止两极分化，涉及方方面面的社会要素，需要多管齐下、综合施治，但通过土地公有实现社会公正是其中不可忽视的措施之一。

从奋斗目标上来看，孙中山等人还是以西方的资本主义社会作为中国未来的目标。而中国共产党的奋斗目标，是要实现共产主义，是力争每一个人都可以得到自由全面的发展。

在依靠的阶层方面，洋务运动主要依靠的是地主官僚中的个别觉悟者，戊戌变法主要依靠的是资产阶级上层的部分知识分子，孙中山领导的国民党主要依靠的是城市小资产阶级与民族资产阶级。太平天国和义和团的主体是农民，但没有科学纲领提供指导，所以无法给中国提供光明的出路。而中国共产党的指导思想——马克思主义，既继承了启蒙运动思想的成果，同时又对资本主义社会存在的内在问题、冲突、矛盾作了极其深刻的分析，对资本主义社会发展的前景作出了科学的论断，指出只有依靠劳苦大众和工人阶级，才能实现彻底的社会变革，因此，中国共产党以广大的无产阶级群众作为革命的主力军。

在实现中国社会转型的路径和方式的问题上，中国共产党主张彻底地反帝反封建，认为修修补补的改良不可能打碎旧制度，建立新国家。近代中国要想实现生命力的再造和真正彻底的社会转型，绝不能满足于在摇摇欲坠的大厦上做一点简单的修修补补，而是要把两三千年以来中国社会肌体上附着的那些污垢彻底清理，要把中国社会从上层到底层的政治结构、社会结构、思想结构、心理结构等打破重塑，如此才能除旧布新，走出真正的新生之路。

中国共产党的成立，是中国近代资产阶级民主革命陷入绝境后必然出现的伟大事件。只有中国共产党才能实现彻底的社会变革。中国共产党的成立，标志着中国革命的新征程开始了。

首先，从洋务运动到辛亥革命，中国救亡图存的任务没有完成，势必需要新的力量带领中国人民作出新的探索，真正解决时代课题。尽管有无数志士仁人抛头颅、洒热血，但20世纪初的中国人民，依旧生活在水深火热之中，封建主义、帝国主义依旧像大山一样压在中国人头上，打破各种束缚中国社会发展的枷锁、真正让中华民族焕发生机的历史任务没有完成。这就在客观上需要新的力量、新的政党，用新的思想、新的办法来实现救亡图存的历史任务。这是中国共产党必然成立的一个根本原因。

其次，俄国十月革命的发生和马克思主义的传入，为中国共产党的诞生奠定了思想基础。俄国十月革命给中国人以极大的警醒。为什么？因为作为帝国主义链条中最薄弱的一环，俄国革命的成功引发了中国人的好奇。中国先进知识分子研究后发现，俄国革命之所以成功是因为发动了社会最底层的人来打倒统治者，建立了苏维埃政权。这马上吸引了中国国内的很多人认真地阅读马克思的书籍，并尝试用马克思主义的观点、方法分析中国的问题和未来。其中的代表人物之一就是李大钊先生。

李大钊作为中国研究宣传马克思主义的先驱，写了很多相关的文章，比如《布尔什维主义的胜利》《我的马克思主义观》《法俄革命之比较观》等。在《法俄革命之比较观》一文中，李大钊指出了俄国革命和法国大革命的根本区别：

不知法兰西之革命是十八世纪末期之革命，是立于国家主义上之革命，是政治的革命而兼含社会的革命之意味者也。俄罗斯之革命是二十世纪初期之革命，是立于社会主义上之革命，是社会的革命而并着世界的革命之彩色者也。时代之精神不同，革命之性质自异，故迥非可同日而语者。法人当日，固有法兰西爱国的精神，足以维持其全国之人心；俄人今日，又何尝无俄罗斯人道的精神，内足以唤起其全国之自觉，外足以适应世界之潮流，倘无是者，则赤旗飘飘举国一致之革命不起。且其人道主义之精神，入人之深，世无伦比。数十年来，文豪辈出，各以其人道的社会的文学，与其专擅之宗教政治制度相搏战。迄今西伯利亚荒寒之域，累累者固皆为人道主义牺牲者之坟墓也。此而不谓之俄罗斯人之精神殆不可得。不过法人当日之精神，为爱国的精神，俄人之今日精神，为爱人的精神。前者根于国家主义，后者倾于世界主义；前者恒为战争之泉源，后者足为和平之曙光，此其所异者耳。①

简言之，从革命的主体看，俄国的革命是面向人民、发动人民的革命；从革命的时代背景看，俄国的革命可视为未来世界发展之先声。在《我的马克思主义观》一文中，李大钊比较全面地介绍了马克思主义的宗旨，马克思主义的基本组成部分，马克思主义的主张和奋斗目标，等等。马克思主义传入中国以后，中国有了新的分析问题和观察世界的理论工具，有了革命的新方向。马克思主义旗帜鲜明地为无产者说话，替劳苦大众发声。马克思主义的深入传播，就为成立代表劳动人民的政党提供了思想基础。

再次，共产国际的帮助对于中国共产党的产生起到了很大的促进作用。俄国十月革命成功以后，成立了全世界共产党的国际联合组织——共产国际。共产国际是为在世界范围内宣传马克思主义、进而推进共产主义事业而成立的国际组织。共产国际先后派遣维经斯基、马林等人到中国，他们和李大钊、陈独秀等人见了面，建议成立中国共产党。在共产国际的帮助下，上海成立了共产主义小组，北京、武汉、长沙、济南等地也都陆续成立了

---

① 《李大钊全集》第三卷，河北教育出版社1999年版，第56页。

共产主义小组。这就为1921年中国共产党第一次全国代表大会打下了基础。

最后，中国共产党之所以产生，除了新阶级的壮大发展之外，还与新文化运动、五四运动的爆发有直接的关联。尤其是五四运动之后，工人的力量、劳苦大众的力量凸显出来。在五四运动之后，受共产主义影响的知识分子，就开始走到工人、劳苦大众中间。他们办杂志，比如《湘江评论》《每周评论》等宣传马克思主义思想和自己的主张。在这个过程中，有人就提出一个问题，中国的工人和劳苦大众要不要成立自己的政党，发出自己的声音？这个问题也是初步具有共产主义思想的知识分子，在向工人、劳苦大众宣传马克思主义的过程中必然提出来的。在毛泽东与蔡和森的通信中，就有成立中国共产党的设想。

毛泽东曾说，中国产生了共产党，这是开天辟地的大事变。中国共产党诞生以后，中国革命的面貌就开始焕然一新。

第一，中国共产党成立之后，中国革命就有了一个坚强的领导核心。近代中国人民反帝反封建斗争屡遭失败的一个重要原因，就是缺少一个坚强的领导力量把全国人民动员起来、组织起来。孙中山在《三民主义》一文中说："但是中国的人只有家族和宗族的团体，没有民族的精神，所以虽有四万万人结合成一个中国，实在是一片散沙。"中国有世界上最多的人口，却任人宰割，积贫积弱，这种一盘散沙的局面，如果不能彻底地改变，中华民族救亡图存的前景和目标恐怕永远也实现不了。中国共产党成立以后，中国革命就有了一个坚强的领导核心，一盘散沙的局面逐渐被改变。

建立起一个坚强的组织，从而实现勠力同心、众志成城，对中华民族的发展有至关重要的影响。中国共产党成立之后，是在更高层次上实现了"大一统"局面，才能够带领全国各族人民取得了巨大的成就。

第二，中国共产党成立之后，坚持以马克思主义作为指导思想，这就使得落后于世界潮流的中国有机会走到人类社会的前沿，进而成为人类未来发展方向的引领者。在文艺复兴实现了人的解放以后，西方社会第一波新社会理想的建构者是启蒙运动的思想家，代表人物是卢梭、伏尔泰、托克维尔、洛克、孟德斯鸠、潘恩等人，他们提出了个人至上、三权分立、普选制度、保护私有财产权、分权与制衡等一系列主张。但欧美的这一套制度体系在运行的时候，其内在的诸多弊端也暴露出来。早在十八、十九世纪，很多欧美的思想家、文学家对资本主义制度有过批判和反思，但这并不能在实践中真正解决问题。马克思以极其冷静理性的科学态度，对资本主义社会进行了深刻的剖析。马克思继承和超越了启蒙运动的精神价值，对资本主义社会内在的矛盾和问题作出了透彻的分析，得出的结论就是资本主义社会存在自身无法解决的内在矛盾，人类社会也必将经过资本主义社会的环节而发展到更高的阶段，即社会主义和共产主义。马克思、恩格斯的思想指出了人类社会未来发展方向。以马克思主义为指导的中国共产党，在领导中国人民进行革命的时候，就有了先进的理论武器。

第三，中国共产党成立以后，中国革命所依靠的阶级、所依靠的群体不一样了。无论是洋务运动、戊戌变法，还是孙中山领导的民主革命，主要依靠的都是社会上层的代表，是有产者。而在近代，中国90%以上的人是生活在底层的劳苦大众。所以，任何一场革命运动，如果不能发动绝大多数的劳苦大众，就不可能对中国社会结构、政治结构、思想结构等进行彻底的清理、改造，也不可能完成中华民族救亡图存的任务。

中国共产党所依靠的力量就是生活在底层的、占中国人口90%以上的老百姓。这个庞大群体经过改造、教育、提升之后，成了革命的主体力量。只有将最多数的人民群众发动起来，中国社会才能真正实现改天换地，中国人的精神状态才能焕然一新，实现真正的启蒙。中国革命所依靠的主体力量随着中国共产党的成立发生了根本的变化，这是中华民族的生命力获得新生的重要原因。

第四，中国共产党成立之后，中国革命的前景不一样了。在中国共产党成立之前，革命运动局限于以新的有产者来代替旧的有产者。孙中山尽管提出了"民权"和"民生"的主张，但是并没有拿出具体的办法。直到1924年国民党确定国共合作的第一次代表大会召开时，孙中山才提出满足农民土地要求的主张。这是他接受了共产党的主张后才有的变化。

中国共产党的成立，不愧为开天辟地的大事。自从有了中国共产党，中国革命的面貌焕然一新。

第二节　三个视角看中国共产党

中国共产党自1921年成立至今，已经过去了一百多年。在这一百多年里，中国共产党不仅改变了积贫积弱的中国国运，也在某种程度上改写了人类历史的进程。中国共产党的丰功伟绩，无论是在中国的历史上，还是放眼世界，都是独一无二的。中国共产党在成立时所面临的险境，在奋斗发展过程中经历的苦难，在人类的历史上也是绝无仅有的。中国共产党一百年来的发展史，生动地体现了中华民族"独立自主""自强不息"等伟大民族精神。

1921年前，国人所有救国救民的尝试都遭遇了失败，连孙中山也陷入了悲观，甚至于绝望。但就在这样的环境里，以毛泽东为代表的中国共产党人，筚路蓝缕，以启山林，真可谓艰难困苦、玉汝于成。经过一百年的接续奋斗，中国取得了巨大的成就。中国共产党为什么能够带领中国人民取得如此波澜壮阔的成就呢？

要想更好地理解中国共产党，有三个视角不可忽视：

其一，将中国共产党放置在人类文明史的视野中加以理解。要在人类现代性生成和展开的逻辑链条里面去看中国共产党的事业和成就，才能深入理解中国共产党的理想和追求与人类文明发展趋向的关系。

其二，要在中华文化自身演化、发展和自我扬弃的逻辑脉络中看中国共产党，如此才能深入理解中国共产党与中华文脉和中国历史发展逻辑的关联。

其三，要从中国近代史、中国共产党自身发展的历史进程，来总结中国共产党在发展过程中所形成的特质。

经过以上三个视角的梳理和总结，我们可以更好地理解中国共产党的初心使命、性质以及中国共产党所追求的事业的历史意义。

我们首先在人类文明史、现代性生成和展开的逻辑链条里面来看中国共产党。

文艺复兴以来，人类现代性的生成和展开经历了两次飞跃。

人类现代性生成和展开的第一次飞跃，主要源于文艺复兴和启蒙运动。当时的欧洲主张人性解放，宣扬人文主义理想，反对宗教神权和专制王权，从而建立了以"个人至上""保障人权"为主要特征的基本社会架构。具体表现为：政治制度建构上，自由民主成为潮流，主张多党制、三权分立，强调分权与制衡；经济制度结构上，强调私有财产神圣不可侵犯，全面维护私有财产权，推行自由市场经济；文化上，提倡多元，尊重个性等。这一套理念与制度的设计被部分西方国家所实践，形成了欧美国家如今主流的社会制度形态。客观地说，这样的制度与中世纪的制度相比，有着巨大的进步意义，有力地推动了人类社会的发展。但是，这种制度所存在的问题也在实践中逐渐地暴露和凸显。十七、十八世纪以来，一方面人类社会进入突飞猛进的发展阶段，另一方面率先发展的列强给全世界带来了诸多苦难、战争、掠夺、杀戮、贫穷、环境破坏等，这是有目共睹的事实。此外，原子式个人至上的价值观，私有财产权的神圣不可侵犯，政治结构、社会结构的条块化、碎片化、团伙化等问题，已经使得欧美的社会结构和治理方式面临重大考验。

当然，社会问题的彻底解决，绝不能仅仅停留在对丑恶现象的描述、揭露和批判上，而是要深入地分析问题产生的根源，找到现象背后的本质，这样才能总结规律并找到解决问题的方法。完成这个任务的划时代的人物就是马克思和恩格斯。

马克思、恩格斯亲身经历和感受到了资本主义社会发展过程中诸多的问题，他们通过深入的研究，看到了社会发展的一个基本的事实："人们首先必须吃、喝、住、穿，然后才能从事政治、科学、艺术、宗教等等。"[①]人类社会有一个基本的框架：生产力、生产关系统称为生产方式，它们构成了社会运行的经济基础；政治制度、意识形态则是附着在经济基础上的

---

① 《马克思恩格斯文集》第三卷，人民出版社2009年版，第601页。

上层建筑。二者的逻辑关系是：生产力的发展会推动生产关系发生变化，在生产力发展的基础上，经济基础和上层建筑良性互动，推动着人类社会不断发展变化。具体到对资本主义社会的研究，马克思、恩格斯指出，资本的本质就是增殖和逐利，资本家就是资本的人格化的代表。建立在私有制基础上的资本主义社会，在生产力迅速发展的同时，存在着自身无法克服的矛盾：生产的社会化和生产资料资本主义私人占有制之间的矛盾。生产力越是向前发展，越需要全社会共同占有生产资料、共同调节生产资料的分配和使用，否则会造成巨大的生产浪费和生产不协调。同时，资本的发展必然会导致两极分化、社会不公平现象的出现，不断激化工人阶级和资本家之间的矛盾。

资本主义社会本身无法解决生产的社会化和生产资料私人占有制之间的矛盾。要根本解决这个矛盾，就要把私有制变为公有制，打破资本主义社会原有的社会体系，在这个基础上来重构更符合社会进步和生产发展的、更符合人民尊严和权益的一个新的社会，也就是社会主义社会和共产主义社会。

在马克思的论述中，共产主义社会要实现人自由而全面的发展，在强调生产资料公有制的同时，重建个人所有制，真正超越劳动的异化，从根本上解决生产社会化和生产资料私有制的矛盾。可以这样说，放置在人类文明的视野里，马克思主义站在了人类现代性生成和展开逻辑链条的最前沿，是当今人类社会最先进的思想，代表了人类未来发展趋向，把现代社会和现代文明推向了一个新的高度。

我们在任何时候都不能低估伟大思想的引领作用和巨大价值。近代中国积贫积弱、内忧外患，其中一个原因就是社会发展理论的落后，我们没有一个先进的思想和理论作为指导，不能分析近代中国所面临困境的背后原因，不知道中国未来的发展方向，找不到实现救亡图存的依靠阶级和可行道路。一直到马克思主义传入和中国共产党成立，中国才有了观察世界和分析自身发展困境的理论工具，这对于近代中国能够迈上民族复兴之路，居功至伟。

在人类文明史的视野中看中国共产党，其指导思想、社会理想实际上代表了人类未来的发展方向。中国共产党是人类更高文明形态的创造者。当然，愿景的伟大固然重要，但更需要扎扎实实的奋斗，更需要中国人民团结世界人民在实践中创造出美好的未来，真正为回答人类如何向更高层次发展提供智慧和启迪。

第二个视角，我们在中国历史、中华文化发展的脉络中理解中国共产党，深刻理解中国共产党与中华文脉的关系。

中国共产党之所以取得巨大成就，离不开五千年中华文化的支撑和滋养。打一个比方：中国共产党的百年征程就好比是大海上的冰山露出水面的一小部分，而五千年中华文化的底蕴则是隐藏在水面之下的部分。没有五千年中华文化的托起，我们就无法理解中国共产党的精神和智慧之源；反之，中国共产党则把五千年中华文化的精神在救亡图存的历史征程中充分地体现出来，而且进行了发展和创造。换句话说，中国共产党之所以取得丰功伟绩，离不开中华文化的支撑和滋养；同时，中国共产党也是近代以来中华优秀文化的积极引领者和践行者。

中华民族几千年以来，经历了无数磨难而能够历久弥新、生生不息，屹立于世界民族之林，是因为我们这个民族的文化基因里有那种面对任何困难都不会被打倒、不会被摧垮的精神和智慧。中华民族的伟大精神和智慧不是僵死地躺在博物馆里被人们参观，更不是以文字的方式编排在书本里供人们背诵，而是鲜活地存在于中华民族反抗外来侵略、争取民族独立的伟大实践中。如果我们透过表象去分析其精神实质，会发现以毛泽东、周恩来、刘少奇、朱德、邓小平等为代表的中国共产党人，实际上也是中华民族几千年来最优秀的民族精神的践行者、体现者。

1936年，毛泽东在接受美国记者埃德加·斯诺采访的时候，曾经自述过他小时候的经历。他说小的时候受妈妈的影响，对佛教一度很感兴趣。在母亲生病的时候，他曾经去拜谒南岳衡山，沿途遇到的寺院也一一拜过，给母亲祈福。但中国的现实让毛泽东逐渐意识到：面对帝国主义的凶残，面对内外敌人的欺凌，我们磕头、烧香，穷凶极恶的帝国主义会退出中国吗？欺压在人民头上的豪强劣绅，会主动把土地交给人民吗？毛泽东认为答案是否定的。欺压在人民头上、给中国带来无数苦难的反动势力，你不打，它就不倒。青年毛泽东认识到要真正让中国人民获得独立和尊严，要真正让中华民族站起来，一定要敢于反抗，敢于斗争。

这看似是毛泽东个人的体悟，其实恰恰体现了中华民族最伟大的精神之一——自强不息。中国人自文明开化以来，就把自己的命运放在自身的基点上，而不主张通过对外在神秘力量的膜拜来拯救自己。从盘古开天、女娲补天，到神农尝百草、大禹治水、愚公移山等，无不是强调通过自己的力量把握和改变自己的命运。自强不息，并不是简单的一个成语，也不能仅凭字面意思进行肤浅的理解。自强不息的核心是靠自己的努力和抗争，来获得我们想要的幸福和尊严，是面对任何考验时都将力量的支撑点放在自己身上。

任何一个伟大的人、伟大的组织，都不是横空出世的，都是在历史发展到一定程度、各个条件具备后才出现的。毛泽东本人有很强的历史自觉，他清醒地认识到中国共产党和中国历史文化的关联："今天的中国是历史的中国的一个发展；我们是马克思主义的历史主义者，我们不应当割断历史。从孔夫子到孙中山，我们应当给以总结，承继这一份珍贵的遗产。"[①]

第三，我们从中国近代史、中国共产党自身发展的历史进程来总结中国共产党的特质。

关于中国近代史和中国共产党的历史关联，毛泽东在1949年发表的《论人民民主专政》一文中总结道：

> 自从一八四〇年鸦片战争失败那时起，先进的中国人，经过千辛万苦，向西方国家寻找真理。洪秀全、康有为、严复和孙中山，代表了在中国共产党出世以前向西方寻找真理的一派人物。那时，求进步的中国人，只要是西方的新道理，什么书也看。向日本、英国、美国、法国、德国派遣留

---

① 《毛泽东选集》第二卷，人民出版社1991年版，第534页。

学生之多，达到了惊人的程度。国内废科举，兴学校，好像雨后春笋，努力学习西方。我自己在青年时期，学的也是这些东西。这些是西方资产阶级民主主义的文化，即所谓新学，包括那时的社会学说和自然科学，和中国封建主义的文化即所谓旧学是对立的。学了这些新学的人们，很长的时期内产生了一种信心，认为这些很可以救中国，除了旧学派，新学派自己表示怀疑的很少。要救国，只有维新，要维新，只有学外国。那时的外国只有西方资本主义国家是进步的，它们成功地建设了资产阶级的现代国家。日本人向西方学习有成效，中国人也想向日本人学。在那时的中国人看来，俄国是落后的，很少人想学俄国。这就是十九世纪四十年代至二十世纪初期中国人学习外国的情形。[1]

可近代中国为什么由学习西方，转向了学习俄国呢？毛泽东指出：

帝国主义的侵略打破了中国人学西方的迷梦。很奇怪，为什么先生老是侵略学生呢？中国人向西方学得很不少，但是行不通，理想总是不能实现。多次奋斗，包括辛亥革命那样全国规模的运动，都失败了。国家的情况一天比一天坏，环境迫使人们活不下去。怀疑产生了，增长了，发展了。第一次世界大战震动了全世界。俄国人举行了十月革命，创立了世界上第一个社会主义国家。过去蕴藏在地下为外国人所看不见的伟大的俄国无产阶级和劳动人民的革命精力，在列宁、斯大林领导之下，像火山一样突然爆发出来了，中国人和全人类对俄国人都另眼相看了。这时，也只是在这时，中国人从思想到生活，才出现了一个崭新的时期。中国人找到了马克思列宁主义这个放之四海而皆准的普遍真理，中国的面目就起了变化了。[2]

从《论人民民主专政》的选段里，我们可以发现，毛泽东在论述中国共产党党史的时候，自觉把中国共产党的历史放在中国人如何救国救民以及如何探索出路的链条之中。经历了无数苦难的中国人民认识到：要救

---

[1] 《毛泽东选集》第四卷，人民出版社1991年版，第1469—1470页。
[2] 同上，第1470页。

国，必须维新，要维新，就得海纳百川。但是学来学去，这些努力最终都失败了。这就必然促使中国人思考向西方学习到底行不行。就在这样一个历史的关口，俄国十月革命的胜利为中华民族探索救国救民的道路、实现救亡图存提供了一个崭新的选择。在这样的情境下，中国共产党的产生就成为中国近代史发展的必然。中国共产党成立后，对以前探索者失败的原因和教训作出了深刻的总结。毛泽东说："一切别的东西都试过了，都失败了。"[①]多党制、内阁制、总统制都没能在中国社会维持下去，走向了失败。所以中国共产党在思考如何建立新国家时，决心要吸取历史教训。

中国共产党成立之初，就面临着两个最基本的任务：第一，要把欺压中国人的列强赶走，让中华民族获得独立，建立拥有独立主权和符合历史发展大潮的国家。第二，要让在苦难中挣扎的劳苦大众站起来做国家的主人，打破各种不合理的枷锁和束缚，为中国人民谋幸福。而这两者在马克思主义的指导下，实现了完美的结合。马克思主义是扬弃资本主义之后总结出的更高层次的人类思想体系，中国接受马克思主义就意味着从此站在了人类发展的最前沿。马克思主义认为共产主义主张追求和实现最广大人民群众的根本利益，这就使得中国共产党的社会理想可以得到广大人民群众的理解与支持。发动人民参加革命的过程，既是解放人民的过程，也是实现新社会理想的过程，二者在马克思主义思想的指引下得到有机统一。

由于当时特定的国内外环境，中国共产党在为中华民族争独立、争尊严，为中国人民谋幸福的历史征程中所付出的努力和牺牲世所罕见。在国内，中国共产党面对的敌人拥有几万、几十万，乃至上百万部队的兵力。在国际上，面对的是经历了两三百年发展、拥有最强大现代科学技术武装的资本主义国家。共产党人无论经历了多少次磨难，都没有放弃初心和担当。就像毛泽东曾经说的那样："中国共产党和中国人民并没有被吓倒，被征服，被杀绝。他们从地下爬起来，揩干净身上的血迹，掩埋好同伴的

---

① 《毛泽东选集》第四卷，人民出版社1991年版，第1470页。

尸首，他们又继续战斗了。"①

面对国内外如此强大的敌人，要想取得成功，中国共产党的自身建设就显得无比重要。没有坚定的信仰，没有高尚的情怀和为人民肝脑涂地的精神，没有铁的组织纪律，中国共产党不可能获得成功。所以，中国共产党在实现历史使命、承担历史责任的过程中，特别强调党的建设。只有把党给建设好，才能更好地团结带领全国各族人民，勠力同心，共同奋斗。"为中国人民谋幸福，为中华民族谋复兴"体现了中国共产党对初心的坚守，对自身建设的注重，这使得它能够不断地自我净化、自我革命。每一个组织都会有各种问题，都会遇到各种各样的风险和挑战。中国共产党历史上也曾经有过严重的失误，但其对初心的坚守，以及强大的自我净化、自我完善、自我革新、自我提高能力，使得中国共产党敢于正视自己的错误，敢于正视自己党建中所遇到的风险和考验，敢于自我净化提升党的生命力。勇于自我革命，这是中国共产党非常了不起的鲜明品格。

通过以上三个视角，我们就可以对中国共产党有一个比较全面的认识，也能更好地理解在1921年那样艰难困苦的环境中成立的党，为什么能够在一百年的时间里取得那么大的成就。

总之，中华民族要想实现伟大复兴的愿景，一定要有坚强的领导核心。中华民族十多亿人，只有上下同心，命运与共，拧成一股绳，我们才有能力战胜一切的内外敌人，稳步地实现我们的目标。

第三节 对三千年未有之大变局的文化回应

中国共产党的成立，不仅是一个政治事件，更有其深刻的文化含义。中国共产党的成立，从某种程度上揭示了中华文明在世界三千年未有之大变局的背景下，是如何突出重围、如何创造中华民族新的辉煌的。

中国共产党的诞生，如果放置在文明视野中，是要解决这个大时代的

---

① 《毛泽东选集》第三卷，人民出版社1991年版，第1036页。

文化课题：中国如何在认识时代、反思自己、学习全世界的基础上，真正摆脱落后的局面，重新成为人类文明的引领者和塑造者，走出一条中华文明的新道路。毛泽东在《新民主主义论》中明确指出："建立中华民族的新文化，这就是我们在文化领域中的目的。"[1]

如何在文化上回应近代以来中国所遭遇的"三千年未有之大变局"呢？

第一，中华民族新文化的创建，首先要做的是一切从实际出发，认清当下的历史坐标系。我们要站在历史和时代的坐标上，把困扰中国发展的诸多问题看明白、弄清楚。

一切从实际出发，毛主席把它总结为四个字，即"实事求是"。为什么我们要特别强调"一切从实际出发"呢？近代以来，西方文化的传入对中国人的影响甚深，这使得很多人在思考和处理问题的时候，自觉或不自觉地成为西方思想的"传声筒"和"复读机"。但欧美思想流派产生的环境与中国迥异，如果照抄照搬，就会丧失中国文化的主体性，脱离中国具体的实际，这必然会给中国带来毁灭性的后果。

在马克思、恩格斯生活的时代，西方哲学界有这样一种现象，有些人的脚没有踩在大地上，站在远离现实大地的高空，主观、抽象地提出一些所谓的理论框架和学术观念，然后拿着那种离地千里的，或者说根本不符合人民生活实际的理论框架，来探究现实问题的出路。马克思正是基于这样的思想现状，明确指出"不是意识决定生活，而是生活决定意识"。[2]这也是马克思、恩格斯强调唯物主义的重要原因。这启示我们，在分析、处理社会问题时，要扎根于中国大地，扎根于中国人民鲜活的生产实践和社会生活，并在此基础上，总结、生成一套来自实际、符合实际，而且能够解释实际、真正解决问题的理论框架来指导我们的生活。

同样，中国新文化体系的创建和文明新道路的开辟也一定是从实际出发，对中国的现实、所处的时代等问题进行充分的考察，这样，我们才能

---

[1] 《毛泽东选集》第二卷，人民出版社 1991 年版，第 663 页。

[2] 《马克思恩格斯文集》第一卷，人民出版社 2009 年版，第 525 页。

站稳脚跟，走出顺应大势的通向未来的路。

当我们把自己放在历史和时代的坐标中，会看到什么？当今世界处于百年未有之大变局。西方虽然主导了人类社会三四百年的历史，但21世纪以来，它自身的弊端和缺陷更多地暴露出来。中华民族的伟大复兴，不是走对现有模式照抄照搬之路。中国不仅要创造更高层次的人类新文明，而且要改变三四百年以来那种西方主导世界格局的局面，改变欧美奉行的弱肉强食、赢者通吃的国际交往规则，推行共商、共建、共享的原则，推动各国携手构建人类命运共同体。在实现中华民族伟大复兴的过程中，中华民族将重新走到世界舞台中心，展现一个伟大民族该有的文明新气象和世界影响。

第二，中国新文化体系的创建和文明新道路的开辟，要勇于直面欧美学术体系和理论体系的冲击，并作出中国回应。

中华民族实现伟大复兴的历史征程中，必然要直面西方的整个文化体系，直面西方理念体系、制度体系、价值观念、思维方式等冲击和打压。中华民族的伟大复兴，绝不仅仅是经济总量的提升或者军事力量的强化，而是要创造和生成一套比现有欧美文明体系更高层次的文明体系。这个文明体系不仅要体现中华文化的智慧和创造力，而且要能够代表人类未来的发展方向。

如果从人类文明史的角度来看，人类社会经历了两期文明形态，中华民族新文化的创建要开创人类文明的新高度。

区分人类社会发展的不同阶段，有不同的方法。马克思、恩格斯根据生产方式的不同作出了区分。我们在这里梳理人类文明史发展的不同阶段时，所采用的是人类社会对"道心"和"人心"[①]之间关系的处理方式。所谓道心，是人性之中积极向上的力量，中国文化称之为"良知""佛性"，西方的康德称之为"实践理性"。所谓人心，是指人性之中的弱点，主要表现在贪欲上。

[①] "人心""道心"出自《尚书·大禹谟》："人心惟危，道心惟微，惟精惟一，允执厥中。"《尚书译注》，上海古籍出版社2016年版，第33页。

第一期文明，时间是在文艺复兴以前。这一阶段，社会统治阶层通过各种束缚，紧紧地控制住人性的弱点。在这个过程中，人的创造力、活力和理性也受到很大的压抑。西方的宗教与中国的宋明理学的相似之处在于对人性弱点的控制上。但是，在这一阶段中国有明显的优势。中国文化不仅主张控制人性的弱点，而且还主张把人性之中积极向上的力量给开启出来。比如，孔子的"杀身成仁"，孟子的"舍生取义""虽千万人吾往矣"等精神，都具有这种两面性的特点。简言之，中国文化"收""放"并举，而西方的宗教则更多表现为对人性的禁锢和束缚。在以"道心"压抑"人心"为主要特征的第一期文明阶段，中国文化的创造力遥遥领先，这是公认的事实。

第二期文明，时间为从文艺复兴至今。这一阶段，西方社会把压抑人个性和思想的束缚给解开了，史学家称之为"人性解放"。从表象上看，虽然"道心""人心"同样具有合法性，但"人心"的野蛮增长成为这一时期西方社会文化的主要特点。

人性解放的口号一经喊出，人性之中积极向上的力量如理性、良知等就得到激发，但同时也为原来一两千年传统社会所禁锢的各种人性的弱点诸如欲望等，赋予了合法性和正当性。这样一来，人性之中狂野、野蛮的力量日益膨胀。这种力量的外在表现，就是西方社会迈入大航海和殖民掠夺时代，其实就是公开地抢占殖民地，掠夺财富。自然科学的发展与技术的革新在这一时期，也得到了极大的催发。在人性释放的大潮流下必然会出现争夺、杀戮等野蛮行为。英国历史上"羊吃人"的圈地运动，美国对印第安人的征服、杀戮，西方列强对后发国家残酷的征服和掠夺等等，都是人性的恶得到释放之后的表现。

客观地看，人类文明的第二期，一方面推动了人类社会突飞猛进的发展，但另一方面也赋予了释放人性中恶的合法性和正当性，这给人类社会带来严重的冲击和破坏。在此期间，不仅发生了两次世界大战，而且几乎所有的后发国家都遭受了西方列强的殖民与掠夺。

如果放纵人性之恶，人类还有没有未来？很显然，没有未来。当人性的恶释放之后，"小我至上"，个人的"自由"过度膨胀使得人们只关注自身利益的最大化，那么，必然会带来人与人、人与社会、人与自然之间关系的紧张；各国以自我优先、自我利益至上的原则处理国际关系，必然引发各种国际冲突，甚至引起战争，安定、和平的社会秩序也无从谈起。奉行"以自我为中心"的社会个体所组成的社会，必然会出现利益分化、结构分化和政治的团伙化、社会的碎片化。一旦面临重大社会挑战，那些由"自我至上"的个体所组成的社会，根本没办法勠力同心、众志成城。所以，文艺复兴提出"人性解放"后所开启的社会发展道路，到今天为止，已经是积弊丛生。从长远来看，这条道路可谓困难重重，难以为继。

文艺复兴以来，人类面临着一个重大课题：如何正确处理人心和道心、小我和大我、人类与自然、国家与国家等之间的关系。中国文化的未来，绝不是简单地复制和移植欧美曾经的道路，而是要在反思历史的基础上创造出中国新文化体系。这个新文化体系，既要传承接续中华民族最生机勃勃的精神内核，又要直面中国社会和人类社会最近几百年发展过程中出现的问题和挑战，还要善于学习和融汇人类一切文化优势为我所用，从而引领人类向更高层次前行。

中华民族新文化的创建，面临的一个现实问题就是如何处理"人心"和"道心"。简单地否定人欲或者鼓吹欲望的合法性，都过于极端。贪财、好色、自私、虚荣等人性弱点是现实存在的；而人性之中正直、慈悲、仁爱、奉献等道心也是现实存在的。简言之，一个现实的人，人性中积极向上的力量和引人堕落的力量是并存的。面对人性的弱点，一味地压抑和否定，对绝大多数人而言既不可能，也必然带来严重的问题。人性弱点的存在是一个客观现实，人们必须给予正视，既不放纵也不鼓吹。人类文明到了要开创第三期的时候，面临一个艰巨的任务，就是开启人性之中积极向上的力量，以道心引导和塑造人心。以道心引导和塑造人心，既不是鼓吹欲望，也不是禁锢、束缚人性，而是将人性之中的欲望用法治规范起来，引导到利国利民的道路上来。如此，将人性的弱点引导、塑造成为有利身心全面发展、造福人民、推动社会进步的力量。

实际上，这三个阶段就类似于哲学中"正反合"的概念：从压抑人性的弱点，到人性的弱点得到释放，然后再对前两个阶段进行扬弃、反思、升华，进而开创人类文明的新时期。从这个意义上说，中华民族新文化的创建，责任重大。中华文化自身的探索，不仅属于中国，也属于整个世界。

中华民族新文化的创建需要注意哪些问题呢？

第一，中华民族新文化的创建不是历史的重复再现，不是简单地把老子、孔子的那些东西拿过来就万事大吉。简言之，它绝不是历史的翻版。

第二，中华民族新文化的创建更不是对其他民族做法的简单模仿与移植。欧美社会近三四百年虽然创造了很大的成就，但也已经暴露出了很大的问题。如果简单地移植，就相当于把别人身上的衣服拿过来穿，虽然那衣服可能看来还可以，但是实际上已经有很多补丁。历史证明：邯郸学步、东施效颦、张冠李戴的做法，只能给国家带来灾难，中国在这方面有极为深刻的教训和认知。

那么，具体的思路应该是什么呢？

第一，要在中华文明智慧的源头上下功夫，接续中华文明的智慧之源。否则，新文化就会成为无源之水、无本之木，也不可能实现中华文化的繁荣兴盛。

第二，要立足于鲜活的人类生活实践，尤其是中国改革开放以来的实践。在实践的基础上直面今天人类社会所面临的问题，领会、体悟、看破、洞察、梳理和总结人类发展的困境，力求开创出新道路。

第三，要海纳百川，以博大的胸怀融汇人类文明创造的一切成果和优势，为我所用。

第四，要洞见未来，要有前瞻思维，对人类文明发展的趋向和规律要有所预见。

在这四条的基础上，我们才能够真正实现中华民族新文化的创建。当然，这些只是我的个人思考，真正的新文化创建之路任重而道远。近代以来，中国人在探索这条道路的时候，付出了巨大的牺牲。一代又一代先进的中国人，一步一个脚印地走向了我们这个时代，我们应该有更高的眼界和觉悟，再接再厉，把创建中华民族新文化的历史使命向前推进。

第四节　走上井冈山：近代中国文化主体性觉醒的萌发

中国共产党登上历史舞台以后，在探索中国革命新道路的过程中有一个标志性的事件，就是井冈山革命根据地的建立。井冈山革命根据地的建立为中国革命开辟了新的道路，表明一部分中国共产党人开始反思模仿苏联攻打大城市的弊端，选择向敌人力量薄弱的农村进军。实际上，毛泽东决定落脚井冈山，从某种程度上也是中国文化道路探索的一个标志。我们来看看毛泽东决定落脚井冈山的前因后果。

中国共产党成立以后，力量很薄弱，在共产国际的指导下，决定和国民党合作。1925年，孙中山先生去世，但国共合作的态势仍然保持着。1926年7月，国共决定合作北伐。就在北伐节节胜利的时候，国共合作出现了非常严峻的局面，具体表现为：蒋介石和汪精卫等人在帝国主义势力和地方财阀拉拢下背叛革命，逐渐走到共产党的对立面，突出事件是1927年爆发的四一二反革命政变，以及后来发生在长沙大肆屠杀共产党人的马日事变。再后来，汪精卫公开反共，提出"宁可错杀三千，不使一人漏网"的口号。第一次国共合作彻底走向破裂。在这种万分危急的情况下，中国的革命道路何去何从？中国共产党人面临着一个艰难的选择。

毛主席在1927年春天写下了《菩萨蛮·黄鹤楼》。他在解释这首词背景的时候说，1927年，大革命失败的前夕，心情苍凉，一时不知如何是好。那个时候，连毛泽东这么笃定、坚强的人，都感觉心情苍凉，一时不知如何是好。大家从中可以感受到，在第一次国共合作失败以后中国共产党面临的艰难险境。

面对这种异常艰难的局面，毛泽东曾经这样说："中国共产党和中国人民并没有被吓倒，被征服，被杀绝。他们从地下爬起来，揩干净身上的血迹，掩埋好同伴的尸首，他们又继续战斗了。"[①]1927年8月3日，

---

① 《毛泽东选集》第三卷，人民出版社1991年版，第1036页。

中共中央发布《关于湘鄂粤赣四省农民秋收暴动大纲》。面对国民党的屠杀，当时的中国共产党意识到：手无寸铁，任人宰割，自保都谈不上，更无法救中国于水火之中，必须吸取教训走独立领导革命的道路。而只有依靠农民，才能够真正支撑起中国共产党的革命理想。在 1927 年汉口召开的八七会议上，毛主席认为，过去党忽视了广大工农群众，使党失掉了群众基础，如果不能发动占中国人口绝大多数的农民，革命是不可能成功的。在八七会议上，毛泽东还提出了一个著名论断，即"枪杆子里面出政权"，这是对当时中共革命教训的总结。蒋介石屠杀共产党人的时候，共产党束手无策，长沙的反动军官许克祥，只不过是一个团长，竟然血洗长沙的革命群众！这血淋淋的教训让毛泽东意识到，不掌握武装，没有武器保护自己，革命理想无从谈起。所以后来中国共产党特别强调军事工作，这是从历史中吸取的沉痛教训。

八七会议后，毛泽东就被派往湖南领导湘赣边界的秋收起义。

根据党中央的决定和共产国际的指示，毛泽东需要带领起义部队攻打大城市——长沙。中国共产党独立领导中国革命开局的几件大事，如秋收起义、南昌起义还有广州起义等，开始都是以攻打大城市为目标。但毛泽东在领导秋收起义的过程中，发现当革命陷入低潮时，不仅把农民发动起来比较困难，而且敌人精锐部队大都集中在大城市，在这种情况下如果去攻打长沙，就会有全军覆没的危险。于是权衡再三，决定攻打浏阳。

发动秋收起义，毛主席心潮澎湃，写过一首词《西江月·秋收起义》：

军叫工农革命，旗号镰刀斧头。修铜一带不停留，要向平浏直进。

地主重重压迫，农民个个同仇。秋收时节暮云沉，霹雳一声暴动。[1]

在进攻浏阳的时候，工农革命军遭遇惨败。如果真是进攻长沙，后果更是不堪设想。毛泽东在这次行动中被捕，庆幸的是当地武装人员并不认识他，才得以脱险。脱险以后，毛泽东再三斟酌，更加清醒地认识到以当时的武装力量去攻打大城市是不可能的。严峻的形势逼迫他思考，中国革

---

[1]《毛泽东诗词全编鉴赏（增订本）》，人民文学出版社 2017 年版，第 351 页。

命未来的道路究竟该怎么走？

9月19日，部队在文家市休整。毛泽东主持召开前委会议，安抚人心，对战术战略进行总结。第二天，在里仁学校的操场上，毛泽东给大家做了一个激动人心的讲话："这次秋收起义，虽然受了挫折，但算不了什么！胜败乃兵家常事。""只要我们团结一致，继续勇敢战斗，胜利是一定属于我们的。"他还有一个形象的比喻："我们现在力量很小，好比是一块小石头，蒋介石好比是一口大水缸，总有一天，我们这块小石头，要打破蒋介石那口大水缸。"① 毛泽东在里仁学校的讲话，对提振大家的士气起了很大的作用。当时，学校里面有个10多岁的孩子，叫胡耀邦，他听到毛泽东的讲话以后，当时就下了决心，一定要追随这支队伍。

在文家市，毛泽东下定决心率领工农革命军转向农村，到敌人统治力量薄弱的地方去。关键是去哪里呢？毛泽东发现罗霄山脉中段即井冈山地区比较适宜工农革命军的发展。井冈山在湖南、江西两省交界的地方，敌人力量比较薄弱，地方的军阀也不容易管理。当某一方军阀用兵的时候，还可以到其他的地段进行躲避。综合考虑，毛泽东就决定进军井冈山。

9月29日，毛泽东率领的秋收起义部队到达永新县三湾村，此时部队思想出现浮动，甚至出现了一些逃兵。于是毛泽东又在部队的建设上做出了一个大手笔，这就是历史上有名的"三湾改编"。"三湾改编"的核心就是确立党对军队的绝对领导权，将党组织贯穿于部队的每一个建制中。这在人类建军史上都有破天荒的意义。一般看来，军队不过是实现军事目标的工具。但毛泽东把党的力量贯穿于部队每一个建制中，开始赋予军队政治上的功能，将政治建军作为重要的任务。毛泽东的这个举措，就使得军队不单单是军队，而且是一个有灵魂、有目标、有信仰、有精神、有担当的政治组织。

作出这个决定后，毛泽东在枫树坪还发表了一个重要讲话，公布三湾改编的内容，并为大家解释为什么要由党领导部队。当然，军队内部的有

---

① 《毛泽东年谱（1893—1949）》（修订本上卷），中央文献出版社2013年版，第218页。

些人如余洒度等，对此表示不理解也不赞成。他们没有经过共产党革命思想的洗礼，认识不到，也理解不了政治建军的意义，不懂得赋予部队灵魂、让战士有信仰有追求的重要性。后来，余洒度叛变了革命。

三湾改编之后，部队向井冈山进发。毛泽东打听到井冈山上有袁文才、王佐两股绿林势力。毛泽东为了严明军纪，赢得人民的认可，团结袁文才、王佐等农民武装，就制定了严密的纪律：一、行动听指挥；二、不拿老百姓一个红薯；三、打土豪要归公。这些话，人人听得懂，才能真正遵守落实，这是毛泽东的智慧。

新纪律宣布之后，毛泽东上山和袁文才、王佐深入交流，开始在井冈山扎下了根。1928年4月，朱德和陈毅率领南昌起义保留下来的部分部队发动湘南起义，在敌人围追堵截的形势下，向湘赣边界的井冈山转移，在龙江书院实现了朱毛的第一次会师。朱毛会师，不仅壮大了井冈山原有的武装力量，而且也使得朱德、陈毅、彭德怀等领导的起义部队有了一个新的落脚点和根据地。

毛泽东带领部队上井冈山，单从军事角度看，是共产党的部队攻打大城市失败以后向农村进军的转折和标志。但从中国文化何以重生的视角来看，毛泽东决定落脚井冈山，实际上也是中国文化和中国革命选择走什么样道路的一个标志。

在成立之初，中国共产党遵循共产国际的指示和苏联的经验而行动。幼年的中国共产党还不具备自觉将马克思主义与中国实际相结合的能力，更谈不上文化的主体性。而毛泽东决定上井冈山，事实上就给出了这样一个回答："马克思主义的'本本'是要学习的，但是必须同我国的实际情况相结合，我们需要'本本'，但是一定要纠正脱离实际情况的本本主义。"[1] "中国革命斗争的胜利要靠中国同志了解中国情况。"[2] 中国人要走出适合自己的正确道路。任何在不了解中国实际的情况下对中国革命指

---

[1] 《毛泽东选集》第一卷，人民出版社1991年版，第111—112页。

[2] 同上，第115页。

手画脚的做法，必然给中国革命造成严重的损失，甚至会造成颠覆性的挫败。毛泽东上井冈山，某种程度上标志着，无论是中国革命的道路，还是中国文化的建设，我们都要立足于中国的大地，在了解中国实际的基础上走最符合中国实际的正确道路。从这个意义上说，毛泽东进军井冈山，不仅仅是军事路线、革命路线的转变，在中国近代文化史上也是一个标志性事件，意味着中国文化主体性逐渐觉醒，逐渐尝试以自己的视角审视中国革命的命运、选择中国该走的道路。

第五节　中国文化内在精神的生动展现：对中国革命的文化解读

一个人的命运，到底掌握在谁手里？推而广之，一个国家的命运，到底掌握在谁手里？这是人类文化体系中一个核心的问题。在中国文化看来，无论是一个人，还是一个国家，自己才是自己命运的主人，自己要把握自己的命运，自己实现自己，自己成就自己。很多人在学习中国文化时，总是喜欢从文本到文本，从框架到框架，从概念到概念，从逻辑到逻辑，从典籍到典籍，这样很难把握中国文化的精髓。中华民族真正的伟大精神和博大智慧，就在人民鲜活的生活实践中，在近代以来中华民族不断追求伟大复兴的历史征程中。

1928年4月朱毛会师期间，曾经发生了这样一件事：两支队伍聚合在一起，要召开一个会师大会。当时，毛泽东日常习惯穿长衫，但是见朱德时穿上了军装，以表示对他们的热烈欢迎。为了庆祝会师，台子是战士们临时搭建的，时间仓促，不够结实。上去的人多了，台子突然坍塌。一般人就会有一个感觉：这个征兆是不是不吉祥？这时下边很多战士内心也产生了一点狐疑。见此情形，朱德就赶快站起来，大踏步走上前去说了一句话："同志们，不要紧，刚才台子垮了，但是，我们立刻又把它搭好了，无产阶级的台是永远垮不了的。"[①] 当他说完这些，沉闷的气氛一扫而空，

---

① 《井冈山革命根据地》下册，中共党史资料出版社1987年版，第589—599页。

战士们响起了热烈的掌声。

决定革命未来的不是某一次偶然事件，而是革命者是否顺应了中国近代社会发展的大潮，是否有坚定的信仰和应对各种困难的能力。中国文化本质上反对迷信，强调"命由我作，福自己求"，强调"心生万法"。在战争年代的两军会师，时间仓促，临时搭建的台子并不是特别结实，这是很正常的事。但究竟怎么看待台子坍塌这件事，展现的是一个人内心的智慧和力量。

朱毛会师以后，井冈山的革命力量大大地增强了。这时队伍内部思想有些混乱，如何才能统一思想，给大家指出正确的方向？毛泽东显示了一个伟大革命家、政治家的远见卓识和坚定信念。

毛泽东在《井冈山的斗争》这篇文章里开宗明义地指出："一国之内，在四围白色政权的包围中间，产生一小块或若干小块的红色政权区域，在目前的世界上只有中国有这种事。"[1] 这说明中国共产党怎样搞革命，在全世界都没有教科书可供参考。今天有些人总是喜欢拿其他国家的状况对比自己国家，其实每一个国家到底应该怎样发展，都是由这个国家的实际状况决定的。一个国家的成功经验，来源于特定的时代和特定的土壤。但离开了那个时代，离开了那个国家的具体情况，放到其他不同时代和不同国家中时，看起来即便是成功的经验，也可能会给其他国家带来极大的危害。正所谓彼之蜜糖，吾之砒霜。

中国革命所遇到的情况，只有在中国才有。其他国家的做法都不可以作为我们的教科书，中国革命的道路、中国人民的未来，根本取决于中国人民的探索和努力。针对中国革命，毛泽东提出过"工农武装割据"的概念。其内涵为中国共产党领导下的武装斗争、土地革命、根据地建设的"三位一体"。武装斗争，是中国革命的主要形式。当时的帝国主义列强掌握了全世界最发达的军事技术和武器，没有强大的武装和敢于斗争的精神，绝对不可能将其打败。国内那些掌握了政权的大地主、大资产阶级有几百万

---

[1] 《毛泽东选集》第一卷，人民出版社1991年版，第57页。

军队，他们对工农群众进行了血腥的镇压。面对武装到牙齿的敌人，单靠"仁义礼智信"和"温良恭俭让"，中华民族永远也站不起来。面对穷凶极恶的敌人，我们只能用武装的革命队伍将其打倒。所以，武装斗争是革命的主要形式。而要取得武装斗争的胜利，必须大力发展红军队伍。

土地革命的意义何在？《大学》里说："道得众则得国，失众则失国。"[1]《孟子》言："得天下有道：得其民，斯得天下矣；得其民有道：得其心，斯得民矣。"[2]《道德经》说："圣人无常心，以百姓心为心。"[3] 武装斗争需要团结亿万的劳动人民，中国当时占据人口绝大多数的阶级是农民阶级，而农民几千年来最为魂牵梦绕的就是土地。解决土地问题，就是抓住了农民的最大刚需。把土地分给农民，就是当时最大的人权，也是中国共产党为人民打拼、为劳苦大众服务的集中体现。同时，这个政策也能非常有效地激发劳苦大众的积极性，把他们团结在一起，共同为反对内外的压迫去斗争。

什么是根据地建设？《道德经》有言："鱼不可脱于渊，国之利器不可以示人。"[4] 鱼离开了池渊便必死无疑。当时的中国共产党，如果不进行根据地建设的话，就像是鱼脱离了池渊。毛泽东认为，李自成失败的一个很重要的原因就是流寇主义，打一个地方，风卷残云，然后换一个地方，根本不知道建立稳固的根据地，最终没有支撑发展的力量，必然失败。

所以，毛泽东认为，中国共产党的武装斗争和土地革命，一定要建立根据地，根据地是中国共产党不断培育、壮大、发展自己队伍的依托。根据地建设，包括经济建设、政治建设等方方面面，是毛泽东在土地革命战争时期下大功夫去思考和解决的问题。

武装斗争、土地革命和根据地建设，构成了工农武装割据的"三位一体"。在具体的运行过程中，中国共产党有非常伟大、独特的创造。比如，

---

[1] 朱熹：《四书章句集注》，中华书局 2012 年版，第 11 页。
[2] 同上，第 285—286 页。
[3] 《老子今注今译》，陈鼓应注译，商务印书馆 2016 年版，第 253 页。
[4] 同上，第 207 页。

在武装斗争的问题上，没有教科书告诉中国共产党在当时的情况下如何打仗。在当时的情况下，敌强我弱，敌我力量差距非常悬殊，敌人主要聚集在城市，共产党的部队只能转向敌人力量比较薄弱的农村。中国共产党怎样才能进行武装斗争？怎样才能保护好自己的根据地并不断扩大根据地规模？毛泽东、朱德等人在鲜活的斗争实践中总结出了一些进行武装斗争的方法。1929年4月，毛泽东在瑞金起草了一封红军第四军前委给中央的信。在这封信中，他说：

> 我们三年来从斗争中所得的战术，真是和古今中外的战术都不同。用我们的战术，群众斗争的发动是一天比一天扩大的，任何强大的敌人是奈何我们不得的。我们的战术就是游击的战术。大要说来是："分兵以发动群众，集中以应付敌人。""敌进我退，敌驻我扰，敌疲我打，敌退我追。""固定区域的割据，用波浪式的推进政策。""强敌跟追，用盘旋式的打圈子政策。""很短的时间，很好的方法，发动很大的群众。"这种战术正如打网，要随时打开，又要随时收拢。打开以争取群众，收拢以应付敌人。三年以来，都是用的这种战术。[①]

毛泽东在这封信里面，把保护根据地的斗争实践总结为16个字：敌进我退，敌驻我扰，敌疲我打，敌退我追。

这四句话，没有照抄照搬任何人的做法，完全来自革命斗争的实际，来自毛泽东、朱德等人的实战总结。游击战争的智慧和《金刚经》讲的"无相"有异曲同工之妙。什么是"无相"？就是不要被任何条条框框所迷惑、所控制，一切根据鲜活的实际情况而定。

谁都不是天生的无所不通，真正的智慧来自实践。在土地革命方面，中国共产党制定土地革命路线有着一个发展过程。1928年底，中国共产党制定了第一部土地法《井冈山土地法》。这部土地法否定了封建土地所有制，规定没收一切土地归苏维埃政府所有，以人口和劳动力两个标准分配土地，又以按人口分配为主体。

---

① 《毛泽东选集》第一卷，人民出版社1991年版，第103—104页。

这部土地法有一些值得肯定的地方，因为它把封建土地所有制否定了，将土地分给农民。但它也有一些不适合的地方，比如没收一切土地归苏维埃政府所有，这意味着把那些劳苦大众的土地也给没收了。此外，土地归工农兵政府所有而不归农民所有、禁止土地买卖等，都和当时农村的实际不相符合。

自我反省能力和纠错能力是一个政党健康发展极其重要的因素。中国共产党最大的优点之一，就是敢于承认错误并勇于改正。1929年4月，毛泽东主持制定了第二部土地法《兴国土地法》。这部土地法把《井冈山土地法》中的"没收一切土地"，改为"没收一切公共土地及地主阶级的土地"。这是一个原则性的修改。后来，经过不断摸索，毛泽东于1931年总结土地革命的经验，制定出一条比较完整的土地革命路线，即"依靠贫农、雇农，联合中农，限制富农，保护中小工商业者，消灭地主阶级，变封建半封建的土地所有制为农民的土地所有制"。富农跟大地主并不一样，他们的一些土地是要保护的，多余的可以适当地分出来，这便是"限制富农"的含义。毛泽东主持的这一条土地革命路线，应该说既有反封建的因素，同时又调动了老百姓的积极性。这个政策既规定土地归老百姓所有，老百姓可以自己做主，可以自由买卖，而且土地上生产的东西，除了需要留出一部分作为税收之外，其余的都由农民自由处置。不断完善且符合当时实际情况的土地法的制定和实施，极大地调动了农民的积极性，赢得了更多老百姓的拥护和支持。

在根据地建设上，一个标志性的事件就是1931年11月在江西瑞金成立了中华苏维埃共和国临时中央政府，毛泽东当选为临时中央政府主席。毛主席这三个字就是从这个时候开始喊起来的，在此之前，一般称他为毛委员，因为他曾经是红军的前委书记，中央的特派员。在江西瑞金召开的第一次全国苏维埃代表大会，通过了《中华苏维埃共和国宪法大纲》《中华苏维埃共和国土地法》《中华苏维埃共和国劳动法》《中华苏维埃共和国关于经济政策的决定》等文件。政府的政权组织形式是工农兵代表大会制度。工农兵代表大会制度，某种程度上也是后来人民代表大会制度的雏形。

朱毛会师以后，无论是开创工农武装割据的局面，还是对土地革命、武装斗争、根据地建设等的探索，都没有任何参考。中国的问题应该怎样来解决？毛泽东、朱德等在井冈山革命根据地的探索，给了我们一个深刻的启迪，就是我们中国人应该自己掌握自己的命运，团结一致，努力解决我们自己的问题。这是自强不息民族精神的真正体现。中华文化绝不是躺在博物馆里供人参观的文物，也不是在书本里让人咬文嚼字的道义。它应该活生生地在中国革命和实践中发挥作用，真正结合实际找到解决问题的办法，推动中国的进步，造福人民。

这些宝贵的经验，对于中国的革命和建设，对于实现中华民族伟大复兴和中国式现代化建设，都有十分重要的意义。

第六节　文化主体性的觉悟与照搬俄国经验的反思

一个民族真正的自强自立，在文化上的表现就是文化主体性的觉醒和确立。近代以来，虽然中华文化与不同民族、不同国家的文化碰撞、交流已经成为常态，但面对不同文化的内涵，我们要在本民族文化主体性的视野下，将其融会贯通，为我所用。一旦文化主体性丧失，一个民族的文化将必然面临被肢解的命运，这个民族也必将丧失心灵家园，无魂可依，甚至分崩离析。文化的主体性表现在如何进行中国革命的问题上，就是中国共产党能够以我为主、为我所用、立足实际，独立探索中国革命道路。

成立之初，中国共产党作为共产国际的支部，在探索正确革命道路的过程中深受共产国际的影响。而且俄国作为第一个社会主义国家，它的做法对探索中的中国共产党有很强的示范作用。

中国共产党独立领导革命前，深受几个错误思潮的影响。第一个是教条主义，主要表现为简单机械套用"马克思怎么说""恩格斯怎么说""列宁怎么说""斯大林怎么说"等指挥中国革命的具体实践，甚至进行组织上的清洗和打压。

第二个是将共产国际的指示和苏联的经验神圣化。中国共产党作为共产国际的一个支部,有很多做法要听从共产国际的指示。客观地说,共产国际的一些指示有一定的道理,但共产国际远在万里之遥,很难了解中国革命的实际,无法给出清晰、具体的指导。从 1927 年到 1935 年,将共产国际指示和苏联经验神圣化的思想一直弥漫在中国共产党内,给中国革命造成了极大的损失。

这两大错误思潮表明,当时的中国共产党还不具备完全独立处理中国革命问题的能力,还没有真正做到将马克思主义和中国实际有机结合起来。

中国文化特别注重人的主体力量的作用,特别注重具体问题具体分析的方法。自强不息,强调的是自己担负起自己的责任;实事求是,强调的是反对照抄照搬,而应从实际出发。但在实践中,中国共产党根据中国国情走上独立探索革命道路的过程,却十分曲折。

中国共产党早期的最高领导人是陈独秀。陈独秀在 1927 年四一二反革命政变以后,被剥夺了最高领导职务。陈独秀犯了什么错误呢?主要是右倾投降主义错误。蒋介石经过一系列的谋划,如"整理党务案""中山舰事件"等,已经磨刀霍霍,准备对共产党下手。如果当时共产党认识到形势的严峻性,趁着蒋介石羽翼还未丰满,借着中国共产党在黄埔军校里边的一些力量,有可能对蒋介石造成严重的打击,形成制衡的格局。但斯大林等人指示中国共产党不要和国民党的右派决裂,认为还有争取的可能。陈独秀不得不听从共产国际和斯大林的指示。结果蒋介石北伐到了南京、上海之后,江浙的财阀和帝国主义找蒋介石密谈,并答应给予大量经费支持。于是蒋介石公开叛变,拿起屠刀屠杀共产党人,给中国革命造成极其严重的损失。正是有了这些惨痛的经历,陈独秀后来提出我们中国人一定要找到自己的道路。

八七会议后,瞿秋白成为党中央的负责人。瞿秋白有坚强的革命意志,同时也是一个知识分子气息很浓厚的人。1927 年至 1930 年期间,瞿秋白对中国革命实际的了解不够深入,在反对陈独秀右倾投降主义错误的时候,他走向了"左"的一面,造成"左"倾盲动主义的错误,给中国革命带来严重的损失。1930年夏天，中央的主要负责人李立三迷信共产国际先打大城市的指示。在共产党的力量极其薄弱的情势下，李立三推动中央通过了《新的革命高潮与一省或几省的首先胜利》的决议，要求全党以武汉为中心开展暴动，甚至提出"会师武汉，饮马长江"的豪言壮语。听起来荡气回肠，结果是以卵击石。大批潜伏在长沙、南京、上海、武汉等地的战士，由于听了"左"倾路线的号召，暴露于敌人之下，无辜被杀。

当然，给中国革命带来最大危害的是王明的"左"倾教条主义。1931年1月，王明在共产国际的扶持下成为中国共产党的领导人。此后，王明的"左"倾教条主义路线在党内处于支配地位，直到1935年遵义会议召开。王明把教条主义以及神圣化共产国际的指示和苏联经验的做法推到了极致，给中国革命带来极大的危害，几乎让中国革命陷入绝境。

以王明为代表的一些人把"左"的错误推到极致：

第一，他们对革命的性质、形势和当时的阶级关系等，都作出了错误的分析。当时中国的革命需要团结民族资产阶级和小资产阶级，而王明却把他们当作敌人，搞关门主义，不懂得联合一切可以联合的人。

第二，他们在革命道路和斗争方针上犯了严重的错误。当时中国共产党的实力非常薄弱，没有能力攻打大城市，王明却坚持"城市中心论"，号召全党做好准备和国民党决战。当时的中央不顾力量悬殊，要求彭德怀率红军攻打赣州，结果惨痛失败。

第三，在土地问题上，他们不懂得把中农团结在自己身边，提出极"左"的口号："地主不分田，富农分坏田。"结果导致本来能团结的人，也被推到了敌人那里去，使得中国共产党统一战线的力量严重萎缩。

第四，他们在组织上大搞宗派主义，对不支持自己路线的人，残酷斗争，无情打击，清洗了一大批反对"左"倾路线的优秀同志，代价极为惨痛。王明等人在对敌斗争上方法不多，而且很愚蠢，却很热衷在共产党内部的组织建设上搞宗派主义。王明提出"二十八个半布尔什维克"的说法，拉拢留苏回来的党的干部，排挤以毛泽东为代表的在中国革命斗争实践中成长起来的干部。

第五，在军事上，他们不理解毛泽东和朱德等人在长期斗争实践中总结的游击战争经验，强调所谓的正规战争、阵地战。在第五次反"围剿"时，近百万国民党大军压境，王明路线的执行者博古和李德，仍在强调所谓的正规战，"御敌于国门之外"，最终阵地尽失。用毛泽东的话说，就是"叫花子和龙王爷比宝"。王明的军事方针严重脱离实际，最终给中国革命造成了沉重的打击。

中国文化特别强调一个词：实相。这提示我们看问题、做事情不可被表象、幻想或者片面情况所迷惑，而是要全面真实地了解和把握情况，并在此基础上采取正确的行动。人们常说智慧，究竟什么是智慧？一个人能够在把握实相的基础上，采取恰当的行动，这就是智慧的一种表现。在党的历史上，无论是"左"还是右，都是偏离实际的错误表现。毛泽东正是在正确总结"左"倾和右倾错误的基础上，提出了"实事求是"的思想，强调"一切从实际出发"的重要性。

毛泽东十分反对当时红军中的教条主义思想，于1930年5月写了一篇非常著名的文章《反对本本主义》。这篇文章从文化的角度看，可以说是最早体现中华文化主体性的代表性篇章之一。

《反对本本主义》开篇指出："没有调查，没有发言权。"比如说打仗，对当时中国共产党面临的实际挑战了解吗？对中国国情、敌我力量对比等了解吗？不了解就不要指手画脚，就没有发言权。毛泽东强调："你对那个问题的现实情况和历史情况既然没有调查，不知底里，对于那个问题的发言便一定是瞎说一顿。"他下边又讲："许多的同志都成天地闭着眼睛在那里瞎说，这是共产党员的耻辱，岂有共产党员而可以闭着眼睛瞎说一顿的吗？"[①]

毛泽东强调调查是解决问题的前提。不做调查，只是冥思苦想地"想办法""打主意"，是一定不能想出什么好办法、打出什么好主意的。换句话说，只会产生错办法和错主意。接下来他又指出："许多巡视员，许

---

① 《毛泽东选集》第一卷，人民出版社1991年版，第109页。

多游击队的领导者，许多新接任的工作干部，喜欢一到就宣布政见，看到一点表面，一个枝节，就指手画脚地说这也不对，那也错误。这种纯主观地'瞎说一顿'，实在是最可恶没有的。他一定要弄坏事情，一定要失掉群众，一定不能解决问题。"[1] 从毛泽东的语气里，读者多少能读出一些情绪。他当时作为红军领导人，看到因党内的教条主义，以及对共产国际指示和苏联经验过分神圣化的错误，导致很多指战员和红军战士流出鲜血、付出生命。一个党，乃至一个民族、一个国家，如果没有文化的主体性，没有独立思考，没有根据实际作出判断和抉择的能力，必然遭受重大的挫败。

毛泽东在文中强调，调查就像"十月怀胎"，解决问题就像"一朝分娩"。如果没有深入地调查研究，不了解实际，没有这个十月的怀胎，不可能一朝分娩。

针对迷信书本的现象，毛泽东强调指出，以为上了书的就是对的，文化落后的中国农民至今还存着这种心理。还有人不在共产党内实事求是地讨论问题，而是开口闭口"拿本本来"。毛泽东说："不根据实际情况进行讨论和审察，一味盲目执行，这种单纯建立在'上级'观念上的形式主义的态度是很不对的。"[2] 即便是上级的指示，到底符不符合实际，到底对不对，我们也要有一定的辨别力。如果上级的指示都是有问题的，而有些人根本不用自己的大脑，只是一味地执行上级的决定，真的是会害死人的。坚持真理是第一位的，只有坚持真理至上，才能不断修正错误，实事求是。

毛主席坚持从实际出发，独立思考，分析问题，找到解决问题的办法，这是文化主体性的集中表现。

相反，所谓的"本本主义"，就是丧失独立思考能力，不能从实际出发的一种典型表现。对此，毛泽东指出："本本主义的社会科学研究法也同样是最危险的，甚至可能走上反革命的道路，中国有许多专门从书本

---

[1] 《毛泽东选集》第一卷，人民出版社1991年版，第110页。
[2] 同上，第111页。

上讨生活的从事社会科学研究的共产党员,不是一批一批地成了反革命吗?"①文化的主体性,还表现为精神文化上的自强自立,反对一切迷信和膜拜。毛泽东指出:"我们说马克思主义是对的,决不是因为马克思这个人是什么'先哲',而是因为他的理论,在我们的实践中,在我们的斗争中,证明了是对的。我们的斗争需要马克思主义。我们欢迎这个理论,丝毫不存在什么'先哲'一类的形式的甚至神秘的念头在里面。读过马克思主义'本本'的许多人,成了革命叛徒,那些不识字的工人常常能够很好地掌握马克思主义。"②概括起来就是,一定不要神圣化马克思,更不能盲目迷信马克思,马克思理论的正确性,恰恰是因为它在社会实践中被证明是能解决问题的。所以毛泽东才说:"马克思主义的'本本'是要学习的,但是必须同我国的实际情况相结合。我们需要'本本',但是一定要纠正脱离实际情况的本本主义"。③

基于以上分析,毛泽东指出,离开实际调查,纯粹从本本出发,就会产生唯心主义,而且必然导致机会主义,或者盲动主义。我们搞社会经济调查,就是为了制定正确的斗争策略。毛泽东为什么反对"本本主义"?为什么注重调查?就是因为一切好的政策、正确的策略,都是从社会实际中来的。我们讨论唯物主义和唯心主义的时候,并不能简单地认为,唯心主义是错的,唯物主义是对的,这种简单的二元对立不是实事求是的态度。强调精神的力量,但不要走向唯心主义;强调唯物主义,也不可忽视人类精神的力量。从社会实践的角度看,唯物主义者,不是否定精神的力量,而是强调正确的政策只有从社会实践中来,强调只有在对社会实践充分了解的基础上,才能制定出好的政策。这才是唯物主义的真正含义。所以毛泽东在文中的第五部分指出,我们要作社会经济调查,就是为了了解真实的情况,在这个基础上制定正确的斗争策略。

最后,毛泽东明确指出:"中国革命斗争的胜利要靠中国同志了解中

---

① 《毛泽东选集》第一卷,人民出版社1991年版,第111页。

② 同上。

③ 同上,第111—112页。

国情况！"① 这是一句传播深远的经典名言，更是中国文化觉醒的一个表现。从文化主体性的角度看，中国人的命运、中国革命的未来到底掌握在谁手里？中国人要掌握自己的命运，独立观察、思考、学习、实践，探索中国的革命道理，这才是一个真正具备文化自信和文化自觉的民族和国家该有的精神状态。要转变中国的命运，不是靠我们跪求得到的帮助，也不是靠哪一本书、哪一个先哲提供现成的答案。所以，毛泽东坚决反对任何迷信，也反对盲目崇拜任何一个权威。这一点，值得我们所有人学习。

我们固然要海纳百川，要善于学习不同民族、不同国家创造的一切优秀文明成果，但一切的学习要建立在中国人自己做主、自己掌握自己命运的基础上，真正做到以我为主、为我所用。

毛泽东在《反对本本主义》中得出的认识和结论，不仅在中国共产党内部，乃至在近代中国思想史上都具有标志性意义，它构成了中国近代文化史上高扬文化主体性的精神之本。

第七节　文化主体性视角下的红色根据地发展

一个民族之所以成为该民族，就在于民族文化浸润了该民族独特的精神标识、心灵世界和价值观；一个民族能够持续发展的重要支撑，在于本民族文化所塑造的精神家园和孕育的智慧之源。一个民族文化自觉的重要标志，是文化主体性的确立；是能够以主人翁的立场，融汇不同文化优势为我所用；是能够独立分析问题，找到解决问题的办法，反对任何他者操纵自己的命运，从而自己把握自己的命运，做自己的主人。从人类文明史的角度来看，民族文化主体性是否真正确立，某种程度上可以说是现代文明和传统社会的分水岭。

文艺复兴，为什么能成为现代社会进步的转折点？很重要的原因就是文艺复兴唤醒了人类主体性的力量。面对人类的命运和个体的命运，面对

---

① 《毛泽东选集》第一卷，人民出版社1991年版，第115页。

生活的很多问题，人们不再是单纯跪在宗教面前去祈求答案，而是运用自身的智慧、自身的理性力量思考未来，研究问题，找到方向。可以说，主体性原则的确立是文艺复兴最核心的文化特质，在文化史中具有标志性的意义。

具体到中国的近现代历史，毛主席的《反对本本主义》一文就是中国共产党人文化主体性觉醒的一个重要标志。以毛泽东为代表的中国共产党人立足中国的实际，试图用自己的智慧与能力来解决中国革命和社会发展中所遇到的问题。

主体性的确立，对个人的成长也具有重要的意义。康德曾指出："启蒙运动就是人类脱离自己所加之于自己的不成熟状态，不成熟状态就是不经别人的引导，就对运用自己的理智无能为力。当其原因不在于缺乏理智，而在于不经别人的引导就缺乏勇气与决心去加以运用时，那么这种不成熟状态就是自己所加之于自己的了。要有勇气运用你自己的理智！这就是启蒙运动的口号。"[1] 如果一个人连独立思考的能力还都不具备，那么就可以说这个人还没有完成个体的成长，还没有成为一个真正的、大写的、独立的人。

主体性的确立，对一个民族的发展来说更是至关重要。一个民族，文化真正建立起来的标志就是拥有一套自己的理论体系、认知体系、价值体系、制度体系、评价体系、话语体系等。如果一个民族没有能力建构属于自己的这一套体系，那么这个民族就不能算是一个文化上自觉、自立的民族。

在近代史上，《反对本本主义》一文标志着以毛泽东为代表的中国共产党人在探索救国救民道路的过程中已经认识到运用自己的理性和智慧解决中国革命和社会发展中所面临问题的极端重要性。可以说，以毛泽东为代表的中国共产党人，既是近代中国文化主体性觉醒者的最早代表，也是

---

[1] ［德］康德著：《答复这个问题："什么是启蒙运动？"》，选自《历史理性批判文集》，何兆武译，商务印书馆1996年版，第22页。

在实践中立足实际,独立自主分析和解决实际问题的先行者。任何一个理论的产生,都不是突兀的,都是实践中各种条件具备后的产物。在《反对本本主义》发表前,《中国的红色政权为什么能够存在?》《星星之火,可以燎原》等文章都是文化主体性探索的产物和表现。

毛泽东在《中国的红色政权为什么能够存在?》一文中指出:"它(中国红色政权)的发生不能在任何帝国主义的国家,也不能在任何帝国主义直接统治的殖民地,必然是在帝国主义间接统治的经济落后的半殖民地的中国。"[①]这意味着中国革命不能照搬任何一个国家的做法,更不能把共产国际和苏联的指示视为不可怀疑的真理。

第一,近代中国政治经济发展的不平衡,是中国革命面临的客观环境。中国共产党在1927年独立领导革命的时候,国民党的正规军加上杂牌军有几百万之众。在这样一个反动堡垒面前,共产党如何才能发展成长起来?毛泽东发现了当时中国社会的一个特点:中国存在很多国民党新军阀,他们的背后有各自的帝国主义势力,有些军阀背后的势力是日本,有些军阀背后的势力是欧美,诸如此类。这使得这些军阀不可能形成一个统一的中央政府,更无法形成众志成城的力量。在军阀和军阀之间的那些地区,就为中国工农红军建立革命根据地准备了客观条件。井冈山就是这样的一个根据地,它地处湖南、江西两省交界,各个军阀难以在此形成一致的力量,便于发展武装斗争和土地革命。这个特点是以毛泽东为代表的中国共产党人在领导革命斗争的实践中总结和发现的。

第二,毛泽东指出:"中国红色政权首先发生和能够长期地存在的地方,不是那种并未经过民主革命影响的地方,例如四川、贵州、云南及北方各省,而是在一九二六和一九二七两年资产阶级民主革命过程中工农兵士群众曾经大大地起来过的地方,例如湖南、广东、湖北、江西等省。"[②]在整个大革命时期,尤其是在北伐的过程中,共产党一直在广泛地发动人

---

① 《毛泽东选集》第一卷,人民出版社1991年版,第49页。
② 同上。

民群众的力量。由中国共产党员邝鄘创作的《国民革命歌》中"打倒列强除军阀"的歌词像春风一样,把很多老百姓给吹醒了。经过大革命的洗礼,很多老百姓有了当家作主的觉悟和愿望,这就成为革命的火种。中国共产党早期的根据地多半在南方,因为那些地方大都经过大革命的洗礼。由此可见,中国革命的发生,有自己的"因"和"果"。

第三,毛主席指出:"小地方民众政权之能否长期地存在,则决定于全国革命形势是否向前发展这一个条件。"① 红色革命根据地的发展前景要和近代中国革命发展的大势有机统一起来。压迫中国人民的力量并没有被推翻,中华民族追求民族独立、人民幸福的时代任务没有完成,中国革命就一定会往前发展。当全国的革命形势往前发展,就必然带动中国的红色革命根据地的发展。这是毛泽东建立在对中国革命发展规律自觉把握基础上的预见。

第四,毛泽东指出:"相当力量的正式红军的存在,是红色政权存在的必要条件。"②

第五,毛泽东还强调红色政权的长期存在并且发展,除了上述条件之外,还需有一个要紧的条件,就是"共产党组织的有力量和它的政策的不错误"③。

孔子曾说:"人能弘道,非道弘人。"革命既需要具备客观的形势,也需要具备主观的条件。在近代,中国人民在国际上遭受列强凌辱,在国内遭受土豪劣绅欺压,种种束缚让中国人民喘不过气来,这是必须革命的客观形势。可是有没有具备觉悟使命的人承担历史责任?毛泽东在文中指出的"相当力量的正式红军"和党的正确领导,就是革命的主观条件。

要想真正组织好、带领好红军,使之成为战则能胜的军队,需要下很大的功夫。从出身来看,共产党的红军多半是贫苦农民,并没有受过多少教育,更谈不上严格的组织纪律性。小农意识重、看重自己的利益等情况

---

① 《毛泽东选集》第一卷,人民出版社1991年版,第50页。
② 同上。
③ 同上。

普遍存在于红军队伍之中。自上井冈山之后，毛泽东一直在思考如何改造红军队伍中存在的问题，将红军打造成战无不胜的钢铁队伍。这是任何国家的军队都未曾面临的问题，毛泽东只能从实际出发，探索如何教育和引导红军的问题。从开辟井冈山革命根据地到1929年召开古田会议，中国工农红军逐渐明确政治建军的原则，把军队的思想工作、政治工作摆在极其重要的位置。古田会议明确指出，中国的红军是一个执行革命的政治任务的武装集团。从此以后，中国的工农红军就成了一支真正有灵魂、有信仰、有担当、有情怀、有使命的无往而不胜的新部队，和过往一切旧军队都有了本质区别。

中国工农红军的建设，特别强调党的领导。无论是社会的正常运转，还是任何一项重大活动、社会运动和革命运动，都需要一个坚强有力的领导核心。这是自古以来人类社会基本经验的总结。这个领导核心出现以后，才能够有效地调动社会各方面的资源，实现命运与共、上下同心、众志成城，集中力量来解决社会发展过程中遇到的困难。可以说，党的领导是中国革命的重要特点，更是中国革命的极大优势。

当时，有一些人看到红军的力量很弱小，提出"红旗还能打多久"的疑问。这实质上是对革命前途缺少信心。毛泽东专门撰文《星星之火，可以燎原》，对这个疑问作出了响亮的回答。毛泽东指出：

所谓革命高潮快要到来的"快要"二字作何解释，这点是许多同志的共同的问题。马克思主义者不是算命先生，未来的发展和变化，只应该也只能说出个大的方向，不应该也不可能机械地规定时日。但我所说的中国革命高潮快要到来，决不是如某些人所谓"有到来之可能"那样完全没有行动意义的、可望而不可即的一种空的东西。它是站在海岸遥望海中已经看得见桅杆尖头了的一只航船，它是立于高山之巅远看东方已见光芒四射喷薄欲出的一轮朝日，它是躁动于母腹中的快要成熟了的一个婴儿。[①]

毛泽东之所以对"革命高潮快要到来"如此自信，是基于对中国社会

---

① 《毛泽东选集》第一卷，人民出版社1991年版，第106页。

发展的规律、革命发展的规律以及对时代大潮的认知所作出的一种判断。只有看清大势，遵循真理，才能有如此这般的清醒和远见。

孙中山先生亦是如此。他虽然在追求民主共和的斗争中多次失败，但他笃定中国的未来一定是民主共和取代帝制，这是不可阻挡的历史大潮。用今天的话来说，他站在历史正确的一边。真正的大人物，都是顺应历史大潮的自觉者。

当近代中国学术界的某些人还在强调用欧风美雨给中国人进行所谓的"启蒙"时，一批中国共产党人已经开启中华文化主体性觉醒的大门，立足中国的实际，运用自己的智慧，独立思考，迈出了探索中国未来出路的新步伐。

第八节　生死攸关的转折点：遵义会议与文化主体性的进一步觉醒

在中国共产党领导土地革命的过程中，以毛泽东为代表的在中国革命实践中成长起来的干部，已经率先实现了主体性的觉醒。他们认识到，中国的问题需要中国的同志了解中国的国情，中国人要独立自主地担负起拯救中华民族于水火之中的历史使命。但在中国共产党内部，还有很多人依旧迷恋教条，绝对依从来自共产国际和苏联的指挥，还没有真正认识到中华民族的命运要掌握在自己手里，换一句话说，就是他们还没有实现主体性的觉醒。那么，以毛泽东为代表的这一批觉醒者，是怎样得到全党的认可的？独立自主领导中国革命的意识是怎样得到更大程度的认可的？这就不得不提到1935年的遵义会议。可以说，遵义会议不仅是中国革命生死攸关的转折点，也是中国文化主体性觉醒的一个转折点。

从上井冈山之后，以毛泽东、朱德等为代表的共产党人在直接领导中国革命斗争的实践过程中，逐渐对中国革命的规律、特点以及未来的发展方向、军事斗争的策略等有了比较正确的认识。可在中国共产党内部还有另外一股强大的力量，那就是在共产国际的支持下从苏联留学回来的一些人。这些人读了一些马克思的书，又是留学生的身份，打着共产国际的旗号，在当时对党有主导性的影响。但这些人中许多并不了解中国实际情况，盲目顺从苏联的经验和共产国际的指示，不认同甚至打压以毛泽东为代表的共产党人所提出的一些正确主张。

1931年1月，中共六届四中全会召开。通过这次会议，王明在共产国际的支持下掌握了中央领导权。后来，王明去了莫斯科，当时在党内实际起主导作用的博古等人仍然支持王明的路线。也就是说，从1931年1月直到遵义会议，是王明"左"倾教条主义路线占主导的时期，并且是给中国革命带来近乎毁灭性损失的一个时期。

在1931年11月召开的赣南会议上，毛泽东等人倡导的正确路线，连续遭到坚持走"左"倾路线的人的打击。他们把从实践出发、从实际出发的正确做法，污蔑为"狭隘的经验论"；在土地革命开展的过程中，毛泽东主张尽可能团结更广大的农民，对富农的土地和财产进行适度的保护，这一主张被他们指责为"富农路线"；针对避实击虚的作战策略，他们还给毛泽东扣上了"极严重的一贯的右倾机会主义"的帽子。在赣南会议上，以毛泽东为代表的有着主体性觉醒的人，经受了很大的挫折。

在1932年10月召开的宁都会议上，毛泽东受到进一步打压，被迫放弃了对红军的军事指挥权，毛泽东只能以身体有病为理由，请假回到后方。这一段时期，毛泽东遭受打压和冷落，内心非常凄苦。后来他回忆，当时不要说人不来找他，连鬼都不上门。宁都会议实质上进一步推行了王明的"左"倾错误路线。

毛泽东等被排斥出军事领导行列后，以王明为代表的"左"倾教条主义者们开始全面地控制中国共产党的领导机关。当时，共产国际派来一个军事顾问李德。李德是德国人，他并没有指挥大规模战争的实际经验，更不懂中国革命的实际，他只能照搬德国的战争经验对中国革命指手画脚。德国当时的军事装备在欧洲甚至世界上，都属于一流水平。而中国共产党不仅人数少，装备更是落后，和当时国民党的军队相比，明显是敌强我弱。在这种情况下，如果单靠硬拼，搞阵地战和消耗战，那中国共产党一定会吃大亏，甚至会遭遇重大的失败。可王明和博古迷信共产国际的指示，对李德言听计从。

在第五次反"围剿"的过程中,王明坚持"左"倾路线,打阵地战,打消耗战,幼稚地提出"御敌于国门之外",结果导致了第五次反"围剿"的失败。据统计,包括中央革命根据地在内的南方根据地几乎全部丧失,几十万红军最后只剩8万多人。国统区共产党的力量损失近100%,根据地党的力量损失了90%以上。由此可见,王明的错误路线使得中国共产党为第五次反"围剿"的失败付出了惨重的代价,几乎让党的事业濒临绝境。在这种情况下,中共中央被迫撤离中央革命根据地,进行战略转移。这就是历史上著名的二万五千里长征。

红军长征从瑞金等地出发。中央最初的战略意图是从江西穿过湖南到湖北,与红二、红六军团会合。在这种严峻的情势下,中国共产党的战略意图和军事动向应该高度保密,而且军事行动要迅速敏捷,否则极容易被包围、切割,甚至被消灭。可当时中央在部署战略转移的时候,如同搬家,甚至连油印机这样的大型器物都要随军携带。这不仅导致行军极度缓慢,而且行军意图被蒋介石判断得清清楚楚。

《道德经》有言:"国之利器不可以示人。"意思就是一个国家、一个组织最核心的机密,不能轻易让别人知道。一支军队,如果人员数量、行军路线等最核心的信息都被人弄清楚了,那么就有极大的可能被剿灭。所以,《孙子兵法》才提出"兵者,诡道也"这样的话。国民党对中央红军的行军路线了如指掌,在红军行军路上布下了四道天罗地网。在突破湘江第四道封锁线时,中国工农红军付出的代价之大,在中国共产党的军事史上堪称最惨烈的战争之一。一个团接着一个团地冲上去,几乎被打得一个人不剩,鲜血染红了整个湘江。"英雄血染湘江渡,江底尽埋英烈骨;三年不饮湘江水,十年不食湘江鱼。"这首民谣形象地描述了战争的惨烈和人们对牺牲将士的痛惜。

据记载,中央红军从瑞金等地出发的时候,有8.6万人,经过4道封锁线之后,还剩下3万多人,也就是损失了一大半。在这种情况下,如果再按照"左"倾冒险主义路线走下去,中国共产党只能走向完全的失败。

在生死关头，中共中央负责人在湖南通道召开紧急会议，此次会议采纳了毛泽东放弃北上湘西的原计划，转兵西进贵州的意见，决定折返往南走，到敌人力量比较薄弱的贵州去。后来，到了贵州黎平后，中央再次调整行军路线，决定前往遵义。

1935年1月15日至17日，就在遵义这个地方，召开了中共中央政治局扩大会议，这就是著名的遵义会议。

遵义会议期间，博古首先作了主报告。他并没有正视自己的错误，甚至为"左"倾冒险主义做了辩护。在博古之后，周恩来作了副报告，他主动承担责任，进行了非常深刻、诚恳的自我批评。张闻天作了反对"左"倾军事错误的报告，比较系统地批评了博古、李德在军事指挥上的错误。之后，毛泽东发言。经过这么多历练之后，毛泽东更加沉稳、全面和成熟。针对当时特殊的情况，毛泽东的发言没有上纲上线，没有从政治上、组织上质疑批判共产国际的问题。毛泽东就军事谈军事，对第四次、第五次反"围剿"以来军事斗争过程中出现的一系列错误，进行了细致的分析，对"为什么打了败仗"这个问题做了总结和分析，应该说抓住了大家最疑惑、最关心、最想解决的问题。他的分析得到了广大指战员的大力支持。在遵义会议上，博古、李德的最高指挥权被取消了，毛泽东被选为政治局常委，重新成为中国共产党的最高领导人之一。遵义会议之后，又成立了由周恩来、毛泽东、王稼祥三人组成的军事指挥小组，全权负责军事指挥。

遵义会议在中国共产党的历史上是一个生死攸关的转折点，在最危急的关头挽救了红军，挽救了党，挽救了中国革命。从中国文化主体性觉醒的脉络来看，遵义会议除了在具体政策上结束了"左"倾冒险主义路线在中央的领导地位外，也是中国共产党开始独立解决中国革命问题的一次会议。在此之前，我们党每开一次会，都有共产国际的指示，都有苏联的建议。也就是说，中国共产党在此之前召开的那些重大的会议，实际上都是在全部或部分执行共产国际和苏联的指示及决定。但是，从遵义会议开始，情况发生了改变，中国共产党开始独立分析和解决中国革命过程中遇到的问题。因此，遵义会议是中国共产党在政治上走向成熟的标志。这表明，从中国实际出发，独立领导和处理中国革命问题的主体性觉醒，逐渐得到了更多人的认可。

在遵义会议之前，只有以毛泽东为代表的一部分人认识到中国革命的命运需要掌握在自己手里；要解决中国革命中的问题，需要让真正了解中国国情的那些同志担负责任。可当时还有很多人迷信共产国际，迷信苏联的指示，遵义会议之后则不然。因为这时的中国共产党，已经从整体上开始了主体性的觉悟，大家都认识到，想要取得革命的胜利，推翻内外的反动敌人，必须由中国人自己来了解自己的情况，自己担负起领导革命的重担。遵义会议后，中国共产党更加注重立足中国实际，立足研究中国革命的规律和特点，从而探索出适合中国国情的正确革命道路。

正是在主体性觉醒的前提下，中国共产党才能实现真正的大团结，才能真正建立起文化自信和政治自信，也才能在这种文化自信和政治自信的基础上，认真地去研究在革命以及军事斗争过程中遇到的实际问题，才能把共产国际的部分指示与苏联的部分经验，以及马克思主义与中国的实际很好地结合起来，并加以发挥应用。所以，从文化史的意义上来看，遵义会议意味着中国文化主体性进一步觉醒。

第九节　中国文化主体性觉醒的里程碑：马克思主义中国化

遵义会议后，以毛泽东为代表的中国共产党人开始独立自主地分析、处理中国革命面临的问题，不断探索实现民族独立和人民解放的道路。如果将中国共产党的文化觉醒放在中国近代思想史的脉络中来看，我们更能感受到以毛泽东为代表的中国共产党人的伟大作用和独特地位。

学界一般认为，20世纪，尤其是上半叶，在中国社会影响比较大的、颇具代表性的思潮有三个，即马克思主义、自由主义和现代新儒家思潮。

以胡适、蔡元培、傅斯年为代表的知识分子主张自由主义。他们以欧美的文化体系作为真理的标准，主张中国去模仿、移植甚至照搬欧美近代以来形成的理论体系、价值体系、制度体系等，以此作为他们学术和政治的指向。可以说，中国的自由主义者缺少中国文化主体性的觉悟，没有深刻地认识到中国人之所以是中国人最根本的原因就在于中国文化养育出我们独特的精神标识，一个民族之所以能够绵延不息的重要原因在于有自身独特的精神家园和心灵世界。文化不可保守僵化，要海纳百川、善于学习，可无论怎样海纳百川、善于学习，都要立足自身本位，从文化主体性的角度和立场，学习和借鉴人类创造的一切优秀文明成果，让它们为我所用，而不是膜拜其他民族及其文化形态，更不是抹去本民族的历史文化传统而照抄照搬其他民族的做法。

现代新儒家虽然在坚持中国文化立场上有巨大进步，但仍然没有走出西方文化中心论的窠臼。第一代新儒家的中国文化立场比较笃定，以梁漱溟、熊十力等为代表，主张发扬传统儒学中的心性理论，适应西方的科学与民主的新潮流。以牟宗三等为代表的第二代新儒家提出了"内圣开出新外王"，这个观点背后有着更浓重的"西方中心主义"的色彩，认为西方近代民主、自由等理念以及创建的制度体系是社会潮流和规律的代表。主张儒家的精神与西方的民主、自由理念以及制度体系不相违背，也就是新儒家所说的"内圣开出新外王"。其实，近代以来西方所提出的民主、自由等理念及其所构建的制度体系、价值体系等，存在严重的问题。在更高的层次上理解民主、自由等理念，在更高的层次上创建实现民主、自由的制度体系，是中国文化需要担负的历史责任，这绝不是对西方亦步亦趋，做欧美文化体系的"传声筒"和"复读机"就能实现的。但现代新儒家缺少这样的文化自觉，他们所着力论证的是，西方的民主、自由以及社会制度、价值观念等，中国也可以有。这种论证把西方文化体系当作真理的化身，而没有能够坚守中国文化主体性的立场，没有做到在更高的层次上审视西方的文化体系和制度体系，从而也就不能在融汇古今中外的基础上，直面人类社会近代以来存在的问题，创造更高层次的新文明。

马克思主义者的杰出代表包括初期的李大钊、陈独秀等，以及后期以毛泽东为代表的中国共产党人。他们率先认识到，我们一定要站在中国人的立场来分析自己的问题，认识世界的潮流，走属于自己的道路。从这个意义上讲，以毛泽东为代表的这一批志士仁人，在中国的思想史和文化史上具有典型的意义。

在遵义会议之后，毛泽东持续站在中国文化的立场分析中国革命面临的问题，在探索正确革命道路的问题上，不断地向前推进。最值得一提的是中国共产党对待马克思主义的看法和态度。

中国共产党的指导思想是马克思主义，从道理上讲，极容易产生将马克思主义教条化和神圣化的问题，很难彰显中华文化的主体性。但以毛泽东等为代表的中国共产党人，恰恰能够科学理性地看待马克思主义，提出了著名的"马克思主义中国化"的命题。

在1938年9月到11月的中国共产党六届六中全会上，毛泽东作了题为《论新阶段》的报告，其中这样说：

共产党员是国际主义的马克思主义者，但是马克思主义必须和我国的具体特点相结合并通过一定的民族形式才能实现。马克思列宁主义的伟大力量，就在于它是和各个国家具体的革命实践相联系的。对于中国共产党说来，就是要学会把马克思列宁主义的理论应用于中国的具体的环境。成为伟大中华民族的一部分而和这个民族血肉相联的共产党员，离开中国特点来谈马克思主义，只是抽象的空洞的马克思主义。因此，使马克思主义在中国具体化，使之在其每一表现中带着必须有的中国的特性，即是说，按照中国的特点去应用它，成为全党亟待了解并亟须解决的问题。①

一个民族的文化自觉，最突出的表现就是坚守文化主体性的立场。坚守文化主体性，并不是故步自封、拒绝学习，而是海纳百川、融汇一切优秀文明成果为我所用，但反对丧失自身文明的立场去照抄照搬、食洋不化。

只有用自己的智慧和能力去思考和解决问题的政党，才能真正走出属于自己的道路。所以毛泽东在《论新阶段》的报告中明确提出"马克思主义中国化"的命题。2021年7月1日，习近平总书记更是明确提出"把马克思主义基本原理同中国具体实际相结合、同中华优秀传统文化相结

---

① 《毛泽东选集》第二卷，人民出版社1991年版，第534页。

合"，① 这是继毛泽东提出马克思主义要和中国实际相结合之后，又一个里程碑式的政治理论。

毛泽东对文化主体性的坚守，表现在他对待本民族的历史和外来的文化，都能保持独立思考和辩证分析，都能在立足中国实际的基础上提出正确的方法论。在如何对待历史的问题上，毛泽东在《论新阶段》中明确指出：

学习我们的历史遗产，用马克思主义的方法给以批判的总结，是我们学习的另一任务。我们这个民族有数千年的历史，有它的特点，有它的许多珍贵品。对于这些，我们还是小学生。今天的中国是历史的中国的一个发展；我们是马克思主义的历史主义者，我们不应当割断历史。从孔夫子到孙中山，我们应当给以总结，承继这一份珍贵的遗产。这对于指导当前的伟大的运动，是有重要的帮助的。②

毛泽东既反对割裂历史、割裂民族精神魂脉的思想，又反对不加辨析地加以继承的做法。

在如何对待外来文化的问题上，毛泽东于1941年5月，在《改造我们的学习》的报告里，尖锐地指出：

许多同志的学习马克思列宁主义似乎并不是为了革命实践的需要，而是为了单纯的学习。所以虽然读了，但是消化不了。只会片面地引用马克思、恩格斯、列宁、斯大林的个别词句，而不会运用他们的立场、观点和方法，来具体地研究中国的现状和中国的历史，具体地分析中国革命问题和解决中国革命问题。这种对待马克思列宁主义的态度是非常有害的，特别是对于中级以上的干部，害处更大。③

对此，毛泽东特别强调，共产党人要认真地了解中国的历史和国情，要立足中国的实际情况：

---

① 习近平：《在庆祝中国共产党成立100周年大会上的讲话》，载《人民日报》2021年7月2日。
② 《毛泽东选集》第二卷，人民出版社1991年版，第533—534页。
③ 《毛泽东选集》第三卷，人民出版社1991年版，第797页。

对于自己的历史一点不懂，或懂得甚少，不以为耻，反以为荣。特别重要的中国共产党的历史和鸦片战争以来的中国近百年史，真正懂得的很少。近百年的经济史，近百年的政治史，近百年的军事史，近百年的文化史，简直还没有人认真动手去研究。有些人对于自己的东西既无知识，于是剩下了希腊和外国故事，也是可怜得很，从外国故纸堆中零星地检来的。①

针对很多留学生没有独立自主、独立思考的自觉，没有理论联系实际的能力，毛泽东总结说：

几十年来，很多留学生都犯过这种毛病。他们从欧美日本回来，只知生吞活剥地谈外国。他们起了留声机的作用，忘记了自己认识新鲜事物和创造新鲜事物的责任。这种毛病，也传染给了共产党。②

不论是近百年的和古代的中国史，在许多党员的心目中还是漆黑一团。许多马克思列宁主义的学者也是言必称希腊，对于自己的祖宗，则对不住，忘记了。③

毛泽东为了更好地解决中国革命问题，更好地理解马克思列宁主义的真理，真正做到理论联系实际，下了一番大功夫。遵义会议虽然确立了毛泽东等人所提出的正确军事路线，但政治路线、思想路线、组织路线的深度解决还未提上日程。长征胜利到达延安后，毛泽东研读了许多马列书籍，提高自己的马列主义理论修养，这既是应对极其复杂的中国革命实际问题的需要，也是解决"左"倾错误的需要。如果不能在理论上对中国共产党的历史加以系统梳理和总结，如果不能对中国共产党历史上出现的"左"倾和右倾错误作出深刻反思，也就没有办法真正解决党的政治路线和思想路线中存在的问题，全党的团结更是无从谈起。正是在深度阅读马列主义书籍的过程中，毛泽东在理论上升华和总结自己的体悟和认知，这集中体

---

① 《毛泽东选集》第三卷，人民出版社 1991 年版，第 798 页。
② 同上，第 798 页。
③ 同上，第 797 页。

现在 1937 年他创作的两篇文章《实践论》和《矛盾论》上。这两篇文章可以说是毛泽东在融会了马克思、恩格斯、列宁等人的思想后，结合中国共产党的实践以及个人体悟而形成的理论升华。

有人提出这样的问题：毛泽东早年写作的《心之力》有十分明显的传统文化的印记，为何后来几乎只字不提《心之力》的作用？《心之力》是早年毛泽东阅读儒释道文献后，对心灵认知和对未来世界的期许的表达，其伟大的地方是有冲天之志，强调内心愿力的强大力量，但也有明显的不足。那就是无法回答面对最广大的人民群众，如何做好工作。这绝不是强调愿力和心志就可以做好的。在亿万人民群众参与的中国革命实践中，如何分析千变万化的战场情势，如何抓住人民的刚需从而能够发动人民群众，这需要更加具体有效的方法论和哲学思维。而《实践论》和《矛盾论》就为毛泽东和中国共产党分析和解决问题提供了强大的哲学支撑。

毛泽东在《实践论》中提出了一个很重要的观点："无论何人要认识什么事物，除了同那个事物接触，即生活于（实践于）那个事物的环境中，是没有法子解决的。"[①] 真理一定来自实践，而且要从感性上升到理性，上升到理性以后还要再回到实践中去，在实践中再验证它，然后发现问题、解决问题，不断完善。总之，认识来源于实践，又指导实践，在实践中不断地往复，进而推动整个人类的认识不断地向前发展。对此，毛泽东在《实践论》中作出了经典的总结："通过实践而发现真理，又通过实践而证实真理和发展真理。从感性认识而能动地发展到理性认识，又从理性认识而能动地指导革命实践，改造主观世界和客观世界。实践、认识、再实践、再认识，这种形式，循环往复以至无穷，而实践和认识之每一循环的内容，都比较地进到了高一级的程度。这就是辩证唯物论的全部认识论，这就是辩证唯物论的知行统一观。"[②] 可以说，《实践论》把革命实践中一切错误的言行存在的根源找出来了，那就是没有做到从实践中很好地观察和总

[①] 《毛泽东选集》第一卷，人民出版社 1991 年版，第 286—287 页。
[②] 同上，第 296—297 页。

结。同时，它也指出了检验言行是否正确的标准：经过实践验证的理论，才是真正正确的理论。

在《矛盾论》里面，毛泽东谈到了矛盾的普遍性和特殊性。其中，毛泽东借用列宁的话，特别强调了矛盾的特殊性："马克思主义的最本质的东西，马克思主义的活的灵魂，就在于具体地分析具体的情况。"[①] 共性的东西是存在的。共性在哪里体现呢？比如说我们买水果，水果就是我们所说的共性；而个性则表现为橘子、葡萄、香蕉等。我们说人，哪里有一个抽象的人？总是表现为张三、李四，表现为你、我、他，只有在一个一个鲜活的个体中间才能体现人。所以毛泽东就指出，共性包含于一切个性之中，无个性即无共性。这样的分析，为中国共产党人将马克思主义的普遍原理落实在中国的革命实际中，提供了强大的理论支撑。

从近代文化史的角度看，《矛盾论》折射了毛泽东对文化主体性的诉求和捍卫。中国人要自己解决自己的问题，从中国的实际出发，自己领导自己的革命，一定是结合中国的实际，而不是背诵别人的教条，迷信书上的某些道理。即便是别人讲过有道理的话，包括马克思、恩格斯的话，列宁、斯大林的话，也一定要根据中国的实际加以运用。这是《矛盾论》给出的启发。

第十节　延安整风：文化主体性的普遍"启蒙"

遵义会议确立了毛泽东在党中央的领导地位，但教条主义的影响并未根本消除，甚至还有很大影响。抗日战争全面爆发后，王明从共产国际回到延安，在党内外继续担任重要职务，经常给延安各界作报告，教条主义的影响一度更加膨胀。从文化主体性的角度看，如何从思想上统一全党，如何真正提高全党的理论水平，如何将马列主义与中国实际结合起来，独立自主地处理中国革命事务，成为中国共产党必须解决的大问题。

---

① 《毛泽东选集》第一卷，人民出版社 1991 年版，第 312 页。

1941年夏，抗日战争处于相持阶段，苏联要集中精力应对德国的进攻，再加上共产国际和苏联在皖南事变中起到不好的作用，开展一场全党范围内清算以教条主义为代表的错误路线的运动，初步具备了条件。

1941年5月，毛泽东在延安干部会议上作了题为《改造我们的学习》的报告，开宗明义地指出了全党思想建设面临的问题和任务：

中国共产党的二十年，就是马克思列宁主义的普遍真理和中国革命的具体实践日益结合的二十年。如果我们回想一下，我党在幼年时期，我们对于马克思列宁主义的认识和对于中国革命的认识是何等肤浅，何等贫乏，则现在我们对于这些的认识是深刻得多，丰富得多了。灾难深重的中华民族，一百年来，其优秀人物奋斗牺牲，前仆后继，摸索救国救民的真理，是可歌可泣的。但是直到第一次世界大战和俄国十月革命之后，才找到马克思列宁主义这个最好的真理，作为解放我们民族的最好的武器，而中国共产党则是拿起这个武器的倡导者、宣传者和组织者。马克思列宁主义的普遍真理一经和中国革命的具体实践相结合，就使中国革命的面目为之一新。抗日战争以来，我党根据马克思列宁主义的普遍真理研究抗日战争的具体实践，研究今天的中国和世界，是进一步了，研究中国历史也有某些开始。所有这些，都是很好的现象。

但是我们还是有缺点的，而且还有很大的缺点。据我看来，如果不纠正这类缺点，就无法使我们的工作更进一步，就无法使我们在将马克思列宁主义的普遍真理和中国革命的具体实践互相结合的伟大事业中更进一步。

首先来说研究现状。像我党这样一个大政党，虽则对于国内和国际的现状的研究有了某些成绩，但是对于国内和国际的各方面，对于国内和国际的政治、军事、经济、文化的任何一方面，我们所收集的材料还是零碎的，我们的研究工作还是没有系统的。二十年来，一般地说，我们并没有对于上述各方面作过系统的周密的收集材料加以研究的工作，缺乏调查研究客观实际状况的浓厚空气。"闭塞眼睛捉麻雀"，"瞎子摸鱼"，粗枝大叶，夸夸其谈，满足于一知半解，这种极坏的作风，这种完全违反马克思列宁主义基本精神的作风，还在我党许多同志中继续存在着。马克思、恩格斯、列宁、斯大林教导我们认真地研究情况，从客观的真实的情况出发，而不是从主观的愿望出发；我们的许多同志却直接违反这一真理。

其次来说研究历史。虽则有少数党员和少数党的同情者曾经进行了这一工作，但是不曾有组织地进行过。不论是近百年的和古代的中国史，在许多党员的心目中还是漆黑一团。许多马克思列宁主义的学者也是言必称希腊，对于自己的祖宗，则对不住，忘记了。认真地研究现状的空气是不浓厚的，认真地研究历史的空气也是不浓厚的。

其次说到学习国际的革命经验，学习马克思列宁主义的普遍真理。许多同志的学习马克思列宁主义似乎并不是为了革命实践的需要，而是为了单纯的学习。所以虽然读了，但是消化不了。只会片面地引用马克思、恩格斯、列宁、斯大林的个别词句，而不会运用他们的立场、观点和方法，来具体地研究中国的现状和中国的历史，具体地分析中国革命问题和解决中国革命问题。这种对待马克思列宁主义的态度是非常有害的，特别是对于中级以上的干部，害处更大。

上面我说了三方面的情形：不注重研究现状，不注重研究历史，不注重马克思列宁主义的应用。这些都是极坏的作风。这种作风传播出去，害了我们的许多同志。

确实的，现在我们队伍中确有许多同志被这种作风带坏了。对于国内外、省内外、县内外、区内外的具体情况，不愿作系统的周密的调查和研究，仅仅根据一知半解，根据"想当然"，就在那里发号施令，这种主观主义的作风，不是还在许多同志中间存在着吗？

……

我们学的是马克思主义，但是我们中的许多人，他们学马克思主义的方法是直接违反马克思主义的。这就是说，他们违背了马克思、恩格斯、列宁、斯大林所谆谆告诫人们的一条基本原则：理论和实际统一。他们既然违背了这条原则，于是就自己造出了一条相反的原则：理论和实际分离。在学校的教育中，在在职干部的教育中，教哲学的不引导学生研究中国革命的逻辑，教经济学的不引导学生研究中国经济的特点，教政治学的不引导学生研究中国革命的策略，教军事学的不引导学生研究适合中国特点的战略和战术，诸如此类。其结果，谬种流传，误人不浅。在延安学了，到富县就不能应用。经济学教授不能解释边币和法币，当然学生也不能解释。这样一来，就在许多学生中造成了一种反常的心理，对中国问题反而无兴趣，对党的指示反而不重视，他们一心向往的，就是从先生那里学来的据说是万古不变的教条。①

无论是反对教条主义，还是强调马克思主义与中国实际相结合，其实质无不体现了中国共产党人的文化主体性，即从中国的实际出发，独立思考，探索、求寻符合中国实际的革命道路。

在文中，毛泽东鲜明地总结了全党存在的问题：一些人没有真正扎根中国、立足中国、了解中国、研究中国，更没有自觉地将马克思列宁主义和中国实际有机地结合起来，而是根子上自以为是、想当然的主观主义。从表现上看最突出的是教条主义，把马列的文本和共产国际的指示、苏联的经验奉为万古不变的教条。当然，其中也包括留学欧美的一些人，食洋不化，生吞活剥，不懂得结合中国的实际，不知道如何解决中国的问题，卖弄欧美的学问，鹦鹉学舌，照抄照搬。这种问题的延伸，就表现为党风上的宗派主义和文风上的党八股。

1942年2月，毛泽东在中央党校开学典礼上发表了题为《整顿党的作风》的讲话，指出整风的方向就是"反对主观主义以整顿学风，反对宗派主义以整顿党风，反对党八股以整顿文风"。②

指出了问题以后，解决问题的方向在哪里？毛泽东给出的药方就是"实事求是"和"理论联系实际"：

在这种态度（马克思列宁主义的态度）下，就是应用马克思列宁主义的理论和方法，对周围环境作系统的周密的调查和研究。不是单凭热情去

---

① 《毛泽东选集》第三卷，人民出版社1991年版，第795—799页。

② 同上，第812页。

工作，而是如同斯大林所说的那样：把革命气概和实际精神结合起来。在这种态度下，就是不要割断历史。不单是懂得希腊就行了，还要懂得中国；不但要懂得外国革命史，还要懂得中国革命史；不但要懂得中国的今天，还要懂得中国的昨天和前天。在这种态度下，就是要有目的地去研究马克思列宁主义的理论，要使马克思列宁主义的理论和中国革命的实际运动结合起来，是为着解决中国革命的理论问题和策略问题而去从它找立场，找观点，找方法的。这种态度，就是有的放矢的态度。"的"就是中国革命，"矢"就是马克思列宁主义。我们中国共产党人所以要找这根"矢"，就是为了要射中国革命和东方革命这个"的"的。这种态度，就是实事求是的态度。"实事"就是客观存在着的一切事物，"是"就是客观事物的内部联系，即规律性，"求"就是我们去研究。我们要从国内外、省内外、县内外、区内外的实际情况出发，从其中引出其固有的而不是臆造的规律性，即找出周围事变的内部联系，作为我们行动的向导。而要这样做，就须不凭主观想象，不凭一时的热情，不凭死的书本，而凭客观存在的事实，详细地占有材料，在马克思列宁主义一般原理的指导下，从这些材料中引出正确的结论。这种结论，不是甲乙丙丁的现象罗列，也不是夸夸其谈的滥调文章，而是科学的结论。这种态度，有实事求是之意，无哗众取宠之心。这种态度，就是党性的表现，就是理论和实际统一的马克思列宁主义的作风。[①]

真正的理论在世界上只有一种，就是从客观实际抽出来又在客观实际中得到了证明的理论，没有任何别的东西可以称得起我们所讲的理论。斯大林曾经说过，脱离实际的理论是空洞的理论。空洞的理论是没有用的，不正确的，应该抛弃的。[②]

中国共产党人只有在他们善于应用马克思列宁主义的立场、观点和方法，善于应用列宁斯大林关于中国革命的学说，进一步地从中国的历史实际和革命实际的认真研究中，在各方面作出合乎中国需要的理论性的创造，

[①] 《毛泽东选集》第三卷，人民出版社1991年版，第800—801页。
[②] 同上，第817页。

才叫做理论和实际相联系。①

思想上的问题,也会通过文风表现出来,毛泽东在《反对党八股》一文中有清晰的说明。尤其需要提及的是在延安整风过程中,中国共产党对文艺界的改造与引导。

文学艺术,在对人民的影响上具有很大的作用。一篇好文章、一部好电影、一首好歌曲等,可以影响亿万人,反之也会误导亿万人。这是中国共产党历来重视文艺建设的重要原因。抗日战争爆发后,延安成为进步文艺工作者向往的圣地,但他们对于文学艺术的使命和作用,对于文艺创作与中国革命的关系、文艺和人民群众的关系等,并不是非常明确。对此,毛泽东专门召开延安文艺座谈会,就上述问题作出回答。

毛泽东在文艺座谈会上,告诉大家世界上没有孤立、抽象、悬空的文艺,文艺创作应该和中国人民的事业有机结合起来,成为推动人民解放和革命事业取得成功的一种力量:"求得革命文艺的正确发展,求得革命文艺对其他革命工作的更好的协助,借以打倒我们民族的敌人,完成民族解放的任务。"②针对某些文艺工作者看不起人民群众的现象,毛主席指出:"最干净的还是工人农民,尽管他们手是黑的,脚上有牛屎,还是比资产阶级和小资产阶级知识分子都干净。"③通过延安文艺座谈会,毛泽东解决了文艺发展大是大非的问题,明确了文艺工作的方向:革命文艺,是为中国革命如何取得胜利服务的,是为中国人民的进步事业服务的,提倡艺术的创作者和人民群众结合、和生活实践结合,而不是生搬硬套欧美、苏联的文艺形式,不是闭门造车,也不是自我宣泄和自以为是,更不是冷嘲热讽,阴阳怪气。他指出:

文学艺术中对于古人和外国人的毫无批判的硬搬和模仿,乃是最没有出息的最害人的文学教条主义和艺术教条主义。中国的革命的文学家艺术

---

① 《毛泽东选集》第三卷,人民出版社1991年版,第820页。
② 同上,第847页。
③ 同上,第851页。

家，有出息的文学家艺术家，必须到群众中去，必须长期地无条件地全心全意地到工农兵群众中去，到火热的斗争中去，到唯一的最广大最丰富的源泉中去，观察、体验、研究、分析一切人，一切阶级，一切群众，一切生动的生活形式和斗争形式，一切文学和艺术的原始材料，然后才有可能进入创作过程。①

从遵义会议、六届六中全会到延安整风，从文化主体性的角度看，是中国文化主体性的进一步确立、深化和普及的历史进程。

作为人类文明史上唯一一个文明河流始终未曾中断的伟大民族，我们应该树立起自己的文化自觉和文化自信。文化自觉，意味着对于本民族文化和本民族发展之间的关系有着清醒的认知，对于文化的重要性有着清醒的认知，对于本民族文化的优势和问题有着清醒的认知，对于坚守文化主体性有着清醒的认知。正是在文化自觉的基础上，我们才能建立真正理性的文化自信。文化自信，意味着要坚守中华文化的主体性，融汇一切优秀文明成果为我所用，以我为主，走中国道路，创中国理论，建构中国制度。

但自近代以来，我们的文化自觉和文化自信经历了一个曲折的发展过程。无论是沉陷于天朝大国的骄狂自大，还是膜拜欧美的全盘西化，都背离文化自觉和文化自信的科学态度。只有以毛泽东为代表的中国共产党人明确地提出立足中国实际，实事求是，坚持理论联系实际，主张将马列主义和中国实际相结合，坚持独立自主地处理中国革命发展过程中面临的问题，他们可谓是中华文化主体性觉醒的集中代表。在实践中，中国文化主体性的觉醒有一个不断深化的过程：李大钊、陈独秀初步地提出中国革命有自己的特点，毛泽东发表《反对本本主义》提出调查研究问题的方法论，经过遵义会议和六届六中全会，尤其经过延安整风这个全党的思想教育运动，中国人要自己把握自己的命运，要坚持立足中国实际，坚持马列主义和中国革命实际相结合，走符合中国国情的革命道路等体现中国文化主体性觉醒的若干认知，逐渐成为全党的共识。这不仅极大地促进了中国共产

---

① 《毛泽东选集》第三卷，人民出版社1991年版，第860—861页。

党的团结，推动了中国革命的进程，而且对于实现中华民族的精神觉醒和自立自强有极大的现实意义。

正因为文化主体性的觉醒，在遵义会议以后，尤其是延安整风之后，中国共产党才能够提出"实事求是"的重要思想，能够真正站在自己的立场上认识问题、分析问题、解决问题，走符合自身实际的道路。

历史的发展生动地证明：一个实现文化主体性觉醒的党，才能真正实现自救和救亡图存。需要注意的是，中国共产党人文化主体性的觉醒，并不代表我们这个民族所有人都实现了文化主体性的觉醒。一直到今天，立足中国的实际，独立自主地分析、回应中国社会发展所面临的问题与挑战，融汇天下，为我所用，走适合中国的发展道路，都仍然面临许多不容忽视的问题。其中之一，就是某些人缺少独立思考的能力，依然将欧美的东西奉为真理，沉溺于对欧美思想的膜拜而不自省。从这个意义上讲，真正实现全中国和中华民族的文化自觉、文化自信，实现中国文化主体性的全面确立，在新时代环境里再创中华文明的新辉煌，仍是一个艰巨的历史任务。

第七章

新中国成立后文化主体性重建的曲折

民族独立，当然包括经济独立、政治独立、国防独立，也必然包括精神的独立和国魂的重塑。作为中国共产党领袖的毛泽东，如何让中国人在精神上站起来，这是他思考的重要问题之一。没有精神的自立自强，没有文化主体性的觉醒，也就没有真正意义上的民族独立。

第一节　从伤痕文学到反思文学

新中国成立以后，中国共产党在如何形成自立自强的精神力量，如何重建中华文化的主体性，如何建构中华民族的精神家园和心灵归属，如何实现文化自觉和文化自信等问题上一直在探索中前行。

在这个过程中，有几个基本问题要梳理清楚。

第一个问题，首先要明确文化的主体性和民族精神的自立自强是一个民族真正站起来的重要标志。如果一个民族还没有形成自身的精神家园、心灵世界、价值观、思维方式和观察世界的独特能力，那么这个民族不仅没有真正站起来，也不可能傲立于世界民族之林。人类的文化有共性的内容，但也要通过民族个性表现出来。人类的文化，正是在不同民族文化的互动过程中，和而不同，不断地优化和前行。

第二个问题，民族的文化主体性能不能建立起来，或者建构文化主体性过程经历怎样的曲折，与社会发展的过程和经历的重大事件息息相关，二者之间存在深度的关联。新中国的建设并非一帆风顺，其中经历了无数的坎坷和波折。《道德经》云："和大怨，必有余怨。"[①] 新中国要彻底结束两千多年帝制社会及一百多年积贫积弱的社会状况所带来的影响，建立起自强自立、繁荣富庶的社会主义国家，不是宣告成立就万事大吉，必然会经历无数的坎坷、挑战甚至反复，而社会建设上的曲折探索和失误，会在很大程度上影响文化主体性的建构。

第三个问题，中国文化主体性的建构需要突破西方文化的霸权，必然面临复杂国际环境的扰动。从17世纪以来，西方社会率先实现了现代社会的转型，在文化层面取得了强势的主导地位，西方的理论框架、学术规则、话语体系、标准体系、价值体系等，控制了整个人类的文化标准。在这种情况下，有着五千年文化底蕴的中华民族，要实现现代社会的转型，势必

[①]《老子今注今译》，陈鼓应注译，商务印书馆2016年版，第341页。

要正视三四百年以来西方所形成的强势的文化霸权。中国能不能在融汇人类不同文化优势的基础上建构中国文化的主体性，关系中华民族能不能实现伟大复兴。可在建构中国文化主体性的过程中，中国自觉或不自觉地会受西方文化体系的影响，更确切地说是受到西方文化体系主导的学术体系、标准体系等的影响。西方文化体系甚至会成为某些人心里的坐标系，或者说真理的标准。总之，中国文化主体性的建构，相当程度上受到西方强势文化霸权的影响，中国能否突出重围，创建中国自己的学术体系、标准体系、评价体系等，考验着中华民族的再生能力。

我们厘清了以上几个基本问题，会发现新中国成立后，在中国文化主体性建构的过程中，既受到国内建设与政治运动震动和波折的影响，也受到西方文化霸权的扰动，甚至在改革开放以后也经历了相当曲折的过程。

"文化大革命"结束以后，学界将第一波兴起的文学思潮称为"伤痕文学"。伤痕文学的名字，取自复旦大学中文系一年级学生卢新华发表的名为《伤痕》的小说，作者由此一举成名。"伤痕"这一词，也就成了反思"文化大革命"带给人心灵伤害的一个代名词。

卢新华的《伤痕》讲的是什么呢？故事讲述了一个名叫王晓华的女生在"文化大革命"期间发生的故事。王晓华的母亲被"四人帮"判定为女叛徒，但王晓华当时并没有能力认识到这是冤假错案。她也认为自己的母亲是非常可耻的，于是毅然地和母亲决裂。而且为了表示自己洗心革面的决心，她不等毕业就报名上山下乡，远离母亲。她在农村参加劳动的过程中，非常努力，用心地表现自己。尽管如此，因为母亲的关系，她仍然没有办法真正融入当时所谓主流的、上进的行列里去。比如，谈恋爱的时候，因为家庭影响导致相爱的两个人最终分开了；加入共青团也是磕磕绊绊，组织上不是那么信任她。这都让她原本充满希望的心灵受到了极大的伤害，她的活力逐渐凋零。那个朝气蓬勃的、洋溢着活力的女孩子，成了一个沉默寡言、近乎麻木的年轻知青。"文化大革命"结束以后，她的母亲来信告诉她真相：自己当初是被"四人帮"陷害，但现在已经得了重病，快要去世了，特别希望女儿回来一趟，能够来到她面前见最后一面，这是她临终前的一个心愿。可是，王晓华看到这封信以后还是不回去，她不相信母亲是正派的人。于是，母亲没有办法，就通过党组织正式函告女儿。女儿终于能够确认自己的母亲是被冤枉的，决定回上海探望母亲。结果，在返乡的途中，母亲已经去世了。

总体来说，这个小说的情节并不复杂，但最关键的是在特定的历史节点，通过典型的故事描述把"文化大革命"的遗留问题表达了出来，一下子引起了很多人的共鸣。

在伤痕文学的代表作中，还有一篇代表性的小说，就是刘心武写的《班主任》。这篇小说讲的是北京一位名叫张俊石的中学老师，挽救被"文革"扭曲了心灵的学生的故事。有一天，公安局的人打电话告诉张老师，说一个所谓的"小流氓"由于犯罪不太严重被释放了。这个"小流氓"叫宋宝琦，他是因为一次集体犯罪活动被拘留。但在审讯过程中，他做了较为彻底的坦白交代，并且揭发、检举了首犯的关键罪行，加上他还不足十六岁，因此公安局根据他的具体情况，将他教育后释放了。现在要送他到张老师所在的班级去学习，公安局的人问张老师是否愿意接受这个任务。张老师心胸很豁达，表示同意，但他还要做一些其他老师和班里同学的工作。在这个过程中，小说重点描述了几个典型人物。其中一个就是班里的团支书，叫谢惠敏，她是"文化大革命"期间深受"四人帮"思想毒害的一个人。比如说，她认为女孩子穿裙子是不好的，那是"沾染了资产阶级作风"的表现；有些小说属于黄色书籍，是不能阅读的，比如"文化大革命"以前中国青年出版社出版的长篇小说《牛虻》，因为她见到书里有外国男女谈恋爱的插图。总之，她的思想是被严重禁锢的。

刘心武通过《班主任》这个小说，反思了"文化大革命"期间一些畸形的、不良的社会生态与观念，以及一些错误思潮对年轻孩子心理所造成的伤害。在最后，《班主任》还提出了一个类似鲁迅在《狂人日记》里面所表达的口号，就是"救救孩子"。

伤痕文学，总体来看都是以不同方式描述十年"文化大革命"带给我们这个民族的伤害。可是如何正确地看待新中国成立后探索社会主义建设所出现的失误,是必须澄清的大是大非问题。

客观地说,新中国成立后,我们无论是确立社会主义制度,还是建设社会主义经济,都取得了伟大的成就,有些成就甚至亘古未有,这是基本的事实,不容抹杀。但如何才能建设好社会主义,新生的共和国确实没有经验,再加上主观判断失误和政策失当,我们也有很多的教训需要反思,需要不断自我完善和自我纠错。从反思教训的角度说,伤痕文学的出现有一定的合理性和必然性。但我们怎样引导人们正确、客观地看待新中国成立后社会主义革命和建设的历史,这就需要我们做好思想引领和意识形态教育的工作。

伤痕文学以后,中国文化领域出现了反思文学。从创作深度上而言,伤痕文学重点描述"文化大革命"带来的伤害本身,反思文学则思考产生这种伤害的背后原因。反思文学不仅反思了"文化大革命",而且还往前去追溯,追溯"反右"的扩大化,甚至对我们整个民族的历史和文化进行了某种程度的剖析。客观地说,自我反思是任何一个民族不断前进的重要推动力,但由于近代以来在整个世界文化格局中西方文化占据主导地位,中国有些文人和知识分子在反思中国的历史时,自觉或不自觉地以西方的文化、理论模型、价值观作为真理的标准,以西方的理论框架和价值体系对中国社会进行反思批判,甚至从根本上否定文化自信与国家认同,这导致我们自己的文化自觉、文化自信和建构中华文化主体性工作,受到了严重的伤害。

20世纪80年代中期,"寻根"是重要的文化创作潮流。作家韩少功在1985年发表了一篇文章,即《文学的"根"》,其中说道:"文学有根,文学之根应深植于民族传统的文化土壤中。"主张"在立足现实的同时又对现实世界进行超越,去揭示一些决定民族发展和人类生存的谜。"[1] 如果说这种"寻根"努力从五千多年中华文化的资源中汲取营养,结合新时代的淬砺而不断前行,那么就是非常有价值的学术探讨。但在现实中由于

---

[1] 韩少功:《文学的根》,载《作家》(长春),1985年第4期。

很多人在灵魂深处全盘接受西方的文化观念和价值体系，所谓的"寻根"并不是接续和传承中华文脉而再出发。相反，很多人的"寻根"是用民族性的文化符号为西方文化观念和价值体系提供庇护，更有甚者是用西方的文化观念、价值体系对中国文化予以全盘否定。

20世纪80年代以来出现的这些文化现象，使得中华文化主体性创建的工作遇到很大的挑战，基于中华文化构建面向世界的文化自觉、文化自信的工作也经历了曲折的过程。

当然，20世纪80年代在文化主体性建设上出现的波折，与新中国成立后在当时经济社会建设方面出现的失误密切关联。正是在反思失误的过程中，近代史上存在的崇美心态回光返照，认同和归属西方文化体系、价值体系的文化现象得到重新激发。理解了文化主体性建设与社会建设的互动关系后，我们今后要力争避免重大失误，坚决不犯颠覆性错误，通过社会建设和国家发展促进文化自信和文化主体性建设，同时以文化自觉和文化自信更好地促进中国社会的发展，实现二者的良性互动。改革开放以来，中国取得了巨大成就，欧美社会逐渐暴露出诸多的问题，无论是国际大势还是国内发展趋势，都有利于我们的文化自信和文化主体性建设。

需要注意的是文化自身的特殊性。文化建设与经济社会发展固然有密切的关联，但绝不意味着中国经济社会发展的同时，中国文化的主体性和文化自信就可以自发地建立起来。对此，我们要高度清醒，务必高度重视文化自信和文化主体性建设，下大功夫建构中国自身的理论体系、学术体系、价值体系、规则体系、评价体系、标准体系、话语体系、理念体系等。中国文化和学术的重建既要有民族性的内涵，也要有对世界发展大势的洞察；不仅要实现中华民族精神的自立自强，也要为人类文明提供智慧和启迪。

第二节 "河殇"及其引起的争议

改革开放后，在坚守中国文化主体性问题上非常值得反思的事件之一，就是专题纪录片《河殇》的播出。

"河"实际上是指黄河。奔腾不息的黄河，是我们这个民族历经磨难而自强不息、追求真理的象征，是我们这个民族的精神符号。1948年春，转战陕北的毛泽东东渡黄河，他凝视波浪滚滚的黄河，大声地对身边的人说：你们可以藐视一切，但不能藐视黄河，藐视黄河，就是藐视我们整个民族！

可20世纪80年代播出的纪录片《河殇》却在"河"的后面加了一个"殇"，实际上暗喻了黄河文明要走向衰落和死亡。通过这个名字我们就看得出来，《河殇》这一部纪录片，其实质是对中华文化、中华民族的否定贬低。

《河殇》的解说词不仅对新中国成立后的历史作了不实事求是的评论，甚至把黄河流域生活的黄种人，进行了相当程度的自我矮化和自我贬低，对中华文化进行了严重违背事实的自我否定。新中国成立后毛主席那一代人的奋斗，可谓有再造中华之功。中国历史周期率在经济上的重要诱因在于土地私有制，导致任何一个朝代建立后经过几十年发展，必然出现贫富分化的社会现象，再加上政治腐败、天灾人祸，最终兴勃亡忽，朝代轮换，人民苦不堪言。新中国成立后，三大改造就是从经济所有制上根本解决两极分化、资本垄断和政治勾连的重大举措，可以说是几千年中国历史上所未有的。但建设一个中国历史上从来没有过的崭新社会主义国家，失误是难以避免的。而且，在涉及中华民族何以立国的重大举措上，毛主席那一代人的功绩永载史册。中华文明是人类文明史上唯一一个没有中断的文明。中华文化尽管从南宋以来逐渐走向封闭和僵化，从而导致近代中国的积贫积弱，但如果从整体上加以审视，中华文化的博大智慧，中华文化对于中华民族向心力和凝聚力的塑造，中华文化对于人类向更高层次发展所具有的独特作用，都是不容抹杀的。至于近代中国所存在的问题，需要反思、批判，但反思和批判绝不是自我否定，而是在反思的基础上做到扬弃和升华。

《河殇》这部纪录片，归根结底，是要用西方文化的那套坐标系、价值观念和评价标准对中国的历史、文化，甚至对我们的民族进行所谓的审视和批判,实际上是完全丧失文化自信和文化认同以后出现的自我否定和消解,对重建中华文化主体性和文化自信造成了恶劣的影响。

20世纪80年代中国的社会思潮某种程度上偏离了精神立国和中华文化主体性重建的道路,一些人用简单的二元对立的思维方式看世界,认为欧美就是人类文明的灯塔,就是真理和文明的化身,而中国则是落后、愚昧的象征,这种思想导致很多人对自己的国家、民族和文化缺少深刻的理解,更缺少发自内心的认同。

改革开放后之所以出现这样的发展曲折,原因很多,教训多多,我们应该正视历史,吸取教训,走好未来的道路。

人类社会近三百年来涌现了各种问题,中国文化对于解决这些问题有着重大价值。因此,那种把欧美视为真理的化身、完全否定自身文化价值的认识和做法,理论上是错误的,行动上更是有害的。美国学者福山曾经在苏联解体后著书《历史的终结及最后之人》,盲目自大地认为苏联解体后人类的历史发展到了终点,实际上是说美国的制度就是"人类最后一种统治形式"和"人类意识形态发展的终点"。[1] 结果,人类历史的进程给了狂妄自大的福山以深刻的教训,欧美社会的问题多多,自顾不暇,所谓的"历史终结论"也不攻自破,福山自己也明确为自己学术上的轻率表示歉意。人类历史永远滚滚向前,日新又新,没有哪一种既有的模式可以成为终点,关键是哪个民族更能顺应大势,不断自我超越。

因此,我们有必要对《河殇》这个思潮和文化现象作深刻的反思。中华民族的未来绝不是简单地模仿和追捧欧美文化,我们应该在整个人类的视野下,奠基于中华民族几千年的传统和今天人类社会的实际,敢于创造,面向未来。

---

[1] [美]弗朗西斯·福山:《历史的终结及最后之人》,黄胜强、许铭原译,中国社会科学出版社2003年版,第1页。

第三节　奇妙的共存：文化自负感与文化自卑感

我们梳理近代以来的中国社会思潮，会发现有两种对立的文化心态：一种是文化自负感，另一种是文化自卑感。这两种看似相反的心态，恰恰交织在中国近代以来文化建设的历程中。为什么"文化自负感"和"文化自卑感"这两种看似极端的思潮会相伴出现？我们应该怎样分析这种文化现象？这对于我们重建中华文化的主体性有哪些启发？这些问题都需要我们作出全面的分析。

首先，我们看文化自负感的社会现象。中国文化，从其内在的精神实质来看，不是一个狂妄自大的、自以为是的文化形态。《尚书》讲"满招损，谦受益"；《易经》讲"日新之谓盛德"；《论语》讲"三省吾身""知之为知之，不知为不知"；《道德经》讲"知人者智，自知者明"，强调物极必反；《庄子》讲"夏虫不可语冰""曲士不可语道"等。这些都体现了中华文化有特别清醒的自我认知，强调要认识到自己的不足，主张与时俱进，不断地学习和自我超越。

《易经》的"易"，实际上就是对宇宙变动不居及其内在规律的研究，背后体现的是中华文化对"日新又新"的体认。面对世界上不同的文化形态，孔子"和而不同"的观点提供了诸多智慧。"和"，就是面对多元化的人、社会和文化形态，我们自觉地去承认别人、学习别人、融汇不同文化形态的优势为我所用。"和"不仅是承认多元，而且要在多元文化的学习和融汇中，让整个人类的文明程度往更高的层次发展。因此，从中国文化的内在精神来讲，我们不是狂妄自大、自以为是的民族，而是不断革新、不断进取的民族。

从中国历史发展的进程来看，无论是佛教的传入，还是中原与其他民族的交融，都表明了中华民族是一个具有融汇能力，而且也善于融汇其他文化形态的民族。文化自负感并不是中华民族与生俱来的心态，而是在历史演化的过程中逐渐出现的，与中国长期的优势地位息息相关。17世纪以前，在相当长的历史时期里，中国的文明程度普遍高于周边国家。无论是与东亚、东北亚，还是东南亚、南亚，乃至与西亚和地中海地区相比，中国的文化高度和社会经济繁荣程度都有明显的优势。这种长期的发展优势，就容易滋生中国文化的优越感甚至自负感。尤其是到了清朝时期，清廷以天朝大国自居，使得我们失去了与时代潮流交流以及追赶的机会，其背后都和我们形成的这种片面的优越感、自负感有关。

回顾中国近代史，文化优越感、自负感给中华民族带来了极大的伤害。某种程度上，中国近代的落后挨打，就是我们文化狂妄自大带来的必然结果。我们要以史为鉴，吸取教训，在坚定文化自信的同时，务必保持清醒，善于学习，敢于创新，海纳百川，日新又新。

其次，我们再看文化的自卑感。中华文明几千年以来，文化自卑感在历史上出现得相对比较少。正如前文所述，在相当长的历史时期里，中国相较于世界其他国家有明显的优势，实际上不大容易产生自卑感。但这种情况在近代开始发生明显变化。近代以来，鸦片战争失败，中国沦为半殖民地半封建社会，可以说是人为刀俎、我为鱼肉。在中外之间存在巨大落差的状况面前，很多中国人文化上的自卑感开始逐渐滋生。尤其是新文化运动之后，西方文化大规模传入中国，在这个过程中，很多受西方文化学术影响的人，对西方的学术框架和理论体系等有了深层次的认同甚至崇拜，当他们用西方的文化体系反观中国，极容易滋生文化的自卑感。

新文化运动期间，这种自卑感表现得非常突出，当时的学界、知识界、思想界都有比较浓重的文化自卑氛围。胡适曾说，中国百事不如人；鲁迅也说过非常极端的话，他认为，中国历史几千年，密密麻麻写满了两个字，"吃人"。文化自卑的集中表现就是对中华文化的全盘否定。胡适、潘光旦、张竞生等人甚至提出改良中国的人种，而方法竟是和洋人杂交。这种极端的观点，在今天看起来觉得不可思议，但却是新文化运动以后在中国知识界发生的事实。

如果从近代中国和率先发展的西方之间的落差看，近代中国滋生文化自卑感有当时环境的影响。但如果从中华文化自身的价值和智慧，从整个人类社会发展的大势看，文化自卑感是一种严重的自我弱化和病态，更没有在理论上认识到中华文化对于中华民族可持续发展的重要意义。

文化自负感与文化自卑感，和中国社会发展的历史进程、外部环境有密切的关系。新中国成立以来，中国社会不断地向前发展，尤其是改革开放后迎来了经济腾飞，中国取得了巨大的成就。在这种时代背景下成长的孩子亲眼看到了国家是怎么发展起来的。而且有一些人出过国、留过学，看到了一个真实的西方，而不是被某些知识分子美化的西方；也看到了一个真实的中国，而不是被某些知识分子和西方污蔑的中国。在这个情况下，国人的文化自卑感，正在逐渐地被削弱。所以随着改革开放的不断深入而成长起来的新一代年轻人，脸上的自信油然而发。我们有理由作出这样的一个判断：青年兴，国运兴，中华民族的未来，一定会兴旺发达。因为新一代自信的中国青年成长起来了，他们是托起国运的脊梁。

我在大学教书二十多年，亲眼看到了二十多年来大学生思想观念的变化。在国家认同和文化认同问题上，出生于21世纪的大学生，对国家的认同感、对文化的认同感明显增强。在深度交谈的时候，我发现出生于21世纪的孩子，直接见证了中国发展的巨大成就，而且无论是互联网的普及，还是去西方游学的经历，都让他们能够正确地认识世界。在这样的大环境下出生的中国青年一代，普遍表现出认同自己的国家，热爱自己的文化，理性地看待西方，认为虽欧美有他们的优势，但不必盲目崇拜。可以这样说，这是一个大国国民应该有的精神状态。新一代青年人走上社会的舞台后，中华民族会进一步摆脱文化自卑的心态，更加自信且清醒。

总之，文化自负感和文化自卑感是我们需要警惕的两个极端。文化发展的正确方向是：回应时代需求，面向人民群众的实践，推动中华民族的伟大复兴。伟大民族复兴的实践需要什么，我们的文化就得创造什么；伟大民族复兴实践中暴露出什么问题，我们就勇敢地去反省，去审视自己、净化自己、升华自己、改变自己。同时，我们一定要面向世界，在立足自己的文化立场和国家立场的基础上，明白人类的文化因为碰撞和交流，才能更有生命力。中华民族要有博大的胸怀，要看到世界的潮流，要看到其他民族的优势和成就,善于学习;对别人曾经犯过的错误,我们要引以为戒,"见不贤而内自省"。一个民族,只有在人类文明的交流碰撞中敢于直面挑战和问题,善于学习、反思和融会,才能乘风破浪,勇立潮头,真正成为人类文明的"弄潮儿"。

第八章

对中国近代文化史的回顾与总结

从思想史和文化史的角度看，中国近代史是中华文化突围和重生的历史，是中华文化善于学习、不断融会和自我超越的历史，也是中华文化主体性觉醒和确立的历史。

第一节　两条参考道路：欧美社会与俄国十月革命的不同模式

从思想史和文化史的角度看，中国近代史是中华文化突围和重生的历史，是中华文化善于学习、不断融会和自我超越的历史，也是中华文化主体性觉醒和确立的历史。

在近代中国追求自强自立的征程中，世界历史给包括中国在内的后发国家提供了两个可以学习的模式：

第一个模式，为启蒙现代性影响下的欧美资本主义制度。第二个模式则是从马克思、恩格斯到列宁的科学社会主义的理论和实践。从内在逻辑关联的角度看，科学社会主义是在启蒙现代性基础上更高层次的超越和升华。

启蒙运动中的思想家，如卢梭、洛克、孟德斯鸠、伏尔泰、狄德罗等，为西方社会怎样突破封建专制、独裁，怎样打破宗教神权的控制，追求人的自由、平等等价值目标提出了他们的构想。18世纪以后，通过美国的独立战争、法国大革命等社会运动，欧美把这些理念部分地变为了现实。英国的《权利法案》、法国的《人权宣言》、美国的《独立宣言》等，可以说是启蒙运动精神的集中体现。资本主义国家通过条文化、法律化、规范化以及建立社会制度的方式把启蒙运动的精神加以落实。

首先，启蒙现代性在经济上主张私有制和自由市场，主张私有财产神圣不可侵犯，主张用"看不见的手"调节经济发展，反对政府对经济的干涉。启蒙运动的主张，集中代表的是工商业者阶层，马克思称之为资产阶级的诉求和利益。其次，在文化和价值观上，启蒙现代性主张"价值观的多元"，强调"个人至上""自由至上"。最后，在政治层面，启蒙现代性强调"三权分立"，推行"多党制""普选制"等。

十八、十九世纪，在启蒙思想的推动下，欧美一些国家陆续实现了突破，建立起了资本主义制度。和封建时代的专制独裁以及基督教神权压抑下的旧社会和旧形态相比，资本主义社会不仅展现了蓬勃的生命力，而且极大地推动了社会的发展。

具体到近代中国的探索，从洋务运动、戊戌变法，一直到辛亥革命，早期的探索以欧美、日本的社会形态为学习对象。但同时，十八、十九世纪的资本主义社会在飞速发展的过程中，其内部的矛盾也逐渐暴露出来。马克思、恩格斯是系统分析资本主义社会内在问题和矛盾的伟大思想家。青年马克思在大学毕业以后做了德国《莱茵报》的主编，在这个时候，普鲁士发生了一起盗伐林木的案件：当地的穷人在寒冷的冬天为了活下来，就到山上去捡柴或者砍柴取暖，可当时的山林产权清晰，属于当地的地主和资本家。当地农民在没有经过地主、资本家允许，或者没有拿钱购买的情况下，其捡柴、砍柴的行为在法律上被定义为盗窃。结果这些农民就被当地的地主和资本家送到法庭，以盗窃罪论处。可现实是，如果这些贫苦的农民不去捡柴、砍柴，就会饥寒交迫甚至被冻死。可如果他们去捡柴、砍柴，就是盗窃罪，免不了牢狱之灾。那么，到底应该怎样看待这件事情？

马克思深入地思考了这个问题的根源，发现了一切所谓价值理念背后被财产权、经济权力决定的秘密：假如山上的林木是属于社会的财富，也即推行公有制，那老百姓去捡柴木取暖，天经地义，因为这个财富本是大家的。可资本主义社会是私有制，而且私有财产神圣不可侵犯，这就使得老百姓如果没钱，即便是被冻死，也不能去砍伐地主和资本家的林木。马克思从中发现，这种抽象的、离开社会的经济权力而悬空地讲一个人的自由、幸福、平等、民主等理念，是一种对人民的欺骗和麻醉，因为在一个财产不平等的社会里，所谓的人人平等、生而自由、追求幸福，只不过是宣传的口号而已。遗憾的是，直到今天很多人还仍然迷信西方宣传的自由、平等、民主等理念，以为那就是全民的利益体现，不能不说这是人的认知被蒙蔽后的悲哀。

同时期马克思撰写的《黑格尔法哲学批判》一文，则是在理论上明确地提出，不是法的理念和制度、政治的理念和制度决定市民社会（经济基础）；相反，是一个国家的经济形态、经济结构、生产结构（经济基础）决定了一个国家法和政治的形态和制度设计。这就是后来马克思唯物史观的基本理论框架，深刻揭示了社会理念、价值观念和经济结构之间的辩证关系。我们再看启蒙运动思想家们的诸多主张，这些主张实际上体现的是工商业者、资本家的利益和立场，这个阶层在赚取社会财富的时候，渴望自由、渴望平等，渴望政治参与，民主、自由、平等这样的理念自然应运而生。当然，启蒙运动期间提出的这些理念虽然集中体现了工商业者的利益，但也在某种程度上体现了普通民众的诉求，保护了普通民众的权利，这是工商业者能够团结其他社会阶层发动资产阶级革命而建立资产阶级共和国的最重要原因。

马克思在深入研究资本主义社会内在矛盾时，发现资本主义社会在推动生产力快速发展的同时，内部存在不可调和的矛盾，那就是生产的社会化与生产资料私人占有制之间的矛盾。这个矛盾随着生产力的发展，必然推动资本主义社会向着更高层次的社会演化，那就是共产主义社会。马克思在《共产党宣言》中明确指出："代替那存在着阶级和阶级对立的资产阶级旧社会的，将是这样一个联合体，在那里，每个人的自由发展是一切人的自由发展的条件。"从价值理念角度看，只有实行公有制，才能真正保证和实现每一个劳动者的自由和平等。

马克思指出，共产主义社会的根本特征是实现人的自由而全面的发展。在资本主义社会，由于生产资料的私有制，人的自由而全面的发展只能成为空谈。要真正实现人的自由而全面的发展，必须在财产所有制、价值观念、社会结构、政治结构等方面进行一系列的变革。这是马克思主义理论最核心的内容。

当然，共产主义社会实行公有制，这是从生产资料的角度而言。就个人的财产权而言，马克思在《资本论》中提出"重新建立个人所有制"[①]。重建之后的个人所有制，既不是以前资本主义的私有制，又能够很好地保障个人的尊严和权力，马克思称之为所有制发展进程中的"否定的否定"。

马克思、恩格斯作为科学社会主义和共产主义理论的创立者和集大成者，并未曾将之真正变为现实。后来将马克思理论真正落实的是列宁领导

---

① 《马克思恩格斯文集》第五卷，人民出版社 2009 年版，第 874 页。

的俄国十月革命。客观地说，俄国十月革命后在探索社会主义的过程中，存在不少问题，甚至苏联后期背叛了社会主义的精神和原则，最终导致苏联解体、东欧剧变的历史悲剧，但它作为科学社会主义理论的实践者，有着不可磨灭的价值。

从马克思、恩格斯到列宁，社会主义从理论形态走向了真正的实践。在这种大的历史背景下，20世纪探索救国救民道路的中国人，实际上就有了两个参考。一个是启蒙现代性影响下的欧美资本主义制度；另一个就是从马克思到列宁的社会主义理论与实践，而社会主义制度，是对资本主义制度、启蒙现代性的扬弃和超越。在这种情况下，中国人该何去何从呢？

从卢梭、伏尔泰、狄德罗、孟德斯鸠等人的启蒙现代性（资本主义制度），到马克思、恩格斯、列宁的社会主义理论，反映了人类社会制度的不断扬弃和升华。如果从现代性的角度来看，资本主义是一种现代性的模式，而社会主义和共产主义则是更高层次的现代性模式。而且在当时中国人的观感中，欧美已经出现了严重的问题。曾经力主学习西方的严复这样评价当时他看到的欧美：利己杀人，寡廉鲜耻。严复认为，欧美三百多年以来的发展已经暴露出太严重的问题，中国的未来、人类的未来，都需要重新认识儒家和孔子的智慧和价值。所以，近代中国在做选择的时候，自然倾向于更高层次的社会理论和社会形态。

另外，我们中国人之所以选择社会主义制度，也是我们的国情使然。中国几千年以来的文化和价值追求与马克思主义的文化和价值追求有一定的相似性。比如说，马克思、恩格斯对共产主义社会的描述和中国的"大同社会"思想有很多相似的地方。在思考人的价值观念与生存状态时，马克思、恩格斯反对以自我为中心，反对个人至上，认为人是社会关系的总和，将为人类求解放视为人生的终极追求。而中国文化的价值观，一直是"老吾老以及人之老，幼吾幼以及人之幼""一方有难、八方支援""人人为我、我为人人"，这与马克思主义之间存在价值观的契合。

从现实革命如何成功的角度看，俄国的革命之所以成功，是因为依靠的是劳苦大众，政权的目的是为劳苦大众服务，这给在苦难中寻求出路的中国人极大的启发。这就意味着，谁能把占近代中国人口百分之九十多的劳苦大众发动起来，谁就能够赢得未来。更深层次地讲，只有当我们把劳苦大众都发动起来时，才能把外来的侵略者赶出去，成立新中国，才能对中国旧社会进行底朝天的社会改革，也才有可能洗涤两三千年以来中国社会深层次的污垢，从而为中国社会未来的发展扫清障碍。

以毛泽东为代表的中国共产党人，真正走出了一条发动劳动人民、依靠劳动人民并真正解放劳动人民的道路，不仅解放了全中国，而且进行三大改造，建立起社会主义制度，为中国的长久发展打下了基础。

总体来看，近代以来的中国虽然有两种现代性模式可以选择，但无论是从历史发展的规律来看，还是从中国的国情来看，中国作出的正确选择都会是走社会主义道路。

当然，中国作出选择后，并不是简单地进行模仿和移植，而是学习、吸纳之后进行再创造。无论是中国革命还是国家建设，中华民族都走出了自己的一条道路。历史证明，任何简单的模仿和移植，都绝不可能走出民族复兴之路。我们当前走的社会主义道路，实际上是对整个人类现代文明的融会，是中国人民自己的创造，其中有对启蒙运动的吸收，更有对马克思主义的融会，还有奠基中华文化之上的升华与创造。

毛主席在党的六届六中全会时便提出"马克思主义中国化"的命题。新中国成立以后，毛泽东在1956年发表的《论十大关系》中写到："最近苏联方面暴露了他们在建设社会主义过程中的一些缺点和错误，他们走过的弯路，你还想走？过去我们就是鉴于他们的经验教训，少走了一些弯路，现在当然更要引以为戒。"[1] 到了1982年党的十二大召开的时候，邓小平明确地提出："把马克思主义的普遍真理同我国的具体实际结合起来，走自己的道路，建设有中国特色的社会主义，这就是我们总结长期历史经验得出的基本结论。"[2] 总之，我们走的路是中华民族自己的创造，而不

---

[1] 《毛泽东文集》第七卷，人民出版社，第23页。
[2] 《邓小平文选》第三卷，人民出版社1993年版，第3页。

是简单地模仿和移植。

面向未来，我们这条道路还要有更高的历史使命和担当，那就是矫正几百年以来人类社会内在的积弊和问题，从而以中国文化的智慧，以中华民族的创造能力开创人类文明新形态。这应该是中华民族对人类社会发展的一种担当和自觉，我们中国人一定要有这个雄心壮志。

第二节　贯穿近代的课题：认识时代大潮，赶超世界潮流

只有认清近代以来的人类发展大潮，才能追赶和引领大潮。

英国科技史专家李约瑟曾经有一个总结：在17世纪之前，人类历史上顶尖的科技发明，一半以上来自中国。但在17世纪到20世纪，人类自然科学的标志性成果绝大多数来自欧美。这是不争的事实。17世纪以来，西方社会到底发生了什么？我们应该怎么样赶超？这是近代中国人面临的最重大问题。

学界公认，文艺复兴是西方传统社会和现代社会的分水岭。而文艺复兴时期到底发生了什么？这是我们理解整个现代社会、理解中国未来应该走什么样道路的逻辑起点。

那么，文艺复兴时期发生了什么呢？这个问题要从人性的状态说起。文艺复兴之前的人类社会，人性整体上处在被压抑的状态，在中国表现为僵化的宋明理学、纲常礼教等对人的束缚。在西方则表现得更为突出。从公元5世纪一直到15世纪，整个西方社会深受宗教和专制独裁的双重压抑，社会活力被严重抑制。

在宋明理学产生之前，中国人相对比较舒展。中国在唐宋的时候，呈现出非常有活力的状态。我们今天来看唐诗宋词之美，应该说惊艳了全世界。为什么呢？因为唐宋时期，中华文化中没有太多压抑人性的元素，那个时代的人大都有一颗活泼的、鲜活的心灵。那种活泼和灵性，在面对山河日月的时候，面对人间万象的时候，面对生活每一个细节的时候，自然迸发出的那种美，镌刻成了中华文化秀美与壮阔的长廊。遇到爱情，有柳

永的"执手相看泪眼,竟无语凝噎",有李清照的"红藕香残玉簟秋。轻解罗裳,独上兰舟。云中谁寄锦书来,雁字回时,月满西楼"。看到自然美景,有"细雨鱼儿出,微风燕子斜",有"碧玉妆成一树高,万条垂下绿丝绦。不知细叶谁裁出,二月春风似剪刀"。遇见亲情,有"慈母手中线,游子身上衣。临行密密缝,意恐迟迟归。谁言寸草心,报得三春晖"。遇见友情,有"李白乘舟将欲行,忽闻岸上踏歌声。桃花潭水深千尺,不及汪伦送我情"。如此等等,都是当时中国人鲜活心灵的呈现,绝不是千万条绳索束缚下的正襟危坐。在一个较少压抑的时代,人们在面对自然景色、人情冷暖时,总是能迸发出很多美好的东西。

但程朱理学出现并成为主流意识形态以后,整个社会风气就开始逐渐收紧。理学,在人性上有一个二元论的倾向,奉行"存天理,灭人欲",也就是天理和人欲的对立。如果单从学理上来看,这句话也不是完全没有道理。可现实中一旦把天理说成正当的、美好的、合法的,把人欲说成邪恶的、不正当的、不合法的,很可能会把一个人正常的需求可耻化,必然使整个社会处在被压抑的状态。

比如说,进入青春期后,男孩喜欢女孩,或者女孩喜欢男孩,或者喜欢吃点什么东西,喜欢漂亮的衣服,如此等等,从某种程度上说都是人性很自然的需求。《中庸》有言:"喜怒哀乐之未发,谓之中;发而皆中节,谓之和。"[1]人生的很多正当需求,其实并不是说不允许有,只是说不要走向一个极端。然而程朱理学虽在学理上有道理,但在日后的发展过程中,却走向了一个极端,走向了对人性的压抑。宋朝之后,尤其到清朝,就像龚自珍"九州生气恃风雷,万马齐喑究可哀"所写的那样,种种对人性的压抑、束缚和禁锢,使得中国表现出一种了无生机的社会现状。

当一个社会的创造力被压制,其走向衰败便是不可避免的事情。清朝学者焦循曾经这样说:"尊者以理责卑,长者以理责幼,贵者以理责贱,虽失,谓之顺。卑者幼者贱者以理争之,虽得,谓之逆。于是下之人不能以天下

---

[1] 朱熹:《四书章句集注》,中华书局2012年版,第18页。

之同情、天下所同欲达之于上。上以理责其下，而在下之罪，人人不胜指数。人死于法，犹有怜之者；死于理，其谁怜之！"① 也就是说，一个人的需求即便是正当的，一旦被纲常礼教指责为悖逆，死后都要被人抨击。人性禁锢的结果，必然是生机凋零。

世界的另一端，西方人经过文艺复兴率先打破了宗教的控制，极大地开启了人们的创造力。伏尔泰曾说，教皇就是两条腿的禽兽，宗教无非就是用一套天罗地网把人给控制住，这才是真正的罪恶。洛克、休谟等哲学家，则是从哲学认识论等更深刻的角度，批评西方宗教的独断论和对人性的控制。西方文艺复兴、启蒙运动以后，束缚人性的那根绳索被挣断了，人类的活力、创造力得到释放。大航海、市场经济、工业革命、民主政治的创建，多元文化的勃兴，极大地推动了西方社会的发展。

可以这样说，当中国自宋明以后人性越来越受禁锢的时候，西方已经走上了释放人性活力的道路。

鸦片战争以来，先进的中国人虽提出"师夷长技以制夷"等主张，但实际上并未认识到西方先进的实质所在，并未在释放人性创造力上下功夫。后来到了新文化运动的时候，才喊出了个性解放、自由的口号。可以这样说，人性从被束缚和被禁锢走向解放，是人类社会的必经之路。当然，我们所提倡的人性解放，绝不是重蹈西方人欲膨胀之路的覆辙，我们要走既不鼓吹人欲，又不压抑、禁锢人性的正确道路。

以追求人的解放为视角，我们发现，中国共产党领导的革命，从国家的角度是为民族争自由，摆脱内外敌人的压迫；从个体的角度是为每一个老百姓争平等、争自由。这是近代以来人类前行潮流在中国革命目标上的具体体现。

客观地说，西方文艺复兴开启的人性解放，存在过于强调"小我"、过于强调"自由"、过于强调"人欲"等诸多问题，需要我们引以为戒。但同时我们要认识到，人性解放是不可阻挡的历史大潮，人们不可能再重

---

① 《孟子正义》，焦循撰，沈文倬点校，中华书局1987年版，第772页。

新回到以前的受禁锢和被压抑状态。西方文艺复兴所开启的人性解放，有很强的西方文化痕迹，他们没有能够处理好"道心"和"人心"的关系，从而带来"私欲膨胀""小我至上""以自我为中心""自由的无边界"等一系列问题。而中华文化对这些问题的解决有重大价值。

总之，文化不能束缚人性，而应该激发人性之中伟大的创造力；文化不能压抑人性，应该使人性之中美好的内容得以舒展。我们在梳理文艺复兴以来的人类历史时，不能只是简单地从社会制度、意识形态的角度去看，我们要看到其背后更深层次的内容，实际上是人性的苏醒和人性的解放。

在这个过程中，我们既要看到西方主张的人性解放极大地推动了人类社会的进步，同时也要看到其自身存在的严重问题。我们所要做的就是既要顺应人类社会的大潮，又要正视人类近代以来存在的严重问题，从而奠基于中华文化的智慧，在实践中创造出更高层次的人类文明新形态。

这是人类社会发展的必然，也是中华民族该有的担当和责任。

第三节　从现代化到现代性：认清近代以来世界大潮的本质

如果对 17 世纪以来中国和西方的状态作一个描述，会发现：当中国还在旧的制度下裹足不前的时候，西方已经开启了一个新时代，社会突飞猛进、一日千里。在这样的大环境下，中国如何认识这个潮流？应该怎样努力才能赶超这个大潮？这是贯穿中国近代史最基本的问题，而如何认识这个大潮，中国人经历了一个长期、曲折而不断深入的过程。

20 世纪 80 年代，曾经有一个非常流行的历史学观点，我们称之为"现代化史观"，代表人物就是北京大学的罗荣渠先生。罗先生指出，中国近代以来发展的过程，就是一个认识现代化、追求现代化和实现现代化的过程。罗先生把中国近代以来社会进步的过程，称之为"追求现代化的历史"[①]。这一近代史观对学界产生了深远的影响。很多人在研究中国近代

[①] 罗荣渠：《现代化新论》，北京大学出版社 1993 年版。

史的时候，习惯用现代化史观进行总结。比如说，最开始时的"师夷长技以制夷"，是在器物层面走向现代化；后来的戊戌变法、辛亥革命，是在制度层面想要走向现代化；而新文化运动，是在文化和价值观层面进行更深层次的现代化。

20世纪90年代以后，随着人们对西方的历史、对中国近代史的认识更加全面和深刻，人们发现现代化史观更多地是从社会发展变动的表象上加以研究。"现代化"的"化"字，就表现为外在的变化，包括器物层面、制度层面、文化层面等方面的变化。但是，如果我们更深层地问：为什么近代以来的中国发生了器物、制度等层面的诸多变化？这就需要我们透过现象和社会变化本身，追问到底人类社会发生了什么。借用《易经》的话，"形而上者谓之道，形而下者谓之器"：现代化属于"形而下者谓之器"，代表了现代社会的外在变化；而现代社会为什么这样变化的背后实质，则属于"形而上者谓之道"。也就是说，近代以来人类社会之所以走向现代化，背后有着深刻的根源，我们称之为"现代性"。现代化是现代性的一个外在表现，而现代性是现代化背后更深层次的逻辑和实质，这是现代性和现代化之间的辩证关系。

关于现代性的问题，在人类学术史上有很多学者提出了非常深刻的见解。德国学者哈贝马斯就是其中之一，他是西方马克思主义的代表人物，在对现代社会进行分析的时候，用的就是"现代性"这个框架。英国学者吉登斯对现代性的展开以及现代性展开过程中的不同层面，都作过深刻的分析。美国学者多迈尔曾经在《主体性的黄昏》一书中，对文艺复兴以来的历史作了深刻的剖析。他认为，现代性的实质是主体性，主体性是现代社会的基石。现代社会开启的时候，人类主体性的诉求和主体性的觉醒表现为"内向的主体性"，也即"小我""自我"的生成。所有的"他者"，包括他人、社会，还有自然界，都应该为"小我"的需求去服务，这就是"为我的存在"。多迈尔还指出，在20世纪现代社会展开的过程中，这种"为我的存在"的主体性暴露出了诸多的问题。国与国之间的争斗、人与自然环境的矛盾等，都是"为我的存在"主体性的必然表现。而且人类深层次的痛苦、忧虑、纠结、挣扎、困顿、迷茫等，实际上都和内向的主体性有直接的关联。这种内向的主体性，某种程度上走向了黄昏，导致了人类社会的不可持续。多迈尔认为，未来的方向应该是外向的主体性，实际上就是不要以自我为中心，而要站在个人与他者、个人与社会、个人与天地宇宙相互关联的角度审视人的主体诉求。这一理论如果放在中国文化语境中更容易理解。中国人在天地宇宙中间，没有奉行人类中心主义，而是主张天人一体。认为人的活动应该和自然界、和天地宇宙、和我们的生物圈建立深度的关联。客观地说，多迈尔的分析很有道理，但他的这种思考和主张，在西方文化语境中缺少支撑，更缺少共鸣，使得他可以看见问题，但很难找到解决问题的办法。

文艺复兴以来，西方文化语境中的主体性诉求，更多地表现为个人的膨胀以及以自我为中心的倾向，很多学者都对此进行了反思。现象学的代表人物胡塞尔指出人类要"回归生活世界"，海德格尔提出"共性存在"，桑德尔、麦金太尔等学者提出社群主义等理论，从某种程度上说，这些理论都是对西方社会过于强调以自我为中心、个人至上的一种反思。

北师大的韩震先生对文艺复兴以来现代性的内核有一个非常精准的概括："现代性的后果就是主体性原则的确立。"也就是说，主体性原则的确立，是推动人类社会走向现代化的内在深刻动因。那么，如果我们用主体性觉醒和主体性原则的确立作为分析文艺复兴以来的现代社会内在逻辑，应该说是抓到了现代社会的内核。文艺复兴以前，人类的主体性在宗教、专制独裁的禁锢下隐没不彰。文艺复兴提出人性解放，其背后的实质就是人的觉醒和主体性原则的确立。当然，人类的觉醒，可以有不同的路向：可以表现为"小我"的膨胀，也可以表现为"大我"的互利共赢。究竟走向哪一个方向，关键看以什么样的文化加以引领和塑造。西方文化有原子论的传统，特别强调"小我"的力量，不免走向了以自我为中心的偏执道路；中华文化自古就重视个体与天地自然的关联，中华文化主张的主体性，是"小我"和"大我"和谐一体的主体性。

今天回顾近代以来的历史，我们要看到，主体性觉醒和主体性原则的确立，具体表现为个人的觉醒，乃至民族的觉醒和人类的觉醒，是近代以来人类的潮流。这个大潮，是任何民族、国家都无法对抗的大潮。这是我们考察世界近代史、中国近代史的基本背景和框架。

那么，今天我们振兴中华文化的方向是什么？答案应该很明确：未来中华文化的发展，一定是开启人的觉醒，让每一个人成为堂堂正正大写的人，对自己的使命、觉悟、担当等都有清醒的认识。只有这样，中华民族文化的振兴才真正把握了时代的脉搏。反过来讲，如果我们的文化发展没有引导人走向觉悟，而是让人处在压抑、禁锢、蒙昧的状态，那么我们的文化就与近代以来人类的文化潮流背道而驰。所以，主体性觉醒和主体性原则的确立对我们中华文化的振兴具有至关重要的意义，它为中华文化未来的发展指明了方向。

当然，主体性觉醒，从微观层面来讲是个人的觉醒，从宏观层面讲，实际上是民族的觉醒和全人类的觉醒。民族的觉醒表现在文化问题上，就是一定要有本民族文化的主体性。一个民族只有真正实现了文化的自觉、自省、自强、自信才能取得进步，反之就会遭遇挫折，这在人类历史上已经多次得到证明。因此，我们在对文艺复兴以来的人类历史进行梳理的时候，不仅要从现代化的角度看到人类社会翻天覆地的变化，更要从现代性视角追问其背后的深刻动因是什么。

总之，我们在探讨中国文化未来的时代课题时，从现代化的分析逻辑走向现代性的视角，不仅体现了我们对中国文化未来走向认识的深化，而且也为中国文化如何实现持久繁荣指明了方向。

第四节　永远守护中华民族的精神根脉

任何一个民族，都要有自己的精神魂魄和根脉；任何一个国家，都要有自己的国魂和精神家园。有形的器物、制度可以缘生缘灭，但无形的国魂和精神家园是一个国家永续发展的力量之源。无论经历多少磨难、多少苦难、多少坎坷、多少风风雨雨，只要国魂在，就有东山再起、再图振兴的强大力量。无论身处任何环境，一个有智慧和觉悟的国家，都要万分珍惜国魂和文化根脉，这是关系国家生死存亡的大事。

假如我们把一个民族比喻成一棵大树的话，这棵树如果要想枝繁叶茂，它的根系一定要发达。只有它的根系发达了，才有足够强大的能力吸收营养，才能"根深叶茂"。中华民族这棵大树，它的根就是生生不息的中华文化。我们国家要想保持可持续发展、永葆生机，如何让中华民族的根脉发达壮大？这是我们必须回应的永恒课题。

任何一个国家能够经历无数的惊涛巨浪而生生不息，绝不是简单依靠有形的器物、制度就可以实现，必须有应对各种艰难险阻的智慧之源、精神支撑，这就是文化根脉。文化是任何一个民族、一个国家历久弥新的魂魄和根脉。不同国家之间的竞争，不是看谁身高马大、谁好勇斗狠，而是看哪一个国家的精神力量更加博大、厚重、坚韧、智慧！一个企业、一个人的成长也是如此，一定要强大自己的精神力量，厚植永不懈怠的精神源泉。

纵览中华民族五千多年的历史，正是伟大的中华文化和民族精神，激励和支撑中华民族经历无数磨难而百折不挠、绵延不息。

春秋战国乱世，孔孟强调杀身成仁、舍生取义，面对国家需要，有置生死于度外与舍我其谁的担当；三国魏晋乱世，诸葛亮"鞠躬尽瘁，死而后已"，祖逖击楫中流、收复山河的壮心，都是中华民族追求国家统一的精神追求；两宋之际，岳飞高呼"靖康耻，犹未雪，臣子恨，何时灭""精忠报国""还我河山"；还有近代的林则徐、谭嗣同等，他们都是伟大民族精神的旗帜，激励、鼓舞了无数的中国人为国为民打拼。可以说，"家国"永远是中华民族的精神底色。

在中国共产党成立之前，我们虽有四万万同胞，却是一盘散沙、积贫积弱，被西方称为"东亚病夫"。中国共产党成立后，敢于斗争，勇于承担，经过艰苦卓绝的统战工作、思想工作、组织工作，最后捏沙成团，将四万万同胞紧密地团结在一起，成了钢铁一块。1950年新中国刚刚成立、国家百废待兴之时，毛主席等人能够作出抗美援朝这样重大的战略决策，最深层的原因就是民族精神得到了激发和重塑,全国人民实现了大团结。抗美援朝从1950年开始,到1953年结束,中国人民志愿军能够击退世界上最强大的以美国为首的所谓联合国军,深层原因在于中华民族的团结和众志成城的力量!

毛泽东总结这段历史的时候曾经说:"现在中国人民已经组织起来了,是惹不得的。如果惹翻了,是不好办的。"[①]习近平主席在纪念中国人民志愿军抗美援朝出国作战70周年的时候,又重复了毛主席的这段话,博得了现场雷鸣般的掌声。那么人们不免要问,我们为什么能够把四万万同胞有效地组织、团结起来?除了中国共产党的强大组织能力之外,应该说最内核的力量是思想的力量,是文化的力量。在当时,中国文化的集中代表就是毛泽东思想。在毛泽东思想内核力量的凝聚下,面对山呼海啸般的外部压力和考验,中华民族表现出敢于战胜一切的大勇、敢于创造一切的生命力以及不可遏制的竞争力。

我们在谈中国可持续发展与永葆生机的时候,首先要认识到中华文化的价值和意义,万分珍爱自己的文化。

论及中华文化,特别需要强调两点。

第一,中华文化是一个整体,不能自我封闭地站在某一家、某一派的角度而割裂中华文化有机的整体。很多人往往带着自己的偏好将自己认同的某一思想流派等同于中华文化的全部,我们要高度警惕这种偏狭和极端的情况。中华文化的内在状态是"一"和"多"之间的关系。"一"是指一以贯之的精神内核,"多"是指多元文化的呈现格局。在推动中华文化发展的问题上,既要重视中华文化一以贯之的精神内核,又要重视多元共生、互相支撑、融汇发展的整体文化生态。

第二,绝不可静止孤立地看待文化问题。中华文化的发展经历了在历史演化中不断生成和融汇的动态过程。我们看待中华文化时,不可把某一个特定时空呈现的中华文化状态定格,要看到中华文化不是一个僵化的、

---

① 《毛泽东军事文集》(第六卷),军事科学出版社,中央文献出版社1993年版,第355页。

停滞的概念，而是在历史沿革中不断生成的、能够对全世界的文明不断进行融汇的文化体系。

当前，很多人在看待国家安全问题的时候，更多地看到的是领土完整的重要性，但同时，我们也不能忽视心灵归属的重要意义。当一个民族心灵的土地被其他的文化侵占了，那么这个民族表面上看似乎还是这个民族，但是它内在的精神世界已经被完全置换了，这才是真正的亡国灭种。"守土有责"，理所当然地包含了守好中华民族精神家园这一方心灵净土。

南怀瑾先生在给学生分享心得时曾指出，从某种程度上说，一个国家亡国并不可怕，国家亡了，后代的年轻人有志气，还可以把国家给恢复起来；但是一个民族的文化亡了，这个民族的心灵被肢解了，就永远不会有复国的希望。为什么？因为这个国家已经失去了重振国威的精神力量和支撑。因此，每一个中国人一定要懂得爱护自己的文化，要时时持有发展自己的文化、保存自己的文化、弘扬自己的文化、践行自己的文化的那份自觉和担当。

另外，我们越是珍爱自己的文化，就越要自觉地学习全世界的优点为我所用，越要自觉发展自己的文化，永不懈怠、永远清醒，让中华文化成为人类文明的标杆。近代以来，当时代的车轮飞驰向前时，我们的文化还停留在历史的某一个角落，结果只能是落后挨打，清朝也被时代车轮碾得粉碎。因此，我们务必要汲取近代血的教训，我们的文化永远要与时代的发展保持一致，永远要聆听时代、反映时代，而且要引导时代。

在现实中，我们还要警惕抽象谈论文化的现象，不可忽视思想文化背后的物质和制度支撑。如果悬空地讨论思想文化问题，看不到思想文化背后的物质和制度力量，必然因脱离实际而被时代淘汰。

如果把文化比作美丽的花朵，这株花朵无论开得多么艳丽，都需要水和土壤，水和土壤其实就是经济和人们的现实生活。文化的使命，在于如何激发人们的创造、创新活力，在于如何回应社会问题而推动社会进步，在于如何回应人民诉求而让人民更幸福。任何一个民族，如果没有一定的物质基础作为支撑，没有发达的科学技术作为支撑，就不可能屹立于世界民族之林。因此，我们一定要注重国家经济的发展，重视综合国力的提升。

总的来说，作为中国人，我们要确保国家能够面向未来、未雨绸缪，能够可持续发展、永葆生机、万古长青，那么，我们一定要在文化、精神和经济社会等各层面下大功夫。只有将先进的文化和先进的制度结合起来，才能既有强大的精神力量，又有先进的制度体系和运作机制，让人民心情舒畅，让全社会充满活力，让创造力迸发、智慧涌现、公平正义长存，才能真正实现文化和社会发展的协调并进。

第九章

新时代中国文化的重建之路

　　一个民族，一个国家，如同一个人，都有自己的精神魂魄。一个民族、一个国家，能够团结民众，凝心聚力，形成共识，最根本的在于文化的力量。具体到中国的未来，通过中华文化培育中华民族的共有精神家园、心灵归属和信仰世界，通过中华文化的纽带形成中华民族的向心力和凝聚力，是关乎民族生死存亡的大事。

第一节　千年未竟的历史大考

自宋明以来，中国文化逐渐走向僵化保守，对人性的禁锢、束缚日益强化，这是不争的事实。

中国文化在自身的发展过程中也面临着如何突破，如何实现脱胎换骨的自我升华和变革的历史任务。直到今天，这个任务仍然没有真正完成。这是一个横亘千年的历史课题，也是中华民族必须回应的历史大考。近代中国之所以积贫积弱、灾难深重，有多重原因，就文化而言，中国文化没有实现脱胎换骨的升华和变革，最终没有能力引导中国人正确地认识世界变化的大势，没有很好地引导中国人民迎战近代危机而走出困境，没有很好地激发人们的创造力和活力，这是我们必须正视的事实。文化与时代，文化与社会发展、人民实践需要之间的关系，是我们考察、分析文化问题最基础的理论问题。文化是否具有正当性、先进性，最根本的判断标准，就在于文化是否顺应了时代发展的大势，是否能够推动社会的进步，是否能够满足人们的实践需要。我们务必时时警惕抽象、悬空地讨论文化问题的现象，要将对文化问题的思考与推动社会发展有机结合起来。

文化最基础的问题之一就是如何看待人性。人性中既有积极向上的力量，也有引人堕落的内容，并不是简单的善恶就可以概括。如何对待人性的不同方面，构成了人类社会的永恒问题。我们在阅读中国思想史的时候会发现，南宋之前，中国思想文化整体上比较开放包容，没有过多地禁锢和束缚人性，中国人的创造力和活力能够迸发出来，社会呈现出开放包容的大气象。南宋之后，尤其是宋明理学大行其道之后，中国社会将"天理"和"人欲"视作二元对立的两部分，将"天理"赋予伟大、美好的属性，将"人欲"视为罪恶、可耻的而加以鞭笞。从此之后，中国开始走上禁锢、束缚人性的道路，在这个过程中，不仅将人性之中的"人欲"加以禁锢，而且人的创造力、活力，都逐渐萎缩和凋零。大家阅读鲁迅先生的文章，其笔下的阿Q、祥林嫂、孔乙己等，就是在这种精神禁锢下出现的悲剧人物。

新中国成立以后，尤其是改革开放以后，中国的发展提速，中国的综合国力得到明显的提升，但千年文化大考仍是我们必须回应的历史课题。如何既不鼓吹"人欲"，同时又不压抑、禁锢和束缚人性，而是能够极大地激发人们的创造力、活力和智慧，这就需要中国文化的底层建构作出重大的重构和阐释。如果不能完成这个伟大的转变和创造，中国社会的可持续发展就会因缺少中国新文化的支撑而存在重大风险。

第二节　"人心"与"道心"：中国新文化建构必须回应的人性问题

中国新文化的建设中一个内核的问题，就是如何处理人欲和天理、人心和道心的关系。如果将人欲和天理、人心和道心对立起来，视天理、道心为正当，视人欲、人心为罪恶，这是宋明到晚清所走的老路。历史证明这条路不仅走不通，而且招致了深重的灾难。如果鼓吹人欲，过多赋予人性弱点以正当性和合法性，不能认识到人之所以是人的本质所在，这是文艺复兴以来欧美所选择的道路。历史证明这条路存在严重的问题，暴露出越来越多的问题。面向未来，中国新文化的建构，必须走出一条新路。

文化不是孤立的，而是和一个社会的经济、政治、社会发展等有机结合的。就文化与人性的关系而言，人性是文化的内核，文化是人性展开的外在表现。一个民族、一个国家怎样看待人性，某种程度上决定了一个民族、一个国家文化的基本面貌。同时，一个民族、一个国家的文化状态又影响其历史进程。

《尚书·大禹谟》曾经这样描述人性："人心惟危，道心惟微，惟精惟一，允执厥中。"[1]中国的先人，将人性分为两部分：人欲的部分，称之为人心；良知的部分，称之为道心。这才有了宋明理学提出的命题：存天理，灭人欲。怎样正确地处理好人欲和良知之间的关系，是人类社会面对的大问题。一旦认知和处理出现偏差，必然给人类社会带来重大影响。

---

[1]　《尚书译注》，上海古籍出版社2016年版，第33页。

文艺复兴以来，西方国家之所以超越中国，文化上的重要原因就在于释放了人性，从而极大地开启了西方人的创造力和活力。同时代的中国，存在着文化、政治、伦理、社会观念、宗族等多方面的禁锢，千万条绳索束缚着中国人的活力和创造力，内在智慧的迸发更是无从谈起。鼓吹欲望，固然不可，但禁锢人性之欲的时候，人的创造力和活力也被束缚，这也是另一个极端。如何正确地恰当地处理人心和道心的关系，就成为中华文化发展必须回应的历史课题。

人性之中的男女相互吸引、追求名利、金钱、权力等，并不能简单地斥之为邪恶或卑劣。没有男女相互吸引，人类如何繁衍生息？至于名利、金钱，如果过分追求导致违法犯罪，固然是坏事，但如果恰当引导，使之成为人生的荣誉感和进取力量，也是值得肯定的事。因此，将天理和人欲完全对立起来，在理论上失之于武断和浅薄，在实际中更是会造成万马齐喑的凋零局面。恰当、中庸的处理方法是将人欲引导到符合道心的轨道上去，以道心引导和节制人欲。

比如男女之间的吸引，男女因为相爱成家立业、养儿育女，无论对于国家还是家庭，都是一件好事，值得肯定和鼓励。尤其是在生育率下降的今天，男女相爱并婚育，只要不违背法律，不伤害他人，这是国家发展和人口延续的重要一环。

比如，很多人喜欢赚钱，那么就鼓励人们在遵纪守法的基础上大胆地赚钱，引导人们在赚钱之后更好地照顾家人、孝敬父母，甚至给社会做慈善，帮助更多的人。

比如有人喜欢名利，可以引导人们内心树立起荣誉的神圣感，忘我打拼，爱惜荣誉，珍惜名节，洁身自好等。

通过具体的例子，我们就会发现：将人欲等同于罪恶，理论上不可行，实践中不可能，而且相当有害。因此我们主张用道心节制人欲、规范人欲，让人欲在符合法律和道德律令的轨道上得到满足，从而让人欲成为激发人生进取、增进人民福祉和推动国家进步的积极力量。

人心和道心的关系问题，不仅是学术理论问题，还涉及人类社会发展与人性支撑的关系问题。任何一个伟大的社会理想，一定要有人性的支撑；反之，任何一个伟大的社会理想如果违背人性、泯灭人性，必然在现实中撞得头破血流。人性之中既有积极向上的力量，也有弱点，这是不可否认的事实，如何在正视人性的基础上，恰当地规范、节制与引导人性中的弱点，使之与人类社会的发展相适应，这是我们需要思考的基本理论问题。

第三节 培根铸魂：中国文化建设的"立本"之举

一个民族、一个国家，如同一个人，有着自己的精神魂魄。一个民族、一个国家能够团结民众、凝心聚力、形成共识，最根本的在于文化的力量。具体到中国的未来，通过中华文化培育中华民族的共有精神家园、心灵归属和信仰世界，通过中华文化的纽带形成中华民族的向心力和凝聚力，是关乎民族生死存亡的大事。

著名中国哲学史大家庞朴先生也曾经专门强调这个问题，他指出，一个民族的文化一旦被摧毁，这个民族就淹没在世界大潮里边，本身也就不复存在了。全球化和民族化是一个相反相成、对立统一的矛盾体。生产力的发展、科技的进步，客观上需要我们有全球的视野、国际化的格局，但同时每一个民族如何深深扎根自身的文脉和精神谱系，升华和发展本民族的文化特色，这是每一个民族必须回应的时代课题。

任何一个民族的发展，其背后不可缺少的支撑性力量就是文化。可以这样说，一个民族文化的质量、文化的水准、文化的高度，某种程度上决定了一个民族的发展水平，或者说决定了这个民族生命的质量。中华民族在实现可持续发展、创造万古长青的伟业的过程中，必须正确地处理好中华文脉与国运长青的关系。

就中国的历史而言，春秋战国时期，儒家、道家、墨家、法家等各个学派异彩纷呈，各显精彩，都对如何治理社会提出了丰富而深刻的主张和见解。某种程度上，先秦时期的中国文化资源支撑了中华民族两千多年的发展。梳理历史，大家会发现，虽然自秦汉至明清，中国社会出现了许多王朝，社会政治集团在不断变化，但他们治理国家背后的文化资源，都在先秦时期就已经打下了基础。欧洲在文艺复兴、启蒙运动期间，涌现了包括卢梭、伏尔泰、狄德罗、孟德斯鸠、洛克等在内的一批思想大家，某种程度上也为欧美从18世纪一直到今天，这两三百年的社会发展提供了思想资源。当我们看到这个基本历史事实，不禁要问：中华民族未来要实现民族伟大复兴的目标，我们今天的文化体系能不能支撑这个目标？

近代以来，尤其是新中国成立后，中国经过政治变革、经济变革、社会变革等，已经发生了翻天覆地的变化，创建与新的伟大时代相契合的文化体系的历史任务更加迫切。为什么这样说？因为先秦时期创建的文化资源尽管在两千多年的历史长河中发挥了巨大作用，但在1912年建立民主共和政体之后，中国的社会形态、国人的价值观念等与先秦时期的中国存在根本不同。在这种情况下，如果我们放弃文化担当，企图通过翻版老、庄、孔、孟等的那一套文化资源，直接解决我们今天的问题，不免天真、幼稚，而且也很危险。当然，老、庄、孔、孟等中华优秀传统文化的伟大智慧，永远焕发着思想的光芒，永远可以在人类社会中起到作用。但老、庄、孔、孟等人的伟大思想，是针对那个时代的问题所提出的具体的方案。在今天来讲，我们必须有适应当今社会的伟大创造。先贤们在那个时代已经完成了自己的使命，那么，当今天人类社会发生根本性变化时，我们遇到了哪些问题，我们应该怎样应对，这是我们这一代人或者说未来几代人、十几代人的责任。因此，现如今要实现中华民族的伟大复兴，我们一定要在中华文化的发展创新上下大功夫。

总结起来，在中华民族可持续发展与中华文脉支撑的关系问题上，我们必须明确：

第一，中国人之所以是中国人，背后的深刻根源就在于五千多年绵延不息的中华文化养育出了中华民族独特的精神标识、心灵家园和精神归属。中华民族能够屹立于世界民族之林，能够绵延不息、不断发展，一个重要的原因就在于中华文化提供了强大的精神力量。只要中华文化在，中华民族就有共同的精神归属、心灵家园，就有迎接一切挑战和风险的力量之源。

中华民族要想实现永续发展，就要永远珍爱自己的文化，永远把传承文脉视为国基永固的大事，永远对中华文化传承的重要性有着高度清醒，念兹在兹。

第二，中华民族要想迎战各种困难，一定要有强大的向心力、凝聚力、竞争力、生命力。只要中华民族抱成一团，形成强大的向心力、凝聚力，只要中华民族自强不息，就没有哪一个民族和国家能够从根本上打败我们。简言之，中华民族只要日新又新、永葆生机，就能屹立于世界民族之林。人们常说，堡垒最容易从内部突破，能打垮中华民族的只有我们自己。那么，中华民族怎样才能保持向心力、凝聚力、竞争力和生命力呢？这就需要以中华文化的发展、创新为支撑。也就是说，只有振兴、坚守中华文化，才能把全体中国人、56个民族团结起来，拧成一股绳，勠力同心，众志成城。

56个民族，我们不要偏向强调哪个民族的个性，而是要多强调中华民族的共性，一定要在"中华民族共同体意识"的共性上下功夫，打造中华民族共同的精神家园，打造中华民族共同的民族心理。中华民族内部的各个民族，首先是中华民族之一员，只有多强调中华民族的共性和文化印记，我们才可以形成强大的向心力、凝聚力，在迎接各种困难和挑战的时候乘风破浪、披荆斩棘。

第三，中华民族能够不断发展壮大的智慧之源是什么？大家如果熟读中国的历史就会发现，中华民族之所以经历无数的磨难而绵延不息、不断发展壮大，其中重要的原因就是先秦时期中华文化的源头所开启的自强不息、厚德载物、杀身成仁、舍生取义、舍我其谁、仁爱天下等精神滋养了中华民族，使得我们在经历无数磨难的时候，深受这些精神滋养的志士仁人，能够铁肩担道义，将自己的生命融入救国救民的大潮之中，置生死于度外，写就了一首首自强不息、披荆斩棘的慷慨悲歌。

第四，特别要强调一点，文化不是静态的，而是在历史演进的过程中不断丰富其内容和精神。通过正反两方面的经验教训可以得出，我们的文化一定要海纳百川、日新又新、自我升华、自我突破。

如果我们的文化足够智慧、博大、厚重，而且能够永葆活力、蓬勃向上，我们就能够战胜一切艰难险阻，乘风破浪，一往无前。当我们发展得比较好时，要保持清醒，永不骄傲、永不自满，永远谦逊地认识到自己的问题，向全世界优秀文明成果学习，并且居安思危，永远具有忧患意识。当我们面临困难和障碍时，要永不气馁，永不失去信心，永远敢于斗争、奋发拼搏、开拓进取，在变局中开新局，在险境中创新路！

回望历史，我们经历了无数考验，创造了无数辉煌。面向未来，我们一样会经历无数的考验，但只要我们有了这种内在的精神世界作为支撑，我们的民族就能永葆生机，永不懈怠，永远以博大的胸襟学习其他优秀文化，以大无畏的精神迎接挑战，永远在迎接各种挑战的过程中实现可持续发展。

第四节　中国文化建设的五重视野

没有伟大的文化，就不会产生伟大的时代。没有伟大的文化支撑，中华民族无法实现可持续发展，也不可能实现伟大的民族复兴。面向未来，中国如何才能创建新时代伟大的新文化体系呢？将中国的发展放在人类文明的视野中，联系古今，远瞻未来，我们可以得到"五重视野"，也就是探索如何创建新时代新文化体系问题的五个角度。

第一，新时代新文化的创建，一定要接续历史传统和中华文化的智慧之源。通过观察世界其他民族的历史和中华民族的历史，我们会发现一个现象和规律，那就是人类社会总是在累积的基础上不断地优化和前行，而不是割断历史之后重新来过。历史上曾经发生的事情，都有其价值和意义，经过人们的反思和扬弃以后，可以成为人类社会未来发展的重要思想资源。因此，我们在探索文化发展问题，创建新时代新文化体系的时候，并不是从零的基础上重新开始，更不是企图在抹去历史记忆的基础上推倒重来，而是应该把中华民族历史上乃至人类历史上形成的优质文化资源继承下来，在这个基础上，直面当下的问题，不断地在社会实践中进行优化。历史证明，一个民族如果丢弃了自己的文化传统，割断了自己的历史，不但不能发展起来，而且很可能上演一个又一个的历史悲剧。因此，我们在创建新时代新文化体系的过程中，首先要接续历史传统和智慧之源，在历史累积的基础上不断地优化，不断地前行。这是新时代文化建设的第一重视野。

第二，中国文化的发展一定要做好自我反思、自我扬弃和自我清理的工作。"清理"，就是要剥离中国文化肌体上和时代发展不相适应、和中华民族可持续发展的要求不相适应的污垢，实际上就是中国文化的自我革命、自我升华、自我发展。清理污垢之后，我们要拯救中国传统文化中具有永恒生命力的精神内核。因为这一精神内核，不仅在以前起作用，在当下起作用，而且在未来发展的过程中，也能起到相应的作用。以一个人为例，看清别人的缺点容易，但若想看清楚自己的缺点，而且敢于承认、自我革命，就非常不容易。但这是中华民族要想不断发展所要上的必修课。如果丧失自我清理、自我革命的能力，那么中华民族就必然走向衰落和凋零。所以新时代新文化体系建构的第二重视野，是一定要做好自我清理、自我革命。我们要有勇气看到自己的问题，剥离掉我们这个民族文化肌体上的污垢，传承和弘扬对自身发展起积极作用的精神内核和精粹。

第三，我们新时代新文化的建构一定要奠基于中国当下的发展，总结中国社会发展过程中的经验和启示。文化不可悬空抽象地讨论，必须来自实践，也一定服务于实践。文化好不好，合适不合适，根本的检验尺度是本国的发展和实践。今天我们谈文化建设的时候，一定是奠基于中国当下的发展，要求文化建设能够反映中国的实际状况，同时对解决中国社会发展的诸多问题具有指导意义。否则的话，抽象地讨论文化没有实际的价值。因此，我们在探索中国文化建设的时候，一定要认真地研究中国的当下，一定要奠基于中国的现实，并在这个基础上去分析问题、解决问题，才能更好地服务于中国社会的进步和老百姓福祉的获得。这是新时代新文化建设的第三重视野。

第四，不同的民族有不同的文化，每一个民族总是以自己生活的处境和视角，对人类的命运问题给出自己的观察和思考。在人类文明的百花园中，每一个民族都有自己的优势，同时，每一个民族也都有自己的短处。所以，一个民族若想真正地保有优势，就需要融汇一切人类优秀文明成果为己所用，需要拥有善于学习的自觉和胸怀。这一视野对于一个民族的发展而言特别重要。

中华民族在几千年的历史发展过程中，一直是一个善于学习也勇于学习的民族。先秦时期，孔子讲"君子和而不同"，庄子讲"天下之水莫大于海，万川归之"等，都体现了开放包容的态度。而在近代，马克思主义传入中国，中国共产党主张马克思主义的中国化，也体现了我们这个民族有融汇人类优秀文明成果的自觉和能力。

创建新时代新文化体系的第四重视野，就是一定要有融汇人类优秀文明成果为我所用的自觉和能力。具体说来，就是我们要认清自己，知道自己有哪些优势，自己有哪些缺陷；我们也要认清别人，知道别人有哪些优势，别人有哪些缺陷。知己知彼后，再以海纳百川的胸怀融汇人类优秀文明成果为我所用，这是一个民族文化永葆生机活力的重要法宝。当然，在这个过程中，我们不是简单地去模仿别人，而是以我为主，为我所用，和而不同。

第五，创建新时代新文化体系要求我们一定要有面向未来、预见未来的能力。历史的发展有其规律，把握规律才能预见未来。王岐山早年在西北大学读书时，曾听他的老师张伯声先生讲过一个故事。张伯声早年出国留学的时候，在轮船上看到大海的波涛一起一伏，他就思考：这个波浪为什么一波未平一波又起，总是这样上上下下地往前滚动呢？后来，他通过学习力学得出结论，就是波浪这种涌动的传导方式，从力学上讲是最省力的。这一点给了张伯声一个启发，他就想，大海的波浪是这样，那么地壳的运行是不是也应该是这样？这是他作为地质学家提出的一个假设。那么，这个假设是不是正确的呢？张伯声后来在地质考察的过程中发现，确实存在这样的现象，于是提出了"地壳波浪状镶嵌构造学说"。当王岐山听到张伯声先生这样一番话之后，他作了另一种深刻的思考：大海的波浪是一波接着一波，一起一伏，地壳的运动亦是波浪式，人类社会恐怕也是一浪接着一浪。这个"一浪接着一浪"，其实就是历史的大潮和历史的规律。

我们在探讨中国文化建设的时候，一定要有远见，不能就文化而论文化，而是要着眼整个世界的大势，顺应人类历史发展的规律，未雨绸缪，契合大势。

以上所提及的新时代新文化建构的五重视野，是中华文化未来发展的一个理论框架。我相信，如果我们能够在实践中真正具备以上五重视野，中华民族的新文化一定会在新的时代大放光彩。

第五节　学术自觉：中国学术体系的建构

当今知识界、学术界对国家的文化建设和人们的思想观念影响重大。新时代新文化的创建，不可回避的问题就是如何真正建构中国自己的理论体系、学术体系、规则体系、标准体系、评价体系、话语体系、价值体系、理念体系等。

文艺复兴以来，西方率先突破，取得先发优势，进而取得文化和学术的主导权。在这个过程中，欧美建构了系统的理论体系、学术体系、规则体系、标准体系、评价体系、话语体系、价值体系、理念体系等，并借着自身取得的绝对优势，将这一套文化体系推广到全世界。打一个比方，如果把地球人比喻成一台台电脑，近代以来，西方几乎给所有地球人装上了自己的操作系统。西方对全世界的精神殖民和控制，是近代以来我们特别需要注意的文化现象。

客观地说，欧美的社会形态不过是人类社会发展的一个阶段，人类社会永远在不断地自我超越和发展，必然在欧美现有的发展基础上走向更高层次的文明形态。但由于欧美文化体系的主导地位，导致被欧美文化体系深度影响的人，已经臣服于欧美的社会形态和文化体系，将欧美的文化体系视为真理的化身，丧失了客观真实看待欧美文化体系的能力，更做不到用发展的眼光审视欧美的现有文化体系，失去了不断推动人类文明前进的批判力和驱动力。具体表现为：

第一，近代以来，西方文化相当程度上控制了整个人类的精神生活。

很多后发国家在接受西方主导的文化体系的时候,不知不觉地就陷入深度认同的态度中,将其视为真理的化身,甚至在政治立场层面认同欧美。

第二,西方文化上的主导权在经济上产生了巨大的利益。西方控制了整个理论体系、学术体系、规则体系、标准体系、评价体系、话语体系、价值体系、理念体系等,进而成为全世界无数规则的制定者和主导者,这就使得后发国家在发展经济和进行国际交往的时候,必须与西方主导的规则和秩序接轨,必须按照西方的那套规则体系来做事,这背后是巨大的经济利益。

在后发国家使用西方这套规则体系的过程中,无论是在科学技术方面,还是在人才教育、课程体系、产品标准等方面,都得向西方输送巨大的利益,接受西方的控制。可以这样说,西方掌控了文化主导权以后,给自己带来了巨大的经济利益。

第三,当后发国家接受了西方所控制和主导的文化体系后,其精神独立性就可能会被淹没,其文化的自主性就可能会丧失。一个民族真正的独立,最核心的表现就是精神的独立。一个民族精神上被殖民,文化上被控制,这个民族恐怕会万劫不复。简言之,当一个民族的精神和文化被控制以后,就会连正确认识自己和解释自己的能力都没有了。

中国历来都是大国,中华民族是全世界历史最悠久的民族之一,是文明最厚重、文明河流从未中断的伟大民族。在实现中华民族伟大复兴的过程中,必须建构起我们的理论体系、学术体系、规则体系、标准体系、评价体系、话语体系、价值体系、理念体系等。这决定了中华民族能否真正实现精神上的独立,能否真正实现伟大的民族复兴!但建构中国自身的文化体系,必然影响到欧美的重大利益。中国学术的自立不是田园牧歌式的文人笔会,而必然经历惊心动魄的斗争,考验着中华民族的智慧和魄力。

1949年,中华人民共和国成立,我们在政治上独立了;1956年,三大改造完成,我们经济上的自主性形成了。但我们在文化上如何实现学术自觉、文化自觉,真正建构起我们自己的文化体系是更长远的历史课题。直到今天为止,我们仍然没有很好地解决这个重大的历史课题。中国文化的主体性和学术的自主性关乎中华民族精神的自强自立，关乎中国文化能不能保持自身的创造创新活力，关乎中华民族能否真正屹立于世界民族之林。

下面，我尝试以几个学科为例，说明建构中国自身文化体系的重要性。

比如哲学学科。到底什么是哲学？这是一个关于哲学学科的定义权问题。谁有权力定义哲学，就可以用自己制定的这一套规则评价其他民族、国家的哲学思想。

由于欧美掌握了哲学学科的定义权，欧美以及受欧美思想影响的知识分子就有了对其他民族的哲学思想指手画脚、说三道四的权力。黑格尔曾经在《哲学史讲演录》里对中国哲学给予非常低的评价。黑格尔在读了一点《论语》《道德经》《易经》等中国经典后评价说，中国是一个思想浅薄的国家。在他看来，孔子讲仁，老子讲道，都没有清晰的概念，也没有严密的逻辑。他甚至挖苦说："为了保持孔子的名声，假使他的书从来不曾有过翻译，那倒是更好的事。"[1] 在读中国历史的时候，黑格尔认为，中国从本质上看是没有历史的，它只是君主覆灭的一再重复而已，没有经过反思、重建并不断向更高处演化的历史逻辑。"因为它客观的存在和主观运动之间仍然缺少一种对峙，所以无从发生任何变化，一种终古如此的固定的东西代替了一种真正的历史的东西。"[2] 黑格尔得出的结论是，中华文明在人类文明史上处于一个低层次的幼年时期。黑格尔作为有代表性的西方哲学家，其对中国哲学的结论基本上是对中国文化的误解和贬低。黑格尔囿于自身文化和认知能力、认知习惯的限制，没有能力真正读懂《易经》《道德经》《论语》等代表中国真智慧的典籍，只能作出一知半解的臆断和妄谈。

很多从事哲学研究和学习的中国人，很大程度上接受了黑格尔的这套理论体系、学术体系、规则体系、评价体系、话语体系，导致出现文化自卑感，

---

[1] ［德］黑格尔：《哲学史讲演录》第一卷，贺麟、王太庆等译，商务印书馆1981年版，第120页。
[2] ［德］黑格尔：《历史哲学》，王造时译，上海书店出版社2001年版，第117页。

也在黑格尔的影响下认为中国没有哲学。在20世纪90年代到21世纪初，中国哲学界就曾经产生了一个大的讨论，就是争论中国哲学合法性的问题。

中国有没有哲学？最关键的是哲学的定义是什么。但由于西方掌握了哲学的话语权、定义权，中国哲学的本来面目和原生态不符合西方哲学的学科体系、话语体系，所以当身处西方学术体系下的人拿着西方哲学的概念来看待、审视中国哲学，结论就是中华民族是一个没有哲学的民族。这给学哲学的很多人带来极大的困扰，导致一些中国哲学学者的自卑和自我矮化。

哲学，从最本质的意义上说，体现的是一个人、一个民族对人生、社会、宇宙究竟的思考和追问。任何一个民族，都不会只限于吃喝用住层面的生活，都会以各种方式涉及深层次的精神生活，追问人生、社会、宇宙的究竟和规律。中华民族是一个脚踏实地也仰望星空的民族，我们对人生、社会、宇宙的深刻思考，从来没有停止。而且在长期的历史演化过程中，相关思考形成了自身鲜明的特色。道、阴阳、五行、八卦等，不是玄而不知所云的"天书"，而是中国人对人生、社会、宇宙规律的揭示和总结。

中华民族创造的中国哲学有自身的特点，有中国哲学自身的框架、逻辑、表达方式和语言体系。当然，西方哲学也有西方哲学自己的特点。当西方人用西方的哲学观来审视中国哲学的时候，中国哲学自然不可能全面符合西方哲学的学术框架。在这种情况下，深受西方学术控制的一些人不免主观臆断，武断地评价中国哲学。

基于以上思考，我近些年下了大量的功夫来创建和阐释中国哲学自身的学科逻辑[1]，并在这个基础上进行中西方哲学的对比[2]。我的看法是，中国哲学有中国哲学的特点，西方哲学有西方哲学的特点，每一个民族对"形而上"的思考都有自己的独到之处。比如道家中有"道可道，非常道；名可名，非常名"，又如佛家有"不可说"的境界等。这些特点并不是说明中国

---

[1] 请参看拙著：《中华文化要义读本》，中华书局2019年版。
[2] 请参看拙著：《觉悟人生：中西文化比较视野中的国学智慧》，中国政法大学出版社2011年版。

人不懂逻辑，而是因为中国哲学对"形而上"本体的思考，超越了具象的世界，有些思考比西方哲学要深刻得多。世界的"本体"和"源头"很难用具象的语言将其清晰化和逻辑化。用语言虽然可以描述"形而上"的"道体"，但也仅限于进行表象的描述，无法像自然科学一样精确地把它定义出来。那么，什么层次的问题可以用清晰的语言和逻辑表达出来呢？就是后天的经验和器物的世界。西方自工业革命以来，在器物层面实现了突飞猛进的发展，其严密的逻辑和清晰的表述的具备，也是自然而然的事。

因此，我们要尽可能客观全面地看待中西方哲学。近代以来，西方哲学取得了控制地位，在西方那一套话语霸权的审视下，很多人接受了西方对中国哲学的侮蔑和不实之词，客观上使得中国哲学的发展面临很大的困难。直到今天，仍有很多人将西方哲学视为真理，视为所谓"真正的哲学"，而不能尊重和认可其他民族的哲学思考。更可怕的是，当学者在运用西方哲学的理论框架和话语体系研究中国哲学时，由于离开了中国哲学本来的内在脉络、逻辑体系和话语体系，往往会让中国人失去正确理解自身哲学体系的能力。换句话说，搬用西方的学术体系会导致中国人不能认识自己、理解自己，不能阐发自己、传播自己，这才是最大的危险。

比如经济学。西方更是全面控制了经济学的学科框架和话语体系。以亚当·斯密为代表的西方古典经济学认为，政府不应该干涉市场主体的经济运行，市场有自我调节的能力，政府只要当好"守夜人"的角色就好。亚当·斯密之所以这么说，是因为当时资本主义工商业的发展正处于初期阶段，割据势力与封建经济严重阻碍了资本主义的进一步发展，人们特别渴望自由、突破、发展。亚当·斯密的古典经济学理论与后续的实践，发展到马克思生活的时代，逐渐暴露出严重的问题，主要表现为经济危机以及两极分化等社会问题。马克思、恩格斯经过深入的研究后指出：资本的发展逻辑，必然以追求利益最大化、资本增值为目标，必然带来社会的两极分化。其根源在于，生产资料的私人占有制与社会化大生产之间的矛盾不可调和，资本主义发展的必然结果是资本主义社会走向灭亡。未来的共产主义社会一定会实现公有制，全面扬弃资本主义社会形态而实现社会文明形态的飞升。中国共产党所建立的社会制度，某种程度上就是对欧美三百多年文明成果的超越。中国既高度重视公有制经济，也非常重视民营经济；既重视市场的主体地位，同时也主张更好地发挥国家的宏观调控作用。可以说，在新中国成立后经济建设的实践中，中国形成了极具自身特色的经济学理论，既体现了中国自身的智慧，也批判借鉴了西方古典经济学和新自由主义的某些内容，同时又很好地融合了马克思主义经济学的主张。但中国有很多学经济学的人拿着西方经济学的框架对中国经济社会发展指手画脚，说中国经济存在这个问题、那个问题。这些说法并不是一无是处，但问题的关键是中国要有自己的经济学理论，用西方经济学的框架和逻辑对中国经济发展说三道四并不符合中国自身实际。中国经济学的创建，虽要融汇西方经济学为我所用，但更根本的是要奠基于中国经济实践，在中国发展经验的基础上开创中国经济学的原创理论。

医学领域一样明显。由于近代以来西方取得主导地位，西医也取得了医学学科绝对的控制权，这就使得西医的理论体系、学术体系、框架体系、学科体系、话语体系、标准体系等成为医学的标准。于是，被西医学科体系控制的人就把西医视为真理的化身，用西医体系对中医指手画脚，甚至打压、否定中医的正当性、合法性，对中医自身的理论体系，诸如阴阳五行、经络脉象等，一概予以否定。在这个过程中，中医存在的合法性和正当性就被肢解了。几千年以来，中华民族经历了多少瘟疫、疾病的灾难？在这期间历代中医大家对于中华民族的绵延发展起了重大作用。可以这样说，中医是中华民族的大恩人。可由于近代国运衰败，不仅人民苦难，中医也跟着蒙羞，甚至连存在的合法性都被怀疑，这对中华民族来讲是一件特别悲哀的事情。

客观地说，西医、中医、蒙医、藏医、苗医、阿拉伯医学等都有各自的医学体系，任何一个医学体系都会有各种问题，但问题不是否定某一医学体系的理由，而是促进其不断发展的动力。在中医的发展问题上，我们今后努力的方向就是，在加强宣传的同时，建构适应当今人们接受习惯的中医学术体系和教育体系。中医虽然在几千年发展的过程中积累了丰富的实践经验，建立了理论体系，但在如何面向当代社会建构与时代发展相契合的学术体系的问题上，还有很长一段路要走。只有解决了这个问题，我们的中医才能在人类医学的百花园中占有自己的一席之地，并不断发扬光大。

整体上看，西方近代控制了人类文化的主导权，使得我们今天大中专院校的一些知识分子，自觉或不自觉地被西方的学术体系所迷惑，这对一个民族的长远发展来说是一件非常值得忧虑的事情。中华民族要想实现伟大复兴，一定要实现文化的振兴。文化振兴中的一个重要内容，就是实现学术的自觉。学术自觉关乎知识分子精神世界的建构。接受高等教育的人如果没有学术的自觉，没有用中国的理论体系、学术体系、规则体系、标准体系、评价体系、话语体系、价值体系、理念体系等来武装自己的精神家园，那么就有可能会被西方文化所俘获。

所以，中国学术体系的建构，关乎中华民族的伟大复兴，关乎中华民族精神家园的建构，关乎中华民族精神的独立性。当然，中国学术体系的建构，绝不是为了彰显中国文化的个性，而是为了在充分吸纳反映人类文明共性内容的同时，预见未来，学习、扬弃欧美现有的文化体系，真正迎立潮头，成为人类文明的引领者。

第六节　中国智慧：社会治理与国际秩序的重构

中国文化的价值究竟如何，根本取决于中国文化在促进中国社会发展和应对人类发展困境过程中有哪些重要价值和现实意义。因此，对中国文化价值和意义的探讨，要放在中国社会治理和人类社会发展的过程中才能更有说服力。

谈到中国智慧，有些人心中总会认为是一种玄而又玄、妙而又妙、不知所云的话语体系，或者总以为中国智慧等同于历史上所谓的这个经典、那个经典，这都是不能真正理解中国智慧的表现。中国智慧不是华而不实的话语体系，更不仅仅是在书本里边静躺或在博物馆里供人参观的，它在鲜活的社会实践过程中发挥作用，在推动社会进步和增进人民福祉的过程中彰显力量。

《中庸》言："道不远人。人之为道而远人，不可以为道。"[①] 这意味着真正的"道"和智慧，一定是在人的日常生活里体现出来的。如果说这个"道"或者智慧，与老百姓追求幸福的生活没有多少关系，与人类社会的进步没有多大关系，这个"道"或者智慧恐怕就缺少价值。我们之所以肯定中国文化的价值，就是因为中国文化的智慧对于中国社会发展和推动人类社会进步有不可替代的重大价值。

首先，我们先来看中国智慧在社会治理过程中的意义和价值。客观地说，三百多年以来，以欧美为代表的国家在社会治理上形成了一整套的治理体系、理念和方法。这一套治理体系在价值观上以个人为中心，在经济制度上以私有制、私有财产权神圣不可侵犯为主要表现，在政治制度上以多党制、三权分立、普选制为主要代表，对西方社会突飞猛进的发展起到了巨大的推动作用。但在历史演化过程中，内在的问题也逐渐凸显出来。

从价值观的角度看，世界上没有孤立的原子式个体，个体只有在与世界的密切联系中才能生存发展。一个国家不仅需要保护好个人，同样要兼顾整体。只有将个体与整体、眼前和长远等兼顾才是对国家利益的真正保护。从这个意义上说，"个人至上""以自我为中心"的西方价值观念并没有兼顾整体和长远的利益，这是其存在的严重问题。

从经济制度看，私有财产权的保护至关重要，是维护保障人权的基础，甚至可以说物权是人权的基础。但现代国家有大量的公共利益，必须在所有制上有所体现。而且，人民的各项权利，如果没有所有制的依托，仅仅依靠纸面上的规定，恐怕只能成为一纸空文。因此，"全民所有制"与"私有制"等不同所有制之间如何平衡，这是值得全世界探讨的大问题。尤其是在应对和处理人类社会重大公共事件、应急事件的时候，必须有公有制作为支撑，否则重大公共利益和人民利益无法维护。

[①] 朱熹：《四书章句集注》，中华书局2012年版，第23页。

从政治制度看，所谓的政治利益，背后起决定作用的是经济因素，没有经济所有制的支撑，政治上的人权、自由、平等等理念只能是空中的花朵和精神的慰藉。欧美三百多年以来的私有制使得人们之间财富状况存在极大的不平等，政治上的自由平等有时也不过是宣传口号而已。西方社会所暴露的种种问题，是全局性、根源性、系统性的问题，对此我们不要被一时的回流和支流所迷惑，要看本质、看主流。

中国的社会治理体系则是基于中国智慧、中国价值、中国精神所建构出来的，具有鲜明的中国特色。

从社会治理体系的建构看，中国文化既重视多元的价值，也认可大一统的作用。我们的治理体系，既有不同职能部门的分工协作，又有大一统的领导，保证了社会既安定有序，又充满活力。

从具体的治理方法看，在中国文化的语境中有一个极重要的思想，就是"中道"。中国人在几千年以前就看到了世界运行的复杂性，认为无论是在宇宙大化中，还是人类社会中，都存在各种力量、各种因素的交织。中国文化认为，真正的智慧就是在各种力量、各种因素中把握"中道"，也就是在各种力量之间保持一个动态的平衡。这种"动态的平衡"，就是我们在社会治理过程中需要抓的重心。比如，在社会责任的问题上，我们主张国家和个人主体的有机结合。有些事情需要让个人主体去负责，但有些事情必须由国家来负责，尤其是危害社会公共安全的重大事件，此类事件不是个人主体能够承担得了的。在这种情况下，往往要站在整个国家和全体人民的角度，集中全国的力量加以解决。这是中国社会治理的一个突出特点，也是一个巨大优点。

在发展目标上，虽然有轻重缓急，但中国一定是多重目标多管齐下，协调推进。改革开放四十多年来，我们坚持以经济建设为中心，坚持发展是硬道理的战略思想。在强调经济发展的过程中，中华民族的信仰建设怎么办？中华文化的振兴怎么办？如此等等，都需要我们好好斟酌。"中道"的智慧告诉我们，中国的发展一定是全面的发展、协调的发展。党的十八大以后，中国社会大力强调文化、道德、信仰建设的重要性，以至于大街小巷的条幅都讲"国无德不兴,民无德不立""人民有信仰,国家有力量,民族有希望""大力传承弘扬中华优秀传统文化,培育社会主义核心价值观"等内容。这些条幅其实反映了中国治理的智慧:中国的发展,要实现物质文明与精神文明协同并进。

在地区发展上,改革开放四十多年以来,城市发展取得了巨大的成就。比如深圳,由四十多年前的一个小渔村,发展为在亚洲位列前十的一个大型国际化都市。然而中国几千年以来都是一个农业大国,而且放眼未来,农业也会是我们这个国家最基础的产业,事关国家的命脉。如果城市繁荣了,农村却凋零了,那我们国家可持续发展的前景在哪里?在这样的情势下,乡村振兴就成了当今时代必须作出的选择。所以,我们国家的治理思路就是乡村振兴和城市的繁荣发展保持动态的平衡。

其他诸如"市场调节"与"宏观调控"有机统一,"公有制"与"民营经济"有机统一,经济发展与环境保护的统一,公平与效率的统一,国内市场与国际市场的统一等,都是中国智慧的生动体现。

总之,中国社会治理的内在体现了"中道"的智慧,这是中华民族独有的智慧。也正是因为"中道"的存在,各个社会要素之间、人与自然之间才能在动态平衡的状态下,尽可能实现各种力量的和谐发展,推动社会的进步,增进人民的福祉,而不至于犯颠覆性的错误。

当然,除了"中道"外,"日新又新""与时偕行""和而不同""道法自然"等中国智慧,都对社会治理具有重大现实意义,兹不赘述。

其次,我们来看中国智慧对于国际秩序建构的重要价值。17世纪以来,西方国家率先突破以后,主导了国际秩序的建构。但是,由于西方国家奉行以自我为中心的价值观,再加上资本追求利益最大化的天然趋向,其所建构的国际秩序,实际就是奉行弱肉强食、赢者通吃、零和游戏、丛林法则的国际秩序,贯穿了17世纪以来西方国家所建构的国际关系和人类历史,造成了无数的冲突、苦难和悲剧。

但中华民族的世界观、价值观不主张弱肉强食,我们对万物关系有自己独特的认知和智慧。《中庸》有言:"万物并育而不相害,道并行而不相悖。"[1]意思是说，万物之间，具体说来就是国与国之间、人与人之间、人与天地自然之间，并不是相互排斥或相互对立的关系，而是"并育"的关系，也就是相互支撑和相互滋育的关系。如果更加通俗地说，那就是天地环境好了，对人类有好处；人类文明了，人类整体的水平和境界提升了，对保护自然环境也是有利的。同理，中国发展起来了，能给全世界提供机会；世界和平安宁了，也会为中国的发展创造外部环境。正是基于这种智慧，我们对国际关系的建构提出了一个伟大构想——人类命运共同体。中国认为，国际社会日益成为一个你中有我，我中有你的命运共同体，一损俱损，一荣俱荣。同时，中国还认为，这个地球不是特定主体的地球，是所有地球人的地球，是两百多个国家和地区的地球，因此，对于关系人类的事情，不能由某一个人、某一个国家说了算，不能搞霸权主义，而要"共商、共建、共享"。我们主张国际关系民主化，同时我们捍卫自己国家权益和领土完整的决心毫不动摇。中国对于国家关系理论的重构，是对人类社会、宇宙万物生存状态的客观总结，对于实现人类的和平发展有极大的价值和意义。

随着中国综合国力的提升，不断在国际社会中发出中国声音，会有越来越多的国家认识到，那种赢者通吃、弱肉强食、丛林法则的国际秩序不仅错误，而且极端有害。相反，中国提出的"人类命运共同体"所强调的"大家好才是真的好""共商、共建、共享"的理念，应该成为人类真正的未来。人类命运共同体理念的普及，不仅可以让中国智慧在世界舞台上发挥作用，而且可以对整个人类社会的福祉作出更大的贡献。

当然，中国智慧除了在社会治理和国际秩序重构方面有价值外，在开启人类智慧、优化思维方式等方面，也有不可替代的意义。

由此观之，在中华民族伟大复兴和中国文化振兴的过程中，一个很重要的任务就是大力弘扬中国智慧。弘扬不能是嘴上空谈，而要落实在具体的社会治理和整个国际秩序重构的过程中。简言之，中国智慧只有在人类社会的实践中，造福了中国人民，造福了世界人民，推动了中国和世界的

---

[1] 朱熹：《四书章句集注》，中华书局2012年版，第38页。

进步，才能彰显自身的价值和魅力。

第七节　中国文化能否走出历史的怪圈？——对历史兴衰成败的思考

今天的中国就像东方初升的太阳一样，正处在一个蒸蒸日上、国运隆盛、日新又新的历史时期。无论是在中国的历史，还是在世界的历史中，国家安稳、蒸蒸日上的历史时期少之又少。人类社会在大部分时间都处于战争、冲突、天灾之中。伟大的时代、安稳的生活环境不是天上掉的馅饼，是无数人奋斗的结果，任何一个有历史责任感的人，都要懂得珍惜，懂得感恩，更要懂得奉献和奋斗。

从整体上看，近代以来中华民族伟大复兴的历史大势已经形成，而我们更关心的是这次伟大复兴不要成为历史上又一个兴衰成败的循环。如果实现伟大复兴以后，又出现了骄奢淫逸、僵化固执、骄傲自满的文化心态，繁华过后成一梦，中国又走向下坡路，那么我们的这次复兴真正的意义何在呢？所以我们应该更关心中华民族的这次复兴，能不能实现中华民族的可持续发展，能不能超越历史兴衰成败的循环，能不能让中华民族永葆生机。

不独是中国，人类历史也有一个怪圈，就是黄炎培先生和毛主席在一起谈话时对人类历史兴亡得失的反思。1945年夏，抗日战争即将结束的时候，中共中央邀请了一些民主派的人士到延安去访问，其间有黄炎培、傅斯年等人。1945年7月4日的下午，毛泽东专门邀请黄炎培等人到他的住所作客。谈话中，毛泽东问黄炎培，在延安考察了几天之后有什么感想。黄炎培当时就很坦率地告诉毛主席："我生六十多年，耳闻的不说，所亲眼看到的，真所谓'其兴也勃焉，其亡也忽焉'，一人、一家、一团体、一地方，乃至一国，不少单位都没有能跳出这周期率的支配力。大凡初时聚精会神，没有一事不用心，没有一人不卖力，也许那时艰难困苦，只有从万死中觅取一生。既而环境渐渐好转了，精神也就渐渐放下了。有的因为历时长久，自然地惰性发作，由少数演为多数，到风气养成，虽有大力，无法扭转，并且无法补救。也有因为区域一步步扩大了，它的扩大，有的出于自然发展，有的为功业欲所驱使，强求发展。到干部人才渐见竭蹶、艰于应付的时候，环境倒越加复杂起来了，控制力不免趋于薄弱了。一部历史，'政怠宦成'的也有，'人亡政息'的也有，'求荣取辱'的也有，总之没有能跳出这周期率。中共诸君从过去到现在，我略略了解的了。就是希望找出一条新路，来跳出这个周期率的支配。"[①]

黄炎培先生与毛主席对谈的这一段话，就出自中国近代史上非常有名的"窑洞对"谈话，会谈的中心就是如何超越历史兴衰成败的循环的问题。阅读人类历史可以发现，迄今为止，在所有民族的发展过程中，没有一个政治力量能够实现几千年的可持续发展。掌权的政治集团往往开始时很用心，但到了一定程度以后，就出现了消极懈怠、贪污腐化的现象，最终退出历史舞台，被一个新的政治力量所取代。但新旧政治力量的转换，会造成巨大的社会动荡，无数老百姓不免颠沛流离。对历史兴衰成败的反思，源自黄炎培先生对历史进程非常深刻的洞察，这个思考对毛泽东有非常大的触动。毛泽东熟读历史，自然对兴勃亡忽的周期率早有关注。据记载，毛泽东当时听了这番话后，沉思了一下，然后对黄炎培说："我们已经找到新路，我们能跳出这周期率。这条新路，就是民主。只有让人民来监督政府，政府才不敢松懈。只有人人起来负责，才不会人亡政息。"[②]毛主席的这个回答具有深远的历史价值和现实启示。不过，回答如何超越历史周期性循环这一问题，需要一代又一代的人不断探索。可以说，如何超越历史周期性循环是开卷考试，是全世界都要思考和回答的历史之问。

中华民族的伟大复兴必须全面回应"历史周期性循环"的挑战，确保中华民族伟大复兴的质量和高度，力争中华民族能够可持续发展，万古长青。

从现实的角度看，实现伟大民族复兴的口号感召和鼓舞了无数中国人聚精会神谋发展，一心一意搞建设。可中华民族一旦实现伟大复兴，社会

[①] 黄炎培：《八十年来》，文史资料出版社1982年版，第164页。
[②] 同上。

的精气神会不会懈怠？不良的风气会不会大规模滋生？我们还有没有勇气承认并坚决改正自身面临的很多问题？当我们面对别人激烈批评的时候，还有没有胸怀去正视、去直面、去接纳批评？如果因为实现了伟大的民族复兴，我们反而背上了一个包袱，社会心态因此懈怠，再面对缺点、面对指责、面对批评时，我们的胸怀反而不够宽广，不愿意承认了，丧失了正视问题、解决问题、自我纠错的能力，那么实现中华民族复兴的那一天，就已经为走向衰败埋下了伏笔。那么，如何应对这样的问题？这涉及一个民族的智慧和社会治理能力，涉及经济发展、社会公正、政治文明、人心改造、文化建设等方方面面的筹划和安排。在思考如何应对的时候，也自然要有综合系统的应对之策。

首先，我们要知道，一个国家永葆生机、实现可持续发展的条件是什么。

从最根本的道理上来看，制度设计、运行机制等只有和社会发展的规律相符合，才能实现可持续发展，否则只能被历史大潮抛弃，退出历史舞台。尊重真理，按规律办事，才能赢得主动，这是永恒的道理。回顾人类的历史，新产生的朝代一般能够顺应民心、发展生产；发展到一定程度，经济两极分化，政治闭塞、贪污腐化，思想观念禁锢僵化，导致社会整体的状态与社会发展的潮流和人心的需要相背离，也就使得历史周期性循环一再上演。

当我们观察中国王朝史的发展脉络时会发现，其中既有大周期，也有小周期。从大周期看，从夏朝立国到东周是中国历史的第一个阶段。这个时期的主要特征为德主刑辅、分封建国、协和万邦等。春秋战国时期，夏商周三代的思想观念、治理体系和历史新发展阶段的要求不一致了，于是出现了孔子所形容的"礼崩乐坏"的社会现象。中国何去何从成了时代之问，历史逐渐走向转折。从秦始皇到汉武帝，帝制与官僚体制逐渐成熟。帝制从秦皇汉武一直延续到清朝。推翻帝制后，民主共和的时代开始了。这样来看，中国的历史迄今为止形成了三个大周期：夏商周时期，从秦汉到清朝的帝制时期，然后是辛亥革命开启的民主共和时期。而每一个大周期里，每个王朝的盛衰兴亡就是小周期。人类社会的演化，就是以阶段性、波浪式的方式不断地前行，而人类的思想形态、社会治理形态总是在特定时空条件下产生，不可避免地打上特定时空的烙印。当时代发生重大变革，如果人类的认知、自我纠错能力和自我变革能力跟不上时代的变化，那么在某些特定时空条件下所形成的那一套思想观念、治理体系、社会制度等往往会因为与新时代相悖而退出历史舞台，从而反复上演历史周期性循环的现象。

一个政治团体、一个民族、一个国家很难做到始终主观符合客观，思想体系与制度体系始终符合历史发展的规律，迄今为止人类社会还未曾出现这样的政治团体、民族或国家。中华民族这一次伟大复兴，能不能实现可持续发展，能不能实现中华民族的永葆生机？这需要我们始终在思想文化、价值观念、制度建构、运行体制等方面与时俱进，始终与社会发展规律保持一致。

社会发展是一个极其复杂的系统工程，超越历史周期性循环也必然涉及方方面面的努力和探索。

其一，在思想文化层面，一个民族一定要有与时俱进、自我革命的自觉和能力，永远保持清醒，永不懈怠，永远昂扬奋进。中国元典《易经》的"易"讲的是什么？其中之一就是世界面貌的"变化"。世界、社会时时发生变化，人们也要永远随着时代变化，主动地加以调整，不要受某些特定时空条件下思想观念的制约，决不可画地为牢，自缚手脚，更不可自我禁锢。当时空条件已经发生重大变化，不等外部力量打压，我们自己就要主动地变革。某种程度上说，历史周期性循环的背后也是人心的周期性浮动，也是文化的周期性变化。

其二，在制度体系层面，制度设计、运行机制等一定要有随着时代发展而变化的调适能力。我们要清醒地认识到，任何一套制度，都是在特定时空条件下为了解决特定时代的问题而设立的。而历史总是以阶段性、波浪式的方式不断地前行，所以我们的制度一定要与时俱进，不断地变革、完善、发展。但实际上，当历史发生变革的时候，调整现行的制度很不容易，有的时候制度变革比思想变革还难。难在什么地方呢？一套制度体系一旦形成以后，就会出现盘根错节的利益集团。这些既得利益集团往往就会成为这套制度的坚定维护者，成为社会变革的阻力。这是我们阅读中国历史和世界历史时，需要特别注意的地方。也就是说，随着时代的变化，那些在旧的时空条件下形成的制度体系必然落后。这个时候，就看一个民族有没有能力和魄力冲破既得利益的藩篱，刀刃向内，真正做到自我革新、自我净化，做到与时俱进。

其三，从经济发展和社会公正的角度看，中国历史上的朝代轮换，大都和经济上贫富严重不均、经济发展困难、社会严重不公有关。王朝后期，有钱者染指权力，掌权力者染指经济，形成尾大不掉的权贵阶层。随着政治腐败的加剧，经济不断恶化，再遇上天灾人祸，人民生活无以为继，最终必然走上改朝换代的道路。如果希望打破历史周期性循环，那就需要不仅在理念上坚决维护社会公正，更要建立确保社会公正的经济制度，同时政治上要始终清明，确保政治为最广大的人民服务，为社会进步服务，而不是被某些既得利益群体绑架。

当然，超越历史周期性循环是一项伟大的事业，更是一项极其复杂的系统工程。无论多么美好伟大的设计，都要接受实践和历史的检验。总之，我们只有永远坚持真理、尊重规律，才有可能超越历史的周期性循环。

今天讨论超越历史周期性循环的问题有特别重要的现实意义。中华民族发展蒸蒸日上，国运昌隆，虽然我们也存在一些问题，但是复兴的大势已经形成了。我们希望中华民族的这次复兴，不要成为历史循环的一次重演，而是真正走出人类文明的怪圈，走出历史周期性循环，从而让我们每一个人生活得更幸福，帮助人类迈向更高层次的文明形态。

第八节　回应时代挑战：如何认识所谓的"普世价值"

价值观是一个国家文化的核心，形形色色的文化现象往往是内在价值观的外在表现。

当前，很多人一谈到我国某些技术与西方不相上下甚至比西方更先进的时候，心里充满了自豪感。但一旦碰到西方鼓吹的自由、平等、民主、公正、法治、人权、博爱等所谓的"普世价值"时，马上英雄气短，觉得底气不足。这背后深度反映了这样一个现实：尽管中国的发展取得了巨大成就，但要凝练和阐发出比西方鼓吹的所谓"普世价值"更深刻、更有高度的价值观体系，真正在价值观领域成为人类文明的高地，并在这个基础上形成真正的民族自信，还需要下大功夫。

下面我们就价值观问题作出剖析，揭开西方所谓"普世价值"的外壳，认清其本质，并在这个基础上升华、凝练中华文化对价值观的解读。

关于自由、民主、平等、公正等时代精神，有两个认知角度必须引起我们的注意：一是共性和个性的关系；二是当下与历史发展的关系。从共性和个性的角度看，对自由、民主等时代精神的理解有共性的内容，但共性必然通过个性的理解表现出来。没有个性，就没有所谓抽象的共性。欧美对时代精神的理解，只是人类社会的一种理解方式而已。中华民族有自己对时代精神的理解方式。欧美打着"普世价值"的旗号，将自己对时代精神的理解置于绝对真理的位置，强迫其他民族接受自己的理解方式，其实质恰恰是文化的独裁和殖民，根本背离自由、民主的时代精神。由此，我们就明白所谓"普世价值"的说法，是西方舆论宣传的狡辩与计谋。欧美没有资格也不可能垄断对自由、民主等时代精神的理解，任何一个民族都应该结合自己的实际，探索与实践理解和落实时代精神的独特方式。当然，我们也警惕打着"个性"的旗号而背离时代精神的做法。从当下与历史发展的关系而言，人们对时代精神的理解也在不断地变革和升华。限于特定的文化视域和时代环境，欧美对时代精神的理解有明显的局限性。中华民族在追求伟大民族复兴的历史征程中，绝不能将欧美对时代精神的理解奉为圭臬，而应该站在更宏大的历史视野中看待时代精神，努力超越欧美对时代精神的理解方式，面向未来，创造中华民族引领时代进步的文明高地。

有人在主观上不喜欢或者不愿意用"竞争"来定义中国和美国的关系。但事实是中国和美国不仅存在竞争关系，而且美国在想尽一切办法打压和阻滞中国的发展，这是客观事实，回避不得。中国所要做的不仅是正视这种竞争关系，而且要在充分消化、吸收、融汇、扬弃欧美现有文化体系的基础上，在文明形态上整体超越欧美而成为人类发展趋势的引领者和塑造者，这也是中华民族真正崛起、真正复兴的一个显著标志。

在中华民族伟大复兴的征程中，物质层面尤其是技术、器物的发展相对比较迅速，几十年间，创造了经济发展的中国奇迹。但要做到在价值观等精神内核层面形成自信并成为人类更高层次文明的引领者，还需要更多时间和更多努力。改革开放以来，西方鼓吹的"普世价值"迷惑了很多中国人，我们必须作出全面的分析，以正视听。

我们先看欧美鼓吹的"自由"理念。从文艺复兴、启蒙运动以来，西方社会一直强调自由的价值。可以这样说，自由是文艺复兴以来人类社会最核心的价值理念，在这个基础上滋生出了平等、民主等价值。正是自由的理念激发了人类的创造力和活力，开创了人类三百多年以来的飞速发展。但西方语境中对"自由"的理解存在严重的问题，我们需要对西方语境中的"自由"作出全面的剖析，并在这个基础上阐发中华文化对于自由的理解。

西方对自由的理解，更多体现在"个体"的自由上，包括个人意志的自由、选择生活方式的自由、行为的自由等。但西方社会对个体自由与整体自由的关系、自由与自律的关系、自由与真理的关系等问题的认识，还需继续深化。

那么，中国文化的语境里面有没有"自由"这个词呢？当然有，只不过中国文化的表达与西方不同，使用了诸如"自在""逍遥""从心所欲不逾矩"等表述。此外，中西方对"自由"内涵的理解也是不同的。相比较西方文化多强调个体的自由，中国文化对自由的理解，有自己鲜明的特色与独特的深度。

中国文化认为，人生活在天地宇宙之中，生活在人与人的关系之中，生活在具体的社会制度之中，在任何时候都不可能按照主观意志而肆意妄为，只有在遵循"道"，也就是规律、真理的基础上言行，才能获得真正的自由。老子曾说："天地不仁，以万物为刍狗，圣人不仁，以百姓为刍狗。"这意味着中国人早就认识到了客观真理没有主观感情、主观偏好，谁尊重真理、遵循规律，就获得自由；谁违背真理、违背规律，就受到惩罚。因此，中国文化在谈自由的时候，总是将主观体悟与天地宇宙之道有机统一起来，"得道"是中国文化肯定的真正"自由"。反之，肆意妄为，毫无拘束，在真理面前恣意冲撞，得到的不仅不是真正意义上的"自由"，还是个人和人类的悲剧。

具体到人的现实状态，应该把自觉、自律、自由三者结合起来，才能实现真正意义上的自由[①]。现实中的人都有人性的弱点，贪财、好色、虚荣、攀比、嫉妒、狭隘、自私等，只是程度有所不同而已。正因为人性里有这些弱点存在，只是简单地讲主观自由是不负责的，也是危险的。所以我们首先强调自觉。自觉，就是正确地认识人性，认识自己，知道人性之中哪些内容一旦膨胀，害人害己；人性的哪些内容需要发扬光大，利国利民。实现人的自觉后，就要做到自律。自律，就是对于人性里面所有美好的内容、有利于社会和人民的内容，我们要大力地发扬，而对于人性的弱点必须有一个节制，有一个度。在这个度的范围内，确保人性的弱点不会伤害别人，危及社会。一旦超过这个度，我们就要去限制它。这就是自律。只有做到自觉、自律了，才能拥有自由。由此，大家就更能理解西方国家鼓吹自由的同时又特别强调法治的缘由。但西方文化一方面放纵人的主观自由，另一方面密织法律之网，必然造成人性的毫无拘束与现实法治之间的冲突和心灵的痛苦。

中国文化把自觉、自律和自由有机结合起来，而不盲目地鼓吹主观自由。真正意义上的自由，不是主观上为所欲为，而是一个人的内在状态与宇宙规律融为一体，人与"道"合一，也就是孔子讲的"从心所欲不逾矩"。一个人经过人生的不断修炼和净化，内心的状态与真理自觉一致，所有的言行均出于道德的自觉。换句话说，当一个人将所有外在的道德规范内化成一个人内在的道德自觉，无论他怎样追求自由，都是对自己、对他人、对社会有利的，这是最高层次的自由。当然，现实中绝大多数的人达不到

[①] 参见拙著：《中华经典十三讲》，当代世界出版社2019年版，第24—25页。

这个境界，那就需要将自觉、自律、自由有机统一起来，而不能一味地鼓吹所谓的个体主观"自由"。所以，中国文化对自由的理解要比西方深刻得多，中华文化要重新阐释和升华对自由的理解，既要释放人性的创造力和活力，又要避免鼓吹人性弱点合法性带来的冲击和破坏，尤其是要防止鼓吹个人主观的自由带给人们身心的焦虑和不安。

总结起来，人类在追求和真正实现自由的过程中，既需要政治制度的保证，也需要经济所有制和社会结构的支撑，亦离不开对人性弱点的觉悟与超越。欧美对自由的理解多集中于建构一套保证自由的政治制度，马克思主义则是看到了经济所有制、社会结构等对实现人类自由的支撑作用，而中国文化对人们如何摆脱人性弱点的控制从而拥有内在的自由进行了深刻的探索与思考。

再看平等。任何时候，都不会有绝对的平等，差异是宇宙的常态，人与人之间存在差异也是人类社会的常态。平等的理念是从人权和尊严的角度而言，强调社会要赋予每一个人平等的地位、平等的选择权等。平等的提出，是人类文明的重大进步。在人类历史上，各个国家都有过强调等级、严重不平等的时期。在对平等的理解上，中国文化有自己的深刻认知。孔子曾说"性相近也，习相远也"；孟子曾说"人皆可以为尧舜"；佛家曾言"众生平等"。中国文化所强调的平等，实际是在本性上而言的平等，大致包含了两个部分：其一，每一个人在本性上都有可能成为圣人，成为一个真正的觉者，在这一点上众生平等。而且这个平等，某种程度上是绝对的平等。其二，在现实中，每一个主体在本性的实现程度上并不一样，表现为"相"上的不平等。也就是说，每一个人都可以成为圣人，有的人十分努力地修行，他可能真的就成圣成贤了；但有的人却放任自己的缺点，没有朝成圣成贤的方向努力，只能做一个普通人，甚至成为一个对社会有危害的人。所以，中国文化既认为人在本性上有平等的一面，同时也看到人在本性得以实现的过程中，因努力程度不同而表现出的不平等的一面。这是中国人对平等的理解。中国文化对于平等的这种认知，对于社会树立正确的平等观念非常重要。在人格尊严、基本权利上，没有三六九等，应该完全平等，人人都要受到尊重和爱护，社会要为每一个人提供平等的机会；但要承认每一个人在珍惜机会、好好努力方面的差别，决不能搞绝对平均主义。当然，对于社会上天然的弱者，诸如残疾人士等，要通过国家的保障手段予以适当照顾，这是人道的光辉。

具体到中国的实际，强调平等观念，重在落实。警惕社会阶层固化带来的严重社会问题，重在让每一个人都有平等的发展机会，让每一个劳动者都享受平等的尊严和社会尊重。只有这样，才能让每一个人都生活得心情舒畅，才能让每一个人都能选择最适合自己的道路。

再看民主。一般人都认为民主是舶来品，实则不然。中国文化对民主的理解非常深刻，从基本的含义说包含两点：

一是人与神的关系，这是从信仰的角度而言的，讨论人类有没有自主的能力：人类究竟是匍匐在神的脚下，还是有自我做主的能力？

二是从政治生活和社会治理的角度而言的，讨论人民是否是国家的主人，权力是否来源于人民、反映人民诉求、为人民服务。

近代西方文化语境中的民主理念，更多地涉及第二个层面。

就人与神的关系而言，中国文化认为人类的命运掌握在自己手里，人人皆有自性，人人皆有自我觉悟的能力，人人皆可以为尧舜，人人皆可以成就大业。一个人究竟能否真正成为尧舜，真正获得大成就，关键在于个人的努力程度，这是《易传》之所以强调"天行健，君子以自强不息"，孔子之所以强调"敬鬼神而远之"的文化根源。中国文化虽然注重外力的作用，但根本强调的还是自我的觉悟："自助者天助，自助者人助""我欲仁，斯仁至矣""为仁由己，而由人乎哉"。

而西方文化则认为人生来就有原罪，不能自己超越自己，所以需要一个外在的神秘力量（上帝等）的救助或者救赎，才能实现自我的超越。近代以来的学术界，特别强调主体性。主体性本来的含义是文艺复兴后，相对于神学时期而言，人类的主体意识和精神得到倡扬，人类的精神状态开始由被神学控制的状态走向自我觉醒。后来，人们对主体性的理解逐渐延伸，主体性可以用来形容一个民族、一个国家、一个文化体系摆脱对外部的膜拜而独立思考、自我建构的能力。

当然，西方文化无论怎么强调主体性，其内在结构都使其无法摆脱宗教神学的影响。在信仰领域，西方始终强调外在救赎，主张只有通过神的力量才能实现人类的超越和救赎。中国文化则从终极的意义上认为人是自己的主人，人类自己把握自己的命运，可以说这才是真正意义上的主体性。

在政治权力的来源和服务方向上，中国文化很早就重视人民的力量。在夏商周三代的时候，中国就有了"天视自我民视，天听自我民听""民为邦本，本固邦宁"等类似的观点。中华民族有重视老百姓诉求、重视老百姓尊严的传统。

近代以来，民主精神超越民本思想之处就在于现代民主包含的两层意思：一是权力的主体是人民，人民是国家真正的主人；二是创设了人民管理国家的制度架构和运行机制。无论是中国还是欧美，都将人民视作权力的主体。但在如何真正体现人民作主的制度的设计上，中国和欧美有重大不同。西方通过三权分立、多党制、普选制体现民主的理念，表面看起来这种设计很合理，但有几个问题需要引起注意：第一，任何制度的设计，都取决于经济结构所决定的利益结构。欧美是资本主义社会，资本根本上决定了政治权力的性质和服务方向，普通民众除了形式上有投票权之外，缺少实质影响政治权力的能力。主要表现为投票的时候热热闹闹，一旦投票结束，人民的力量就进入休眠。第二，三权分立和多党制看起来有利于防止独裁专制，但也存在另一个严重的问题，那就是权力的分散和相互消解造成社会的分裂和政治的消耗。第三，一个好的制度，应该是根据一个人的能力来赋予他相应的权力。一人一票的制度，过于重视民主形式，没有做到全过程的民主，更做不到权力赋予与个人能力之间的匹配，容易出现重大的问题。比如说，选举国家领导人是一个重大的政治活动，一般的老百姓掌握的资讯太少，很难有能力和办法凭借几个小时的电视演讲而对这样一个重大的政治活动作出理性决断。可西方的普选，就仅凭候选人几次讲演、几次辩论，就让老百姓投票选出最高领导人，这是西方民主制度显而易见的缺陷。

中国的制度设计，经济上的公有制与政治上为人民服务有机统一；既看到大一统的重要性，又保护地方的积极性；既重视民主，又重视集中；在民众个体的民主权利上，肯定老百姓对身边事务的判断和抉择能力，实行基层群众自治，而在国家大事上，中国首先在老百姓中间选出一些能力、格局、眼界等相对比较卓越的人作为全国人大代表，然后由他们对国家最高的政治决策作出表决。如此等等的制度设计遵照了个体能力与政治权力赋予之间相匹配的原则，设计得更为合理。

在具体的制度运作上，中国文化认为管理者和老百姓之间应该坚持良性互动。人民的声音一定要让领导人听到，领导人不能简单地迎合民意，而是在听取民意的基础上，发挥政治家的远见和判断，作出对国家、对社会发展都有指导意义的重大决策。有了决策以后，还要落实执行，而且需要每一个人都参与其中。正是通过这种良性的互动，正确的决策才能制定出来，这就是中国文化对民主的基本看法。

再看公正。中华民族古往今来对公正的追求应该说流淌在文化血液里边。比如《论语》中的"不患寡而患不均，不患贫而患不安"和《礼记》中的"天下为公，选贤与能""货恶其弃于地也，不必藏于己""鳏寡孤独废疾者皆有所养"等，某种程度上讲的都是社会公正。公正，很大程度上表现为一个社会对弱者的同情和救助。21世纪初的中国集全国之力，投入几千亿、上万亿元的资金进行扶贫，更有上百万的干部走到农村里边，真正下大决心解决贫困问题，这就是公正理念的真正践行。在这一点上，其他国家很难做得到。

中国人强调的公正，不是一种悬空的理念，而是和经济制度有机结合在一起的。公有制是确保社会公正的经济基础，这是中国社会追求社会公正的伟大之处。

另外，作为指导思想的马克思主义就是在批判资本主义社会两极分化以及资本家对工人严重不公正对待现象的基础上产生的伟大思想形态。马克思、恩格斯所提出的更高层次的社会理想——共产主义，就是要真正解决社会公正问题。所以，从某种意义上说，追求和实现社会公正是社会主义制度最突出的优势之一。

再看法治。应该说，法治理念是西方社会治理三四百年以来提出的一个很重要的理念。法治的含义就是依靠制度和程序来解决问题，这是当今世界国家治理的一个重要方式。但在国家治理过程中，我们发现法治有其长处，也有其短处。在管理、规制人们的行为上，法治有突出的优势；但在人们起心动念和制度约束之外的领域，法治有明显的不足，道德的作用就凸显出来。法治更多的是对人性的弱点树立边界，为人性的弱点扎上篱笆，在防止人性之恶的问题上意义重大。但人性不仅有弱点，还有很多积极向上的内容。这一部分内容，要靠道德、文化、信仰等力量开启出来。所以，我们中华民族不仅提出法治，还提出德治。简言之，法安天下，德润人心。这是我们中华民族对社会治理的一个全面的理解。

再看人权。首先，在人权与神权的关系上，中国文化反对神权对人权的专断和禁锢，主张"命自我立，福自己求""敬鬼神而远之"。在具体的人权内涵上，中国文化认为生存权、发展权是首要人权，其他的人权附着在首要人权之上。一个人如果丧失了生命，何谈其他的权利？但西方人认为，首要的人权是自由。如果我们对人权的内涵做一些深入的逻辑排序，不难发现：生存、发展、安全是更基础的人权，自由、自我实现等则是更高层次的人权。我们既要注重自由的价值，也要看到不同人权之间的逻辑关系。

最后看博爱。从某种程度上说，和西方人的博爱相比，中国"仁爱"的内涵更深刻。原因何在？博爱，我们理解为更广泛地去爱。但中国的仁爱有内在的逻辑层次。仁，是内在的修为；爱，是内在修为的外在表达。所以，中国人讲仁爱的时候，包含了推行"爱"的前提和基础，也就是"仁"。"爱"是什么？"爱"是一个具备了"仁"这种修为的人必然具有的一种外在表现。爱谁呢？"民吾同胞，物吾与也"[1]"亲亲而仁民，仁民而爱物"[2]。爱天下，爱所有的人，爱宇宙空间的每一朵花、每一株草，

---

[1] 《张载集》，中华书局1978年版，第62页。
[2] 朱熹：《四书章句集注》，中华书局2011年版，第370页。

爱星河大地。所以，仁爱既描述了"爱"背后的内在境界和状态，也指出了具备了"仁"这种修为之后的外在表现。

博爱的内涵显然就浅白一些，它只是告诉你，要广泛地去爱。可是，我们不免要问：为什么人们要广泛地去爱，一个人真的具有广泛去爱的能力吗？一个人的修为达不到一定的层次，就不会真的博爱。西方列强在大讲博爱的时候，在殖民侵掠的过程中屠杀了多少人？美国人讲博爱的时候，美洲原住民印第安人又被屠杀了多少？当英国人卖鸦片给中国、以毒品来荼毒中国人生命健康的时候，英国的博爱去哪里了？八国联军进中国的时候，欧美的博爱又去哪里了？这就是他们博爱理论的重大缺陷。博爱，是一个看起来很美好的东西，但怎么样做到博爱，西方讲的远远不够。但是，中国的仁爱告诉你，你只有达到"仁"的状态，你才能真正地去爱家人、爱别人、爱国家、爱世界、爱星河大地。

总的来说，相较于西方社会，中国文化以五千年的底蕴作为支撑，对自由、平等、民主、公正、法治、人权、博爱等价值观念的理解更厚重、更深刻，或者说更有高度。当然，如果不能站在价值和理念的高处，我们也不可能实现中华民族的伟大复兴。

有了以上的认识以后，我们在价值观上应该拥有充分的自信。中华民族要实现伟大复兴，除了要在政治、经济、军事等方面谋发展之外，一定要在民族的文化心理、价值观层面下大功夫，超越欧美三四百年以来所形成的文化体系，形成我们的新文化体系。只有到了这个程度，我们才真正有资格说实现了中华民族的伟大复兴，也才能支撑中华民族的可持续发展。关于这一点，我们还有很长的路要走，还需要更加努力地奋斗，对此我们既要满怀信心，更要高度清醒。

第九节　中国价值观何以走向世界

近代以来，欧美国家特别注重价值观输出，采取了各种方式影响甚至控制其他国家的价值观念和社会心理，从而不仅让西方所鼓吹的"普世价值"得以占领很多国家的阵地,而且潜移默化地让很多国家成为欧美国际秩序的附庸和跟班。曾经发生的"阿拉伯之春""茉莉花革命"等,都是在深受西方价值观渗透和影响的人推动下爆发的,背后的指挥棒来自欧美。从实际效果上看,这些在欧美价值观引导下的颜色革命,没有给当地带来文明和发展,反而引起了战乱、分裂,造成了人民的困苦。世界因多元文化的碰撞、交流、融汇而更精彩,也正是在这一过程中,人类社会实现良性互动,不断地发展和生成。但这种局面在欧美取得主导地位以后面临严重的危机。

近代以来,欧美习惯将自己的文化视为真理的化身,在宗教的影响下,欧美国家常以"上帝选民"自居,以将自己的文化体系推广到全世界为所谓的"使命",无视自身文化体系、价值观体系的问题,更无视其他文化体系的价值,导致一些非西方国家文化和种族的灭绝,特别需要引起世界的反思、警惕和觉醒。

具体到中国的发展,正是由于欧美控制了全世界的话语权,将自己的文化体系宣传成绝对的真理,使得中华民族在伟大复兴的过程中,一方面面临如何让国内亲西方的人能够真正认同中华文化,认同和热爱自己的国家和人民的问题,另一方面也面临如何向全世界准确、全面地介绍自己的问题。

需要承认的是,改革开放以来,中国国内的一些人,缺少对西方文化体系的反思,甚至从内心认同和归属于西方的文化体系,这不仅涉及文化自信的问题,甚至危及文化安全和国家安全。为了维护人类多元文化生态,吸取欧美控制世界文化霸权的教训,中华民族的伟大复兴不仅要完成全面准确解释自己、宣传自己的任务,还要尊重全世界不同民族的文化生态和社会选择,从而维护人类文明的多样性,促进人类文明在多元文化良性互动的过程中不断向前发展。

在中华民族伟大复兴的历史征程中,一个很重要的任务是向全世界传播中华文化的智慧,讲好中国故事,向全世界展示可信、可爱、可敬的中国形象。

观察2020年的新冠肺炎疫情，我们尤其会发现中国向世界全面准确介绍自身价值观的艰难。抗疫期间，病毒致死率比较高，中国政府秉持人民至上、生命至上的理念，所有政策的出发点和落脚点都是为了尽可能保护人民的生命健康和财产安全。事实是，无论是中国政府应对早期病毒致死率高而采取的清零措施，还是在病毒致死率降低后采取的逐渐放开措施，都引来了很多批评。总之，中国政府无论做什么，都有人批评指责。相反，美国等西方国家用美丽的词语为自己辩护，诸如"群体免疫""维护人的自由"等，其背后的实质是它们当中没有一个国家能像中国这样，集全国的力量抗击新冠肺炎疫情。当然，西方抗疫消极无奈的背后原因很复杂，与西方的价值观、社会结构、政治结构、经济结构等密切相关。简言之，欧美做不到像中国这样上下同心、众志成城、命运与共。

在这个过程中，有一个现象值得我们思考。中国政府真正践行和落实人民至上、生命至上的原则，在国际上得到的掌声，甚至是理解似乎也不是那么多。而那些甩锅的、推诿责任的，并没有真正把普通老百姓的生命当回事的西方国家，似乎他们在国际上的名声也没有那么差。而且事前事后，不断有人为欧美的甩锅辩护。这背后的原因是什么呢？我们需要深思，更需要回应，这是中华民族伟大复兴的必修课。面对西方价值观已经在全世界形成主导地位的局面，我们需要探讨中国的价值观在世界范围内难以准确解释和广泛传播的缘由。

第一，要认识到价值观在文化体系中的作用和价值。20世纪80年代以来，中国学界在研究文化问题的时候，有一个基本的共识：价值观是一个文化体系的内核，文化方方面面的背后都反映了内在的价值观。当然，不同文化体系的区别除了体现在价值观不同上，还体现在看待世界的方式上。也就是说，最能体现一个民族文化体系内核和特色的地方，一个是价值观，一个是看世界的方式。

中国的文化体系和欧美的文化体系差别在什么地方？就其根本而言，各自有各自的价值观，各自有各自看世界的方式。价值观固然有共性的内容，但也有个性的内容。一个民族往往有自己独特的价值观。忽视价值观的个性，是对人类多元文明的践踏和粗暴压制。当然，更深层次地说，每一个时代都有最能代表这个时代的价值观。如果一个民族、一个国家、一个文化体系率先提出了代表世界发展趋势的价值观念，将其传播开来，得到全世界的认可，那么这个民族就能真正地屹立于世界民族之林，走到世界舞台的中心。中华民族的伟大复兴，务必要在价值观层面成为人类社会潮流的体现者、引领者。

当然，在这个过程中我们必须警惕和避免欧美的做法，我们要尊重每一个国家和民族自我选择和创造的自由，尊重每一个国家和民族结合自身实际选择生活方式的权利，决不可唯我独尊，动辄打压、摧毁和肢解，这是帝国主义的霸权行径，我们必须引以为戒。

在价值观建设和传播的问题上，我们为什么要警惕西方所谓的"普世价值"？这是很多人感到迷惑的地方，必须说清楚。

西方鼓吹的所谓"普世价值"有值得我们吸纳的地方，但西方的价值观有很大的局限性，既有时代的局限、认知的局限，也有民族和文化的局限。中国所要采取的态度不是对其膜拜然后奉为真理，而是在学习、吸纳的基础上，对"自由、民主、平等、公正"等全世界共有价值观的内涵进行更高层次的升华和充实，从而更好地推动人类进步，增进人类福祉。

另外，我们要警惕西方的语言陷阱。西方鼓吹的所谓的"普世价值"，并不是真正的"普世价值"，而是基于西方文化视域对"自由、民主、平等、公正"等全世界共有价值观作出的一种理解而已。但欧美的高明之处在于把自己理解和阐释的价值观鼓吹成了所谓的"普世价值"，从而把西方文化的价值观不知不觉地渗透到全世界，并深刻地影响了世界其他民族价值观的塑造，这是欧美价值观宣传"成功"的地方。

所以，我们中华民族若想走到世界舞台的中心，一个极其重要的任务，就是把我们的文化推广到世界范围。我们绝不唯我独尊，绝不以真理自居，但如果我们不能对全世界贡献价值观念，中华民族的伟大复兴就无从谈起。

第二，一个民族、一个国家、一个文化体系对世界产生影响的一个重要层面就是价值观。西方国家从文艺复兴以来所形成的所谓的自由、平等、人权等价值观,在近代以来渗透到了全世界的各个角落。近代以来很多的中国人也深受这套价值观的影响,其中部分人不仅被西方的价值观所俘虏,而且对自己的祖国和文化缺少认同感,归属感更是无从谈起。中国民间称这类人为"黄皮白心"。他们表面上是中国人的样子,但是他们的灵魂、思想、价值观已经深受西方文化的渗透和影响,其灵魂深处已经是一个西方人。这种人有一个特点,那就是看哪儿哪儿不顺,觉得自己的国家到处都是问题;相反,欧美做什么都有道理,欧美怎么做都是真理的化身,是文明和"高大上"的化身。这类人不要说没有坚定的国家立场,就连心灵与灵魂都属于西方。很多人痛恨这种人,批评他们吃穿用住都来自中国,他们的财富和给养也来自中国,是中国的山山水水养育了他们,可为什么他们还是从骨子里膜拜欧美?!当然,单纯情绪的指责没有多大意义,应该从学理上对这种现象作出深刻的分析,反思为什么会出现这种现象,为什么我们没有做到让这些人发自内心地爱自己的祖国、爱自己的人民、爱自己的文化。

面向未来,我们所要做的是让中华民族的价值观反映人类发展的大势,反映人类未来的发展规律,宣传和阐发好中国价值观的意义和价值。一旦一个民族、一个国家的价值观教育出了问题,那它的文化认同、国家认同、政治认同以及向心力、凝聚力等,都会发生崩塌式的危险,必须引起我们的高度重视。

第三,必须正确认识价值观的民族性和真理性。在价值观民族性和真理性的问题上,一段时间里社会上曾流行这样两种观点:一种认为价值观更多地要强调它的共性,实质上是为欧美的"普世价值"张目;一种则是过多强调价值观的多元,而否定价值观的真理性。这都是在价值观问题上必须加以廓清的问题。从事实上讲,价值观有共性的内容,也有非常鲜明的民族性。

在强调价值观的民族性时,有人不禁要问:既然价值观有民族性,是不是就意味着中国的价值观、日本的价值观、印度的价值观、美国的价值观、欧洲的价值观等之间没有高低优劣之分?这样的说法也是糊涂的。因为价值观不仅有民族性，也有真理性。谁的价值观更接近世界的真相、反映世界的真相，谁就更具有真理性。

什么是价值观的真理性？所谓真理性，只有一个标准，那就是人类的主观认知和实践与客观世界的本来面貌相一致，或者说主观认知与真理、规律保持一致。哪个民族、国家的价值观认知和世界的真相根本一致，哪个民族、国家的价值观就具有真理性。

针对欧美以个人为中心的价值观，我们要追问：这个世界上有没有孤立的个人？如果这个世界上的人是孤立的人，那么以个人为中心的价值观就具有真理性。如果说这个世界上没有孤立的个人，一个人总是和身边的人、和国家、和天地宇宙等发生关联，那么以个人为中心的价值观就违背了世界的真相，就会给人类带来严重伤害。

事实非常清楚，世界上没有完全孤立的个人，人总是和世界密切联系在一起。一个人只有在人际关系中，只有在社会组织中才能活下去。人生活在天地宇宙中间，和他人、和社会、和国家、和自然界，甚至和天上的灿烂星空、和宇宙，都发生着或多或少的关联。所以，那种个人至上、以自我为中心的价值观违背了人类生存的真实状态。表面上看起来秉持"以自我为中心"的人自由畅快，但那部分人大多是掌握大量财富的人。这种"自由"，实质是这些拥有大量财富的人更有条件掌控大量社会资源为"小我"服务。而一般的劳动者则根本不具备这样的条件。正因为如此，我们才要更加认识到社会主义的优越性。一旦面临挑战，需要全社会加强合作的时候，人人以自我为中心的价值观就变得非常危险。当全社会失去了黏合能力，社会走向碎片化和团伙化，就会面临崩塌式危机。而且人类社会越向前发展，越需要形成命运共同体，以自我为中心的价值观与人类发展的大势相违背，经不起历史发展的检验，大家不妨拭目以待。

所以，那种能够正确反映人类生存状态、正确认识个人和世界关系的价值观，才算得上是具有真理性的价值观。

当我们讨论中国的价值观如何走向世界的时候，其实就是在讨论我们的价值观是不是具有真理性，以及是否有能力将具有真理性的价值观介绍给全世界。也只有这样，才是真正造福人类，中华民族才能成为人类文明的引领者和塑造者。因此，当前讨论"中国价值观怎样走向世界"的问题背后，就是要探讨怎样才能把更有真理性的价值观推广开来，扩大在世界范围内的影响力，从而造福全世界，让世界更和平、更祥和、更安宁、更繁荣。

既然中国的价值观反映了人类生存的真相，或者说更有真理性，那为什么中国的价值观在扩大影响力时却阻力重重呢？其中的障碍是什么呢？我们就价值观传播的问题作出全面的分析。

首先，启蒙运动以来，伴随着西方资本主义的突飞猛进和野蛮生长，西方的价值观深深地影响和主导了全世界，甚至成为世界价值观的一个标准。在这个过程中，许多国家的人丧失了辨别和判断的能力，自觉或者不自觉地成为欧美价值观的信徒。

其次，价值观的背后也反映了人性的弱点。喜欢自由，不喜欢受禁锢和束缚，这是人的天性。文艺复兴以来欧美流行的价值观鼓吹自由至上，抵制任何对个体自由的限制，这吻合了人性弱点的需求，具有强大的吸引力。但问题的关键是，真理就是真理，不带任何的主观感情。人类和世界密切联系，任何一个人、一个民族、一个国家，都不可能为所欲为，必须遵循规律，必须尊重、顾及人类的整体利益。因此，在价值观建设上有两个层次：一是没有觉悟和升华之前，喜欢个性的张扬、喜欢个体的自由不受任何限制，反对任何对个体的禁锢和束缚；二是觉悟个体和世界的关系之后，明白一损俱损、一荣俱荣、休戚与共的道理，自觉将"小我"融入"大我"之中。这其实就是从以自我为中心走向"小我"与"大我"的有机统一。

最后，中国价值观的总结、升华和凝练能力亟待提高。很多中国人深受西方价值观的影响，就使得他们对中国自身的价值观不甚了解，或者说是不屑了解。比如，中国的价值观是怎么来的？中国的价值观深刻在什么地方？与欧美价值观相比，中国价值观的真理性体现在什么地方？

试想一下，当很多中国人都迷恋、崇拜西方的价值观，对于中国价值观的真理性缺少深刻的认知和理解，弘扬中国的价值观从何谈起？这就需要我们下大功夫对中国的价值观进行深入的总结、升华和凝练，这样，才能使中国的价值观变成人民的共识、社会的共识。这一点，亟须全社会的共同努力。

中国价值观的教育和弘扬，基础在人才。当今中国的少数知识分子仍然崇尚西方的价值观，甚至把西方价值观奉为圭臬，却对中国的价值观不够了解，也没有形成真正的认同，更没有所谓的总结、升华和凝练。当今中国还缺乏那种对中国的价值观、精神文化和思维方式等有深入理解、洞察和总结的人才。这是我们需要面对的一个问题。人能弘道，非道弘人，诚哉斯言。

更进一步，我们培养人才的体系、制度和评价标准也出现了必须反思的问题。我们现在的理论体系、学术体系、规则体系、评价体系、话语体系、价值体系、理念体系等，相当程度上仍然是西方的那套东西。当我们用西方制定的体系培养中国的人才，怎么可能培养出那种真正承担认同和弘扬中国文化、中国价值、中国精神、中国思维方式的责任的人才呢？希望这个问题能引起全体国人的深思。因为这不是个人可以改变的事，而是需要一个民族、一个国家集体去思考、反思的事情。

当然，面向未来我们还是要充满信心，因为时和势都在我们这里。时，时代的大潮；势，世界大势。也就是说，当今时代的大潮和世界大势，都对我们有利。更何况价值观的传播与国家的综合国力息息相关，随着中国的进一步发展，中国价值观的吸引力也会随之提升，这是一个必然的过程。但如果客观的大势、良好的环境具备后，中国人自己不争气、不努力、不团结，那也是无法见效的。中华民族的伟大复兴，很重要的一个前提是中国文化也一定要振兴和繁荣。我们今天的理论体系、学术体系、规则体系、评价体系、话语体系、价值体系、理念体系等，都还刻有西方的烙印，西方宗教对中国基层的百姓也具有较深的影响，这些问题都亟须我们重视并加以解决。总之，中国人之所以是中国人的根本，在于我们有中国心、中国印、中国魂，这归根结底要靠中国文化的培养和滋育。

我们常说"守土有责",到底守的是什么"土"?守的不仅是看得见的现实土地,还有看不见的心灵这一片净土。中国文化的振兴,面临的任务非常艰巨。借此,希望全体中国人认识到在中华民族日益走向伟大复兴的历史节点,我们的心不能被人掏空了,我们不仅要爱护这看得见的陆地、海域和领空,也要爱护我们心中那一片看不见的精神家园,要用中国文化、中国智慧、中国精神、中国思维等,来滋养、培植中华民族自己的精神世界和心灵家园。

总之,价值观教育的背后是国家实力,只有国家的综合国力持续发展、行稳致远,人民越来越幸福,政治越来越清明,文化越来越繁荣,中华民族的精神家园建设越来越壮阔、越来越博大、越来越有魅力,我们中华民族价值观的弘扬,才能具备更厚重的条件和基础。

中国价值观走向世界、影响更多的人,不是为了扩大中国自身的影响,而在于这样一个贴近真理、贴近世界真实面目的价值观,可以让世界更和平、更美好、更繁荣。

第十节　中国文化如何赢得未来

回望五千多年的中国历史,中国文化经历过辉煌,也经历过衰落。每当文化博大辉煌的时候,国运隆盛,人民幸福;相反,每当文化凋零衰落的时候,国家蒙难,人民受苦,内忧外患。因此,抚今追昔,以史为鉴,如何确保中华文化永续繁荣,这是我们必须回应的历史课题。

中华文化要万古长青,永远为国运兴隆保驾护航,首先要保证文化以追求真理,提升人的修为、境界和智慧为终极目标。文化只有能够尊重"规律",按"道"办事,真正来自人民、服务人民,提升人民的觉悟,引导人民追求真理、尊重真理,才能实现永不凋零,永远起到引领、团结、凝聚人心的作用,始终作为推动国家进步、增进人民福祉的强大力量。在追求、弘扬"道"和"真理"的过程中,我们要保持开放的心态,学习人类一切优秀文明成果为我所用,永远要有自我革命的大智大勇,革除一切与真理、与时代发展不相符合的内容，要有敢于自我超越的勇气和担当。

其次，文化的生命力还取决于文化培养了什么样的人。盛唐时期的文化恢宏大气，气象万千，那个时代人们的精神风貌也是昂扬进取、积极向上的。南宋以后，文化僵化，人们思维萎缩，中华民族的国运必然走向衰败和凋零。当一个民族的人民失去生机、活力和创造力的时候，陷入水深火热的境遇就成为必然的结局。

再次，文化的生命力与文化指导下建构的制度形态息息相关。在相当长的一段历史时期里，中国之所以先进，很大程度上在于中国制度的先进，中央集权制度、科举选拔制度等在世界上遥遥领先，这是历史上的中国能够创造伟大文明的制度保证。

最后，文化的生命力还在于怎样看待人性，在于培养什么样的价值观。任何一种文化，如果泯灭人性、违背人性，一定走向衰败；反之，如果能够尊重人性，并在这个基础上恰当地引导人们向积极向上的方向走，就能与社会进步形成良性互动关系。任何一种文化，如果鼓吹自私自利，塑造极端自我的价值观，必然分崩离析，绝无永葆生机的可能。无论是中国的历史，还是人类的历史，无数的案例证明了，正是那些舍生忘死、舍"小我"为"大我"的人成为人类的脊梁，正是这些为他人、为民族、为国家忘我奋斗的人，写就了人类文明的壮丽史诗。

总之，中国文化如果想要赢得未来，一定要将"道"和"真理"视为永恒的追求，永远以追求真理、反映真理、传播真理为己任。在这个过程中，也要开放包容，学习人类一切优秀成果为我所用。中国文化的健康发展，一定要尊重人性，培养出积极向上、昂扬奋进、敢于担当、具有世界视野和人民至上价值观的公民，他们是支撑文化健康发展的主体力量。同时，中国文化的生命力还在于创造出反映社会发展规律，体现公平正义，激发人们创造力、活力和智慧的制度体系。文化是整个社会有机体的组成部分，一个文化生态的生命力，不仅要看文化本身的内涵与智慧，还要看这个文化生态滋养了什么样的民族素养，滋生了什么样的制度体系，培育了什么样的价值观与思维方式。

面向未来，要实现中国文化的振兴、国运的可持续、人民的福祉，一个关键的问题就是中国文化如何赢得青年的认同和热爱。

青年是一个国家的未来，青年兴，国家兴，青年强，国家强。未来的国家是一个什么样的状态，要看当下青年的状态，看我们如何引导和塑造青年的状态。赢得青年才能赢得未来，中国文化的振兴与发展，一定要赢得青年的认同和热爱。

青年人务必要有历史的自觉和担当，看清楚时代坐标，承担好自己这一代人的使命和责任。当今，中华民族伟大复兴正处在关键的历史时期，中国未来的国运如何，能否真正实现伟大复兴和可持续发展，关键看当今的青年一代能否成为堪当民族复兴大任的人才，能否真正托起国运。任何一个人，在时代大潮和历史长河中都微不足道，只有被时代托起，才能看见阳光，远眺风景。反之，任何一个人，如果违背历史大潮，必然被洪流所湮没。一个真正有觉悟的人的人生目标，不应只是主观的自以为如何，还应融入历史和时代提出的要求和可能。只有觉悟了历史的潮流，并自觉将自己的人生方向和时代大潮保持一致，才能成为这个时代风口浪尖的弄潮儿。

伟大的民族复兴，需要中国青年刻苦读书，德才兼备，全面发展，踔厉奋发，笃定前行，敢于承担，敢于斗争，敢于迎接一切艰难险阻，做堪当民族复兴大任的人才。即使实现伟大民族复兴，中华民族还要面对如何避免历史周期率的更艰巨挑战，中国青年必须永远戒惧谨慎、居安思危，永远自强不息、自我反省，永远不满足当下的成绩而不断前行。中国青年应有高远的人生追求，不仅要着眼于为民族复兴奋斗，还要着眼于为超越历史周期率而不懈探索。简言之，中华民族永葆生机提出什么样的要求，青年努力的奋斗目标就在哪里。

在中国文化如何赢得青年、赢得未来的问题上，有如下问题需要引起注意：

首先，在内容上，中国文化的传播者、教育者对中国文化不仅要有深刻长远的思考，更要通过中国文化的智慧解决青年人面临的实际问题。只有帮助青年成长、成才，才能赢得青年认同。"道不远人，远人不可以为道。"

在弘扬中国文化的队伍中，有不少人专注于读经这种形式。读经固然有它的价值，但如果纯粹靠读经，不能广泛吸收人类一切优秀的文化为我所用，没有中国历史和世界历史的知识基础，没有奠基于亿万人民的实践，没有用中国文化的智慧解决社会发展与个人成长的实际问题，华夏儿女就无法承担传承、弘扬中华文化的使命。经典是中国智慧的载体，而中国智慧只有真正应用起来才有实际的价值，而不能停留在对书本的背诵和记忆中。诵读经典，不是为了经典而"经典"，我们更重要的工作是把经典中的智慧抽离出来，并结合今天青年的实际需要，让经典的智慧能够解决青年在生活、工作中面临的问题，让中国青年有远大的理想、坚定的信仰、高远的见识、高尚的德行、正确的价值观、健全的人格等。总之，中国文化要让中国青年发展得更好，要让中国青年成为全世界青年的榜样和典范。润泽人生才是文化的真意义。

其次，在形式上要灵活多样，才能够吸引年轻人。我们在传播中国文化的过程中，一定要注意采用青年喜欢的形式，而不能自以为是，脱离青年生活的实际。比如，现在的青年特别喜欢听歌，特别喜欢看电影，特别喜欢打游戏，特别喜欢媒体社交，特别喜欢穿时尚服装等。那么，中国文化的智慧，就要在这些形式上下功夫。近些年有一部动画电影《哪吒》，里面有句台词是"我命由我不由天"，这是中国文化的一种表达方式，体现了中华民族对命运的一种看法，即不盲目跪拜人之外的神秘力量，认为人类才是自身命运的创造者。《易传》言："天行健，君子以自强不息。"《诗经》言："永言配命，自求多福。"孔子言："敬鬼神而远之。"《了凡四训》言："命自我立，福自己求。"《哪吒》这部动画电影，通过青年喜闻乐见的方式传播了中国人的命运观[①]，这是一种值得肯定的尝试。

还有很多青年喜欢穿汉服，那就不妨设计漂亮的有中国文化色彩的衣服，把中国文化的理念和符号在衣服的设计中体现出来。普及中华美服如

---

① 关于"中国人的命运观"请参看拙著：《〈了凡四训〉与命运密码》，东方出版社2022年版。

何设计、如何正确穿戴，它颜色的搭配、它的组件为什么是这样子，潜移默化地引导青年朋友爱上中国文化。

再比如很多青年喜欢打游戏，而且任何一个社会都不可能完全取消游戏，那就不妨研发以中国文化为底蕴支撑的游戏。诸如孔子周游列国、张骞出使西域、玄奘西游取法、鉴真东渡日本传法、成吉思汗统一蒙古、郑和下西洋等历史故事，都可以作为脚本设计出很好的游戏。如果把孔子周游列国这个游戏设计好，年轻人就可以从游戏中了解当时的历史环境、孔子的遭遇等。任何时候的文化传播，都要采用那个时代青年最喜欢的呈现方式，在形式上要符合青年的特点，这样才能赢得青年。

再次，文化传播的渠道必须契合青年的生活方式。青年是在互联网时代下成长起来的，他们接受文化的主渠道就是互联网。中国文化的传播就要很好地借用这个渠道。如果中国文化的传播能够和年轻人最喜闻乐见的渠道结合起来，在年轻人生活方式的每一个细节里渗透中国文化，让青年朋友沐浴在中国文化智慧的海洋里边，耳濡目染，假以时日，在广大青年心田里刻下中国印、中国魂，是自然而然的事。

最后，中国文化传播特别要重视国家公权力的作用。国家在文化传播的过程中，责任最大，作用最大。大家知道，每一个人接受教育的常规渠道就是从小学到中学，再到大学。所以，国家要在政策、法规上认真研究和落实，用法律的明文规定中国文化以各种适合的方式呈现在国民教育的科目里边，而且要通过考试这个指挥棒加以深化。如果没有考试这个指挥棒，单靠口头的宣誓，文化教育很难起到该有的作用和效果。同时，国民教育渠道作为孩子成长的主渠道，教材作为孩子健康成长的"保护神"，绝不允许任何人玷污。必须严格预防任何企图通过渗透教材而污染中国孩子健康成长环境的做法。

我举个例子：中国的孩子从小学英语，为什么？就在于考试这根指挥棒。如果孩子不好好地学英语，任何重要考试都很难通过。当前，很多教材规定了中国历史、中国经典的选读书目，但这些都只不过是辅导材料，学生可读可不读，起不到督促学生阅读的作用。所以国家在政策上一定要下大功夫，明确规定在国民教育渠道中增加中国历史、中国文化的内容。而且通过考试的指挥棒，督促年轻人一定要去学，让我们的家长、让全社会养成重视和学习中国文化的氛围。在这个过程中，青年不仅会好好地学习中国文化，而且会潜移默化地爱上自己的国家，爱上自己的文化，做一个堂堂正正大写的中国人。

当然，有的人一看到强调让中国孩子学习中国文化，难免会担心这样会不会让中国的孩子走向文化的保守？其实这是不必要的忧虑。中国的孩子，只有打牢中国文化的地基，具备厚重的中国文化的底蕴，才能更有能力吸收、融会人类一切优秀文明成果为我所用。反之，一个中国人，如果对自己的文化一知半解，根本不具备吸收其他优秀文明成果为我所用的能力，必然食洋不化，邯郸学步，东施效颦，反而成了废材。

总而言之，我们希望中国青年要有担当民族复兴大任的历史自觉。国家未来的方向是什么，伟大的民族复兴需要什么，中国青年努力的方向就在哪里。一个人，只有把个人的奋斗目标与时代的需要有机结合起来，才能走到历史的前台，做时代的弄潮儿，成为一个真正的成功者，造福人民，成就自己。

第十章

中国新文化建构的基本框架

在 2020 年 10 月召开的十九届五中全会上，通过了《中共中央关于制定国民经济和社会发展第十四个五年规划和二〇三五年远景目标的建议》。在文化建设领域，《建议》明确指出要在 2035 年建成文化强国的目标。文化强国目标的实现，既有内核的要求，又有外在的表现。从内核的角度看，在新的时代应该创造出与时代发展相契合的文化形态，并在此基础上形成中华民族共有精神家园和心灵世界，这是建成文化强国的文化根基；从外在的表现看，文化认同、文化自信与价值观自信、自身学术体系、理论体系、规则体系、评价体系、标准体系、话语体系等的建立和在全世界产生广泛影响，是建成文化强国的重要标志。

第一节　建设文化强国，须创建与新时代相适应的新文化形态

文化作为人们的精神创造，在不同的历史时期，因人们的生活方式、物质生活条件、国际交往情况、思维方式、价值观念等不同，必然有不同的形态。文化强国的建设，既不可能将历史的翻版拿来套用，也不可能移植其他国家的文化，只能在新的时代环境下，继往开来，创造出符合当今时代内涵和气象的新文化。从当下的时代要求看，文艺复兴以来，人的主体性的高扬是不可阻止的时代潮流。人类社会的一切创造，无不打上了主体性觉醒和诉求的烙印，这是我们把握当下时代内涵的基点。

在人的"解放""自由"诉求成为时代潮流的大背景下，无论是西方的宗教神学，还是中国以"宋明理学"为内核的明清旧文化形态，都无法适应新的时代。西方社会从文艺复兴开始，一大批文学家、思想家从各方面冲击压抑和束缚人们主体性的各种枷锁，从而论证人的自由和平等，并在这个基础上升华出人权和民主等时代理念。文艺复兴以来的西方思想界异彩纷呈，各个流派交相辉映，呈现出多元共生的文化局面，但就其内涵而言，围绕人的权利、尊严，围绕人类的自由、平等展开思考，是这一时期西方思想界的共同特征。西方开风气之先，成为近代人类历史的引领者。从某种程度上说，被迫打开国门，开启中国近代社会，也激活了中国内在的文化基因和活力。反观中国的思想史，中国传统社会虽然有尊重人的因子，但和近代以来主体性高扬的时代环境根本不同。就传统思想内涵而言，尤其是宋明以来，中国思想界所强调的诸多纲常礼教，大都基于等级和社会角色而强调对人性的束缚和压抑。鲁迅笔下的孔乙己、阿Q、祥林嫂、闰土等文学角色虽然有艺术的加工，但基本上反映了当时中国主流思想形态对人的压抑和束缚所造成的各类人的精神状态。因此，面对时代内涵和人们生活方式翻天覆地的转换，我们今天所谈的振兴中华文化，务必要在清理和传承中华传统文化的基础上，结合当下的时代内涵，直面人类近代以来西方社会主导的现代化进程所暴露的种种积弊，融汇人类一切优秀文

明成果，作出整体的创造，创建出反映当今中国社会生机勃勃新气象和人类文明新高度的新文化形态。

第二节 创造、建构新时代新文化形态的基本原则

任何一个时代，都要有代表这个时代气象和内涵，反映这个时代基本风貌的文化体系。具体到当下新文化形态的建构，我们应该坚持以下原则：

首先，在创建新时代新文化体系的过程中，要深刻全面地认识马克思主义的基本观点：文化的根基在于人类生活实践，检验一个文化体系合法性、正当性、生命力和竞争力的根本尺度也在于人类的生活实践。文化从来不是悬空、抽象的，从来都是与人们的生活息息相关的。人们对美好生活的向往和追求，就是文化建设应该努力的方向。如何回应人们生活实践中存在的问题和困惑，就是彰显文化体系价值的着力点。从国内的角度看，新时代新文化形态要成为凝聚全国人心、团结各民族人民共同奋斗的精神引领，成为激发中华民族奋发有为、昂扬奋进、众志成城实现民族复兴的磅礴之力，要为中华民族的千秋伟业、万古长青和永葆生机提供精神支撑，不断培育和完善中华民族自我净化、自我革新、自我完善、善于学习、永不懈怠的民族品格和能力！从人类文明的历史进程看，影响人类社会可持续发展的深层次问题是什么，人类社会能够实现和平发展的宝贵经验是什么等问题仍待解决，新时代新文化形态的创建要对这些问题作出全面深刻的回应。只有扎根于中国改革开放和中华民族的伟大实践，回应中华民族何以实现伟大民族复兴和可持续发展的时代之问，成为中华民族乘风破浪创造千秋伟业的精神指引和智慧之源，也只有深刻洞察人类社会近代以来的历史趋势和内在积弊，提出应对智慧，新时代新文化体系才能在扎根社会实践的基础上，成为时代精神的精华！

其次，新文化形态的建构必须奠基于中华五千多年的文化底蕴，传其文脉，才能继往开来。"求木之长者，必固其根本；欲流之远者，必浚其泉源。"新文化体系不是无源之水、无本之木，而是中华民族的文化在新

时代展现的新形态和新面貌。割断历史，就割断了民族的魂脉。人类文明从来都不是割断历史后的重新来过，而是在历史积累的基础上，不断地创造、革新和生成。中华民族五千多年的文明史之所以未曾中断，历久弥新，绵延不息，其根本的原因就在于中华民族在长期的生活实践中，在对宇宙、社会、人类自身等的观察和领悟中，形成了极为深刻的智慧和精神。这些智慧和精神，是对宇宙、社会、人类自身真实状态的反映，对于中华民族的永续发展起到了根本的支撑作用。我们今天面临创建新文化形态的历史使命，务必要自觉地把中华民族历史上形成的对宇宙、社会、人类自身真理性的认识继承下来，以作为创建新文化形态的精神滋养。诸如"天人一体""圆融中道""自强不息""日新又新"等中华民族的智慧和精神，永远是人类社会向前发展应该汲取的精神养分。

再次，新文化形态的建构务必要自觉清理几千年来形成的，附着在中国文化肌体上的与时代发展不相契合的内容和污垢。中华民族历来都有自我反思和自我纠错的自觉和能力。《尚书》的"罪在朕躬"和《论语》的"三省吾身""君子求诸己"，都是自我反省和自我纠错精神的体现。文化既有形而上的层面，也有形而下的层面；既有源头和本体，也有不同时代、不同环境的具体创造。从形而上的智慧之源看，中华民族的某些深刻思考超越历史时空，需要我们保持学习和传承。而从形而下的角度看，反映特定时空环境的生活观念、价值观念、治理理念、礼俗规范等，都要随着时代的巨大变革而加以革新。夏商周时期的文化形态、治理理念和治理体系，到了东周以后逐渐与时代要求不符。春秋战国时期的百家争鸣，实际上是对后夏商周时代如何治理社会和安抚精神家园展开的各种探讨。民国以来的各种思潮之争，实际上也是帝制覆灭之后对中国何去何从的思考和讨论。再看西方，文艺复兴和启蒙运动时期各位思想大家的争论和探讨，是对基督教时代结束之后西方社会如何向前发展的思考和争论。当今中国，人们的生活方式、价值观念、社会治理理念、社会交往方式、物质生活条件等都与传统中国存在根本不同。在这种情况下，我们创建新文化形态一定要自觉剥离与当今时代环境不符合的内容，从而让中华民族旧邦维新，在新的时代展现勃勃生机。

最后，新时代新文化形态的创建，一定要有融汇人类一切优秀文明成果的自觉，以我为主，为我所用，不断提升自身文明的生命力。放眼人类历史的长河，人类不断地走向解放，逐渐自觉地把控自己的命运，这是人类社会发展的主旋律。在具体的治理方式上，欧美基于对"人性恶"的假设，强调法治的作用；在推动经济发展的过程中，强调市场自身的力量；在政治生活中，推动民主政治的兴起。如此等等，都对我们推动社会进步有重要的启发意义。当然，西方在强调"主体性觉醒"的过程中，始终未曾摆脱外在救赎的信仰观念，在推动和践行法治、自由、民主等理念的过程中，未能实现法治与德治、自由与自律、民主与集中等的有机统一，从而带来了一系列的弊端和乱政，这是我们需要引以为戒的地方。但无论是对人类文化史的梳理和总结，还是对全球化时代不同文化形态发展历史的概括，我们都可以得出：文化的进步，一定要带着开放和自觉的心态，一定要在不同文化形态碰撞和交流的过程中，发展壮大自己。一个不能融汇人类优秀文明成果的民族，一个故步自封、僵化保守、狂妄自大的文化，必然走向凋零和衰落，这已经屡被人类的历史证明，我们必须引以为戒。

总之，新时代新文化形态的创建，鲜活的实践基础是中华民族伟大复兴和人类追求和平发展的实践，深厚的文化底蕴是中华民族五千年的文化积淀和创造。同时，我们还要有海纳百川、融汇人类优秀文明成果为我所用的胸怀和自觉。

第三节 创建新时代新文化形态是一个系统工程

创建新时代新文化形态是一个系统工程，在如何创建的问题上，既要综合平衡，也要注意轻重缓急。

任何一个时代，文化体系建设的深厚支撑是社会的发展、国家的强大和人民的幸福。如果没有社会的进步、繁荣和公平正义，没有国家的繁荣强大，就没有人民的富裕、安定和心情舒畅。如果国家自身建设都千疮百孔，人民苦不堪言，那么文化强国建设就无从谈起。可以说，国家综合实力的强大，人民生活的幸福是文化强国建设的内在支撑；而文化强国的实现、文化软实力的广泛影响，则是一个国家内在实力的外在表现。本节仅就文化建设自身谈一点看法，而没有面面俱到论及如何提升综合国力等相关问题。

首先，我们要明确新时代新文化体系创建的抓手和精神引领是什么。任何一个时代的文化建设，都有一条贯穿的主线，在这条主线上呈现出了异彩纷呈的文化画卷。在当前，反映时代所需的文化建设的主线下，有"社会主义核心价值观""人类命运共同体""天人一体""中道""人民至上"等理念。这些理念反映了当今时代的潮流，包含了对近代以来人类社会内在积弊的反思，彰显了中国文化和中国智慧的独特魅力。需要深入解释的是，社会主义核心价值观与西方强调的所谓"普世价值"在内容上表面看有一些相同的地方，但在内涵上则具有超越性的解读和阐发。比如自由：西方语境中更多强调的是个体的自由，但对个体的自觉、自律强调得很不够，对于秩序和整体利益的重要性更是有所忽视。比如民主：西方语境中的民主更多地强调个体的参与，而且重在强调形式的参与（所谓普选）和政党政治（多党制），对民主的实质、民主与利益集团之间的关系、民主如何真正落实、民主与集中之间的关系等问题的认知严重不足。我们的社会主义核心价值观绝不是照搬西方的所谓"普世价值"而来的，而是在洞察、反思、梳理和总结近代以来人类社会发展经验教训的基础上，并结合中国文化的智慧和底蕴，对民主、自由等价值理念的重新阐释。这种重新阐释，是在更高的起点上总结时代精神，扬弃西方语境对民主、自由等价值理念的偏执理解，并在这个基础上引领人类未来可持续发展的潮流。除此之外，对于近代以来人类社会暴露的问题，中国文化所秉持的天人一体、命运共同体、中道等智慧和理念有着重要的现实价值，为问题的解决提供了启示。可以这样说，如果没有基于中华文化而提出的命运共同体、天人一体、中道等价值和智慧的引领，人类社会不可能有光明的未来，更谈不上和平安宁与可持续发展。

新时代的文化建设紧紧围绕上述理念加以展开，既有多元纷呈的局面，又有一以贯之体现时代精神的主线，"多"中有"一"，"一"中见"多"，整体上反映出这个时代的气象和精神风貌。

其次，新时代新文化体系创建的当务之急是建构自身的学术体系、理论体系、规则体系、评价体系、标准体系、话语体系等，这是确保文化认同、文化自信和建设文化强国的关键卡口。纵观人类社会的历史，哪个国家或哪种文化掌握了上述体系的建构和应用，就实际上掌控了人类文化的主导权。近代以来，西方掌握了上述文化建设的主导权，因此西方的价值观念、文化观念成为世界上很多国家自觉或不自觉参照的文化立场。反观中国，由于我们缺少对建设这些体系的自觉，导致一部分的知识分子深受西方文化观念的浸染，有人甚至在心灵归属和情感认同上都立于西方立场，给我们国家的文化自信、文化安全和政治安全带来重大隐患。可以这样说，自身学术体系、理论体系、规则体系、评价体系、标准体系、话语体系等的建构，是关乎民族精神独立性的大问题，兹事体大，必须引起高度重视。如果以中国香港、中国台湾作为个案，我们就更能清楚地看到自身文化体系建设的重要性。如果我们的孩子在接受教育的时候，被潜移默化地改造成了精神上的西方人，不仅文化强国的建设无从谈起，甚至国家的安全和中华民族的生存都已经被釜底抽薪，对此我们务必要高度重视。

再次，文化强国的建设，要紧紧围绕人才培养这个百年大计、千年大计。文化强国的支撑，除了全社会精益求精的工匠精神外，最重要的是各领域均能出现引领全球，具有独创性、原创性的大才！如果没有出类拔萃的文化大才的出现，新文化形态的建构和文化强国的建设便无从谈起。

在如何培养文化大才的问题上，有几个关键的环节需要注意。一是基础的培养。没有厚重的学养基础，文化大才无法培养起来。因此在国民教育系列，从幼儿园一直到大学本科、研究生阶段，中国历史、中国哲学、中国文学等各门类的基础学科要稳扎稳打地系统地建设起来。当前，我们的孩子将太多的时间用在英语的学习上，中国历史、中国哲学、中国文学等培根铸魂、启智润心的基础性课程反而缺少系统性和连贯性。如果缺少从几千年中国文化积淀中汲取学养的支撑，何以培养中华民族的文化认同和文化自信？何以在厚重学科积淀的大厦根基上培养文化大才？这应该引起高度重视。

二是鼓励创新能力的培养，这是面向未来国际人才竞争的关键一招。在二十大报告中，中央明确提出坚持创新在我国现代化建设全局中的核心地位，可谓抓住了未来国家竞争的要害。展望未来，谁在新理论、新技术、新方法、新思维、新观点、新产品等方面能够取得领先地位，谁就能占据国家间竞争的先发优势。如何培养和提升全社会的创新能力，关系到我们能否赢得在全球竞争中的优势。提升社会创新能力，就要营造出鼓励创新的文化和社会氛围，在国民教育领域，推行开放式的教育和考评体系，尤其是在人文学科和社会学科领域，少制造僵化的标准答案，鼓励孩子们开放式、发散式的思考，鼓励不同观点的交流和碰撞。老师有的时候不是以真理的掌握者自居，而是以讨论和交流者的身份出现。老师要做到引导孩子和开启孩子的智慧并重，从而不断地培育和提升受教育者的创新能力。

三是建立明确的培养文化大才的标准和评价体系。一个国家究竟培养什么样的人才，人才标准和评价体系是最直接、最有效的指挥棒。可以这样说，我们的人才评价标准是什么样，我们培养的人才就是什么样。当前，在很多领域我们都是用西方制定的人才评价标准来评价我们的人才，这样的标准脱离中国的实际，水土不服，而且导致相当多的人不仅深受西方学术体系的影响，甚至会产生对西方文化的绝对认同和对中国文化的疏远乃至抵触。今后，只有在人才评价标准上下功夫，紧紧抓住人才评价标准这个指挥棒，才够产生强大的力量，引导人才培养的方向朝着国家需要的方向前行。

四是建立较为宽松的人才成长环境。古往今来，严苛的文化氛围多使人循规蹈矩、唯唯诺诺，或者动辄得咎、噤若寒蝉，使得社会文化走向凋零和僵化，更谈不上培养文化大才。究竟如何为文化大才的培养创造宽松的社会环境呢？应以在政治上热爱中国和中国文化，拥护中国共产党，认同中国的政治制度作为基本要求，只要达到要求，各种不同学术、理论、文化观点的碰撞、交流，都允许和鼓励，这样就能够形成毛主席在 20 世纪 50 年代所指出的"六有"政治局面："我们的目标，是想造成一个又有集中又有民主，又有纪律又有自由，又有统一意志，又有个人心情舒畅、生动活泼，那样一种政治局面。"① 我们所强调的宽松文化环境，是既要保持强大的向心力、凝聚力，又能够实现各种不同理论、文化、学术观点的碰撞和交流，是"一"和"多"的有机统一。"一"，就是在中国共产党的领导下，保持国家的团结统一；"多"就是实现不同文化、学术、理论观点的碰撞、交流和吸纳。这样，就把什么是宽松的人才培养环境明确了下来，有章可依，有措施可落地。

总之，在创建新时代新文化的问题上，我们要有自我突破、海纳百川的能力，要不遗余力地培养人才，着眼于未来社会可能出现的情况，对于人才培养、文化氛围塑造要未雨绸缪，提前布局。我们的新时代新文化体系要着眼于未来几十年、几百年乃至更长远的未来，以文化建设确保中华民族永葆生机。

第四节　多管齐下，协调推进

文化强国的建设和新时代新文化体系的创建是一个系统工程，各个要素、各个领域、各项工作虽有轻重缓急，但整体上是多管齐下、协调推进的。创建新时代新文化体系是建设文化强国的内核，价值观、话语权和规则权、标准权等文化主导权的建立是文化强国的外在表现。一个真正的文化强国，从内在看，是创建了反映时代风貌和精神气象、确保中华民族长治久安和持续繁荣并引领人类社会发展潮流的文化形态；从外在表现看，是在世界文化传播领域有广泛深刻的影响，在话语权、价值观、人类文化交往的规则、评价机制、标准体系等若干方面掌握了主导权，很好地传播了中国智慧、中国精神、中国价值，并在相当程度上推动和引领了人类历史进程。这个

---

① 《毛泽东年谱（1949—1976）》第三卷，中央文献出版社 2013 年版，第 192 页。

时候，我们才可以说真正建成了文化强国！

面对实现中华民族伟大复兴和建设文化强国的时代课题，我们的责任重大，使命光荣，这是当代中国知识分子和全体国民应该交付的历史答卷！

第十一章

马克思主义与中华优秀传统文化

中国共产党人深刻认识到，只有把马克思主义基本原理同中国具体实际相结合、同中华优秀传统文化相结合，坚持运用辩证唯物主义和历史唯物主义，才能正确回答时代和实践提出的重大问题，才能始终保持马克思主义的蓬勃生机和旺盛活力。

第一节　从习近平总书记的三次讲话说起

在庆祝中国共产党成立 100 周年大会上的讲话中，关于马克思主义与中华优秀传统文化的关系，习近平总书记这样强调：

新的征程上，我们必须坚持马克思列宁主义、毛泽东思想、邓小平理论、"三个代表"重要思想、科学发展观，全面贯彻新时代中国特色社会主义思想，坚持把马克思主义基本原理同中国具体实际相结合、同中华优秀传统文化相结合，用马克思主义观察时代、把握时代、引领时代，继续发展当代中国马克思主义、21 世纪马克思主义！①

在二十大报告中，习近平总书记再次强调：

中国共产党人深刻认识到，只有把马克思主义基本原理同中国具体实际相结合、同中华优秀传统文化相结合，坚持运用辩证唯物主义和历史唯物主义，才能正确回答时代和实践提出的重大问题，才能始终保持马克思主义的蓬勃生机和旺盛活力。②

2022 年 10 月 28 日下午，习近平总书记考察河南安阳殷墟时，再次提到了中华优秀传统文化与马克思主义的关系：

中华优秀传统文化是我们党创新理论的"根"，我们推进马克思主义中国化时代化的根本途径是"两个结合"。我们要坚定文化自信，增强做中国人的自信心和自豪感。③

马克思主义中国化时代化的内涵，党的创新理论的内在要求，都提出了马克思主义与中华优秀传统文化如何有机结合的问题。时代提出了新要求，我们如何全面深刻地认识马克思主义与中华优秀传统文化之间的关系，

---

① 习近平：《在庆祝中国共产党成立 100 周年大会上的讲话》，人民出版社 2021 年版，第 13 页。
② 《党的二十大报告辅导读本》，人民出版社 2022 年版，第 15—16 页。
③ 《全面推进乡村振兴　为实现农业农村现代化而不懈奋斗》，载《人民日报》，2022 年 10 月 29 日。

如何在理论认知的基础上深入自觉地推动二者的有机结合与创造发展这一历史进程，事关中华民族复兴的伟业，需要下大功夫思考和探索。

放在中国的历史长河中看，马克思主义与中华优秀传统文化的结合是中国历史和中国思想史的大事。回顾中国历史，公元元年前后，佛教传入中国，对中国社会和思想文化产生了极为深远的影响。在这个过程中，佛教也深深地融入中国固有文化的海洋，成为中国文化的组成部分，儒释道三家文化也成了中国人精神家园的重要支撑。在今天，几乎每一个中国人提到佛教，都会认为这是中国文化的组成部分。佛教的中国化是中华文化既保持文化的主体性又能够海纳百川、融汇天下为我所用的生动证明。近代以来，中国思想史上最重大的事件就是马克思主义的传入，这一事件深刻地改变了中国人的命运和中国社会的发展方向。无论是回顾历史，还是展望未来，我们都有责任深入地思考和探究中华优秀传统文化与马克思主义的关系，并在梳理、探索、思考、研究的基础上，把马克思主义中国化时代化的事业推向更高的层次。这无论是对于中国文化和中国社会的未来，还是对于马克思主义的生命力来说，都有着极为重要的意义。

第二节　思考、探索、研究和推进"第二个结合"的前提

马克思主义与中华优秀传统文化如何结合，是一个非常复杂且深刻的理论问题，涉及理论和实践的方方面面。做好这一项工作，需要具备相当的基础和理论准备。

从研究者的角度看，能够比较胜任马克思主义与中华优秀传统文化有机结合研究工作的同仁，需要具备以下几个条件：其一，对悠久厚重的中华优秀传统文化有深刻全面的认知。如果对中华优秀传统文化的历史脉络、基本精神和优秀的民族文化基因缺少足够的认知和认同，那必然无法从事这一项研究工作。其二，对马克思主义的基本精神、宗旨有全面准确的理解和认同，对马克思主义产生的历史必然性、内容的科学性有着清晰的把握。其三，对中共党史，推而广之，对中国革命史、中国近现代史、中国

历史，以及对党领导的中华民族伟大复兴的事业有着全面的理解和把握。其四，对文艺复兴以来的人类历史，也即对近代以来人类历史上的成败得失有着基本的理解和把握。

有了以上理论问题的基本支撑，我们便可以更好地推进对"第二个结合"的探索和研究。否则，或是一叶障目，或是脱离中国的实际，或是脱离人类文明的大道，或是只限于假大空的描述，等等，都无法真正推进对这个重大时代课题的研究。

在现实中，我们会发现有些同仁要么只是研究中华优秀传统文化的专家，要么只是研究马克思主义的专家，要么只是研究中共党史的专家，要么只是专长于理论思考或者实践探索，而兼具上述综合素养的同志，现实中比较缺乏。正因为如此，有关马克思主义与中华优秀传统文化如何结合的问题，高质量的研究成果比较少，这是需要我们努力的方向。

第三节　已有研究的特点与不足

在以往关于马克思主义与中华优秀传统文化之间关系的研究中，大都从马克思主义与中华优秀传统文化相融的角度加以研究。这种观点认为：无论是价值观念、社会理想，还是思维方式等，中华优秀传统文化与马克思主义都有相互融通、相互契合的地方，这是二者能够有机结合的重要原因。

湖南省委党校的曹建华先生指出：马克思主义基本原理与中华优秀传统文化在认知观点上具有相通性，在内在精神上具有契合性，这为二者相互融通提供了重要的学理基础。比如，中华优秀传统文化大道之行、天下为公的大同社会理想，废私立公、贫富有度、天下同利的思想与马克思主义共产主义理想、消灭私有制、实现共同富裕的主张；中华优秀传统文化以民为本、以政裕民、安民富民思想与马克思主义群众观；中华优秀传统文化万物自生、不信鬼神、重视人事思想与马克思主义无神论；中华优秀传统文化以道制欲、不为物使、俭约自守思想与马克思主义消费观；中华优秀传统文化克己奉公、集思广益、群策群力思想与马克思主义集体主义思想；中华优秀传统文化知行合一、以行为本、知易行难的思想与马克思主义认识论；中华优秀传统文化道立于两、阴阳共生、物极必反思想与马克思主义辩证法思想，都有着天然的契合相通之处。马克思主义基本原理与中华优秀传统文化具有内在相融性，这种相融相通为马克思主义在中国的传播与发展、为中国人民接受和选择马克思主义提供了重要思想文化基础。

北师大陈其泰先生指出：马克思主义对理想社会的追求与中华优秀传统文化中的大同理想相契合，马克思主义唯物论与中华优秀传统文化中的唯物主义传统相契合，马克思主义辩证法与中华优秀传统文化中的辩证思想相契合。[1]

中国人民大学刘建军先生在《中国人民大学学报》撰文指出：马克思主义基本原理与中华优秀传统文化在视域、内容和方法上的契合性，决定了二者能够相结合。马克思主义和中国传统文化都是包罗万象的思想体系，但其思想聚焦领域是相同的，都是聚焦于人类社会历史领域。正因为如此，二者在内容和方法上有许多契合之处，比如都关注社会生活和追求社会目标、都反对自我中心和个人主义、都讲求辩证思维等。中国传统文化中的大同思想、民本思想、和谐思想、国家治理思想以及朴素的唯物主义和辩证法等，都与马克思主义有某种程度的兼容性，可以说对马克思主义有亲和力。[2]

从学理的角度而言，马克思主义之所以能够传入中国，能够与中华优秀传统文化相结合，二者存在一定的相通性、契合性、兼容性，这当然是重要的原因之一。但如果仅仅从二者互相契合和相通的角度论述二者有机结合的内在原因和必然性，还远远不能概括和揭示二者有机结合的深度以

---

[1] 陈其泰：《马克思主义与中华优秀传统文化相契合的内在逻辑》，载《人民日报》，2022年3月21日第10版。
[2] 刘建军：《论马克思主义基本原理同中华优秀传统文化相结合》，载《中国人民大学学报》，2021年第6期。

及相互影响的关系。在马克思主义与中华优秀传统文化有机结合的历史进程中，无论是马克思主义和中华优秀传统文化所发生的深刻变化，以及这种有机结合对于二者理论提升和完善所具有的意义和价值，尤其需要我们深入研究。一言以蔽之，马克思主义之所以能与中华优秀传统文化相结合，除了二者理论上契合和具有相通性外，还与二者理论和实践上的互相支撑与互补以及中国共产党人尤其是领导集体作出的巨大理论创造有关。

因此，我们不仅要看到马克思主义与中华优秀传统文化因为相通、相融而能够有机结合的一面，还要看到在二者有机结合的过程中马克思主义给中华优秀传统文化带来了什么、改变了什么，中华优秀传统文化给马克思主义带来了什么、改变了什么。而且我们还要更进一步深入研究这种有机结合与改变对中国社会发展和人类文明进步而言所具有的意义和价值。这是在更高层次上对该问题作出的研究。

第四节　马克思主义与中华优秀传统文化的互相成就

一个文化体系无论多么博大、深刻，也必然有其不足之处，不可能解决人类社会发展的所有问题。人类历史一再证明，凡是能够很好地学习和融汇不同文明成果为我所用的文化体系，就能生机勃勃，不断发展壮大。反之，自我封闭和僵化的文化体系，丧失了学习和融会能力的文化体系，必然走向衰落和凋零。

具体到对中华优秀传统文化的梳理和总结中我们会发现：几千年以来，尽管中华优秀传统文化对人类社会面临的四大问题（如何认识人类自身、如何认识自然界、如何认识人类社会、如何处理人与自身及外部的关系）均有探索和思考，但相对而言，探索和思考更多地集中在如何认识人类自身以及如何正确处理人与自身、外部世界的关系方面。这就使得中华优秀传统文化在探究人生究竟的身心性命之学上达到了相当的深度，形成了自身不可替代的优势，在人类文化的百花园中独树一帜。但传统中国对自然界和人类社会内在规律的研究，相对比较缺乏。对中国的思想史进行梳理我们会发现，儒释道等各家的圣贤、哲人在如何证悟人的自性、如何超越"小我"而心怀天下黎民苍生、如何实现人生的自我超越和升华等问题上各施所长，但并没有在自然科学、工程技术、人类社会发展逻辑等问题上实现根本性的突破，这也是近代中国落后挨打的重要原因。

在人类思想史的视野中，马克思、恩格斯两人一生都在思考和总结人类社会自身的规律和发展趋势，对资本主义社会发展的内在矛盾、发展规律和未来趋势作出了详细的论证和理论指导。这是马克思、恩格斯思想最突出的优势，也是对人类社会最有价值的地方。可以说，正是马克思主义的出现，让探究人类社会发展规律的学科真正具有了科学性。

无论多伟大的人，他的精力和关注点都是有限的，不可能面面俱到，马克思、恩格斯也是这样，他们不可能回答人类发展的所有问题。通过对马克思、恩格斯思想进行总结，我们会发现在深入探索人类社会发展规律之外，马克思对于社会主体（人）的价值观、内在修养与人类社会发展规律之间的互动关系等方面，缺少更细致的研究。人类社会的内在规律只有通过社会主体的实践才能得以实现，在这一过程中，社会主体的价值观、素养、修为等因素，对人类社会的发展产生极为重要的影响。任何一个伟大的社会理想，哪怕是再具有科学性、再具有真理性，如果社会主体缺少价值观和内在修养的支撑，都不能得到实现。

通过以上的分析，我们可以很清楚地得到这样的结论：中华优秀传统文化集中于社会主体价值观和内在修养如何提升的研究，马克思主义专注于人类社会发展规律和逻辑的研究。对于中华优秀传统文化而言，需要社会发展规律的指引，这样才能清晰未来发展的方向；对于马克思主义而言，需要社会主体价值观和修养的支撑，这样共产主义的远大理想才不会停留在理想层面，才能得到社会主体的支撑而真正变为现实。

具体到近现代中国，最紧缺的是两个方面的知识体系：一个是如何认识中国社会落后的原因，如何认识人类社会发展的大势，如何在科学理论的指导下推翻内外敌人的压迫，走出自强自主的发展道路。很显然，马克思主义在这一方面有着最突出的不可替代的优势，这是中国接受马克思主义最重要的原因之一。另一个就是面对西方列强的坚船利炮，中国亟须自然科学的大发展和大推进，从而加快发展，迎头赶上，真正具备维护民族独立和尊严的能力。由此，我们可以理解新中国成立后缘何急迫地推进工业化进程，为何急迫地发展自然科学和工程技术，在七十多年的历史进程中取得如此巨大的成就。

具体展开来看，中华优秀传统文化集中于人的自我超越和价值层面的思考和探索，在近代特定的历史境遇中，在摆脱近代中国落后挨打和实现中华民族伟大复兴的历史任务面前，光靠人的修为和道德无法应对近代中国的困境，无法指导中国人走向光明的未来。因此，中华优秀传统文化特别需要历史发展规律的指导，需要科学的社会发展分析工具和人类发展规律的指引，这样才能引导中国人民知道近代为什么落后、中国社会发展的方向是什么。由此，我们也能很好地理解当今意识形态领域为什么要强调坚持马克思主义的指导地位。

马克思、恩格斯则更为关注人类社会的发展规律，侧重于论证共产主义的合法性、正当性、必然性、规律性，以及如何真正实现共产主义和人的自由全面发展。而共产主义的社会理想在实现的过程中，除了社会结构的改造之外，社会主体的自我改造、自我超越和价值观支撑也是必须的条件。如果社会主体的价值观和修为与共产主义的社会理想不匹配、不相容，社会主体坚持以自我为中心，秉持私有财产至上的观念，有精致利己主义的倾向，共产主义的社会理想根本不可能实现。简言之，共产主义的实现，不仅需要社会结构的外在改造，也需要社会主体的内在改造，需要人们在思想和价值观方面的升华。而在这一方面，中华优秀传统文化有着不可替代的突出优势。中华优秀传统文化主张人要从"小我"走向"大我"，主张仁爱天下、推己及人。中华优秀传统文化所强调的"人溺己溺""人饥己饥""亲亲而仁民""仁民而爱物""先难后获""民吾同胞""物吾与也"等精神和价值观，恰恰是共产主义精神境界的重要表现。

如果没有中华优秀传统文化的有机结合，马克思主义的社会理想就会缺少价值观念和社会主体素养的支撑。这必然导致共产主义的社会理想在实践中出现社会主体素养与社会结构运行客观需要之间的矛盾和不匹配，最终无法真正创建共产主义社会。如果没有马克思主义的有机结合，中华优秀传统文化则缺少社会发展逻辑的理论指导，缺少人类发展规律的指引。

梳理人类近代以来科学社会主义的发展历史后，我们不免追问：中国共产党的事业为什么能取得如此大的成就？除了马克思主义的科学性之外，中华优秀传统文化的基本精神和博大智慧的支撑起了不可替代的作用。马克思主义理论在中国之所以能发挥巨大的作用，除了马克思主义理论本身具有科学性、真理性之外，中华优秀传统文化的融入和支撑起了不可替代的作用。二者有机结合的过程，与中国近代以来的社会革命、发展、建设的历史进程交汇在一起，很好地证明了马克思主义与中华优秀传统文化有机结合的必然性、必要性以及巨大的理论和现实意义。

可以说，在马克思主义中国化时代化的历史进程中，二者互相成就，共同推进了中国共产党创新理论的发展进程，并深刻地提升了马克思主义和中华优秀传统文化自身理论的完整性和真理性。

第五节 创新理论与人类文明新形态创建

社会实践的效果是对理论是否正确、是否伟大的最有效检验。20世纪以来，马克思主义传入中国。中国共产党在救国救民的实践中开启了马克思主义中国化的历史进程。在这个过程中，中国共产党人没有迷信书本上的教条，没有照抄照搬其他国家的做法，而是坚守中华文化的主体性，立足中国社会面临的实际问题，坚持马克思主义与中国实际相结合、与中华优秀传统文化相结合，开创了中国共产党指导思想的新篇章，也深刻地改变了中国的国运和中华民族的命运。

可以说，中国共产党的创新理论，是近代中国之所以能够走出困境、开辟中华民族伟大复兴前景的伟大思想支撑。近代以来中国社会发展所取得的成就是对创新理论是否伟大的最好证明。

考察人类现代化的历史，无论是从中国近代以来的历史，还是各国现代化道路的探索实践中，我们都可以明确地得出这样的结论：每一个民族都有自己独特的历史文化国情，每一个国家也必然走出属于自己的现代化道路。现代化确有一些共性的因素，但这些共性的因素如何落实、如何实现，必然带有各国的特色和民族性。任何邯郸学步、东施效颦、亦步亦趋的行为都会使民族发展丧失独立性、文化发展丧失主体性，这样的民族连最基本的自强自立都做不到，更谈不上拥有光辉的未来。

二十大报告指出："从现在起，中国共产党的中心任务就是团结带领全国各族人民全面建成社会主义现代化强国、实现第二个百年奋斗目标，以中国式现代化全面推进中华民族伟大复兴。"放在人类历史的长河中，中华民族的伟大复兴到底会创造什么样的文明形态？这是我们需要在理论上加以廓清的大问题。只有理论上的清醒，才能带来实践上的成功。

18 世纪以来，欧美率先发展，取得了巨大的成就，成为全球主导性的力量，这是不争的事实。但欧美所开启的文化模式、社会治理模式，不过是人类历史中一个阶段的事物，人类的文化模式、社会治理模式也必将超越欧美的文化模式和社会治理模式而走向更高的阶段。人类历史没有终点，而是会不断地前行、扬弃和超越，在这个过程中人类的文明也在不断向前推进。

我们通过梳理和总结欧美文化模式、社会治理模式的历史进程和内在问题，会发现正是在个人至上、自由至上、私权至上的基础上，欧美社会的大厦得以建构。欧美的政治制度、法治体系、经济制度、价值体系等，无不是在此基础上展开的。客观地说，个人至上、自由至上、私权至上的理念和价值导向，激发了社会个体的创造活力，推动了社会进步，但这些理念和价值导向违背了人类真实的生存状态，因此带来了现代社会的一系列问题。人的心灵安顿问题、欲望与良知的挣扎和纠结问题、人类中心主义的问题、价值理性与工具理性不匹配的问题、民粹和极权的两端问题、资本控制与保障普通人民权力之间的关系问题，等等，都是需要我们必须回答的重大历史课题。

在天地宇宙之间，人类不是中心，个人更不是中心，人类要和宇宙万物和谐相处，个人也要和他者和谐相处。个人中心主义、人类中心主义是狭隘的人类视角和自我视角的集中反映，在实践的过程中，必将给人类社会造成极大的伤害。自由是人类永恒追求的价值理念，如何理解自由的内涵、如何处理好欲望与自由的张力、如何解读自由的不同层次等问题，都绝不是高喊自由的口号就能够解决的。至于私权问题，我们既要看到私权与人权的关系，也要看到私权的局限和问题。保护一个人的私权，事关人的基本权利和尊严。但私权的局限性也是显而易见的，面对重大社会问题，只有公权能更好地承担社会使命，应对重大社会挑战。因此，私权至上的价值观念需要人类不断扬弃和超越。中国未来的发展方向，是要很好地学习人类现代化的历史发展经验，同时全面深刻地透视其内在的问题和积弊，从而走出一条人类文明的新路，为人类文明向更高的方向前进作出中国回答。这才是创建人类文明新形态该有的意蕴和内涵。

第六节 实践无止境，理论创新无止境

二十大报告明确指出：实践没有止境，理论创新也没有止境。不断谱写马克思主义中国化时代化新篇章，是当代中国共产党人的庄严历史责任。

在四书之一的《大学》中，记载了这样一件事：商汤为了防止自己僵化守旧，在日常生活器具上刻上"日日新，又日新，苟日新"，以作为自己的座右铭，时刻提醒自己，勉励自己。可以说，人类社会总是后浪推前浪，人类的实践更是日新月异，时光流转，红了樱桃，绿了芭蕉。放眼人类的历史长河，新问题、新挑战层出不穷。人类社会总是在旧问题不断化解、新问题不断产生的历史进程中前进。因此，不论在任何时代，当一个国家或民族的认识被既有的框架所拘束，不能与时俱进，不能把握大势、顺应大势的时候，被历史淘汰就成了不可避免的结局。有了这样的认识，力争不被任何既得利益绑架，不被任何僵化的认知框架拘束、禁锢，永远日新又新，永远追求真理、尊重真理，按规律做事，这是一个国家永葆生机的

根本。

　　回顾历史，中华民族自近代以来经历了无数的苦难和血泪，经过无数人的抗争和努力，才有了今天的局面。尽管我们面临着很多需要正视解决的问题，但珍惜历史机遇，团结奋斗，勠力同心，为实现中华民族伟大复兴而奋斗，这是一个真正有历史感、有责任感的国民应该秉持的自觉。

第十二章

中国文化主体性与中国式现代化

在 2022 年 10 月召开的党的二十大上，党中央明确宣告：从现在起，中国共产党的中心任务就是团结带领全国各族人民全面建成社会主义现代化强国、实现第二个百年奋斗目标，以中国式现代化全面推进中华民族伟大复兴。

第一节　深刻理解中国式现代化的世界意义

在如何理解中国式现代化的问题上，二十大报告进一步提出：

中国式现代化，是中国共产党领导的社会主义现代化，既有各国现代化的共同特征，更有基于自己国情的中国特色。

——中国式现代化是人口规模巨大的现代化。我国十四亿多人口整体迈进现代化社会，规模超过现有发达国家人口的总和，艰巨性和复杂性前所未有，发展途径和推进方式也必然具有自己的特点。我们始终从国情出发想问题、作决策、办事情，既不好高骛远，也不因循守旧，保持历史耐心，坚持稳中求进、循序渐进、持续推进。

——中国式现代化是全体人民共同富裕的现代化。共同富裕是中国特色社会主义的本质要求，也是一个长期的历史过程。我们坚持把实现人民对美好生活的向往作为现代化建设的出发点和落脚点，着力维护和促进社会公平正义，着力促进全体人民共同富裕，坚决防止两极分化。

——中国式现代化是物质文明和精神文明相协调的现代化。物质富足、精神富有是社会主义现代化的根本要求。物质贫困不是社会主义，精神贫乏也不是社会主义。我们不断厚植现代化的物质基础，不断夯实人民幸福生活的物质条件，同时大力发展社会主义先进文化，加强理想信念教育，传承中华文明，促进物的全面丰富和人的全面发展。

——中国式现代化是人与自然和谐共生的现代化。人与自然是生命共同体，无止境地向自然索取甚至破坏自然必然会遭到大自然的报复。我们坚持可持续发展，坚持节约优先、保护优先、自然恢复为主的方针，像保护眼睛一样保护自然和生态环境，坚定不移走生产发展、生活富裕、生态良好的文明发展道路，实现中华民族永续发展。

——中国式现代化是走和平发展道路的现代化。我国不走一些国家通过战争、殖民、掠夺等方式实现现代化的老路，那种损人利己、充满血腥罪恶的老路给广大发展中国家人民带来深重苦难。我们坚定站在历史正确的一边、站在人类文明进步的一边，高举和平、发展、合作、共赢旗帜，在坚定维护世界和平与发展中谋求自身发展，又以自身发展更好维护世界和平与发展。

放在人类文明史的视野中，中国式现代化绝不是现有某些国家发展模式的复制品，而是中华民族在新时代的伟大创造，是中华民族创造的人类文明新形态。这一文明新形态为人类的现代文明如何向更高层次前行提供启迪和参考。

曾任宫廷顾问的德国哲学家莱布尼茨曾经说："万物莫不相异，世界上不会有完全相同的两片叶子。"孟子说："物之不齐，物之情也。"在国家发展道路上更是如此，国家与国家之间固然存在一些共性的东西，但每一个国家更有个性的一面。而且即便是国家与国家之间共性的内容，各国在具体落实的过程中也必然呈现出个性的一面。因此，不仅是中国要走自己的道路，任何一个国家、任何一个民族、任何一个人，都要走属于自己的道路。

中国式现代化道路不仅要体现中华民族的个性，而且要在融汇古今中外人类智慧的同时，直面近代以来人类社会凸显的内在问题并作出新的创造和回应。中国式现代化创造了人类文明新形态，"新形态"究竟新在何处？至少应该有以下两个含义：一是中国式现代化是中华民族的伟大创造，不是其他任何国家发展模式的复制品；二是中国式现代化的理念、价值、思想等体现了人类文明的发展方向，引导了人类社会的大潮，代表了人类社会的未来。

对中华民族而言，不能因为近代短暂的落后而丧失民族的自信、文化的自信和对人类文明的责任。推而广之，不单单是中国，世界上任何一个国家对人类的未来都应该担负责任和使命，这是世界上每一个国家对人类文化所应该有的觉悟。

通过对人类社会不同现代化模式的比较和分析，我们可以发现中国式现代化的特点和优点：中国式现代化没有通过血腥的殖民掠夺实现自身的发展；中国式现代化关注最贫穷人民的生活，主张共同富裕，格外注重社会公平，强调执政党绝不代表任何权贵阶层，应该始终代表人民的利益；中国式现代化注重物质富裕和精神富足的协调发展，认为没有人们精神世界的高度发展，就没有真正的现代化；中国式现代化主张人与自然和谐相处，强调人与自然天地一体，强调尊重自然规律，认为自然环境美好是中国式现代化的应有之义；中国式现代化主张人类命运共同体理念，反对弱肉强食的丛林法则、赢者通吃的零和游戏，强调人类互利共赢、共同发展；在价值观念上，中国式现代化主张个体与整体、个体利益与整体利益有机统一；在方法论上，中国式现代化主张圆融中道，根据时空和形势的不同动态处理好社会各要素的关系。这既是中国式现代化鲜明的特色，也是中华民族对整个人类的重大贡献。

总之，中国式现代化一方面是中国自身的现代化之路，另一方面，也以自己的发展为人类的现代文明如何向更高层次发展提供了中国智慧、中国方案。从这个意义上说，尽管每一个国家都有各自适合的道路，但中国所作出的探索却为人类文明如何更好地前行提供了借鉴和参考。每一个国家都如此想、如此努力，则人类百花园各自精彩。世界各国互相交流、互相学习、互相借鉴，而不是唯我独尊、自以为是，甚至为了维护霸权而霸凌打压其他民族生存发展的合法性，人类才有更加美好的未来。

第二节 文化主体性与经济独立、政治独立等要素紧密相连

文化主体性事关一个民族精神的独立自主。文化主体性并不能单独存在，它与政治的独立自主、经济的独立发展等要素紧密相关。

独立自主是一个国家生存发展的基本前提。在人类文明史上，一个国家如果做不到独立自主，在政治、经济、文化、军事等方面受制于人，不要说无法创造伟大的文明，连起码的国家尊严和人民福祉都难以维护。总结人类的历史可知，凡是能够创造伟大文明的国家，都有自己独立的文化

体系、独立的发展道路和国家地位。

首先,文化上保持主体性的国家,务必要在经济上确保本国的独立自主。在"世界历史"的大背景下,一个国家无论如何深入地参与全球化,无论多大程度上推进本国对外开放与融入世界的历史进程,都必须掌握经济命脉,必须确保国家对经济的控制权和主导权。一旦经济上依附于其他国家,或者被其他国家利益集团控制,那么国家独立自主的地位必然丧失,文化主体性、国家安全、社会稳定、人民尊严等更无从谈起。

其次,文化上保持主体性的国家,务必确保政治上的独立自主。一个国家政治上的独立性,表现为本国人民决定本国人民的命运和政治生活,不允许其他国家插手或者控制本国的政治生活。一个国家,一旦政治上丧失独立性,一旦本国的内政外交被国外势力渗透或者控制,必然人民受辱、主权丧失,陷入政治动荡,甚至引起整个国家分崩离析。这种惨剧在人类历史上一再上演,务必引起高度警惕,决不可麻痹大意。

再次,文化上保持主体性的国家,务必确保军事上的独立自主并具备有效维护民族尊严的能力。军事能力是最直接、最优秀的维护国家尊严的手段。除此之外,决定国家命运的重要领域也必须掌握在本国人民手里,诸如粮食安全、医疗安全、能源安全、核心技术安全等。一旦关系国计民生的关键领域被国外势力控制或者被卡脖子,就会陷入极度的被动,甚至导致社会动荡和大灾难的发生。

因此,文化主体性不可悬空地谈论,不可离开国家政治、经济、军事以及重要领域的独立自主而单独存在。文化主体性重点体现为一个国家精神上独立自主,能够根据自己的国家利益和视角形成独立的认知、判断和抉择。文化主体性是国家独立自主系统工程的重要组成部分,当一个国家经济上依附他国、政治上被国外势力控制和渗透、军事上无法维护国家的安全和尊严、关系国计民生的重大领域被卡脖子时,这个国家的文化主体性就无从谈起。因此,思考和推进文化主体性的事业,必须有系统整体的思维,需要整体推进、协调发展。

第三节　没有伟大高远的精神世界，就没有中华民族的伟大复兴

近些年来，党和国家多次提出：没有文化的繁荣兴盛，就没有中华民族伟大复兴。二十大报告同样提出：中国式现代化是物质文明和精神文明相协调的现代化。物质富足、精神富有是社会主义现代化的根本要求。由此可见，文化的发展程度和人民精神世界的高度，是我们考察一个国家发展程度的重要指标。更进一步说，一个国家、一个民族文化的深度和精神世界的高度某种程度上决定了这个国家发展的质量和水平。

纵观人类历史，我们会发现这样一个事实：当一个民族的文化落后了，精神世界落后了，难免落后挨打，甚至被历史淘汰；反之，当一个民族的精神世界的高度、文化的思考可以引领人类文明发展时，这个民族必然呈现出生机勃勃的状态，甚至可以成为人类历史的主导者和塑造者。可以说，一个民族精神世界的高度，代表了这个民族的生命力、竞争力和整体质量。

在被德国哲学家雅斯贝尔斯称为轴心时代的时期里，中国、古希腊、古印度等古文明地区的先贤的思考虽然各不相同，但他们以各自深刻的思想为本地区乃至整个人类的历史进程提供了强大的精神动力。直到今天，中国、西欧、印度仍然在世界上具有很大的影响力。

将唐宋时期的中国和同时期的欧洲作比较，我们可以发现：当时中国人的精神世界汪洋恣肆、气象万千，束缚较少，有相对自由的思考和表达空间。唐宋时期，文化上云蒸霞蔚，多彩斑斓，国家的综合实力也是遥遥领先。同时期的欧洲，思想禁锢，教会几乎决定了一切，所谓经院哲学的思考，无非是论证宗教的合法性、正当性和真实性。彼时欧洲的文化气象和思考深度与同时期的唐宋王朝无法比拟，其社会发展状况更是不可比拟。但17世纪以来，中国和欧洲出现了相反的情况。当欧洲大陆涌现出笛卡尔、卢梭、伏尔泰、洛克、休谟、莱布尼茨、牛顿、康德、黑格尔等各领域的大家时，中国的文化界却是"万马齐喑究可哀"。当时的欧洲成为人类发展的火车头，而清政府封闭僵化，学术界多半集中在金石、考据等领域，

思想凋零，社会江河日下，等待清朝的只能是落后挨打的局面。

纵观人类历史，无数事实一再证明：尽管社会是一个有机体，各个领域之间互相影响、互相制约、互相支撑，但精神世界的高度和文化思考的深度在整个社会有机体中具有标识和引领的作用。当一个国家、一个民族的精神世界居于世界领先地位的时候，即便这个国家当下的发展状况与精神世界的高度并不匹配，总有一天它的整体发展状况会和精神世界的高度相匹配。反之，当一个国家、一个民族的精神世界落后于世界大势，甚至成为社会进步的阻碍者时，即便是这个国家当下还有看起来强大的经济实力，但在历史长河的演进中难免被淘汰的命运。

当前，我们集中全国的力量推进中华民族伟大复兴，致力于创造以中国式现代化为根本特征的人类文明新形态伟业，我们当然要重视社会各领域的全面发展，但对于中华民族精神世界的建设、对于中华文化的发展要给予高度的重视。只有中华民族能够引领人类文明的时候，只有中华文化成为人类前行方向和文明路标的时候，中华民族伟大复兴的伟业、中国式现代化、为人类创造文明新形态的愿景才必然成为现实。

第四节　中国文化的主体性对中国式现代化的全面支撑

文化自信是更基础、更广泛、更深厚的自信，是一个国家、一个民族发展中最基本、最深沉、最持久的力量。坚定文化自信，事关国运兴衰，事关文化安全，事关民族精神独立性。

通过对人类文化史的梳理，我们会发现：真正伟大的民族，在文化上必然具有主体性，各种具有主体性的文化之间互相碰撞、交流、融汇，推动着人类文明向更高的层次前行。一个民族、一个国家的文化体系，一旦丧失了主体性，就只能成为其他文化形态的附庸和从属，原创性的伟大文化成果就无从谈起。

第一，具备主体性的中华文化为创造人类新文明提供理论支撑。在党的二十大报告中，我们党在总结过去十年来现代化建设取得的成就时，提出了创造人类文明新形态的愿景：

我们对新时代党和国家事业发展作出科学完整的战略部署，提出实现中华民族伟大复兴的中国梦，以中国式现代化推进中华民族伟大复兴，统揽伟大斗争、伟大工程、伟大事业、伟大梦想，明确"五位一体"总体布局和"四个全面"战略布局，确定稳中求进工作总基调，统筹发展和安全，明确我国社会主要矛盾是人民日益增长的美好生活需要和不平衡不充分的发展之间的矛盾，并紧紧围绕这个社会主要矛盾推进各项工作，不断丰富和发展人类文明新形态。

在论述中国式现代化的内涵时，报告再次强调创造人类文明新形态的愿景：

中国式现代化的本质要求是：坚持中国共产党领导，坚持中国特色社会主义，实现高质量发展，发展全过程人民民主，丰富人民精神世界，实现全体人民共同富裕，促进人与自然和谐共生，推动构建人类命运共同体，创造人类文明新形态。

中国所创造的人类文明新形态，只有放在人类历史的长河中看，才能更清晰其理论和实践的意义和价值。欧美把自己对时代精神的解读视为绝对的真理，称之为所谓的"普世价值"，否定其他民族解读时代精神的合法性和正当性。中国提出的全过程人民民主，中国文化强调的从自觉、自律再到自由的自由观，中国社会以精准扶贫、共同富裕的实践深化对平等的理解等等，都超越了欧美对时代精神的理解。简言之，中国所创造的文明新形态，不仅有着中华民族自身的民族个性，更是在反思和直面人类现代社会问题之上创造的更高层次的人类文明新形态。人类社会没有终点，永远处在探索进步的历史进程中。欧美的探索不过是人类社会的一个阶段，人类社会也必然在现有探索的基础上不断向更高的层次迈进，中国所开启的文明新形态就是人类更高层次文明形态的具体表现。对此，我们要在全人类的视野中审视自己的责任和担当。

在创造人类文明新形态的问题上，中华文化要做好理论的支撑，让中国式现代化经得起理论、实践和历史的检验。中华文化主张个人价值与社会整体价值的有机统一，主张私权和公权的协调配合，认为最深刻的自由是人类觉性开启之后的自我做主和自我负责，在现实状态下，一个人的自由总是和自觉、自律有机融合在一起。当人性处于没有真正净化和升华的状态下，自由和法治就成为一体的两面。关于民主，中华文化超越了欧美形式上的民主，主张民主应该体现在社会治理和重大决策的全过程，应该体现不同社会阶层之间的互动和结构优化，而不是简单注重某种民主的形式。更深刻的地方在于，在马克思主义的指导下，中华文化所主张的自由、平等、民主、公正等时代精神，不是悬空的口号，而是和整个社会的经济结构、政治结构、社会结构、价值观等有机结合在一起。只有在经济所有制和正确价值观支撑下的时代精神，才不是虚幻的口号，才能成为人们实实在在的权利。

第二，具备主体性的中华文化为中国式现代化提供精神主轴、智慧之源、力量之源。中国的发展，一个前提就是中华民族能够保持强大的向心力、凝聚力、生命力和竞争力。没有国家的稳定和民族的团结，一切都无从谈起。用什么样的文化价值把中华民族凝聚在一起呢？这是中国式现代化必须回应的现实课题。以中华文化为根基建构中华民族共有精神家园，铸牢中华民族共同体意识，从而滋养出中华民族的文化认同、国家认同、政治认同，就能保持全体中国人的向心力和凝聚力。

在中华民族的历史长河中，中华文化对人生和宇宙的深刻思考，中华文化所浸润的伟大民族精神，使得中华民族在遇到任何考验的时候，总是有胸怀、有智慧面对挑战、化解危机，不断创造新的辉煌；使得中华民族总是人才辈出，在国家需要的时候总有人置生死于度外，为国为民肝脑涂地，扶大厦于将倾，拯救亿民于倒悬。这充分显示了中华文化是中华民族生生不息、历久弥新的精神支撑、智慧之源和力量之源。

第三，具备主体性的中华文化培养堪当民族复兴大任的人才，为民族的伟大复兴提供人才支撑。孔子曾经说："人能弘道，非道弘人。"再伟大的事业，根基在人才。没有人才的支撑，一切的宏伟蓝图只能是梦幻泡影。

如何培养出堪当民族复兴大任的人才,这是事关中华民族复兴大业的重大问题。

中华民族伟大复兴的事业,需要方方面面的人才。一个人能否堪当大任,重点看两个方面:一个表现为价值观层面热爱自己的国家,矢志于本国发展和进步的事业;另一个表现为有强大的创造、创新能力,能创造出前瞻性、原创性的重大成果。对于人才的培养而言,知识层面的积累和提升相对比较容易实现,关键在于人才的价值观和创造、创新能力的培养。

在国家认同方面,几千年来,中华文化的底色就是家国。在中华文化的丰碑上,那些被人民永远缅怀、永远称颂的文化路标,大都是为了家国而心怀忧患甚至置生死于度外的人。可以说,一个深受中华文化影响、教育和浸润的人,发自内心地热爱自己的国家、愿意为祖国奉献力量,这是自然而然的事。在创新能力方面,中华文化主张君子不器,警惕一个人的认知被既定框架所拘束,主张能够按照事物的本来面目对其加以认识和理解,实事求是,一切从实际出发。这也是培养一个人创造、创新能力极为重要的方面。

第四,具备主体性的中华文化是意识形态教育的重要文化支撑。党的二十大报告指出:意识形态工作是为国家立心、为民族立魂的工作。意识形态教育的核心是引导人们树立历史自信,坚定国家认同、民族认同、文化认同、政治认同。

意识形态教育成功的重要表现,就是每一个中国人都认同中国革命和建设走过的道路,发自内心地热爱国家、热爱中华文化、热爱中国人民,发自内心地认同党的领导、中国的政治制度与发展战略,愿意为民族的伟大复兴和人民的福祉贡献力量。只有这样,中国人民才能凝聚共识,在党的领导下乘风破浪,笃定初心,不断前行,取得更伟大的成就。

意识形态教育绝不能限于空洞的口号,而应该真正奠基于对中华文化的深入学习,对中国历史尤其是革命史的学习,对世界历史尤其是文艺复兴以来历史的学习,才能使人们深刻地认识到中国特色社会主义道路的真理性。只有打牢中华文化的根基,才能具备文化的主体性,才能有独立思考、实事求是、融汇天下为我所用的能力；只有打牢中华文化的根基，才能深刻地认识到中国特色社会主义和未来发展愿景有着深刻的历史逻辑、理论逻辑和实践逻辑。

只有坚守中华文化的主体性，大力提升中华民族精神世界的高度，才能更好地推进中国式现代化进程、创造人类文明新形态；同时，只有推进中国式现代化和中华民族的伟大复兴，才能更好地推动中华文化的发展和升华。简言之，伟大的文化助推中国式现代化的伟业，中国式现代化的伟业促进中华文化的大发展，二者之间是良性互动的辩证关系。

第五节　文化走进人民、服务人民，才能赢得人民、赢得未来

如果将文化比喻成花朵，那么只有扎根人民，这朵花才能不枯萎。文化只有来自人民、来自实践，才能万古长青。中国文化的传播、中国式现代化的理念，一定要扎根人民、服务人民、赢得人民，才能有无比壮阔的未来。

如果我们考察欧美国家现有的做法会发现，他们几乎在每个社区、每个村落，都有心灵安顿的宗教场所；如果我们回顾中国的历史也会发现，在近代以前，每个村落和城市都有祠堂、土地庙、关公庙、文庙等，这些庄严的场所就是传统中国人心灵安顿和价值引领的地方。但近代以来，中国社会固有的心灵安顿方式在社会转型中被破坏肢解，中国人心灵安顿的方式也面临如何适应新的时代而加以革新的问题。可惜的是，近代中国积贫积弱，国外的宗教乘虚而入，使得中华民族共有精神家园的重建面临着严峻的形势。一旦广大人民的心灵净土被侵占，中华民族的共有精神家园被破坏，中华民族的向心力、凝聚力被瓦解，中华民族就必然面临分崩离析的巨大风险。

中国式现代化的巍峨大厦，根基在人民，离开全体人民文化素养的提升，中华民族的伟大复兴无从谈起。在新的时代，如何建立中国人心灵安顿和价值引领的新模式，成为中国式现代化必须回应的重大时代课题。

因此，如何提升人民整体的精神境界和文化修养，如何让中华文化和党的创新理论真正走进人民、赢得人民，就成为亟待解决的时代问题。文化只有真正走进老百姓，成为人民日常生活的一部分，滋润、引领人民，让人民生活得更幸福、更舒展、更有活力，才能有支撑国家未来的底气。改革开放以来，我们强调发展，人们专注于发展经济，这是可以理解的现象。但发展必须是全面的发展，赚钱也不过是人民全面需要的一部分。从长远来看，如何让人民拥有一个心灵滋养的精神家园，这是中国式现代化的应有之义。

展望未来，中国的每个村落、每个社区都一定要有与新时代相契合的心灵安顿和滋养的场所，人民在这里感受精神生活的养育。在家庭生活和社会工作遇到矛盾、困顿、纠结、痛苦、迷茫等问题时，回到心灵滋养的家园得以安顿和赋能，心灵完成休整后就能以积极的心态应对家庭和社会，这就是家庭生活、社会工作和心灵安顿之间的良性互动。

中华文化走进人民、服务人民、赢得人民的历史课题，须从当下做起，刻不容缓。希望党和政府下大功夫推动这项事业，希望全社会有志之士合力推动，让中华文化润泽人民的心田，哺育中华民族灿烂的明天。

后　记

评价一本书，有很多角度。历史的评价，恐怕是最重要的评价之一。几百年或者更长时间之后再回看这本书的观点，希望它能够经得起历史的检验。

人类社会走到今天，需要向前看，需要创造更高层次的文明形态，以回应和化解文艺复兴以来人类社会暴露的诸多问题，希望中华民族有这个担当。

中国人之所以是中国人，最根本的原因在于中华文化培育出了中华民族共有的精神家园和心灵归属。我们需要海纳百川，善于学习，但也要永远珍爱自己的文化和心灵家园。

一个国家，想要真正立起来，除了政治、经济、军事要独立、强大外，文化、精神和心灵一定要自强自立。一个文化、精神、心灵被殖民的国家，永远不可能成为真正有尊严的大国、强国。

近代以来，人类社会在精神层面最大的事件就是"个人觉醒"。如何避免"自我中心"与"禁锢个性"的两个极端，不仅是中国文化的课题，也是人类文明的挑战。从"被安排的人"到"自主的人"，中国社会治理面临着巨大的转型。尊重个性，社会才能生机盎然。

尊重个性，激发每个人的创造活力，不仅是对于个人而言，对于文化形态亦然。无论是为了更好地促进中国社会的进步、增进人民的福祉，还是为了对人类社会作出更大贡献，中华文化一定要建构自身的文化主体性，以中华民族个性的发展为人类文明的百花园增添中国智慧和中国贡献。

面对文艺复兴、启蒙运动以来欧美率先发展的现状，中国的方向不是模仿、移植和照搬欧美，而是面向未来，以创造人类文明新形态为己任，并在这个过程中推动中国社会和人类文明的进步。

文化强国最重要的标志，是发时代先声，引领人类未来发展的大潮，否则，只做其他文化体系的传声筒，不可能成为真正的文化强国。

文化的根基在于人民的生活实践。人民群众真正需要什么，人民群众如何才能生活得更幸福、发展得更好，文化就要回应什么、研究什么、推动什么，这是文化最深层的力量之源。任何时候，文化如果脱离了人民，就只能凋零和死亡。

面向实践，面向人民群众，这绝不仅仅是学术态度与价值导向的问题，更是关乎国运的大事。任何时候，文化一旦陷入脱离人民与实践的浮华与空谈，必有亡国之忧。无论多深刻的思考，都要植根于社会发展的实际需要，服务于人民的福祉。

我作为一个非常普通的中国知识分子，能力很有限，但内心真诚希望中国国运昌隆，人民安居乐业。这是我的本分。

回望中国历史，但凡真正学习、领悟中国文化的人，大都会对自己的国家和人民有深切的感情，有愿意为国奉献的担当。这是中华民族生生不息、历久弥新的精神密码。

只看当下，永远有各种扰动；远眺未来，看清大势，你就会不畏浮云遮望眼，只缘身在最高层。

书中的观点只是我的思考，希望得到朋友们的指教。

祝吉祥安康。

2024 年 5 月 17 日